BUSINESS ORIENTED
How Does HRBP Create Value

业务为本

华为和阿里的HRBP价值创造三层十二式

襄阳郭丹 ◎著

机械工业出版社
China Machine Press

图书在版编目（CIP）数据

业务为本：华为和阿里的 HRBP 价值创造三层十二式 / 襄阳郭丹著 . -- 北京：机械工业出版社，2022.3（2025.1 重印）
ISBN 978-7-111-70495-9

Ⅰ. ①业… Ⅱ. ①襄… Ⅲ. ①企业管理 - 人力资源管理 - 研究 - 中国 Ⅳ. ① F279.23

中国版本图书馆 CIP 数据核字（2022）第 056495 号

业务为本
华为和阿里的 HRBP 价值创造三层十二式

出版发行：机械工业出版社（北京市西城区百万庄大街 22 号　邮政编码：100037）	
责任编辑：董惠芝	责任校对：殷　虹
印　　刷：北京铭成印刷有限公司	版　　次：2025 年 1 月第 1 版第 9 次印刷
开　　本：170mm×240mm　1/16	印　　张：32.25
书　　号：ISBN 978-7-111-70495-9	定　　价：129.00 元

客服电话：(010) 88361066　68326294

版权所有・侵权必究
封底无防伪标均为盗版

推 荐 语

HRBP不是职能团队，而是各级业务一号位的搭档，目标就是做好业务，而不是为了流程和制度而工作；对应的HR的政策、方法等都是实现业务目标的工具和手段，在具体的业务场景中需要灵活使用。本书对HRBP的定位、核心能力、方法与实践进行了系统的阐述，是一本值得HR和业务管理者阅读的好书。

——周明　阿里巴巴集团副总裁、基础设施事业部负责人

HRBP是一种角色，更是一种理念，这种理念应该成为所有人力资源从业者、所有传统职能部门的信仰。信仰需要实力来捍卫。本书介绍HRBP的六项核心专业能力和修炼十二式、直接价值创造的三层和十三个典型场景，对驱动人力资源管理领域的发展具有重要意义。

——蔡丽　某上市公司市场和政府事务副总裁、北森原副总裁

本书凝聚了作者在阿里和华为的多年实践经验，字里行间仿佛看到自己作为HRBP在一个个业务难题中破局前行的身影。第一次看到一本书把HR的理论高度和HRBP工作的落地实践如此巧妙地结合在一起，用通俗流畅的语言将HRBP工作的使命、招式和心法提炼并总结成围绕价值创造的"三层十二式"方法论。本书堪称HRBP工作成长和进阶修炼的教科书。

——曾媛　循环智能HRVP

本书不仅是一本为HRBP角色打造的教科书，更犹如一部实战指南，对HR从业者，尤其是业务管理者，有着极强的指导性。作为一名从HRBP转岗业务的

职业经理人，我读后产生极大的共鸣。也正是在做 HRBP 时坚持业务导向，用业务的视角解决问题，才机缘巧合为自己拓展开一条新的职业通道。如果说这是一场误打误撞的经历，那么今天我更要推荐这本书，特别要推荐给企业的业务管理者，期望在本书的指导下，他们能真正做到"雌雄同体"，承担起让人力资源驱动业务发展的终极使命。

——毛洁萍　大瞬科技商务发展副总裁、运营管理总监

前　　言

让助力业务打赢成为 HRBP 的信仰

缘起

　　在我偏狭的理解里，写作既是一种自我梳理与表达，也是一种自我洞察与审视。长期点滴碎片的观察与思考丰润而纷繁，萦绕沉潜于脑海心际，日积月累，集腋成裘，聚沙成塔，也便自然催生出一种强烈的诉诸文字的欲望。这种欲望并非源于某种如"立功、立德、立言"般崇高宏大的志愿，更多的是一种对分享、传播、交流与生长的真切期待。

　　回溯过往，自从于南京大学电子信息科学与技术专业毕业，除却初期从事软硬件开发与项目管理的工作外，我已在 HRBP（Human Resource Business Partner，人力资源业务合作伙伴）这个领域摸爬滚打了十余年。这十余年中，时代变化之剧烈、企业境遇之复杂、组织挑战之艰难已是有目共睹，对 HRBP 的职能定位、系统建构、能力塑造与价值彰显也提出了更高的标准和更高维度的需求。十余年来，我专精于此，不仅在工作中沉淀了大量的经验与教训，也因缘结识了许多业界优秀的同行、导师与朋友，从他们那里得到了许多极有价值的辨析、思考与观点。毫无疑问，这一切都令我受益匪浅，使得我对 HRBP 的认知与实践由点及面、由纵到横、由浅入深。现在，我觉得有把这所有的一切做"抛砖引玉"的必要了。

同道而行，行则致远；征途漫漫，其命惟新。这，大概就是我不揣浅陋写这本书的初衷吧！

HRBP 的三层十二式

业务为本，本立而道生

HR 的发展历程，我们均已耳熟能详，HRBP 则是一个相对"新鲜"的概念。这一概念在中国的落地，是以华为和阿里为典型代表的。华为原本就有从西方咨询公司"学习穿美国鞋"的惯例，借绩效管理变革之际直接上马 HR 三支柱，从业务团队轮岗的一批优秀的管理者走向了 HRBP 一线，快速集结了队伍。阿里的 HRBP 更为东方化，亦称 HRG（HR Generalist），中文俗称"政委"。阿里设置"政委"体系是受电视剧《历史的天空》中东方闻樱和张普景以及《亮剑》中赵刚角色的启发。

紧接着，市场上 HRBP 的热度空前高涨，或是天下的 HR "苦'事务性工作'久矣"，都想着能够创造更大的业务价值，同步实现个人的增值；相关的图书和培训市场也活跃了起来。然而无论是从日常招聘中的面试交流，还是从实际工作场景中的认知和表现来看，大多数 HRBP 依然在做偏流程执行的事务性工作，难以融合 BP 业务性和 HR 专业性的要求，缺乏真正的 HRBP 思维和能力——无论他们是从 HR COE（Center of Expertise，领域专家）或 HR SSC（Shared Service Center，标准服务提供者）转岗而来，还是从业务主管转岗而来。

HR 三支柱模型对 HRBP 的定位和职责进行了定义，然而"众生随类各得解"。本立而道生，HRBP 因何而存在？组织因何而不同？HRBP 的根本和信仰是什么？

我认为 HRBP 的核心理念是——业务为本，从专业到成业，让助力业务打赢成为 HRBP 的信仰。这一理念是 HRBP 内心的笃定，是 HRBP 创造价值的根本源头，是 HRBP 在是非波澜中的锚点。业务为本，业务就是 HRBP 的根。从职能导向到业务导向，HRBP 需要从业务出发开展工作，也需要归依业务来检阅价值。希腊大力神的母亲是大地，他只要一站在大地上就力大无穷，业务就是 HRBP 的大地。

理念需要实力来捍卫

理念固然美好，然而需要实力来捍卫。事实上，无论是 HR 三支柱模型还是各大企业对 HRBP 的期待和要求都是明确的，但总是受限于能力的落差与鸿沟，很少有章法体系和策略路径去帮助 HRBP 达成期待和要求。

HRBP 是否是 HR 的一个分支学科？传统的六大模块是 HR 的通识专业能力，BP（Business Partner，业务合作伙伴）有没有自己独特的专业性？如果有，有没有学习修炼的方法？如果掌握了方法，提升了 BP 的专业性，是否就可以打通从业务到人力资源的全链路思考？

我的回答是：BP 是有专业性的，其核心专业构成有六个。

- 人力资源的系统能力：对人力资源基本模块及整个系统的理解和运用能力。
- 业务理解能力：快速进入业务场域并理解业务的能力。
- 业务翻译能力：在理解业务的基础上所具备的将业务问题翻译为人力资源问题、将业务策略翻译为人力资源策略的能力。
- 系统集成能力：依托人力资源的系统，在理解业务、业务翻译之上科学地解决业务问题的能力。
- 战略规划能力：从业务战略到人力资源战略，通过人力资源战略规划打通业务到组织的全链路的能力。
- 变革管理能力：在企业战略导向下进行管理变革的能力。

这六个核心专业能力，通过有效的方法都是可以快速学习并掌握的。循序渐进的进阶修炼十二式是经实践证明的可行、有效方法。

茶壶里的饺子要倒出来

HRBP 核心专业能力的进阶修炼，仅对其自身的成长和增值有帮助，尚属于劳动的准备过程，此刻对企业而言还未创造价值。HRBP 需要将核心专业能力导流到企业价值创造的主流程和场景中，将茶壶里的饺子倒出来，在实战中发挥能力、创造价值、循环提升能力。

HRBP 支撑一个或大或小的业务团队，麻雀虽小，五脏俱全。创造价值的维度和层次大致可分为基础层、应用层、战略层。每一个层次的具体业务场景中直接的价值创造方式是有共性可供提炼的。

- 基础层：人力资源兜底（Function）组织运作。HRBP 需要负责所支撑业务单元的所有人力资源基础工作，价值常体现在做项目（为业务和战役保驾护航）、促人才（聚天下英才为我所用，内部新生力量快速形成战斗力）、重激励（物质文明与精神文明导向冲锋和可持续发展）上。
- 应用层：人力资源支撑（Support）业务发展。HRBP 需要通过 HR 解决方案来解决业务的核心问题，价值常体现在研发体系的塑造产品力（商业与技术双轮驱动的交汇点）、抓质量（研发的安身立命之本）、提效率（研发的效益之源）、打造竞争力（研发的发展之翼）上，以及销服体系的铸文化（销售的高维打法是输出价值观）、促增长（销售的使命是打胜仗）、保交付（销售的底气来自中后台）上。

- 战略层：人力资源驱动（Drive）业务发展。HRBP需要通过基于业务战略的人力资源战略规划与变革来解决未来的问题，价值常体现在抓机会（战略取舍间的聚焦点）、练内功（打造组织竞争优势）、推变革（加速组织的升级演进）上。

HRBP价值创造的三层是大多数情境中的维度和层次，也因HRBP的段位和企业定位不同而有所不同。在每一个维度和层次里有不同的关键场景，本书所列十三个关键场景是常见的提炼和归纳，因企业和业务单元不同而有所不同。

HRBP的"云、雨、沟"

借鉴华为"云、雨、沟"的管理哲学，下面对HRBP的根本理念、核心能力、价值创造进行统筹思考。云是哲学与管理理念，雨是核心能力、管理与活动，沟是价值创造的主业务流程与场景。

- 云：HRBP的核心理念就是以业务为本，从专业到成业，让助力业务打赢成为HRBP的信仰。
- 雨：HRBP的六项核心专业能力和进阶修炼的十二式，虽然已经具有业务的视角，也有在不同的剖面深入业务去做价值创造的活动，但仍是能力的维度，尚未有端到端的价值创造。
- 沟：HRBP在业务团队中创造价值的三层以及常见的十三个典型业务场景。这是最直接的基于业务视角的价值创造方式，因企业定位、业务单元、HRBP的段位而有所不同。

以纲立基，本书的六个部分概览

HRBP的云、雨、沟，层层递进、逐级升维，是HRBP整个能力体系构建之"纲"。以此纲立基，本书从以下六个部分来展开，如下图所示。

IX

第一部分
从业务中来，到业务中去
（第1~3章）

HRBP的困境、思考、来困
六项核心专业能力及修炼十二式
三层价值创造维度及十三个典型场景

第二部分 基础层筑基
——人力资源兜底组织运作
（第4~6章）

修炼：第一~三式
专题与实践：三个典型基础场景

第三部分 应用层立地
——人力资源支撑业务发展
（第7~10章）

修炼：第四~六式
专题与实践：四个典型产品研发场景

第四部分 战略层顶天
——人力资源驱动业务发展
（第11~13章）

修炼：第七~九式
专题与实践：三个典型战略与变革场景

第五部分 身心灵超越
——HRBP的底层操作系统进化
（第14~16章）

修炼：第十~十二式
专题与实践：三个典型销售业务场景

第六部分 理想照进现实
——HRBP的生存与发展
（第17~19章）

打造高绩效，赢得晋升
认真的人自带光芒

本书结构

- 第一部分为总括，结合我多年的实践、体会、思考和总结，提出关于HRBP进阶修炼的"三层十二式"和HRBP价值创造的"云、雨、沟"框架体系。这也是整本书的思想体系与方法论的提炼与归结。

- 第二部分阐述的是HRBP的基础层工作——从人力资源视角看人力资源，人力资源兜底组织运作。HRBP同步修炼从事人力资源工作的系统能力。这部分内容包括人力资源的系统、系统的基础要素（专业模块合集）、系统的根本要素（社会与人性），以及基础层常见的价值创造的专题和实践——做项目、促人才、重激励。

- 第三部分阐述的是HRBP的应用层工作——从业务视角看人力资源，人力资源支撑业务发展。HRBP同步修炼理解业务、业务翻译、系统集成（解决问题的章法）的能力。这部分内容是HRBP解决业务问题的核心所在，HR解决方案是解题的常见形式，同时也包括应用层常见的价值创造的专题与实践——以研发体系的塑造产品力、抓质量、提效率、打造竞争力为例。

- 第四部分阐述的是HRBP的战略层工作——从人力资源视角看业务，人力资源驱动业务发展。HRBP同步修炼战略规划、变革管理的能力。这部分内容可能仅有较少的HRBP会主导，大部分HRBP应该只是参与其中的局部，但前瞻的洞察和系统的思考在任何时候对我们都是有益的。这部分内容也包括了战略层常见的价值创造的专题与实践——抓机会、练内功、推变革。

- 第五部分阐述的是HRBP身心灵的修炼——结合HRBP工作中必然涉及的人性、组织性和社会性等要素，来观其心智之根、思维之干、言行之果。这部分内容也包括了企业销售板块的价值创造的专题与实践——铸文化、促增长、保交付。

- 第六部分从华为和阿里两家企业关于HRBP的要求出发，谈谈我理解的HRBP的生存与发展，包括如何打造高绩效、赢得晋升发展、获得成长和快乐——毕竟，高绩效和晋升并不是HRBP的终极目标，成长和快乐才是。

每章内容的编排都采用了"论述+专题与实践"的形式。论述是思考、感悟和他山之石，实践是经过时间沉寂、信息脱敏或仅摘取局部的亲历。在回忆和整理的过程中，思绪常将我带回那激情燃烧的岁月，那些场景、那些小伙伴令我魂牵梦萦，喃喃说着"只有经历的人才懂得"的故事。因为华为和阿里越来越走向开放，本书才得以将仍带有企业痕迹的实践案例呈现。载体的表达上使用了较多的图表，我认为PPT就是HRBP输出的"代码"。希望这种丰富立体的表达方式可以帮助读者更好地理解实践背后的逻辑和系统，如果能在实际工作中为人所借鉴，那将更令人兴奋。

HRBP 所有的学习和能力修炼，最终要反映在工作结果上，需要通过业务价值来检验。修炼只是手段，打赢才是目的。业务为本就是要从观念、意识能力、价值创造的主流程和场景上，让助力业务打赢成为每位 HRBP 的信仰。

读者对象

HRBP 是一个角色，也是一种理念。什么样的企业需要 HRBP？简言之，一切有赖于个体激活、群体奋斗、组织塑造的企业都需要 HRBP。需要专职的 HRBP 角色还是 HRBP 理念？因企业规模、业务复杂度、知识密集度和人才丰富度不同而有所不同。一般而言：

- 中大规模企业需要配置 HRBP，以深入组织探温并解决问题，更好地确保上传下达的一致性；而小企业的 HRD（Human Resource Director，人力资源总监）就是 HRBP。
- 具有一定的为客户创造价值的流程深度的企业需要设置 HRBP，以更好地围绕业务流程构建组织，提升组织协同效率；而遵循简单业务流的企业的 HR 应同步具备 HRBP 属性。
- 具有多元化业务、多形态组织、多元化人才（多兵种、多国家、多文化等）的企业需要设置 HRBP 职位，以根据具体的情境采取有针对性的 HR 解决方案，避免"一人生病，全家吃药"的大一统和一刀切，从而提升组织的有效性，支撑具体业务成功；拥有单一业务、单一组织、单一兵种和文化的企业中的 HR 应同步具备 HRBP 属性。
- 知识密集型的科技企业需要自下而上地配置全栈的 HRBP［HRD 和 HRVP（Human Resource Vice President，人力资源副总裁）也是 HRBP］，以打破平衡，更好地激发个体、团队、组织；而劳动密集型的传统制造与服务业等配备具有 HRBP 理念的 HR 专业人才即可。
- 从企业升级进化而言，外部环境充满动荡风险、内部组织寻求迭代升级、技术能力面临范式跃迁的企业需要设置 HRBP 职位，以保障变革并作为组织的"定海神针"快速建立新的平衡，获取新的动能。
- 从管理者角度而言，攻城型的业务主管需要配置 HRBP，以做好组织、人才等的保驾护航；科学家型的业务主管也需要配置 HRBP，以及时补位其不太擅长或无暇顾及的全面管理。

本书既是一本关于HRBP理念和方法论的应用书，也是一本在具体工作场景中可以查阅的工具书。它首先聚焦的是HRBP这个特定群体，而又由于本人"业人一体"的管理理念、业务转岗的履历背景和偏好数理的思维方式，在写作中也考虑了业务管理者和HR的群体需求。

- HRBP：立志于帮助业务团队解决核心问题的HRBP，或有志于向该方向发展的读者。构建HRBP的核心专业能力，及在具体场景中以业务为本的理念、方法论和可参考的实践。
- 业务管理者：科技企业提倡"雌雄同体"的业务管理者，随着数字化转型的推进和To B创业的浪潮，越来越多的企业将成为科技企业，越来越多的企业开始配置HRBP。无论是用人做事，还是做事用人，都需要用到人的"脑"和"心"，"事"与"人"从来都不可割裂，也从来没有纯粹的业务管理或组织管理。业界有"非人力资源的人力资源管理"的赋能与培训，简称"非人"，而我更倾向于将之命名为"业人一体"。正如人力资源管理是项目管理九大知识领域之一，人力资源管理本身也是业务管理中不可割裂的一部分。希望本书能够帮助更多的业务管理者在面对复杂的业务时，用组织和人员管理的视角和手法来丰富自己的思考、直击问题的本质，同时能够与搭档的HRBP有更深入的互动和协同。
- HR：我也希望本书能够给那些以BP视角（以业务为本、面向业务创造价值）开展工作的人带来帮助，包括但不限于HR COE、HR SSC等人力资源从业者。本书内容可能对院校的学生来说有一些遥远，但我也真心希望能够为有好奇心的同学开一扇窗，帮助他们尽早地理解HR在企业里是如何基于业务场景来做出价值贡献的。

据统计，中国的人力资源管理相关从业者有近千万之多。人力资源是组织效能的放大器，从某种意义上讲，这个群体的幸福感极大地影响着企业员工的幸福感，这个群体的价值创造必将通过杠杆效应来驱动更大范围的组织效能。招聘人才的人才要优先招聘，发展人才的人才要优先发展。这个群体的学习和成长，对于打造更高效、更美好的组织无疑有着极大的意义。

致谢

从开始动念到着手写作是一个漫长而艰难的过程，我几乎耗尽了两年来所有的业余时间。在此首先要感谢我的爱人，她的支持和付出为我排除了生活的后顾之忧；感谢我的孩子，她的乖巧和"鞭策"让我马不停蹄，坚持树立一个努力的好榜样。

这本书能够得以出版，要感谢出版社的编辑们。

感谢我的老友谷年松，充当了本书的第一位读者并提供了极具价值的意见，他的思想火花在手稿上跳跃，犹如魔法让一些章节锦上添花。

回首十余年的HRBP之路，我有幸遇到很多领路人。感谢曾点拨我的领导：李山林、赵勇、张伟、李宏伟、汪英、童文红、蒋芳。他们的点拨犹如灯塔照亮夜路，给我前进的方向。

感谢曾帮助我的主管：于勇、武文斌、姚习武、雷波、秦刚、鲁鸿驹、陈杰、如兰、缪伟、方晓敏。他们给予我帮助和磨砺，让我在挫折中再生勇气，在得意中回归修行。

感谢曾包容和信任我的业务搭档及管理团队：吕俊洋、樊斌、戴弘林、田力、朱英明、李峰、高云海、余鹏武、钟天华、徐栋、李津、任庚、马劲、周明、蒋雁翔。犹如高山流水遇知音，与他们酣畅淋漓地并肩作战至今难忘。

感谢让我学习与成长的沃土：华为网络产品线、IP开发部、南京研究所、北京研究所、杭州研究所和阿里云智能等业务团队，以及HR大家庭的小伙伴们。一个初出茅庐的HRBP，犹如一株嫩芽，要敬天敬地敬秋毫。

感谢我曾经的HR团队：华为网络操作系统HRBP部、网络软件平台HRBP部，阿里云智能中国区HR团队、产品管理与解决方案HR团队、基础设施与采购HR团队。与其说我带领团队，不如说我们在共同的经历中互相成就，在挑战中成长，在悲欢中相通。希望他们把我的祝福别在襟上，奋勇向前。

因个人经历与眼界所限，书中内容仅为关于华为和阿里的一个切面，定有不妥或局限之处，欢迎读者一起切磋、交流、指正。书中提出的带着华为和阿里深刻烙印的理念、方法和实践，对于小企业是否适用呢？我想，"道"上都是相通的，"术"要依据具体情境而生发，用理念和核心专业能力的确定性来应对未来的不确定性，这也是HRBP提倡"从业务中来，到业务中去"的初衷吧。雄关漫道真如铁，而今迈步从头越！

目　录

推荐语
前言　让助力业务打赢成为 HRBP 的信仰

第一部分　从业务中来，到业务中去

第 1 章　观察：HRBP 的焦油坑 ····································· *3*

　　第 1 节　日渐边缘化的群体焦虑 ································· *3*
　　第 2 节　HRBP 不能继续躲在专业和流程制度背后 ··············· *6*
　　第 3 节　HRBP 的定位不是"职能"而是"业务" ················ *9*

第 2 章　凝思：不忘初心，从专业到成业 ························· *12*

　　第 1 节　HRBP 是企业值得拥有的"奢侈品" ···················· *12*
　　第 2 节　HRBP 的使命是"成就业务" ···························· *19*

第 3 章　突围：以业务为本的 HRBP 价值创造
　　　　　　三层十二式 ·· *28*

　　第 1 节　HRBP 价值创造三层 ···································· *28*

第 2 节　HRBP 六项核心专业能力与进阶修炼十二式 …………………… 33
第 3 节　HRBP 价值创造的十三个典型场景 …………………………… 35
第 4 节　HRBP 的"云、雨、沟" ……………………………………… 36

第二部分　基础层筑基——人力资源兜底组织运作

第 4 章　第一式：人力资源系统 …………………………………… 40

第 1 节　从时间序看发展沿革 …………………………………………… 40
第 2 节　从逻辑序看框架体系 …………………………………………… 42
第 3 节　专题与实践：做项目——为业务保驾护航 …………………… 48

第 5 章　第二式：人力资源专业模块的合集——系统的基础要素 …………………………………………………………… 59

第 1 节　组织、干部与领导力 …………………………………………… 59
第 2 节　绩效、评议与激励回报 ………………………………………… 73
第 3 节　招聘、发展与员工关系 ………………………………………… 85
第 4 节　专题与实践：促人才——让企业新生力量快速拥有战斗力 …… 95

第 6 章　第三式：社会与人性——系统的根本要素 ……………… 108

第 1 节　人类及社会的演进 ……………………………………………… 109
第 2 节　驱动力 …………………………………………………………… 110
第 3 节　有效激励 ………………………………………………………… 115
第 4 节　绩效管理与心理学效应 ………………………………………… 122
第 5 节　素质、能力与成长修炼 ………………………………………… 133
第 6 节　在解决问题中循环发展 ………………………………………… 138
第 7 节　专题与实践：重激励——物质文明与精神文明导向冲锋与可持续发展 …………………………………………………… 145

第三部分　应用层立地——人力资源支撑业务发展

第 7 章　第四式：业务理解能力——HR 解决方案的前提 ··· *159*

- 第 1 节　理解业务是可以习得的能力 ··· *159*
- 第 2 节　理解业务首先要有对业务理念的认同和战略的笃定 ··· *164*
- 第 3 节　理解业务其次要与业务搭档建立信任关系 ··· *166*
- 第 4 节　理解业务的"五把金钥匙" ··· *169*
- 第 5 节　理解业务的"三域模型" ··· *172*
- 第 6 节　专题与实践：产品力——商业与技术双轮驱动的汇聚点 ··· *175*

第 8 章　第五式：业务翻译能力——HR 解决方案的关键 ··· *189*

- 第 1 节　"科学解题的章法"从概念定义开始 ··· *189*
- 第 2 节　从感知现象到发现问题 ··· *192*
- 第 3 节　从定义问题到设定课题 ··· *196*
- 第 4 节　专题与实践：抓质量——研发的安身立命之本 ··· *202*

第 9 章　第六式：系统集成能力——HR 解决方案的核心 ··· *218*

- 第 1 节　结构化拆解与分析逻辑 ··· *219*
- 第 2 节　大胆假设、小心求证的 V 模型 ··· *221*
- 第 3 节　集成与系统之美 ··· *224*
- 第 4 节　专题与实践：提效率——研发的效益之源 ··· *229*

第 10 章　HR 解决方案七星刀——业务解题的方法论 ··· *242*

- 第 1 节　HR 解决方案的"四阶段七步骤" ··· *242*
- 第 2 节　总结复盘促进认知升级 ··· *247*
- 第 3 节　HRBP 借鉴工具来做"数学题" ··· *251*
- 第 4 节　专题与实践：打造竞争力——研发的发展之翼 ··· *253*

第四部分　战略层顶天——人力资源驱动业务发展

第 11 章　第七式：从业务战略源头出发——方向大致正确 ... *265*

第 1 节　DSTE——统一步调的战略管理流程框架 ... *265*
第 2 节　BLM——统一思维的战略思考方法论 ... *268*
第 3 节　人力资源战略是业务战略的核心组成 ... *273*
第 4 节　专题与实践：抓机会——战略取舍间的聚焦点 ... *275*

第 12 章　第八式：人力资源战略规划——组织充满活力 ... *294*

第 1 节　洞察要求输出智慧的洞见 ... *294*
第 2 节　人力资源规划的"三横三纵模型" ... *297*
第 3 节　专题与实践：练内功——打造组织竞争优势 ... *300*

第 13 章　第九式：组织能力升级与变革管理——增加土地肥力 ... *357*

第 1 节　组织能力——充满魔力的红宝石 ... *357*
第 2 节　变革管理——战略落地的施工图 ... *361*
第 3 节　专题与实践：推变革——加速组织的升级演进 ... *364*

第五部分　身心灵超越——HRBP 的底层操作系统与进化

第 14 章　第十式：认知与底层逻辑——心智之根 ... *387*

第 1 节　熵、耗散、生命与进化 ... *388*
第 2 节　开放、妥协、灰度 ... *393*
第 3 节　"云、雨、沟"的管理哲学 ... *396*
第 4 节　专题与实践：铸文化——销售的高维打法是输出价值观 ... *399*

第15章 第十一式：框架与体系——思维之干 ... 411

第1节 时间维度：流程 ... 411
第2节 空间维度：对象 ... 415
第3节 "以价值链为纲"的管理体系 ... 419
第4节 专题与实践：促增长——销售的使命是打胜仗 ... 423

第16章 第十二式：表达与输出——言行之果 ... 441

第1节 基本元素：词汇与语系 ... 441
第2节 单一线性的口头表达：桩子与推进计划 ... 444
第3节 多元立体的书面表达：图表与金字塔原理 ... 445
第4节 专题与实践：保交付——销售的底气来自中后台 ... 447

第六部分 理想照进现实——HRBP 的生存与发展

第17章 打造高绩效 ... 462

第1节 HRBP 看自身绩效：灯下黑，说不清 ... 462
第2节 HRBP 管理者看下属绩效：我要我觉得 ... 464
第3节 浅谈 HRBP 的"潜规则" ... 469

第18章 让晋升自然而然地发生 ... 472

第1节 华为与阿里的晋升要求 ... 472
第2节 晋升前准备：知彼知己 ... 478
第3节 晋升中答辩：百战不殆 ... 485

第19章 认真的人自带光芒 ... 488

第1节 快乐工作，认真成长 ... 488
第2节 心中有梦，脚下有力：$S = \frac{1}{2}\frac{F}{m}t^2$ ... 492

第一部分

从业务中来,到业务中去

人力资源已发展百年,关于人力资源沿革的表述有很多,但内核大抵相同:从早期人事管理阶段到专业化分工阶段,从战略人力资源管理到人力资本价值管理。人力资源管理跟随时代的跃迁而不断升级,一方面是时代牵引了人力资源的发展,另一方面是人力资源促进了时代的进步。每一个时代都有一些有代表性的管理大师,他们的思想犹如灯塔照亮学术界和产业界。每一个时代也涌现了一批具有时代特征的典型企业,印证了这个时代的管理要义。人力资源的价值与贡献演进如下页图所示。

从知识经济时代开始,人力资源的价值和贡献向支撑最终业务成功转移。人力资源管理的开创者戴维·尤里奇在1997年提出了HR三支柱模型,改变了传统的HR六大模块(人力资源规划、招聘与配置、培训与开发、绩效管理、薪酬福利管理、劳动关系管理)的职能分工,建立了COE(专家中心)、HRBP(人力资源业务合作伙伴)和SSC(共享服务中心)新体系。三支柱模型希望通过企业人力资源组织的能力再造,提升人力资源工作的效能,进而支撑业务和战略。

HRBP的初心和使命是明确的,然而理想很丰满,现实很骨感。HRBP有了指引,但并未有支撑,一路磕磕绊绊,在泥泞中前行。本部分我将从周边见闻出发,来分析HRBP现状与理想的差距,并结合华为和阿里的HRBP实践,提出以业务为本的HRBP价值创造的"三层十二式"方法论。

人力资源的价值与贡献向驱动业务成功演进

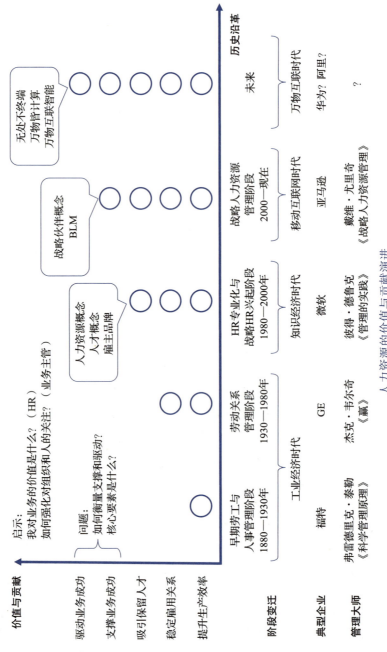

人力资源的价值与贡献演进

第 1 章

观察：HRBP 的焦油坑

软件工程经典著作《人月神话》开篇关于焦油坑的描述给我们留下了深刻的印象：在史前史中，没有别的场景比巨兽们在焦油坑中垂死挣扎的场面更令人震撼了。上帝见证着恐龙、猛犸象、剑齿虎在焦油坑中挣扎。它们挣扎得越猛烈，焦油缠得就越紧。没有任何猛兽具有足够的体能和技巧去挣脱束缚，它们最后都沉到了坑底。这里使用焦油坑来类比软件系统开发。

在笔者看来，这种情况与目前 HRBP 的生存状态何其相似：日渐边缘化的群体焦虑，寄希望于三支柱模型变革，变革后的 HRBP 仍然无法打破专业、流程、制度的藩篱。深处业务一线的 HRBP 的定位不是"职能"而是"业务"。这一切对传统的 HR 和转型探索中的 HRBP 的思维和工作模式都提出了极大的挑战。但是，HRBP 要坚信未来，所有的变化和焦虑都是新时代来临前的阵痛。

第 1 节 日渐边缘化的群体焦虑

横空出世的 HRBP 能承载厚望吗？

或许是人力资源诞生之初的基因使然，在早期劳工与人事管理阶段，人力资源关注简易的事务，在企业里属于价值消耗群体。随着社会和组织形态的发展，以人力资本理论、行为科学等原理为基础，以技术性和模块化的发展和应用为主要特征的 HR 专业化与战略 HR 兴起阶段开始形成。在这个阶段，HR 形成了具有专业基础的职能队伍，可以帮助企业处理一些棘手的问题，如应对政府对企业内部管理的介入和法律法规的要求。HR 成为非业务问题的"麻烦终结者"，但仍然是成本中心和业务附庸。

随着知识经济和移动互联网时代的到来,以企业战略、竞争优势等原理为基础,以人力资源系统支撑企业战略成功和竞争优势为中心的战略人力资源管理阶段开启。为了更好地履行战略 HR 的使命,人力资源的组织和人才也进一步升级。三支柱模型的流行给迷途中的 HR 带来了一丝曙光,高职高薪的 HRBP 岗位吸引了大批从业者,相应的讨论文章和培训开始风靡。HR 三支柱模型如图 1-1 所示。

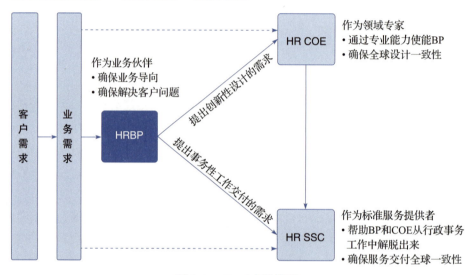

图 1-1　HR 三支柱模型

没有比较就没有"伤害"

光明征程的宏图正徐徐展开,然而我们还是听到不少质疑的声音:有人说 HRBP 是"语言家",只谈感受和想法;有人说 HRBP 是"数学家",指望公式套用就开始做激励;有人说 HRBP 是"哲学家",说起来头头是道却不知如何落地;还有人说 HRBP 是"科学家",看似丝丝相扣的严谨论述却无法触及现实业务的本质。刚刚出生而又承载希望的 HRBP 在企业里究竟可以走多远?

人具有根深蒂固的等级观念,比较是基本的人性。"因出身而敏感"的 HRBP 总会有意无意地进行比较,并在比较中确定定位。以华为为例,单从职能维度来与质量运营部的质量保证(Quality Assurance,QA)进行对比,HRBP 管人,QA 管事,都是业务主流程的左膀右臂,本来各司其职,协同配合,难分伯仲。然而,两者经常会表面和谐却内心较劲,似乎谁也瞧不上谁。在更多的企业里，HRBP与财务被对比，看两者在组织中的位置和话语权，HRBP经常会败下阵来，这或许是因为财务"管钱"，而经营是企业的命脉，重要性自然超过管理；又或许是财务标准的会计准则和专业术语让业务主管感觉晦涩难懂而心生敬意。HRBP设计并知晓企业的薪酬框架和人员的实际水平，经常会不自觉地比较人员招聘情况和薪酬水平，以此来判断企业对人力资源的定位。

人力资源群体里的"思想者"和"觉醒分子"也经常会在网络上讨论这个话题。杰克·韦尔奇曾说，人力资源负责人在任何企业中都应该是"二号人物"。有报告显示，希望成为战略合作伙伴的HRBP，其与CEO的工作紧密度远低于首席营销官和首席财务官。在一些企业里，HRBP并没有进入企业EMT（Executive Management Team，经营管理团队）中；在企业战略规划环节，也未见HRBP的身影，他们只要事后去领任务就好了。久而久之，HRBP嘴上开始自嘲是"表哥""表姐""背锅侠"，深陷事务性工作的焦油坑，但心里仍做困兽之斗。

HRBP因何而被边缘化？

工业时代，机器和资本为主要要素，把人当成机器；而知识经济时代，创新创意为主，人是最核心的要素。为何人力资源从业者一直徘徊在核心决策层的外围呢？

显而易见，原因来自3个方面：一是管理是实践性学科，业务主管在管理场上纵横多年，且大多是因成功而被提拔，已形成一套自己的管理模式；二是HRBP综合能力不足，尤其在专业管理上并没有形成相对势能，无法拓展业务主管的认知边界，无法进行高质量的对话，自然也就无法带来新的价值；三是企业对人力资源体系和HRBP角色的定位较低，"战略性人力资源管理"仅为虚名，实际并未在企业治理和管理流程中赋予HRBP相应的责权利。

鸡蛋从外打破是煎蛋，从内打破是生命。更多资深专家在进行内观自省后，认为大多数人力资源管理者无法最终进入决策层的主要原因是，他们经常表现为流程导向而不是结果导向，专业导向而不是业务导向，管控导向而不是服务导向，方案导向而不是交付导向。

真的是这样吗？如果是，那么然后呢？

 追根溯源，"支部建在连上"奠定了党对军队绝对领导的组织基础，为巩固提高部队战斗力、有效履行使命任务铸就了坚不可摧的战斗堡垒。

第2节　HRBP不能继续躲在专业和流程制度背后

HRBP需要生成关于业务问题的"专业"判断

人力资源管理从人事行政阶段进入专业职能管理阶段后，开始关注人才。HR围绕人才的吸引、雇用、价值发挥，探索并沉淀了大量专业化工具和方法论。人力资源管理的流程和制度成为企业管理中的基本组成。在战略人力资源管理阶段，面临VUCA（Volatile，动荡；Uncertain，无常；Complex，复杂；Ambiguous，模糊）的世界，并没有一招鲜的人力资源管理。

业务主管在面对问题时，首要想到的是解决问题、拿到结果，为此不惜打破必要的规程。作为搭档的HRBP发现，仅靠"律法条文"已无法达成目标；且HRBP的初衷是紧贴业务来提供价值，因此势必要打破传统的流程和制度的壁垒，实现裁剪、整合、穿透。最后HRBP在权衡下靠自己生成了一个"专业"的判断，进而提供一个关于业务的"综合"解决方案。

因此，面对更丰富的业务、更多元的群体、更业务性的视角，HRBP还能像传统HR一样继续安全地躲在专业、流程和制度背后吗？答案是不言而喻的。

然而在很多场景下，我们看到不少HRBP依然躲在流程和制度的背后，也听到不少业务主管吐槽"他们好像对结果并不关注，只是想把流程走完"。为什么会形成这样的局面？原因不外乎环境和能力都停留在"惯性的延长线"上。对于传统的人力资源专业模块而言，HRBP需要依托专业而非固守专业，认同专业而非迷恋专业。甚至，在HRBP的视界里，专业需要被重新定义，并不是传统的专业职能，而是融合了人力资源专业性和业务性之后的综合的洞见和判断。

对HRBP的认知依然停留在专业化的惯性延长线上

在十余年HRBP的履职实践及与学术界和企业界的交流过程中，我发现业界同行的关注点虽有不同，但大多数话题依然是基于人力资源专业视角的，前沿的研究探索也大多聚焦在某专业职能领域的深入精进上。

例如，某知名商学院博士生关注的话题：
- ❏ 从人力资源管理的角度看，哪些行为或成果被认定为创新？
- ❏ 如何管理创新？即这些创新由谁来评价？评价的标准是什么？如何评

价？如何激励？
- 对于团队的领导有没有创新上的考核？考核的内容和标准是什么？如何考核？
- 从人力资源管理的角度看，关于团队的管理，最重要的是什么？最难的又是什么？

又如，某大型集团公司 CXO 团队及下属企业领导层关注的话题：
- 多元化的集团公司如何进行创新激励制度、研发投入比重、薪酬激励的设计？
- 如何针对研发、运营、创新等不同类型业务进行差异化的绩效考核（含指标设置方法、衡量标准和绩效结果的使用）？
- 如何推动员工将"要我做的事"变成"我要做的事"，进而提高员工的主观能动性？
- 如何进行人才数字化转型？

从示例来看，行业内不少组织对 HRBP 的认知依然停留在传统的专业化惯性延长线上。学界缺乏具体的业务场景实践，并且倾向于关注经过归纳和提炼的内容。企业高层在与 HRBP 对话时，"充满好意"地把业务的外衣脱掉了。或许是因为交流时间的短暂，他们归纳并提炼了关注的话题，令其看起来更像一个人力资源问题，而不是更需溯源的业务问题。这里面有资源（时间）所限的不得已，也有大家对"HRBP 的业务性到底如何把握"的不确定。

离开具体的业务场景来谈人力资源问题，仅能得到概括性的答案，这并非 HRBP 的强项，也不是设置 HRBP 的初衷。即便在交流过程中夹杂一些具体的实践案例，器物层的东西也很难直接借鉴。实际上从源头出发，围绕目标企业的某一具体业务问题展开思考和讨论会更加有效，但付出的成本会很大，首先要解决大量的背景信息对齐问题，还要有一套共识的语言体系，这在某种程度上无异于一个咨询项目的工作量。有时，这种成本无法回避，因为 HRBP 需要真正解决业务难题，不是依靠方法论来坐而论道。

业界环境更多地聚焦在传统的人力资源专业模块上，这对 HRBP 潜意识中的发展起到潜移默化的作用。解决具体的业务问题具有"不可谈论性"，传统 HR 专业积累却可以让 HRBP 在职场上寻得高薪酬。实际上，解决业务场景化的问题和精进传统 HR 专业已经成为两个方向，HRBP 不能妄图以 COE 的方式来看待自己。

HRBP"业务解题能力"的诉求和企业"无能可赋"的矛盾

从能力的角度来看,三支柱模型指明了方向并进行了顶层设计,阐释清楚了"为什么"(Why)和部分的"是什么"(What),但对"怎么做"(How)并未涉及。一音而说法,众生随类各得解,各企业的 HRBP 建设开始百花齐放。即使作为三支柱的先行者,华为和阿里关于 HRBP 的工作指导文件也依然无法逃脱惯性定势,体现了浓郁的模块职能味道,分章阐述组织管理、员工生命周期管理、薪酬福利、人才发展、组织文化和员工关系,实际上是一个"HR 专业职能的入门版合集",对如何进行"业务解题"并未提及。

然而一线 HRBP 对能力提升的诉求是具体而严峻的。在交流互动的时候,他们很少谈及基础性的人力资源工作,而是在如何深入理解业务、与业务主管高质量对话、挖掘业务深层次需求等方面存在困惑和焦虑,即关注"业务解题之惑"。

例如,某集团公司一线 HR 团队交流和关注的话题:
- 我是文科生,支撑研发团队,怎么深入业务并积极、主动地为业务创造价值呢?
- 在同业务主管深入沟通、挖掘深层次需求和对 HR 诉求方面,有什么案例或经验可以分享?
- 如何在做好海量基础性工作的同时,让自己有提升、有成长,不断积累和提升职业能力?
- 在 HRBP 自我提升、学习方面有什么好的学习途径、平台可以分享和推荐?

HRBP 工作在业务战场,除了兜底所负责业务单元的所有基础性人力资源工作外,更具价值的是提供基于业务问题的 HR 解决方案。作为先行者的华为和阿里的 HRBP 仍面临"业务解题之惑",推及其他企业就可想而知了。

HRBP 成长的基本矛盾是其强烈的"业务解题能力"的需求与企业平台仅能提供"HR 专业职能"赋能之间的矛盾。"基础性人力资源工作"是明确的,其能力可以经过培训和辅导进行提升;"基于业务问题的 HR 解决方案"是多变的,其能力的提升存在显著挑战。这其中重要的原因是"赋能的前提是有能可赋",显然大多数企业并没有。

HRBP 在"是什么"和"怎么做"方面的部分缺失,也正是当前不少企业和专家不断探索的地方。他们中有的致力于在 HR 专业职能合集基础上构建系统,有的大力推进 OD(Organization Development,组织发展)专业和手法,有的通过优秀实践分享推动举一反三，有的依靠"悟性"而野蛮生长。其基本假设是，只要勇于应对挑战，在不断摸索、碰壁、返工中 HRBP 总会自我成长。

第 3 节　HRBP 的定位不是"职能"而是"业务"

HRBP 与主业务流程的成败高度绑定

每个组织都有对"职能"和"业务"的定义，有的通过成本中心和利润中心进行区分，有的通过组织、规划、管理、执行进行界定。而我认为，在企业价值创造的主业务流程中承担重要职责并且其目标和评价与主业务流程的成败高度绑定的单元都是"业务"。如此一来，区分职能和业务变成了一种理念及其背后的行动和结果。理念代表定位，定位决定心态，心态影响行动，行动产生结果。

HR 自诞生以来就是企业中一直存在的一种职能。作为 HR 分支的 HRBP，看似天然就是一种职能。但事实并非如此，因为 HRBP 的初衷是"支部建在连上"去助力业务成功。HRBP 的目标和评价与所支撑业务单元的主业务流程的成败高度绑定，因此 HRBP 定位是业务而不是职能。

我此前所带领的 HR 团队中汇聚了来自五湖四海优秀的 HRBP，但他们的理念和风格截然不同，那是经历所留下的烙印。他们入职之初会问到，组织如何看待一些度量指标，如岗位满足率、离职率、组织氛围分数、绩效管理满意度、组织健康度等；在制定绩效目标时会问到，如何衡量一个 HRBP 的绩效，有哪些统一的、可比较的标准，有哪些可量化的指标等。显然对于这种专业职能的思维和问题，我只能回答，"都是也都不是，都对也都不对"。HRBP 要从业务搭档所处的层次来审视自己的工作目标和结果。比如基层管理者可能聚焦在如何获取优秀人才，构建良将如潮的三支队伍；中层管理者关注的是如何解决业务（研发或销售等）面临的问题，提升组织效能；高层管理者更多思考的可能是如何抓住战略机遇，改变格局，在竞争中胜出；创始人团队则一直在努力建立一个优秀的企业，实现永续经营、基业长青。

业务搭档对 HRBP 的诉求已经很强烈，因为他们正面临着巨大的挑战，所以希望 HRBP 与自己一起并肩作战。HRBP 面临的典型业务问题是可以提炼出共性的。

- 比如研发团队可供提炼的共性问题：提升产品质量和稳定性，提升人效，提升产品差异化竞争力，支撑商业目标达成……

□ 比如销售团队可供提炼的共性问题：达成业绩数字目标并为明年铺路，提升客户覆盖的广度、深度、高度，提升客户满意度、留存、履约、复购，拿下项目……

HRBP与业务搭档深度绑定，并肩作战解决问题，达成最终的业务核心目标，这才是HRBP作为"业务"的担当。HRBP从业务中来，是信息和体感从业务中来，诊断和问题从业务中来，信任和力量从业务中来；HRBP到业务中去，是举措到业务中去，价值到业务中去，温度到业务中去。

所有"职能部门"都是"业务部门"

我与业务搭档的共识是，在一个事业部内，无论是HR、运营、财务、项目管理、品牌市场，都不是职能部门而是业务部门，不是职能导向而是业务结果导向。职能部门容易出现很多不良表现，比如对部门和领导负责，而不对客户和业务负责，守规矩以免被惩罚；对过程和规则负责，而不对目标负责，追求过程的五星胜过结果的零星；明哲保身，在结合部的模糊地带使用打乒乓球的工作方式；回避矛盾，或把问题简单上交。

把自己定位成职能岗位，眼睛里只有专业的人可能是没有发展前途的。我经常看到为专业而生的人有一种通病：规划时夹杂专业上创新的私货，决策时给出所谓的专业意见而又不敢拍板（虽然在有些场景下拍板也没有用），执行时只盯着流程完成规定动作而不管业务结果，遇到问题时义正词严地"说不"。定位为职能的人在工作时最欠缺的是成就业务的使命感和责任感（Ownership），"一切为了业务、一切为了胜利"变成了安慰剂。定位为业务的人"宁为循吏，不做清流"，即使在"说不"之后，也能够冲锋在前，想方设法地去完成最终目标。

用业务的定位和视角更好地理解组织

当HRBP把自己定位成业务后，不仅能够更好地履行自己的使命，而且能够清楚地鉴别出那些尚停留在"职能"思维的人。比如HRBP在与新成立的品牌市场团队讨论时，发现对方张口是PR（Public Relation，公共关系传播）文章、高校合作，闭口是市场活动、大赛组织……同时绩效目标和衡量标准也都是从文章、活动等的数量和满意度上着手。即使没有品牌市场的经验和外部指导，HRBP也能明显感受到这不符合业务导向的定位，并能通过自己的理解来谈论品牌市场团队的核心方向和价值是"转化",要从结果衡量上向内看价值驱动,向外看市场表现,如图 1-2 所示。

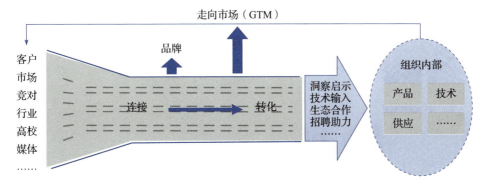

图 1-2　HRBP 理解的品牌市场部的业务价值

第 2 章

凝思：不忘初心，从专业到成业

HR 三支柱模型通过 HRBP 和 COE 来提升效能，通过 SSC 来提升效率。对于大公司而言，由于组织规模较大、财力雄厚，其可以通过组织结构的调整进行三支柱的探索和尝试，这是较佳的实践路径。因为从外显的组织结构开始区分，更清晰的组织职责和角色定义有助于成功转型。对于众多中小企业来说，HRBP 是一件"奢侈品"，虽心神往之，但因规模较小、财力不足，大多采用兼岗的形式或者小马拉大车，久而久之成了依葫芦画瓢，只落得个形似。

HRBP 的初心是为了更紧密地支撑业务成功，HRBP 是一种角色，更是一种理念。HRBP 的核心理念就是成就业务，通过深入一线的工作作风和从基层看效果的工作方式，来实现面对不同客户群的价值主张。

第 1 节　HRBP 是企业值得拥有的"奢侈品"

战略人力资源管理聚焦企业战略和竞争优势，HR 三支柱模型在 21 世纪初期进入中国，华为和阿里在 2005～2010 年开始 HR 转型，不过也才十余年的时间。更多的企业在 HR 转型过程中从一开始的雄心勃勃和寄予厚望到最后的水土不服而变革受阻，其中既有文化、理念的因素，也有能力、流程与组织的原因，正如"幸福的家庭都是相似的，不幸的家庭各有各的不幸"。

从配置和管理来看 HRBP 是企业的一件"奢侈品"，但从预期产生的价值上来看值得拥有。特别是随着社会和技术的发展，以云计算、大数据、人工智能为代表的技术将重构千行百业。在企业数字化转型浪潮中，所有的企业都将成为技术企业，未来的挑战有多大，卓越的 HRBP 的价值就有多大。

企业高层对人力资源工作寄予厚望

企业人力资源管理的基础是专业，但其核心思想来自企业文化与价值观。而一个企业的创始人和核心管理团队会将其思想注入企业的文化系统。人力资源管理（特别是 HRBP）要真正深刻地理解企业管理系统，除了书面上的表征之外，还需要去探寻创始人和核心管理团队思想源头的大江大河。

任正非曾在不同的场合反复说过，华为公司的成功是人力资源的成功。但是 HR 不要因此而自喜，因为这里所谓的人力资源的成功，并非主要归功于 HR 体系，虽然 HR 体系是其中的关键要素之一。在很多人眼中，任正非是华为真正意义上的人力资源管理一把手和首席架构师。他的哲学思想、战略耐性以及对人性的深刻理解，让他总是能够关注到用合适的方式来激发个体的能量，并将该能量导入设定的关键任务中以推进战略的实现。激发能量是"利出一孔"，导入战略是"力出一孔"。任正非最为关注的是公司机制，在《星光不问赶路人》的讲话中，他如此表述对人力资源的期望：

我们的人力资源政策，要胸怀宽广，敢于启用优秀的员工，要坚决引进比自己更优秀的人。要不断激活我们的组织，提升有贡献的员工，组成合成的生力军。加强主官、主管的末位淘汰，激活组织的潜能；加强专家的纵向流动，使专家一方面吸收宇宙真气，一方面接地气，再纵向循环选拔优秀的，使专家保持旺盛的进取能量。员工的横向流动有利于评价系统的综合平衡。

要允许员工在内部有序合理流动，充分发挥他们的潜能，充分发挥导师制，让高人指点的引导方式成为一种习惯，让年轻人早点担当使命。让一些退休的高级干部及高级专家给天才、高潜力的人做个人辅导，包括人生指导、技术指导、架构理解指导。我们要继续招募优秀应届生、卓越的科学家、天才的少年一同来参战，要继续激活全体员工的潜能，这种合力是不可估量的。公司并未到生死关头，不需要将血烧热来炼钢。要沉着镇静，平平静静地干好本职工作，按部就班地前行。

公司所有一切要继续正常运转。在未来3～5年我们的薪酬结构不会变化的原则下，激励优秀员工加速进步。在待遇政策不变的基础上，晋升机制逐步优化，素质要与贡献结合起来考核，坚持在战火中选拔优秀员工的路线不动摇。宰相必起于州郡，猛将必发于卒伍。这次几百名高级干部自愿降级，就说明我们这个队伍是好的。

阿里的发展依仗的是使命、愿景、价值观，以及有着坚定信仰的合伙人和践行文化的员工队伍。阿里 HR 的战略使命是让每一个加入阿里的人成为更好的自己，成就生生不息的阿里。阿里最关注的是人，内部文件中曾提到：

> 阿里巴巴的第一产品是什么？就是人，人不变化，人不进步，公司是不可能进步的。我自己认为阿里巴巴 HR 的战略使命应该是这么一句话，应该"让每个加入阿里的人成为最好的自己"。这个人原来看就是一个普普通通的人，但是到了阿里巴巴以后，我们把他变成不同的人，他从来没有想过自己可以变成这样的人，他可以做成这样的事情。我们的文化、我们的制度、我们每一次的"折磨"、我们每一次的磨难、我们每一次的变革、我们每一次的成绩、我们每一次的眼泪，都要让进入阿里的这个人成长起来，让这个人与众不同。
>
> HR 要花更多的时间在招聘上，找那些善于学习的人、聪明的人，既有情商、爱商又有智商的人。多花时间在训练上面，训练出一套与众不同的方法，最重要的训练，就是经受各种各样的挫败、失败。我很希望阿里巴巴招进来的员工是乐观主义者，乐观主义非常关键，但不是盲目乐观。盲目乐观者缺乏逻辑思考，如果他进行逻辑思考以后依旧乐观，此人一般是不错的。
>
> HR 不是要转型，而是要升级。HR 的升级路径：我们要务实，我们要有理想，我们要坚持有结果，我们要坚持有创新，渐渐形成公司的体系。未来 HR 的竞争是对于人的成长培养方式的竞争、文化的竞争。我希望阿里巴巴三十周年的时候，我们的 HR 体系、文化和组织成为当时整个全世界优秀公司可以去学习分享的经典。

此处的节选只是示意，在不同的阶段，面对不同的情形，类似的讲话还有很多，核心目的就是希望人力资源能够通过各种举措来保障企业的个体赢、组织赢、业务赢。华为和阿里的人员规模均已接近 20 万，体量庞大，业务复杂。企业高层的讲话精神如何落地变成了一件极具挑战的事情，首先精神不能直译为政策，其次同样的精神在不同的业务单元有不同的贯彻。如何统一而多元，避免"一抓就死，一放就乱"，这就需要 COE 和 HRBP 的协同配合。HRBP 要学会读文件，而不是读文字，对正在发生的事情和声音保持高度的敏感，从企业高层对人力资源工作的原始期望中读出精神内涵，读出与自己的关系，然后结合所支撑业务单元的实际情况和面临的问题，策划并实施定制化的方案。

数字化转型浪潮带来新的挑战和机遇

从消费互联网到产业互联网

知识经济时代，互联网开始崛起；21 世纪以来移动互联网随着智能终端的普及而高歌猛进，席卷全球。互联网初始主要做连接和匹配，留下了免费、烧钱、眼球经济、流量为王的形象，广告、游戏、电子商务成为最早的商业模式。

2012年，"互联网+"理念提出。2014年，首届世界互联网大会提出，互联网是"大众创业、万众创新"的新工具。彼时，业界对于"互联网+"还是"+互联网"还存在不同的解读，"+"号的位置代表了是从互联网向传统的觊觎和颠覆，还是从传统向互联网的拥抱和转型。传统行业的从业者普遍坚信"汽车首先是汽车，豆腐必须是豆腐"，互联网说到底还是局限在数字世界。

2017年，"数字化转型"代替了"互联网+"，数字经济与传统行业达成了某种平衡。2018年，首届数字中国建设峰会开幕中提到，信息化培育新动能，新动能推动新发展，新发展创造新辉煌。经过前期探索和市场培育，加之2020年的疫情影响，数字化已成为社会发展的主要驱动力，数字化转型成为全社会的共识。

数字化转型给企业带来深刻变革

数字化转型的核心是数字化技术与产业的深度融合。在数字经济时代，互联网是基础设施，数据成为新的生产资料。以数据为驱动的数字经济将在以往消费侧和营销侧数字化的基础上，进一步触及企业的核心业务。数字化转型是通过数字化技术及其能力的加持，重构供给侧与生产侧业务系统，从而构建更具创造力的数字化商业实体。

伴随着工业化、城镇化、信息化三化融合，中国的数字化在不知不觉间已立于世界潮头。以往的互联网企业逐渐向制造、医疗、交通、新能源等领域渗透，弥补自身在行业积累上的不足，增强服务行业客户的能力；同时从商业模式和应用创新向技术创新迈进，开始做深基础的战略方向，向芯片及系统等硬核技术栈纵深发展。传统企业也开始逐渐引进数字化技术，借助云计算、大数据、人工智能、AIoT等能力来重构业务系统，以深挖客户价值，重构企业流程，提升交付服务，应对竞争中的挑战，驱动企业创造新价值。

数字技术与传统行业的深度融合带来生产效率的提升和生产模式的改变，成为产业转型升级的重要驱动力。正如我们已经看到的，"数字政府"正在构建更好的城市治理和公共服务的智能基础设施，"最多跑一次"背后是民生服务的透明、便捷、高效，是改变求人办事的新风气。"智能制造"向着全流程自动化、数据智能化的方向发展。工业大数据（工业大脑）和工业互联网（AIoT）的融合、数据的打通让柔性生产和良品率提升成为可能。2021年中国企业500强榜单中，有249家是制造企业，智能化成为企业制胜的关键。"智慧农业"让这个最为传统的行业不再仅仅靠天吃饭和依赖于个体经验,大数据采集温度、湿度、光照、土壤等环境参数,结合专家知识库自动开启和关闭相应设备,使得农业实现了从"面朝黄土背朝天"到"面朝屏幕背靠数据"的生产力大发展。

企业变革给人力资源带来巨大挑战和机遇

国家"十四五"规划和 2035 年远景目标纲要中指出的"加快数字化发展,建设数字中国",就是要充分发挥海量数据和丰富应用场景的优势,促进数字技术与实体经济深度融合,赋能传统产业转型升级,催生新产业、新业态、新模式,壮大经济发展新引擎。数字经济与传统行业之间形成交叉融合、和谐再造的局面,数字世界与物理世界从相互独立走向深度融合的大时代。

企业的深刻变革也给人力资源工作带来更大的挑战和机遇。数字化转型对企业核心业务进行了重新定义,首先是理念的转变和体系的变革,其次新的产业生态、新的生产模式意味着新的变革领导力、新的组织形态与管理、新的复合型人才素质模型,最后还需要打造与之适配的新文化体系。

未来的企业再没有科技企业与传统企业的区别,时代呼唤具有伟大格局的领导者和更加敏捷的企业管理。作为最早诞生于大型科技企业的 HRBP,在探索中逐步成长起来,并以巨大的辐射效应带动千军万马上战场。任重而道远的 HRBP 在广阔天地里必将大有作为。

HRBP 将成为卓越企业的标配

企业设置 HRBP 要"舍得"投入

HRBP 扎实的专业功底和较强的综合素质,是与业务搭档直接对话的基础。不合适的 HRBP 不能与业务搭档进行深度对话,话题的粗浅意味着知识的贫乏、能力的拙劣和思维的混沌。企业需要有成功经验的 HRBP,或具有培养潜质的人。他们或来自有扎实专业功底的 COE(具有 HR 专业模块的优势,仅需提升业务短板),或来自有丰富管理经验的业务主管(具有业务管理的优势,仅需提升 HR 专业短板)。特别需要说明的是,转岗的业务主管应该在此前的同仁中处于中上等水平,而不是"因为业务做不好,所以转岗 HRBP"。否则,小则降低人力资源的价值定位和从业人员水准,大则将会倍减业务全局的组织效能,因为人力资源是组织的驱动器和放大器。

理想中的具备 HRBP 素质模型的复合型人才极为稀缺,这就直接导致 HRBP 的岗位职级和薪酬包越来越高。有些企业在设置 HRBP 岗位后,不加甄别地直接从原 HR 团队或业务团队平调人才到岗，或以普通的薪酬水平外聘不能胜任的候选人，导致出现小马拉大车的局面。

HRBP 是企业的奢侈品，除了 HC（Head Count，编制人数）和薪酬的原因外，还因为 HRBP 的设置增加了管理的复杂度。首先是 HR 体系的组织切割和运作的成本会增加，其次是 HRBP 和业务搭档的合作关系将涉及企业治理架构和管理机制的调整，涉及责权利的再分配。无论是变革、改良还是走上轨道后的日常运作，三支柱模型的投入成本都是不可忽视的。因此，企业要慎重考虑投入成本和预期收益，再决定是否设置 HRBP，一旦决定设置，就要投入匹配。

卓越的企业需要卓越的 HRBP

为什么说卓越的 HRBP 值得拥有？答案必定是收益大于成本。理想中的 HRBP 具有"既要、又要、还要"的能力，他们既要具有商业的敏感度、理解业务的能力，又要具有 HR 的专业能力、组织与协调能力，还要能够将之整合起来系统思考并进行解决方案的设计和实施。在数字化转型的当下，HRBP 还要有创新的精神和数据分析的能力。

HRBP 是一件组织利器，单独看已具有潜在价值，如果再能与环境相匹配，将其能力导出到价值创造中，则能获得更大的收益。一般而言，集团军作战形式的大规模企业或特战队作战形式的精兵化中小企业，配置卓越的 HRBP 将获得良好的收益，并直接反映在商业结果上。业务越复杂、发展越快、挑战越大、变革越艰难的企业，也越需要卓越的 HRBP。事实上，对于一般的中小企业而言，未必需要配置专职的 HRBP 队伍，因为 HRBP 是一种角色，更是一种理念，将 HRBP 的理念贯彻到当前的管理者和 HR 团队，同时通过绩效行为的实际改变而在工作中产生效果，也是大有裨益的。

未来的中国市场优势巨大，也将产生更多的卓越企业。中国的市场优势体现在 14 亿人体量的整体而统一的市场，相比整个欧洲市场都具有体量优势；中国也是世界上最稳定的国家之一，中国体制发挥的优势让政治和社会稳定，也让政策和规划稳定，五年规划、2035 年目标都可以制定；中国在基础设施上的投入巨大，过去 20 年基础设施的投资超过欧美总和；城镇化规模前所未有，超过欧美总和，成为拉动世界经济的重要引擎；中国对新技术和开放创新的渴望也是极强的。崛起的中国会催生卓越的企业，卓越的企业需要卓越的 HRBP，卓越的 HRBP 促进企业更卓越，两者互相成就。HRBP 对企业的价值贡献取决于企业根据业务特点进行的顶层设计，而不是放任 HRBP 自由发挥，否则一块金子可能也只用作了桌腿垫。

HRBP 价值创造的主航向取决于其定位

卓越的 HRBP 能够帮助企业创造何种价值，我们可以从华为和阿里的 HRBP 角色模型中得到启发。但是在近乎完美的全方位角色模型中，各个企业最看重的又是什么呢？不同的企业对 HRBP 的定位不同，企业还是需要根据自身需求进行 HRBP 的角色模型设置。比如华为和阿里 HRBP 的角色模型与定位如图 2-1 所示。

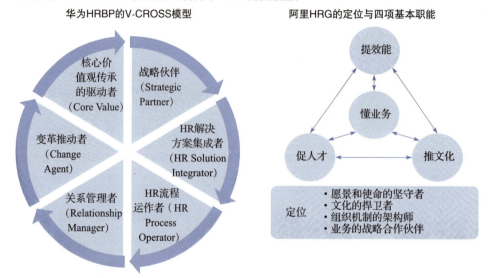

图 2-1　华为和阿里的 HRBP 角色模型与定位

华为成功要素有三：一是选择并聚焦足够大的赛道；二是要充分竞争且有足够高的进入门槛；三是需要群体奋斗。华为正是因为以高新技术为起点，着眼于大市场和大系统，才形成了集团军的组织形式。在华为 HRBP 的 V-CROSS 角色模型中，"Strategic Partner（大 S）"和"HR Solution Integrator（小 S）"是极其重要的，强调了战略合作伙伴和 HR 解决方案集成，这两项也是华为 HRBP 取得高绩效和晋升的关键。

阿里是一家使命驱动的公司，使命、愿景、价值观不仅驱动阿里走到今天的规模，也在历次生死存亡的抉择中发挥了巨大的锚定作用。在阿里的 HRG 角色模型中，愿景和使命的坚守者、文化的捍卫者是极其重要的，这两项是阿里的 HRG 能够生存的底线。

HRBP 价值创造的方向取决于企业给予其的定位。以企业文化为例，华为和阿里都是强文化公司，为何文化价值观在 HRBP 的角色模型中的排序不同呢？这与两家公司的业务形态相关。

华为最早进入的是运营商市场，这是高技术门槛、人才密集型、大投入、长周期行业，客户数量有限且均为 KA（Key Account，重点客户）。客户、友商、合作伙伴有限，同时又是以技术制胜，员工的商业弹性和权力寻租空间比较小。信奉"以客户为中心，以奋斗者为本，长期坚持艰苦奋斗"的文化和价值观，更多是一种对内的群体要求。并且华为依靠强大的流程与体系化建设，已经将文化和价值观融入日常的业务流中，一般照章办事即会比较平稳，因此 HRBP 的首要选择是帮助企业解决业务问题。

而阿里最早进入的是电子商务市场，从 B2B 到淘系的每位小二都与商业有着千丝万缕的联系，同时各业务单元小巧灵动，是一个自闭环，以探索和创新制胜，所以员工的商业弹性和权力寻租空间比较大。信奉"让天下没有难做的生意"和"六脉神剑"的文化和价值观，更多是一种与个人和他人的连接和共处，是一种对内的倡导和个体要求。因为创新和业务快速发展，互联网企业也相对缺少流程化与体系化的建设，"犯错"的概率较大，因此 HRBP 的首要选择是帮助企业看护组织。

由此也不难理解两家公司 HRBP 汇报关系的差异。华为的基层 HRBP 向上汇报给 HRD，而 HRD 汇报给上一级的业务主管，HRD 与 HRVP 之间只是虚线汇报关系。阿里的基层 HRG 向上汇报给 HRD，HRD 向上汇报给 HRVP，最后"直达天听"。前者更有利于在业务单元成合力解决业务问题，后者更有利于在企业内看护组织。

第 2 节　HRBP 的使命是"成就业务"

HRBP 的初心是紧贴业务，提供综合性的 HR 解决方案来解决业务问题，从而促进业务成功。对于 HRBP 而言，最基本也最核心的是有一颗成就业务的心，也就是有把自己当作"业务"而非"职能"的担当，即当责。为此，HRBP 需要权衡多方客户的利益，并始终把重心放在成就业务上。和传统的 HR 不同，HRBP 必须要深潜业务一线，洞悉需求本质，根据客观实际提供定制化的 HR 解决方案以解决特定的问题，并用基层的实际效果来检验成果。

初心与当责：首要的是有一颗成就业务的心

HRBP 成就业务的心体现为当责

不少行业资深专家认为，HRBP 能否做出价值，最终归为两个要素：一是能否深入业务洞察客户需求，二是能否以专业能力创造价值。HRBP经常面临极复杂的全局性问题，既需要智慧也需要勇敢，既消耗脑力、体力也消耗心力。上述两个要素中的关键字"能否"，既表达出能力问题，也体现出意愿和驱动力问题。意愿来自信心，信心来自能力。扎实而出众的能力固然难得，但使命带来的担当更加可贵。

人力资源管理的演进已将HR从早期的纯粹执行者变成了中期的专业人员，以及现在的业务伙伴。业务伙伴要从专业走向成业，HRBP首要的是有一颗成就业务的心。人力资源管理的演进方向如图2-2所示。

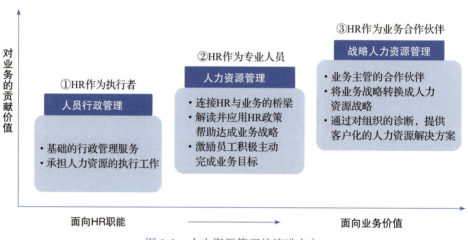

图2-2 人力资源管理的演进方向

成就业务的心让HRBP定位成业务而非职能。职能负责，业务当责；负责是承担起基本的责任，而当责是主动承担、当仁不让。定位决定地位，定位激发当责；HRBP在很多组织里被定义为"二把手"，事实上我更愿意称之为组织中分管人力资源工作的"一把手"。HRBP要像"一把手"一样去前瞻和从全局思考问题，像"一把手"一样去排除万难，争取胜利。HRBP只有在和业务搭档一起决策的时候才退回"二把手"。

当责的HRBP在工作中具有强烈的使命感，承担起所负责业务单元人力资本增值的责任，坚持业务导向、交付和服务导向、结果导向，不是只做例行的或上级交代的偏执行的事情，不认为把本来该做好的工作做得不出纰漏就应该获得高绩效。

当责是高绩效文化的真谛和终极目标。他们深入一线，识别客户真正需求；他们不简单僵化执行政策，而是用心识别、激励真正的奋斗者；他们提出自己的洞见，面对质疑，能够挺身而出，勇敢坚持原则；他们面临压力，主动拓展，历经磨砺，拿到结果。当责需要"三远三近"：离领导远，离会议远，离听取汇报远；离客户现场和业务现场近，离同仁和周边协同近，离员工工作和思想动态近。

HRBP作为组织机制的架构师，不仅个人在意识层面敢于当责，在能力层面善于当责，也需要在组织层面营造人人当责的氛围，促使整个组织把业务做好，把队伍带好，最终把客户服务好。

HRBP是否当责的灵魂三问

检阅HRBP是否当责最重要的是从业务出发，看业务结果。直击是否当责的灵魂拷问有三个。

- 拷问一：你做的这些工作，就事论事，单点结果怎么样？
- 拷问二：这项工作解决了什么问题？
- 拷问三：你解决了这个问题，那又怎么样呢？然后呢？

灵魂三问采用的是倒叙方法。如果从正向逻辑来看，HRBP成就业务的"局"就显现出来了。三个拷问背后隐藏的核心如下。

- 拷问三隐藏的核心：你的业务领域的未来趋势是什么？你的逻辑大图是什么？
- 拷问二隐藏的核心：在这个大图里，你要解决的核心问题是什么？你的策略和抓手是什么？
- 拷问一隐藏的核心：你通过什么关键举措解决了这些核心问题？解决的结果怎么样？

To B或To C：令人纠结的客户选择

人力资源体系的六大客户群体

华为、阿里的文化和价值观中都谈到"以客户为中心""客户第一"，那么HRBP的客户是谁呢？这是每个组织中人力资源体系都必须深入思考和回答的问题，也是每个HRBP经常会提出来探讨的一个话题。HRBP的一大挑战就是客户太多了，在有些场景下客户彼此间的价值主张还存在冲突和矛盾。人力资源体系的客户群体及其价值主张如图2-3所示。

HRBP经常被问起或探讨这个话题，并非他们不知道纸面上客户的定义，而是他们一定是在现实中遇到了复杂的场景。在这些场景中，HRBP要想剥茧抽丝找到好的解题办法，是需要从"客户是谁"这个源头问题出发来梳理思路的。人力资源工作中的很多挑战其实都源于要在冲突和矛盾中权衡、取舍、决策，从"道"上说要抓主要矛盾和矛盾的主要方面，但从具体落地场景来看并非易事。HRBP无法做到左右逢源，倒是经常会显得左右不讨好，因此容易陷入焦虑和纠结之中。纠结是最耗能的事情，但是欲戴王冠，必承其重。

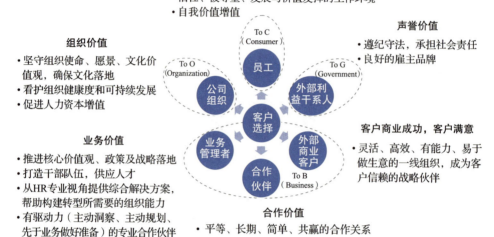

图 2-3　人力资源体系的六大客户群体及其价值主张

To B 或 To C 源自 HRBP 内心的基本假设

人力资源体系的六大客户群体可归纳为 To G、To O、To B、To C。HRBP 经常遇到的场景是 To B 和 To C 的权衡较量，有时是要解决冲突与矛盾，有时是要决定自己的精力分配。为此，我比较过华为和阿里的 HRBP 在人力资源工作上的异同，他们分析问题的角度和投入精力的分配呈现出截然不同的风格。两者差异的表象是话语体系、词汇逻辑、问题的着眼点不同，实际上是长期以来定位和思维的差异形成了各自的风格。风格没有优劣，但都是工作在自己惯性的延长线上，既是一种舒适区，又源自他们对人力资源的基本假设的差异。

人的聚合有三层：个体、群体、组织。人力资源诞生之初更多是为了解决人的个体问题，后来开始加入关系和连接，研究并解决群体和组织的问题，如图 2-4 所示。

有的 HRBP 主要精力分配在个体和群体层面，关注的是 To C 的人力资源工作。他们的基本假设是，人是人力资源工作的源头，人是组织里的决定性因素，因此要关注人，围绕并聚焦于人开展工作。To C 风格的 HRBP 关注个体，时间和精力大部分用在与人的沟通上。他们总能敏锐地捕捉每位员工的情绪异动，掌握其思想动态，从而帮助其解决问题。他们能够花费整个下午的时间与员工喝咖啡、聊天，或者在园区里无主题地散步交流。他们是员工的知心朋友。

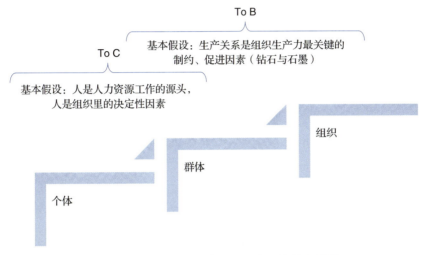

图 2-4　To B 或 To C 源自 HRBP 内心的基本假设

有的 HRBP 主要精力分配在组织层面，关注的是 To B 的人力资源工作。他们的基本假设是，生产关系是一个组织生产力最关键的制约和促进因素，因此要关注组织，围绕并聚焦于组织生产关系开展工作。他们信奉"即使是石墨，也会因关系结构改变而变成钻石"。To B 风格的 HRBP 关注组织，时间和精力大部分用在思考组织的职责定位和 KPI（Key Performance Indicator，关键绩效指标）、关键角色的责权利、组织间的协同配合关系。他们甚至会与质量运营部门合作，或者协助业务流程负责人来设计优化流程。他们也会花费时间在员工的沟通上。除了关注员工之外，他们更多会"带着目的和主题"，希望在沟通中发现问题、分析问题并寻求启发、建议。他们是业务搭档的得力助手。

To C 和 To B 都是 HRBP 需要分配精力的工作维度。但在实际工作中，每个人因个人特质、能力和经验不同，往往会表现出不同的倾向。建议 To B 风格的 HRBP 不要过多地想用机制去解决个体的问题，To C 风格的 HRBP 也不要过多地想用"聊"去解决组织问题，所有的 HRBP 都要能够用职业化心态、用感性去看待问题，用理性去分析和解决问题。HRBP 在这两个工作维度没有明显的短板即可，如果有，可以修炼改进，也可以通过团队分工来打配合。HRBP 关注的工作结果也是两类：一是 To C 的培育更好的人；二是 To B 的搭平台、建机制，构建更好的组织能力。

组织的探针：深潜一线闭环问题的工作作风

三支柱模型诞生之前，人力资源工作常被诟病的地方在于"HR与业务两张皮""衙门高高不接地气"。HRBP把"支部建在连上"，脚沾泥手沾土，从而让HR体系有了更多的烟火气。HRBP深潜一线业务现场，成为组织的探针，建立起组织的神经系统，并现场解决问题。"一线"并非完全指代组织架构中的最基层组织和区域化的分支机构，也指代业务活动直接发生的一切地方。

深潜一线的HRBP需要关注公司政策和例行工作在基层落地的实际效果，解决政策和方案在基层水土不服的问题，探测组织的温度。基础性工作需要夯实并持续累积进步，这些工作未必瞩目，却是组织运作之基，需要保持在高水平状态，不能有短板或缺位，更不能有错误。基础性工作同时需要积累、总结，不断提升效率和效果。HRBP可以从三个抓手来推进工作在基层的落实，一是从遗留问题来跟踪闭环人力资源的工作，二是以人力资源评估报告来驱动各业务部门闭环工作，三是以重点项目的阶段性回顾审视（Review）来驱动业务战役与人力资源工作的协同闭环。

深潜一线的HRBP还需要主动发掘工作机会，成为富有创造力的个体。机会从问题和麻烦中来，HRBP需要对现象和问题保持敏感，在一些看似"熟视无睹"的日常现象背后找突破，比如员工经常性的加班和"救火"现象、人才获取难却不断流失的现象。HRBP不能放过基层的每一个抱怨，不能忽视业务主管的每一个呼声，这些都是潜在的工作机会点。同时，HRBP需要理解多做一些事情的目的是让业务团队的工作更简化、更快速、更聚焦，不能因为自主发掘工作机会反而增加了业务团队的负担。如果HRBP总能够针对业务痛点找到解决方案，让问题闭环，那么工作将更具成效。

度量的悖论：HRBP的交付件和作品观

评估HRBP的工作成效是管理的一大难题

"没有度量就没有管理，没有管理就没有结果。"然而HR的工作成效就很难度量，HRBP的工作更是如此。比如有人说招聘是人力资源工作中比较容易度量的工作了，从级别看质量，从HC看数量。这个说法对于招聘COE而言，虽然不十分精准，但有一定的可度量和可比较性。但是对于HRBP的招聘工作，我们就不能这么简单地度量了，因为HRBP工作的源头和结果都要归结到业务。对于HRBP而言，招聘只是其补充或提升组织能力的一个途径。HRBP使用3B方法

（Build，构建；Borrow，借用；Buy，购买）中的任何一个途径或组合都要进行综合考量，最终也要以是否消除了组织能力差距为衡量标准，而如何衡量是否消除了组织能力差距，要看起初的业务目标是否达成。

为了尽可能地度量和评估 HRBP 的工作成效，有一些企业陷入了度量的泥潭，希望实现一个完美建模的 HR 数据看板（如绩效管理满意度、组织氛围活力值、人才到岗率、人才流失率等）；也有一些企业采用最简单粗暴的做法，将业务是否成功作为 HRBP 工作成效的衡量。两种极端都不可取，度量的泥潭显而易见，但将业务结果和 HRBP 工作成效的评价深度绑定也是一种管理上的懒惰，因为我们通常无法鉴别出 HRBP 的工作成效与业务的最终结果之间的关联度。业务成功了，HRBP 是否为此提供了独特的价值？业务失败了，HRBP 是否就没有为业务注入价值？业务成功或失败的要素归因繁多，有的业务是"插根扁担都开花"，搭档的 HRBP 可能因此而躺赢；有的业务是"洗盐碱地"，搭档的 HRBP 可能已经帮助其"从非常差变成了比较差"或者使其"软着陆地走向失败"。

还有一些企业寄希望于"群众的眼睛是雪亮的"，从同行互评和员工访谈中得到关于 HRBP 工作成效的评估。这种做法作为一种补充是可以采纳的，但如果权重过大也是不够客观公正的，因为每位 HRBP 支撑的业务都有其独特性，当期需要的解题方案也并不相同，一千个人心中有一千个哈姆雷特；加之 HRBP 客户的多样性，客户的权重也很难确定。

通过 HRBP 绩效导向来牵引取得预期结果

对 HRBP 进行数据化的、绝对公正的评价，即使对于华为和阿里也是一大难题。所幸的是，我们知道公正的评价并不因量化而显得更加客观，每个组织都在不断摸索中形成了一套自己适用的衡量方法，虽有"漏洞"，但也切合组织的实际需求。更重要的是，这对 HRBP 形成了一种导向和牵引。

比如某组织对 HRBP 工作形成了三个导向和三个结果。三个导向是结果导向、经营导向、组织导向。结果导向是明确 HRBP 为业务团队的什么结果负责；经营导向是有主动经营的意识和行为，通过流程、机制、工作平台来驱动庞大的组织运转，而不是一件件事、一个个人的纯粹单点的推动；组织导向是凡事有策划、凡事有组织、凡事有结果，不因个体而阻滞工作的开展，使得组织健康有序地运行。三个结果是业务结果、HR 度量看板、HRBP 品牌和口碑。业务结果和 HR 度量看板如上文所述。HRBP 品牌和口碑则是在解决业务问题之余，借船出海，能够有 HR 解决方案创新和实践的总结，以便充实 HR 的组织资产和提升 HR 的组织能力。

对于 HRBP 工作的过程度量和结果衡量，所有的方法都没有对错，只有恰逢其时和恰逢其势。

HRBP 应关注核心交付件并树立作品观

我认为 HRBP 要区分手头的过程性工作和结果性工作，衡量 HRBP 工作的标准就是业务结果，所以 HRBP 要找到影响业务结果的人力资源的关键交付件。比如软件能力是一个业务结果，工程师文化是形成业务结果的一个内核要素，是人力资源的关键管理对象。软件能力提升的工作可以由业务主管来负责，但工程师文化必须由 HRBP 来负责，因为工程师文化涉及价值评价和价值分配，离开了这个价值链，人力资源就没有价值了；HRBP 工作在工程师文化上，但关键的交付件还是最终的软件能力。再比如人才结构是一个业务结果，人才争夺战是一个过程性的措施。业务主管可能不太关注人才争夺战中的细节，但他会特别关注人才结构。HRBP 工作在人才争夺战上，但关键的交付件还是组织最终的人才结构。

从品牌口碑出发，HRBP 要有作品观。你雕刻的作品是什么？这是对 HRBP 提出的终极问题。

什么可以称为作品？作品是一件经过不断切磋琢磨、反复咀嚼淬炼以致日臻完善之后存留下的独立而完整的东西。它在日常工作和交流中适时出现，动人心弦。你可以观察、欣赏、把玩其中的立意、构思、过程、细节，如同欣赏一幅字画或一件瓷器。

什么可以称为 HRBP 的作品？HRBP 的作品可以有很多种类，比如基于对 HR 专业的理解和掌握，解决了一个单点的小问题，并总结出来的 Tip（提示）和 Trap（陷阱）；或是一个综合性的 HR 解决方案，里面彰显了 HRBP 对问题的本质洞察、深度思考和一般归纳；或是一个越来越好的人；或是一个充满活力、能打胜仗的组织等。对于作品观，HRBP 需要具有匠心精神，对一个单点问题的处理不仅要取得好的结果，还要能够归纳出一般方法。不是见招拆招、"乱拳打死老师傅"，而是"有章法、有机制"地形成组织能力和流程机制，让组织脱离自己也能够继续运转。

HRBP 雕刻作品要历经四个层面

HRBP 想要雕刻好作品，必须以终为始、知行合一。有的 HRBP 经常处于做了某件事或某个动作的层面，离核心交付件和作品还有不小的距离。雕刻作品一般会经历四个层面，每个层面带来不同的结果，如图 2-5 所示。

- "我想"层面：一般是有想法没行动。如果是头脑风暴或漫谈规划，这个层面是合适的；但如果随着时间的流逝，一件工作一直停留在"我想"

层面,那么HRBP会被认为是语言的巨人、行动的矮子。比如新员工已经入职三个月,你还在说"我想采用双导师制,以便于在新员工的业务工作和文化适应上两手抓"。

- "我做了"层面:一般是有行动没结果。如果是在整体结果较好的前提下,这个层面是合适的,因为这属于补充细节,描述结果背后采取了何种策略和行动。但如果没有达到整体结果,还停留在"我做了"层面,那么HRBP会被认为只关注动作而不关注结果。业务搭档会认为你的定位仍然停留在"职能"上,你是站在外围敲边鼓的,而不是并肩作战的。更糟糕的情况是,如果整体有负向的结果,HRBP会被认为是在"甩锅找理由"。

- "我做到"层面:一般是有行动有结果。至此,HRBP算是到了一个比较不错的层面,既有过程也有结果。正因为HRBP的工作弹性较大且很难度量,能够以核心交付件的思维来考虑工作的产出,必定会受到业务搭档的认可。核心交付件是一个泛化的概念,不是过程动作,而是从业务结果一端向人力资源一端"回看"核心关注,至于回看的深度依具体情境而有所不同。比如一次招聘的核心交付件是符合期望的入职候选人,全年招聘的核心交付件是符合预期的人才结构,一次战略规划的核心交付件是一份最终达成共识的文件,一个绩效管理周期的核心交付件是管理有素的主管、专业精进的员工、以结果为导向的高绩效组织,一个领导力研讨班的核心交付件是满足了业务需求的干部队伍。

- "我做好"层面:不仅有行动、有结果,还通过雕琢打磨形成了作品。如同作品会被传播一样,HRBP的作品沉淀在组织中,持续发挥价值,历久弥新。温情只可解决个体问题,机制才能解决组织问题。HRBP工作中最好的作品是通过"搭平台、建机制"而带来的结果和价值,因为这意味着不仅取得了当期结果,还推进了组织能力的提升,助力业务持续打赢。

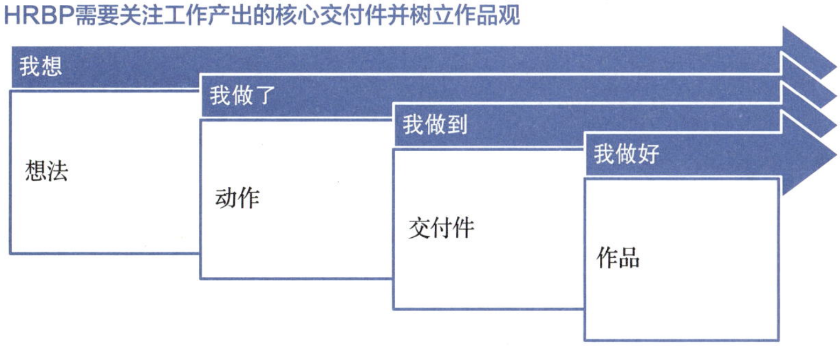

HRBP需要关注工作产出的核心交付件并树立作品观

我想 / 想法 → 我做了 / 动作 → 我做到 / 交付件 → 我做好 / 作品

图2-5 HRBP雕刻作品要历经四个层面

第 3 章

突围：以业务为本的 HRBP 价值创造三层十二式

HRBP 作为所负责业务单元的人力资源一号位，肩负着重大的使命和责任。HRBP 既要兜底组织运作所需的基础性工作，又要贴近业务解决问题，还要前瞻性地构建面向未来的组织能力。如此重大的使命和责任，HRBP 如何能够承担？如何能够通过系统的修炼达成组织的期待？

HR 三支柱模型是对人力资源体系的变革，但其本身并未指明转型的路径，目前市面上也并无体系化的赋能内容，企业大多处于一种探索式的野蛮生长状态，这倒是促进了 HRBP 的百花齐放。源于笔者在华为和阿里 HRBP 岗位的长期实践和思考，本章尝试首先对庞杂的 HRBP 工作进行分层，继而剖析每层工作所需要构建的 BP 核心专业能力，最后用循序渐进的系统过程来描述 BP 核心专业能力的修炼路径。

第 1 节　HRBP 价值创造三层

从基础到应用，从应用到战略

无论是 HR 三支柱模型的初衷，还是企业高层的要求、业务团队的期待，核心目的都是希望人力资源工作和业务工作形成"一张皮"，以兜底组织运作，提升组织效能，支撑业务成功。由此，我认为 HRBP 的价值创造可以分为三个层面，如图 3-1 所示。

第一层是基础层，即所负责业务单元的所有人力资源基础工作。该层的特点是从人力资源视角来看人力资源工作，聚焦解决的是基础性的 HR 问题。这也是传统的 HR 专业流程在业务单元中的执行落地，如招聘调配、绩效管理、学习与发展、员工关系等。基础层之于组织，犹如健康之于人，是所有工作的1。

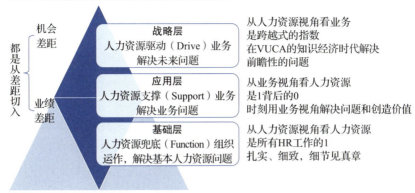

图 3-1　HRBP 价值创造的三个层面

HRBP 在基础层开展工作，专注于精准招聘、团队管理、组织文化的事务性工作。其功力见于扎实、细致、细节之处见真章，如沟通访谈有台账，摸清员工的思想动态并解决其个人问题，同时还能够有意识地在日积月累的信息中剥茧抽丝地提炼共性问题并解决之。如同检验一个厨师的水平高低，有时无须看高端的食材和花样，只需一碗蛋炒饭。

第二层是应用层，即基于业务问题的综合性 HR 解决方案。该层的特点是从业务视角来看人力资源工作，聚焦解决的是业务问题。这也是 HRBP 最具价值的地方，比如优化组织与流程来提升效能，降低软件产品上线的缺陷率，提升销售额中公共云的占比等。应用层是 1 背后的 0，具有 10 倍的放大效应。

HRBP 在应用层开展工作，专注于业务的解题，并用业务视角来检阅人力资源创造的价值。基于业务问题的 HR 解决方案思考链路一般为（1～3 为组织诊断，4～7 为 HR 解决方案）：

1. 繁杂的声音、数据和平时观察；
2. 剥茧抽丝后的共性问题，发现与洞见；
3. 定义问题；
4. 深挖根因；
5. 解决方案与关键举措；
6. 实施策略与执行落地；
7. 效果评估（针对问题而非举措）与固化（针对解决方案和举措）。

对于应用层的工作，其功力见于逻辑和全链路的思考。如果没有全链路的思考，HRBP 会发现最终所做的关键举措要么太虚，比如宽泛的新员工培养、干部培养话题，放之四海而皆准；要么看不到 HRBP 的价值，就事论事单点看"关键措施"挺好的，但因为没有瞄准根因去对症下药，回头一看业务问题依然存在。

第三层是战略层，即基于业务的人力资源战略规划与变革。该层的特点是从人力资源视角来看业务，聚焦解决未来的问题。这是 HRBP 成为战略性 HRBP 必须要有能力和精力去投入的地方，如人力资源深度参与业务战略规划工作组，共同讨论输出业务的战略规划，并同步输出相匹配的人力资源战略规划。在有些场景中，业务战略其实并不清楚，只有大概的方向，这时战略性 HRBP 需要从未来整体业务的发展来看当下人力资源最重要且马上需要去做的事情，以便提前进行相应的组织布局和人才储备，使得组织能力先于业务准备好并具备条件（Ready）。战略层是一个指数，具有指数级的放大效应。

HRBP 在战略层开展工作，专注于未来的组织能力布局。面向未来的人力资源战略规划的思考链路一般为：

1. 业务的战略或模糊的方向；
2. 承接业务的组织能力需求（B 点）；
3. 当前的组织能力现状（A 点）；
4. 外部洞察（如何从 A 到 B 的参考）；
5. 从 A 走向 B 的整体方案和路径（即人力资源战略，包括组织、人才、激励、文化氛围等内容，但表达维度未必是按照模块化的形式）；
6. 实施策略与执行落地（包括应对变革阻力的方法及阶段性评估）；
7. 效果评估（针对组织能力差距（Gap）的补齐而非举措）与固化（针对解决方案和举措）。

对于战略层的工作，其功力见于前瞻性和广阔的视野。如果功力所限，HRBP 所做的规划可能仍然是面向当下的解题，加上组织布局和人才储备周期较长，具有一定的迟滞性；HRBP 会发现自己永远落后于业务，疲于应对当下，导致业务错失战略机会。

将主要精力投放在业务的解题上

支撑一家企业或独立经营单元的 HRBP，将同时面临三个层面的人力资源工作。配备下属的 HRBP 可以通过分工来决定精力投入的方向，但是大多数 HRBP 将大部分精力消耗在基础层的人力资源工作上，并因此疲于奔命，鲜少有精力顾及应用层和战略层的工作。我们一般希望 HRBP 的精力分配是一个纺锤形结构，即将主要的精力放在应用层的解题上。

HRBP 喜欢沉浸在忙碌的快乐中吗？HRBP 何尝不想去做业务解题或匹配战略的工作，这才符合业务伙伴之名。导致这种局面出现的原因无外乎三个：一是企业对 HRBP 的定位存在问题，二是 HRBP 自身的能力、工作方式和习惯所限，三是 HRBP 自身在组织中所处的位置较低。

企业应给予 HRBP 合适的定位并提供资源支持

如果企业最大的诉求是希望 HRBP 去兜底所有的人力资源基础工作，那么在配置和资源上的支持自然有限。如果定位如此，那么企业就违背了 HRBP 设置的初衷，可能是企业的人力资源管理尚处于专业化阶段导致的。我建议处于该阶段的企业不采用 HR 三支柱模型，而是集中资源将人力资源的专业职能做强。专心建设职能模块，反而可以发挥集中力量办大事的优势，比将 HRBP 散落在各业务团队的效果更明显。

如果企业的人力资源管理能力已经比较强，那么企业就需要给予 HRBP 明确的定位和资源支持，包括人员的配置和中台建设。比如通过 SSC 的建设或给战略性 HRBP 配置低级别的助理专员来分流更多的事务性工作，比如通过完善 HRIS 体系和智能化工具的方式来解放 HRBP 的双手。

HRBP 要深刻理解自身定位和核心价值

HRBP 的定位是所支撑业务团队人力资源工作的一把手，核心价值在于业务的解题。有的 HRBP 受制于经验，停留在舒适区，靠惯性工作，倾向于做明确的事而不是正确的事。有的 HRBP 在岗位上存在不安全感，认为忙碌能填补空虚、消除迷茫，认为忙碌能体现个人价值，从而不自觉地让自己陷入低水平的重复性劳动，沉浸在忙碌的快乐中而不自拔。

HRBP 意识的转变是一种认知和思维的转变，需要其主管给予点拨和要求，同时也需要提升相应的能力。我在接手一个新的 HRBP 团队时，都会澄清自己对人力资源工作的理解和定位，以便于 HRBP 能够心中有数，让双方理解、标准和行动都保持一致。如果 HRBP 将主要精力投入基础层的工作，是达不到组织期望的；但如果基础层工作没有做到位而将心思放在应用层或战略层，也是一种好高骛远的表现。

HRBP 要从重复性烦琐事务中抽离

HRBP 需要自己解决好时间和精力分配的问题。HRBP 的很多工作是持续、系统性的，我们关注的组织能力建设、体系与机制建设、领导力与人才发展都不是一蹴而就的事情，因此需要有规划、有策略地去开展，而不是止步于"应对性的一次性交付"。比如 HRBP 被要求今天交新员工培养计划，明天交领导力专班方案，后天交组织能力建设规划，如果我们在述职时就能够系统地思考和规划人力资源的全盘工作，那么即使面对不同的"作业"，也能够快速地从整体方案的某个"剖面"入手拼接出上级需要的"作业"。这样的工作方式或许最初的效率不如那种一次性的应对，但是随着积累和复用，整体效率会越来越高。更为重要的是，方案是完整和延续的，而不是今天推翻昨天，明天又是新的应付。但这样的工作方式依赖于 HRBP 的前瞻性思考、系统的分析和解题能力。

HRBP 还可以统筹安排一些事务性工作的时间。比如预约一名员工访谈，今天访谈的主题是了解新员工培训培养，明天想要了解激励现状，后天是做管理诊断。这样重复性的访谈，既是对员工的打扰，也是一种时间的浪费。如果在访谈之初有一些策划或前瞻性思考，HRBP 可以有意识地设计访谈提纲，把各个维度的访谈分门别类地记录整理下来。当再有新需求的时候，就能够快速地找到相关资料，然后查漏补缺就可以了。

在行为的转变上，HRBP 还要学会赋能管理者并借助组织的力量，而不是让自己成为保姆和监工。个人行为改变本质的期望有两点：一是提升效率，可以将时间用在更有价值的工作上；二是从基础的事务性工作中发现解决方案的机会。

HRBP 要为在组织中所处位置的提升做准备

有的 HRBP 深陷基础层事务工作的漩涡，并非上述定位等问题所致，而是由其岗位所处的位置决定的。一般而言，支撑一线业务团队的 HRBP 更多的是在基础层执行。他们一般都是经验并不丰富的独立贡献者，终日面对大量一线员工的各种问题，做着最基础的实操性事务。

支撑一个完整的经营性组织的 HRBP 更多的是在应用层思考。他们一般会成为一名 HRBP 管理者，带领若干一线 HRBP 或助理专员，通过排兵布阵和工作分解、分配，让自己专注于思考组织的经营问题，抓经营、提盈利、保交付、促满意。他们大部分时间是与业务管理团队在一起，面对组织的各种业务问题讨论解决方案。很明显，他们的绩效和价值与业务组织的经营结果是强绑定的。他们聚焦在当下之战。

支撑一个企业或事业群的 HRBP 更多是在战略层思考。他们一般是企业或事业群的人力资源一把手，设计整体 HR 体系的组织和分工。他们更多地关注市场、关注趋势、关注客户、关注竞对（即竞争对手）等，留更多的时间和精力面向外部、面向未来，通过前瞻性的组织布局和人才储备来驱动业务的发展。他们聚焦在未来之战。

企业对不同位置的 HRBP 有不同的侧重要求，也会配置差异化的资源，这是可以理解的。有时我们看到上级的高屋建瓴，或许并非其强大的前瞻性、全局观，而是位置不同看到了更大的业务范围，获得了更全面和精确的信息。正如人工智能的训练需要不断地投喂数据一样，一线的 HRBP 也需要在履行个人职责之余，主动承担上一层级的工作，这样可以得到更多的信息和锻炼机会，为向上一位置迈进做好准备，在挑水的同时打井。

第 2 节　HRBP 六项核心专业能力与进阶修炼十二式

HRBP 的六项核心专业能力

HR 的专业性体现在传统的六大模块上，可以不断精进深入，代表角色是 COE。HRBP 是否有专业性呢？在大量的工作实践和思考后，我们可以肯定地说，HRBP 也是有专业性的。HRBP 的专业性是为了更好地履行使命，全力为业务创造价值。HRBP 的专业性体现在有助于打通从业务到人力资源全链路，主要包括六项核心专业能力，如图 3-2 所示。

从 HRBP 价值创造的三层来看，基础层的工作价值创造需要 HRBP 掌握人力资源的系统。这是对人力资源六大模块的鸟瞰式熟悉以及对整个系统的理解和运用。切记是人力资源的系统，而不是六大模块简单堆砌的合集。

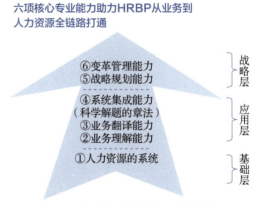

图 3-2　HRBP 的六项核心专业能力

应用层的工作价值创造需要 HRBP 具备业务理解能力、业务翻译能力、系统集成能力，即解决业务问题的章法。业务翻译能力是将业务问题翻译为人力资源问题的能力，解决问题的章法是从发掘现象到定义问题、从分析根因到提供系统集成的 HR 解决方案的方法论。

战略层的工作价值创造需要 HRBP 掌握战略规划能力和变革管理能力。战略规划能力是站在未来看现在，从业务战略到人力资源战略的全链路思考能力，有时候甚至需要驱动业务战略的生成；变革管理能力是在企业战略指引下进行管理变革的能力。

六项核心专业能力的进阶修炼十二式

结合价值创造的三层而归纳出来的 HRBP 六项核心专业能力是一个庞大的系统，如图 3-3 所示。基础是本，犹如根系；解题是核心，犹如主干；战略是向阳

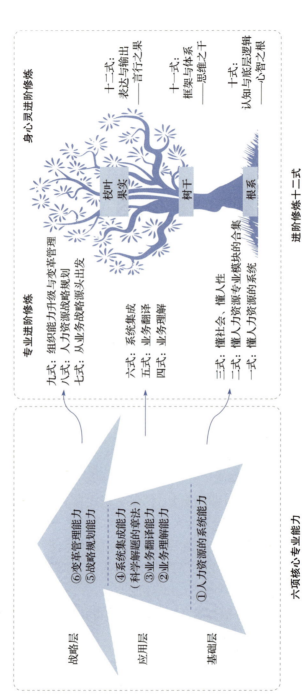

图 3-3　HRBP 六项核心专业能力的进阶修炼十二式

生长，犹如枝叶。能力的修炼和进阶是一个认知结构迁移的过程，我们可以从十二个招式来修炼。

基础层的核心目的是兜底组织运作。HRBP需要解决所支撑业务单元的基本人力资源问题，需要修炼的是人力资源的系统能力。因为人力资源工作涉及社会、组织、人性，所以除了懂人力资源的系统（一式）外，还需要同步懂系统的要素。懂人力资源专业模块的合集（二式）是懂系统的基础要素，懂社会、懂人性（三式）是懂系统的根本要素。

应用层的核心目的是支撑业务。HRBP需要解决业务问题，理解业务是翻译业务问题的前提，定义问题是翻译业务问题的结果。业务翻译能力即发现和定义问题，系统集成能力即分析和解决问题，共同构成科学解题的章法。所以我们需要修炼业务理解（四式）、业务翻译（五式）和系统集成（六式）这三个能力。

战略层的核心目的是驱动业务。HRBP需要解决未来的问题，需要修炼的是战略规划和变革管理的能力。人力资源战略规划必定从业务战略规划出发，并最终落地在组织能力的升级上，组织能力的升级要靠变革管理来保障。所以，我们需要从业务战略源头出发（七式），规划人力资源战略（八式），实现组织能力升级与变革管理（九式）。

第一至九式是结合业务场景的专业进阶修炼，是HRBP外显的能力体现。因为HRBP的工作具有特殊性，需要强大的身心灵修炼，犹如内功浑厚，才能招式有效。HRBP也需要修炼认知与底层逻辑（十式）、框架与体系（十一式）、表达与输出（十二式），如同一棵树的吸收系统、加工系统、输出系统。

丹尼尔·平克在《驱动力》里提到，专精是把想做的事情做得越来越好的欲望，对专精的追求是我们内驱力中非常重要、但经常隐匿起来的一部分。专精是由心流（Flow）开始的，只有投入才能带来专精。让我们一起开始HRBP专精的修炼进阶之路。

第3节　HRBP价值创造的十三个典型场景

HRBP核心专业能力的进阶修炼仅对其自身的成长和增值有帮助，尚属于劳动的准备过程，此刻对企业而言还未创造价值。HRBP需要将核心专业能力导流到企业价值创造的主流程和场景中，将茶壶里的饺子倒出来，在实战中发挥能力、创造价值、循环提升能力。

HRBP支撑一个或大或小的业务团队，麻雀虽小五脏俱全。基础层、应用层、战略层中都存在典型的业务场景，其"直接的"价值创造方式是有共性可供提炼和归纳的，如图3-4所示。

- 基础层：人力资源"兜底"（Function）组织运作。HRBP需要负责所支撑业务单元的所有人力资源基础工作，价值常见于——做项目（为业务和战役保驾护航）、促人才（聚天下英才为我所用，内部新生力量快速形成战斗力）、重激励（物质文明与精神文明导向冲锋和可持续发展）。
- 应用层：人力资源"支撑"（Support）业务发展。HRBP需要通过HR解决方案来解决业务的核心问题，价值体现在研发体系的塑造产品力（商业与技术双轮驱动的交汇点）、抓质量（研发的安身立命之本）、提效率（研发的效益之源）、打造竞争力（研发的发展之翼）上，以及销服体系的铸文化（销售的高维打法是"输出"价值观）、促增长（销售的使命是打胜仗）、保交付（销售的底气来自中后台）上。
- 战略层：人力资源"驱动"（Drive）业务发展。HRBP需要通过基于业务战略的人力资源战略规划与变革来解决未来的问题，价值常体现在抓机会（战略取舍间的聚焦点）、练内功（打造组织竞争优势）、推变革（加速组织的升级演进）上。

HRBP价值创造的三层是大多数情境中的维度和层次，依据HRBP的段位和企业定位不同而有所不同。每一个维度和层次里有不同的关键场景，此处所列十三个关键场景是常见的提炼和归纳，因企业和业务单元不同而有所不同。

第4节　HRBP的"云、雨、沟"

借鉴华为"云、雨、沟"的管理哲学（将在第14章介绍），我们对HRBP的根本理念、核心能力、价值创造进行统筹思考。云是哲学与管理理念，雨是核心能力、管理与活动，沟是价值创造的主业务流程与场景，如图3-5所示。

- 云：HRBP的核心理念就是以业务为本，从专业到成业，让助力业务打赢成为HRBP的信仰。
- 雨：HRBP的六项核心专业能力和进阶修炼的十二式，虽然已经具有业务的视角，也有在不同的剖面深入业务去做价值创造的活动，但仍是能力和专业的维度，尚未形成端到端的价值创造。
- 沟：HRBP在业务团队中创造价值的三层，以及常见的十三个典型业务场景。这是最直接的基于业务视角的价值创造方式，又因企业定位、业务单元、HRBP的段位不同而有所不同。

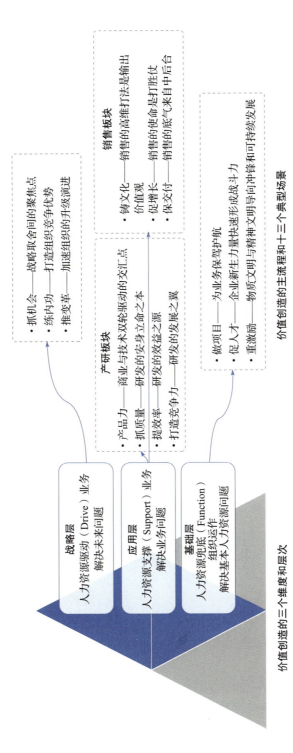

图 3-4 HRBP 创造价值的主流程和十三个典型场景

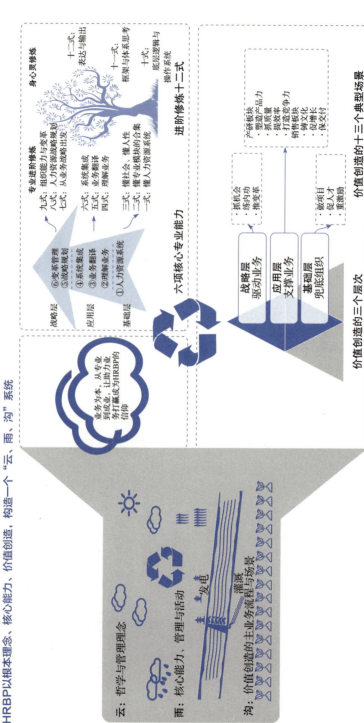

图 3-5 HRBP 的"云、雨、沟"

第二部分 ▶▶

基础层筑基——人力资源兜底组织运作

基础层的 HRBP 价值创造在于解决基本的人力资源问题，目的是兜底组织运作。HRBP 隶属于 HR，在基础层的修炼里首先应该打下扎实的 HR 专业基础，但是此基础与传统 COE 不同，其核心要义是厘清和掌握人力资源系统。在一个业务团队的具体场景里解决人力资源问题，往往是系统性工程。HRBP 只有掌握了人力资源系统，看清系统的要素以及彼此的关联，才能形成基于场景的专业判断并切实解决问题。

HRBP 的专业能力体系包括 HR 通用专业和 BP 核心专业。HR 通用专业犹如一颗颗珍珠散布在人力资源领域，BP 核心专业填补并穿连其中，即 HR 通用专业沉浸在 BP 核心专业之中。每一项专业又都是一个系统，由人理层、事理层、物理层构成。HR 通用专业的人理层是认知理念，是社会和人性，以及六大模块的假设和原则；事理层是一般规律，是人力资源的系统以及六大模块的业务架构；物理层是实践案例以及六大模块的实操工具和方法。HRBP 的专业能力体系如下图所示。

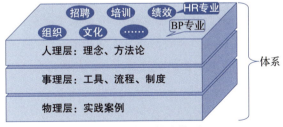

HRBP 的专业能力体系

HRBP 以适配场景的定制化方式来解决基础的人力资源问题。系统性是融会贯通、自由裁量的前提。HR 通用专业的理解和掌握是基础，抓住社会和人性的大课题是根本。本部分将阐述人力资源的基础修炼，包括人力资源的系统、HR 各专业模块、懂社会和懂人性的通识。

第 4 章

第一式：人力资源系统

不谋全局者，不足以谋一隅；不谋万世者，不足以谋一时。HRBP 在实际工作场景中遇到的问题，往往具有系统性，牵一发而动全身。HRBP 的眼中不应该只看到单点的事情，而应始终以系统的思维看到周边联系，有时可能是眼睛里看到了单点，脑海里反映的是系统，出手仍然是单点，但孤立的单点和系统中的单点已是不同，后者如同自带鸟瞰图一样。

关于人力资源系统，无论是知识图谱还是思维习惯，都是没有定式的，不同的 HRBP 在不同的情境下有不同的视角。本章以华为人力资源管理系统为例，从时间序和逻辑序进行简要阐述。掌握人力资源的系统，其核心要义是从系统中看到各要素及彼此的关联，进而力争做到融会贯通，通达全局。

第 1 节 从时间序看发展沿革

任何事情皆有因果。进入一个新的组织，我们需要有意识地去探寻其发展历程和关键事件，才不至于出现"有病治病、无病辞退"的万言书。了解事物的前世今生和历史演进，有助于我们更好地理解现在，把握未来。

华为人力资源的发展阶段

华为的成功是人力资源管理的成功，其人力资源发展路径与业界人力资源沿革大抵相同。各阶段的发展和跃迁取决于当时的企业进程，留下了印着深刻烙印的标志性事件，如图 4-1 所示。

第4章 第一式：人力资源系统

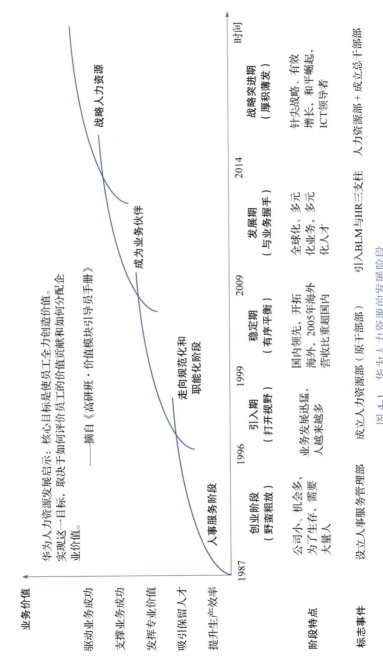

图 4-1 华为人力资源的发展阶段

1987年，创业阶段的华为野蛮粗放发展，成立人事服务管理部来进行招聘和基本的人事服务保障，满足企业的快速发展需要。1996年，随着业务的迅猛发展和进军海外的进程开始，华为启动了轰轰烈烈的管理变革，研发、供应链、财务、人力资源等各领域都陆续开始"削足适履穿美国鞋"，成立人力资源部，聘请IBM、Hay、SAP等咨询公司打造规范化和职业化的人力资源管理体系。彼时，因为业务需求及华为的管理理念，干部队伍建设是管理的重中之重，人力资源部还被称为干部部。

2009年左右，在外部戴维·尤里奇HR三支柱模型的影响及华为内部业务全球化和人才多元化的挑战下，为了因地制宜地解决业务与人力资源在复杂局面下的"两张皮"问题，HRBP作为一支独立的力量登上舞台，开启了人力资源成为业务合作伙伴的阶段。华为HRBP的建设历程如图4-2所示。

在大规模变革之前的2008年，华为研发体系即已开始HRBP的试点，改变HR只配置在"组织肩膀"上的传统，将指导员下放到连队，将"支部建在连上"。彼时，绩效管理变革同步开展，给新生的HRBP提供了生存的抓手。

华为HRBP变革是一个不断解决问题的过程，且整个过程伴随着业务的不断突破而一路狂奔。比如单是HRBP的队伍建设就遇到了诸多问题，初期需要解决HRBP从哪儿来和来了做什么的问题，中期需要解决HRBP的精力分配和配套支撑问题，后期需要解决HRBP如何适配业务的多样性和如何驱动业务变革的问题。

在一系列发展和演进中，华为的文化和价值观犹如定海神针始终未变。HRBP逐步坚定了依托价值链循环在不同的业务单元开展人力资源工作的理念，围绕员工全力创造价值的核心目标，开展员工的价值评价和价值分配工作。从业务战略到人力资源战略，从业务问题到人力资源问题，HRBP手里拿着一个放大镜和一个显微镜。放大镜就是SP（Strategic Planning，战略规划），用来接天气，显微镜就是BP（Business Planning，业务规划），用来接地气。HRBP也逐步形成了"顶天立地""眼高手低"的角色形象。

第2节　从逻辑序看框架体系

任何事物的组成要素都不是孤立存在的，与周边有着千丝万缕的联系。价值体现在相互关系中，因此看到一个系统要素间的连接尤为重要。HRBP能够看清内部彼此关联而又互相影响的系统时，才能够蛇打七寸、借力打力，在混沌复杂中找到"引爆点"来解决问题。

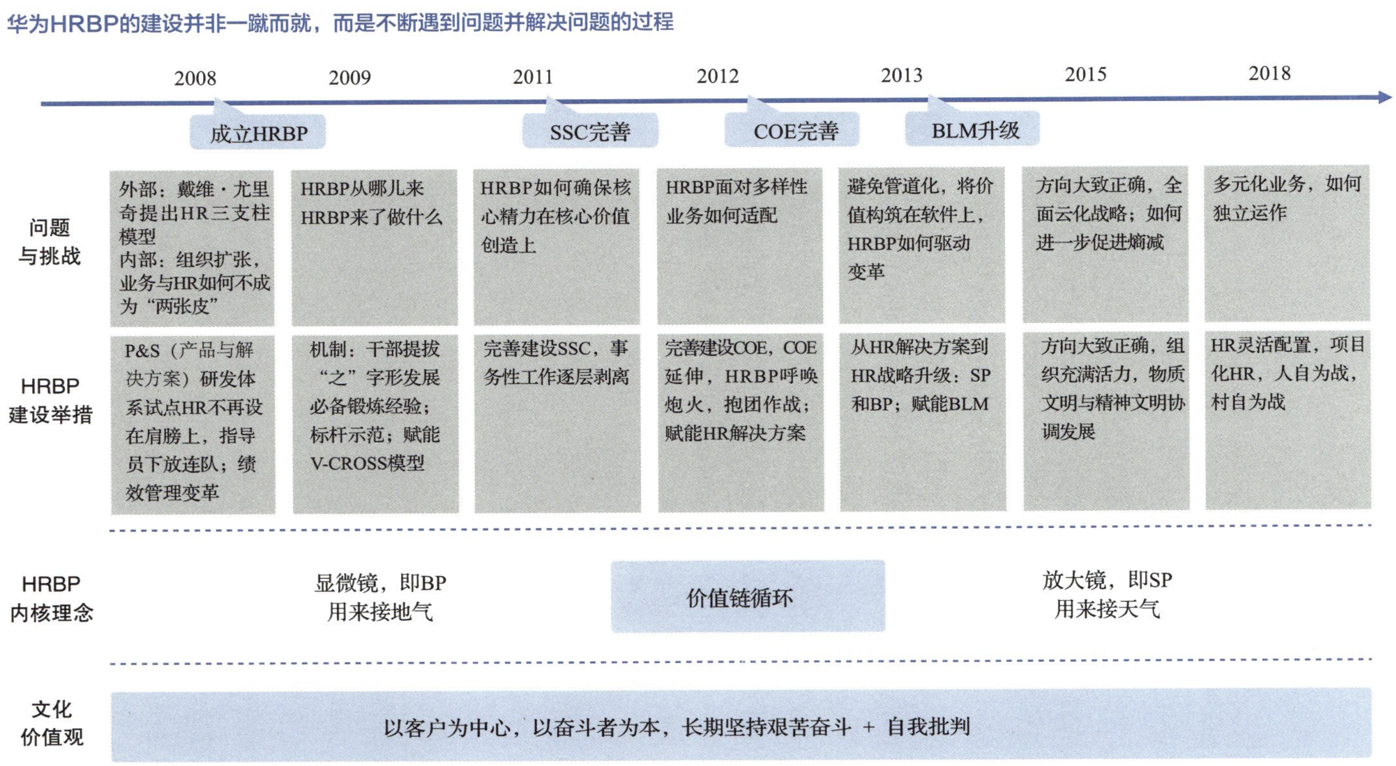

第 4 章 第一式：人力资源系统

华为HRBP的建设并非一蹴而就，而是不断遇到问题并解决问题的过程

	2008 成立HRBP	2009	2011 SSC完善	2012 COE完善	2013 BLM升级	2015	2018
问题与挑战	外部：戴维·尤里奇提出HR三支柱模型 内部：组织扩张，业务与HR如何不成为"两张皮"	HRBP从哪儿来 HRBP来了做什么	HRBP如何确保核心精力在核心价值创造上	HRBP面对多样性业务如何适配	避免管道化，价值构筑在软件上；HRBP如何驱动变革	方向大致正确，全面云化战略；如何进一步促进熵减	多元化业务，如何独立运作
HRBP建设举措	P&S（产品与解决方案）研发体系试点HR不再设在肩胛部，指导员工放连趴，绩效管理变革	机制：千部提拔"之"字形发展必须锻炼经验；标杆示范；赋能V-CROSS模型	完善建设SSC，事务性工作逐层剥离	完善建设COE，COE延伸，HRBP呼唤炮火，抱团作战，赋能HR解决方案	从HR解决方案到HR战略手级：SP和BP；赋能BLM	方向大致正确，组织充满活力，物质文明与精神文明协调发展	HR灵活配置，组化HR，人自为战，村自为战
HRBP内核理念	显微镜，即BP 用来接地气			价值链循环		放大镜，即SP 用来接天气	
文化价值观	以客户为中心，以奋斗者为本，长期坚持艰苦奋斗 + 自我批判						

图 4-2 华为 HRBP 的建设历程

以绩效管理为核心的人力资源管理系统

企业是一个商业组织,其生存和发展离不开绩效的产出。华为人力资源管理系统本质上是以绩效管理为核心的,组织绩效和个人绩效串接系统中所有的要素和专业模块,如图4-3所示。

企业的战略规划是管理的源起,通过业务规划在时间维度上进行承接,通过战略解码在各层组织间进行衔接。各级组织述职又生成了组织的年度绩效目标和重点工作,同步确定了预算和管控原则。

组织绩效管理和个人绩效管理都是迭代循环过程,包括目标制定、执行与辅导、绩效评价和结果应用。组织绩效目标的前序是战略规划、业务规划、战略解码和述职。个人绩效目标的前序除了向上承接组织目标外,还需要接受分解下来的管控约束,以及同步从组织的持续改进里获得的输入,如MFP(Manager Feedback Program,经理人反馈计划)、盖洛普Q12测评法和任职资格牵引方向等。

组织绩效管理和个人绩效管理之间更重要的是二者间的衔接,尤其是目标制定和结果应用环节。通过目标的上下对齐,让下层组织承载上层组织的目标,让个人承载团队的目标,从而实现统一战线、目标互锁,力出一孔,上下同欲者胜。通过获取分享制的结果应用让利益捆绑,让所有的下层组织和个人共同努力将蛋糕做大,利出一孔,实现上层意图。

人力资源管理的差异来自不同的业务特点和理念

当我带着华为烙印进入阿里的时候,感受到了来自业务、组织和文化的冲击。乍看之下,华为和阿里犹如软件领域的"大教堂与集市",进入园区徜徉会发现华为坂田和阿里西溪的湖都有不同的风景。华为的湖相对规则,铺满鹅卵石,水面上游荡着三五只黑天鹅,水草都在固定的水泥框架里生长,因为湖底硬化而不会蔓延。阿里的湖相对更加原生态,偶尔有野鸭或不知名的水鸟跳窜出来,除了种植的水草外,还有野草四处蔓延,杂乱无章地生长。

这只是微观环境上的差异。事实上,华为和阿里人力资源管理的差异主要是企业的主营业务不同而造成的。两家企业当前都已发展壮大为多元化的集团公司,但根植于其内的核心基因还是和初创业务板块有很强的关联。以华为的运营商业务和阿里的淘系业务为例进行对比,如图4-4所示。

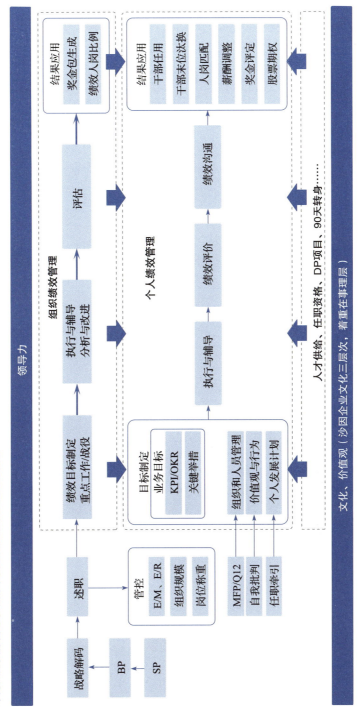

图 4-3 以绩效管理为核心的人力资源管理系统

华为与阿里人力资源管理的差异来自于各自不同的主营业务特点和理念

维度	公司	华为（运营商业务）	阿里（淘系业务）
冰山之上：不同的业务	环境	相对确定的世界和商业环境	相对不确定（VUCA）的世界和商业环境
	成功要素	明确目标 排兵布阵 超强的执行力 基于结果的绩效管理	相对不明确的目标 多路径、多梯队的探索 自动、自发的创新精神 为结果买单，为过程鼓掌
	组织模式	大兵团	特战队
	人才管理模式	四点一线，人才匹配业务	人才驱动业务
	HR管理模式	规范严谨 HR战略参与执行	多元化，视人为人 成为更好的自己
	文化表达 风貌气质	《枪林弹雨中成长（销售版）》 "遥理性"的爱；我们主观上为自己，客观上为国家	《阿里家书》 有情有义；给世界带来微小而美好的改变

冰山之下：不同的理念

思考：华为和阿里的业务都在走向多元化，向To G/To B/To C演进中，各自需要变与不变的是什么？

图 4-4 华为与阿里人力资源管理的差异

首先是商业环境和成功要素的不同。华为运营商业务处于一个相对确定的世界和商业环境中，遵循国际标准组织的指引。运营商业务要想成功，需要通过合理的排兵布阵和超强的执行力去实现"多快好省"的目标，犹如围攻上甘岭。阿里淘系业务处于一个相对不确定的世界和商业环境中，电子商务刚开始萌芽，C2C和B2C的商业模式尚处于探索和百家争鸣的年代。淘系业务要想成功，需要多路径、多梯队的探索和自动、自发的创新精神，犹如草原上狩猎。

其次是商业环境和成功要素的不同，带来了人力资源管理的差异。在组织模式上，华为更依赖于大兵团协同作战，阿里更擅长小而精的特战队突袭。在人才模式上，华为高层在专业技术领域相对精深，需要各层组织里的人才来匹配业务；阿里高层更加多元化，较为精通战略、商业模式、文化、人性，需要有更强大的专业精深的人才来驱动业务。因此，在整体的人力资源管理模式上，华为形成规范严谨的制度化管理，阿里更加注重以灵动的方式从文化上感染和激发员工。

文化的输出表达和团队的风貌气质是人力资源管理的一种能够直接被感知的外在结果。华为对干部要求事成人爽、打胜仗，充满战斗风；阿里对干部要求心中有人、眼中有爱，充满温情风。华为对员工具有"直男般超理性"的情义，比如对待过往因公失事、长期研究未被及时认可的历史人物的追溯关怀与激励，比如对待离职人员的奖金尽可能保持或倾斜、主动离职也有 $N+1$ 补偿等；但华为也是最早开始实行停车收费、班车收费、停止餐补等福利的公司。阿里对员工有情有义，希望为身边的人和社会带来微小而美好的改变；员工活动和福利相对丰富，公益参与度高、文化活动投入大。华为内刊名称叫《厚积薄发（研发版）》《枪林弹雨中成长（销售版）》，"苦难的芭蕾脚""布衣院士李小文""伤痕累累的伊尔2飞机"是其文化代言；阿里内刊名称叫《阿里家书》，"客户价值与故事""生机勃勃的团队风采""阿里动物园的新公仔"是其文化代言。华为较少有历史纪念日，大型文化场一般围绕具有引爆点效应的重点事件开展，比如给5G极化码之父埃尔达尔·阿里坎颁奖、五大军团出征等；阿里有围绕历史事件的纪念日，赋予日期以文化的内涵，比如510阿里日、910客户日等。华为的文化理念更多通过激励机制表达，HR显人隐己；阿里的文化理念更多通过文化氛围表达，HR身在人先。

但这都是冰山之上的业务和管理差异，在冰山之下是不同的理念。华为侧重于认同目标导向、各司其职、人是最宝贵的资源。阿里侧重于认同使命驱动、运营生态、视人为人。阿里的产品都有一个动物化的名称和LOGO，网友戏称为阿里动物园。事实上，阿里更像一片原始森林，不知前方有什么，可能突然蹿出一只猎豹，也可能扑棱飞出一只翠波鸟。而华为更像进入一家动物园，有清晰的路径规划，左边通向猛兽区，右边通向孔雀园。阿里就像打橄榄球，多的是冲撞；又像坐着云霄飞车，时而爬坡，时而俯冲，换来兴奋的尖叫和咚咚心跳。

第 3 节　专题与实践：做项目——为业务保驾护航

【实践背景】

传统的人力资源工作开展有两个基本面：一个是以实体组织（资源部门）为对象；另一个是以时间轴为节点，即使对于大部分配备了 HRBP 的组织来说依然如此。HRBP 诞生的初衷是紧贴业务创造价值，改变业务和人力资源"两张皮"的局面。但是因为上述两个基本面的存在，业务与人力资源之间仍然存在着不能互相咬合的问题。

本节实践"HRBP 进版本——基于项目的人力资源管理"主要描述的是，将 HRBP 配置到项目和战役中，改变工作的视角，沿着软件研发项目的主流程去策划并实施人力资源工作，成就项目卓越绩效。

【实践案例】

A 部门是一个独立的研发型事业部，人员规模在 1500 人左右；下设若干开发部，人员规模在 200 人左右；研发版本高峰期参与人员在 500 人左右，版本下设若干项目。将人力资源管理融入项目是事业部正在探索的形式，希望通过融入项目的人员管理，聚焦目标、激发意愿、提升胜任能力，从而达成事成人爽。其核心思路如图 4-5 所示。

方案试点后的问题与组织诊断

该方案的构想是美好的，但是在试点后并未达到预期效果。虽然员工整体感知在目标对齐上有了很大程度的提升，但是能力的提升和过程的辅导仍然不足。虽然主管整体感知在人员管理的规范性上有序提升，但管理成本大幅增加。

这场变革在实施过程中遇到了什么问题？该如何去解决？我们进行了组织诊断。

项目经理是项目的关键角色，组织对项目经理的期望是赋予其过程激励的权力，并通过实战提升员工能力，进而确保团队达成事成人爽。改变在于，现在的项目经理既要关注项目业务交付，又要关注项目团队建设。

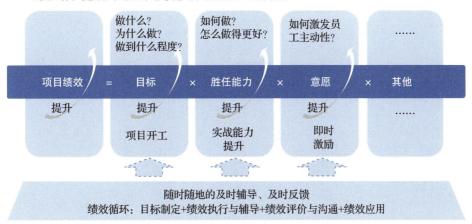

图 4-5 "项目卓越绩效"方案构想

但在诊断中发现,项目经理的能力和意愿准备度不如预期,毕竟以往的激励和能力提升工作都是由资源团队主管负责的。项目经理的困惑大多在于,如何指出员工的不足而又不打击其积极性;如何有效地对员工进行区分和激励,毕竟有些人主动当责,有些人被动懈怠;如何让成员有清晰的自我认知,看到自己的水平和为项目所做的贡献,从而自我激励;如何让员工理解本次变革对于项目交付、项目管理、能力提升的意义,并自动、自发地参与其中,激发更多的人主动担责。

通过"HRBP 进版本"来推进"项目卓越绩效"

结合传统的人力资源工作开展的两个基本面来思考,版本均有已规划的节奏,人力资源工作能否结合版本节奏开展?版本横跨多个开发部,隶属于不同实体组织但投入同一个项目的员工对荣誉激励有同样的诉求,即时激励和氛围导向能否跨越实体组织在项目层面统筹策划?项目经理(Project Manager,PM)既要打仗又要带兵,如何帮助项目经理提升能力和意愿?

经过分析讨论,我们改变了以往将 HRBP 配置到实体组织的做法,将 HRBP 按照项目维度配置。HRBP 加入版本管理团队,将人力资源工作融入版本流程的关键节点,开展基于项目的人力资源管理,并提升项目经理落实"项目卓越绩效"的能力和意愿,支撑项目成功。HRBP 按照项目维度配置如图 4-6 所示。

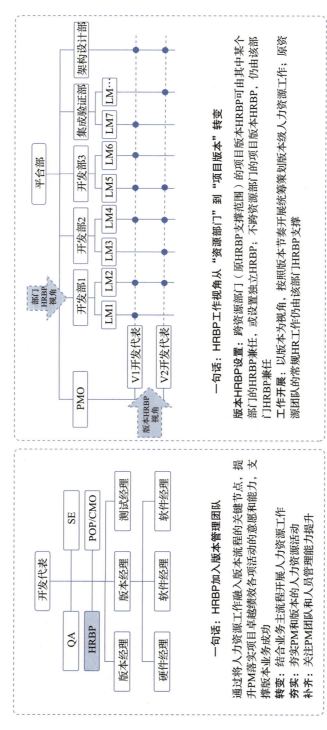

图 4-6　HRBP 按照项目维度配置

"HRBP 进版本"开展的核心关键活动

HRBP 进版本后的主目标已确定,具体如何开展工作呢?项目 HRBP 开展的关键活动可以与既往实体组织已有的人力资源活动进行有效结合,并非另起炉灶再做一套。其中有两项尤为关键的活动:一项是基于版本的人力资源策划,是项目人力资源管理的纲,确保纲举目张;另一项是在版本管理例会上增设人力资源的固定议题,对项目人力资源工作进行审视和推进。HRBP 进版本后的关键活动如图 4-7 所示。

组织协同与工作投入的可行性分析

事业部有很多围绕项目开展工作的角色,项目 HRBP 如何与周边角色进行配合呢?我们设定了"两不抢"的要求,即版本 HRBP 不抢部门 HRBP 的工作,他们大多是分层互补的分工;版本 HRBP 不抢版本 QA 的工作,他们大多是协同配合的分工。HRBP 进版本后与周边的协同关系如图 4-8 所示。

由于 HRBP 的配置本身就是企业的奢侈品,且大多数版本 HRBP 都由实体组织的 HRBP 兼任,为确保该方案可行,我们对投入产出进行分析预估,得出了可行的结论。HRBP 进版本后的工作量投入产出分析如图 4-9 所示。

制定版本人力资源规划,纲举目张

从角色定位、组织保障、投入产出等维度分析 HRBP 进版本的方案构想后,我们需要开始设计 HRBP 的核心关键活动"版本人力资源规划"。

版本人力资源规划需要制定版本人力资源目标、相应的活动及投入的资源。以开发代表为核心的版本管理团队从业务出发分解对人力资源的诉求,经与 HRBP 讨论决策后形成沙盘。版本人力资源规划的要点主要包括目标、关键活动、控制点,如图 4-10 所示。

版本开发有自身的节奏,且项目成员大多来自不同的实体组织。版本 HRBP 在做人力资源规划时,需要把各项活动落地到版本主流程的关键节点上,并以版本关键节点为纽带,把各项活动与各实体组织的人力资源工作有效结合,形成"统一策划、分层落实"的规划。版本人力资源策划输出如图 4-11 所示。

HRBP进版本后做什么？重点通过版本人力资源策划来统筹优化各关键活动

版本HRBP职责	序号	关键活动	推荐度	类别	描述
协同规划版本级人力资源工作	1	版本人力资源策划（沙盘）	必选	新增	版本启动时开展，统筹版本开发过程中整体的人力资源活动开展计划
支撑版本级项目卓越绩效	2	版本内各团队绩效管理（KPI标准及结果公示/TR点辅导下级PM）	必选	已有	系统化、规范化，提供HR的专业工具方法
	3	项目奖激励	必选	已有	系统化、规范化，固化HR经验与提升能力
	4	荣誉奖项激励	必选	已有	系统化、规范化，提供HR的专业工具方法
推动版本层PM能力提升	5	新PM上岗转身	必选	已有	夯实覆盖，提供HR的专业工具方法
	6	PM的MFP经理人反馈计划	必选	已有	夯实覆盖，提供HR的专业工具方法
	7	版本例会（增加人力资源相关议题）	必选	新增	在版本例会上安排半小时的人力资源议题（按需调整）
促进实施版本级员工关怀	8	员工关怀	必选	已有	系统化策划变压力为活力，奋斗者休整、沟通会等
	9	版本主管面对面	可选	已有	系统化策划专题，提供HR专业工具方法
版本级组织诊断分析与优化	10	版本组织诊断与优化改进	可选	优化	原有工作，改变业务视角
	11	版本人力结构分析与管道管理	可选	优化	原有工作，改变业务视角
	12	版本离职分析与人才保留	可选	优化	原有工作，改变业务视角

图 4-7　HRBP 进版本后的关键活动

HRBP进版本后的周边协同——两不抢

关键活动	版本HRBP	部门HRBP	配合关系	具体描述
版本级人力资源规划/组织诊断		部门内该版本的人力资源策划和组织诊断	分层互补	版本：整个版本（跨部门）人力资源规划和诊断 部门：部门内该版本的人力资源落地策划和诊断
版本级项目卓越绩效		部门级项目卓越绩效	分层互补	版本：对各领域组织的绩效管理（KPI） 部门：员工在项目中的绩效管理
版本级PM能力提升		部门级PM能力提升	分层互补	版本：版本PM（开发代表、测试经理等）能力提升 部门：部门IPM（硬件软件经理等）能力提升
版本级员工关怀		部门级员工关怀	分层配合	版本HRBP以版本节奏统一启动"原以时间维度开展的人力资源活动"，部门HRBP配合完成

（图左侧标注：需本HRBP才能干好部门HRBP的工作）

关键活动	版本QA	版本HRBP	配合点（举例）
项目奖	参与	主导	
版本组织诊断	参与	主导	1.项目奖：QA提供投入、质量、进度等结果数据，HRBP关注项目奖方案、评定和发放效果
PM能力提升	主导	参与	2.版本级组织诊断：版本QA和HRBP联合制定访谈主线，提供系统的改进建议
KPI制定及收集公示	主导	参与	3.PM能力：QA在方法、工具上，配合主管和HRBP推动PM能力提升
TR点复盘	主导	—	
版本级培训	—	主导	
员工关怀			
版本动员、表彰会	—	主导	

（图左侧标注：需本HRBP才能干好QA的工作）

图4-8 HRBP进版本后与周边的协同关系

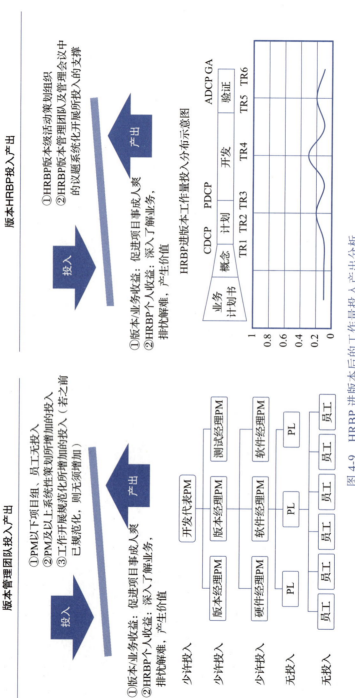

图 4-9 HRBP 进版本后的工作量投入产出分析

第4章 第一式：人力资源系统 ◆ 55

版本人力资源规划关键要点包括目标、关键活动和控制点

目标制定 → **人力资源活动规划** → **控制明确**

目标制定

开发代表：组织版本核心管理团队成员，HRBP分析版本定位和风险，讨论版本业务目标，并根据业务节奏，从组织、人才、氛围角度分解人力资源工作子目标和任务

HRBP：提供人力资源专业方法和工具，协助开发代表将人力资源工作子目标和任务形成沙盘和重点工作

人力资源活动规划

开发代表：与版本核心团队一起，结合版本节奏，规划具体版本级人力资源活动，并与版本核心团队成员、各资源部门达成一致

HRBP：根据组织、人才、氛围子目标，结合人力资源专业方法，提供专业的人力资源解决方案

控制明确

开发代表：与版本核心团队及HRBP一起，明确各项活动控制点，控制责任人和控制方式

HRBP：根据组织、人才、氛围的子目标对分解到各阶段的达成标准进行审视

例：子目标设置，最终支撑业务

角度	子目标
组织	①打造高效运作、有追求、有抱负的版本核心团队和PM团队 ②建立分层管理的运作机制
人才	提升PM项目交付管理能力
氛围	建设追求高质量、自我持续改进的高质量文化氛围，达成卓越绩效

例：节点开始+节点关闭控制

	TR2点审视	TR3点审视	TR4点审视	TR5点审视
	新PM上岗	TR4荣誉奖项	TR5荣誉奖项	员工关怀
	KPI公示	项目奖	PM MFP	版本主管面对面
	开发代表辅导下级PM	开发代表辅导下级PM	复盘	复盘

图4-10 版本人力资源规划关键要点

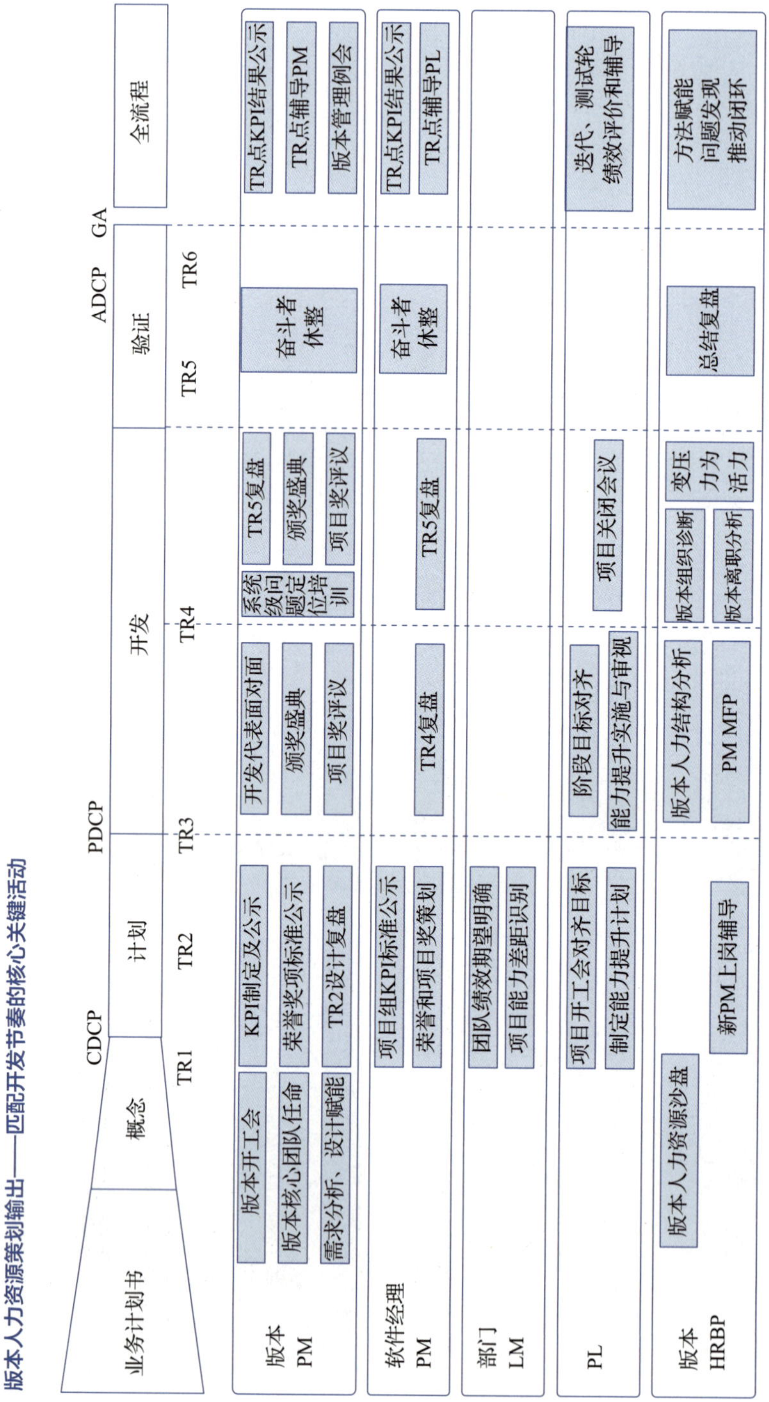

版本人力资源策划输出——匹配开发节奏的核心关键活动

角色	业务计划书	概念 (CDCP/TR1)	计划 (TR2)	PDCP (TR3)	开发 (TR4)	TR5	验证 ADCP (TR6)	GA	全流程
版本 PM		版本开工会；版本核心团队任命；需求分析、设计赋能	KPI制定及公示；荣誉奖项标准公示；TR2设计复盘		开发代表面对面；颁奖盛典；项目奖评议	系统级问题定位；管理培训	TR5复盘；颁奖盛典；项目奖评议	奋斗者休整		TR点KPI结果公示；TR点辅导PM；版本管理例会
软件经理 PM		项目组KPI标准公示；荣誉和项目奖策划			TR4复盘		TR5复盘	奋斗者休整		TR点KPI结果公示；TR点辅导PL
部门 LM		团队绩效期望明确；项目能力差距识别								
PL		项目开工会对齐目标；制定能力提升计划			阶段目标对齐；能力提升实施与审视		项目关闭会议			迭代、测试轮绩效评价和辅导
版本 HRBP		版本人力资源沙盘	新PM上岗辅导		版本人力结构分析；PM MFP	版本组织诊断；版本离职分析	总结复盘			方法赋能发现问题推动闭环；变压力为活力

图 4-11 版本人力资源策划输出

"HRBP 进版本"解决方案小结

基于项目和战役的人力资源管理，实际是将项目管理的九大知识领域中的"人力资源管理"做得更深入有效。要实现这一点，我们采取的举措是将 HRBP 按照项目和战役维度进行配置，在具体的实战中开展工作，避免了传统的"人力资源与业务两张皮"的局面，最终达成事成人爽的目标。该方案小结如图 4-12 所示。

【专题心得】

项目是华为公司经营管理的基础和细胞。任正非在 2015 年《将军是打出来的》一文中讲到，华为最终改革要从以功能为中心转向以项目为中心，让各主要生产要素（人、财、物）都通过项目来配置，让项目经理有计划权、预算权、结算权。项目经营的资金、人才和技术等创造价值的生产要素只有靠业务的管理体系和人的激励机制，才能整合在一起发挥出效应。企业的业务不断爬坡获取规模优势，而规模优势的基础就是管理能力的提高，在管理能力不足的情况下盲目扩张和改革就是灾难。

因为上述项目的定位和管理的诉求，我看到不少企业围绕项目开展了一系列管理建设。有些项目甚至配置了专职的 HRBP，但在 HRBP 具体的工作策划和落地上却鲜有指导。建议 HRBP 首先理解所支撑项目的主业务流程，再理解人力资源的系统，然后从项目和人力资源系统的全局高度做融合匹配，并找到咬合的关键点。举一纲而万目张，本实践的"纲"就是依托于 IPD-CMM（Integrated Product Development-Capability Maturity Model，集成产品开发-软件能力成熟度模型）的人力资源规划。因为与 IPD-CMM 的融合，项目人力资源规划更加有系统性，同时业务价值也得以彰显。

长久以来，人力资源工作的度量和价值的衡量处于一种模糊不清的状态，其中一个原因就是传统的人力资源工作离业务较远，无法将业务的成败与人力资源工作的成效建立强关联。通过基于项目（战役也是项目的一种形式）的人力资源管理，我们可以更直接地将业务与人力资源的系统结合起来，让 HRBP 找到更多的抓手和成就感，也让业务主管更真切地感受到人力资源工作的价值。

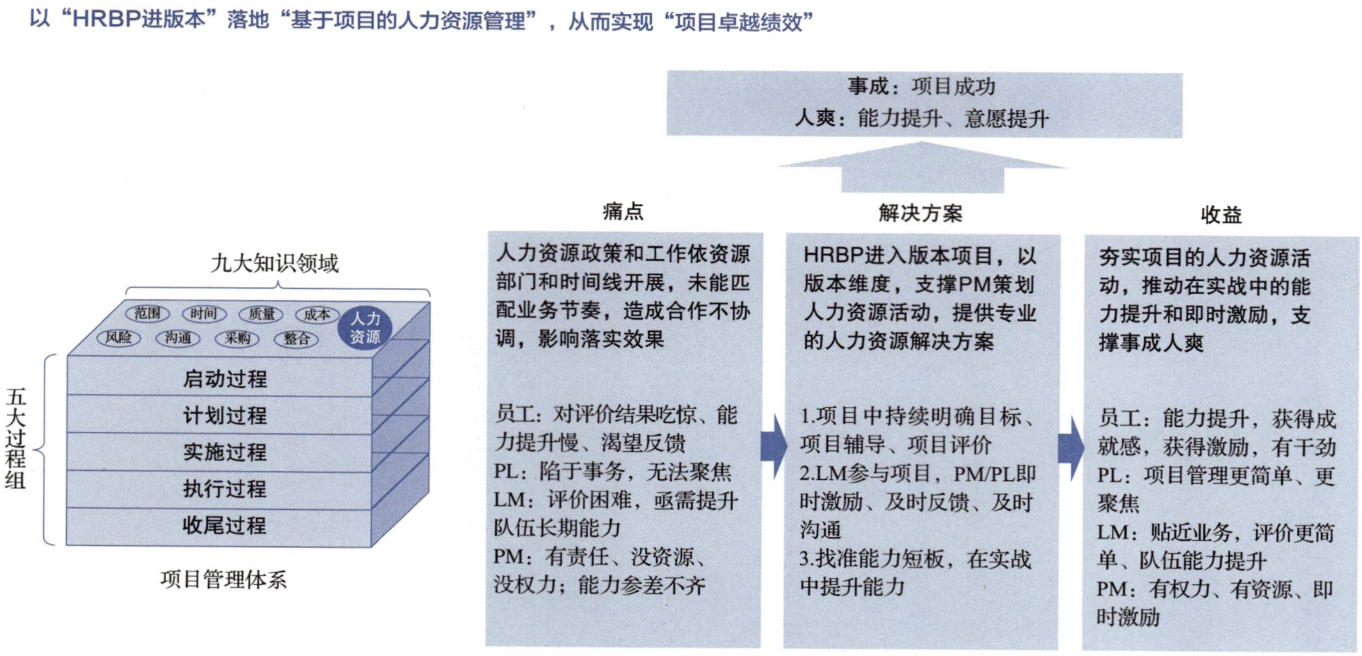
以“HRBP进版本”落地“基于项目的人力资源管理”，从而实现“项目卓越绩效”
事成：项目成功
人爽：能力提升、意愿提升
九大知识领域
范围
时间
质量
成本
人力资源
风险
沟通
采购
整合
五大过程组
启动过程
计划过程
实施过程
执行过程
收尾过程
项目管理体系
痛点
人力资源政策和工作依资源部门和时间线开展，未能匹配业务节奏，造成合作不协调，影响落实效果
员工：对评价结果吃惊、能力提升慢、渴望反馈
PL：陷于事务，无法聚焦
LM：评价困难，亟需提升队伍长期能力
PM：有责任、没资源、没权力；能力参差不齐
解决方案
HRBP进入版本项目，以版本维度，支撑PM策划人力资源活动，提供专业的人力资源解决方案
1.项目中持续明确目标、项目辅导、项目评价
2.LM参与项目，PM/PL即时激励、及时反馈、及时沟通
3.找准能力短板，在实战中提升能力
收益
夯实项目的人力资源活动，推动在实战中的能力提升和即时激励，支撑事成人爽
员工：能力提升，获得成就感，获得激励，有干劲
PL：项目管理更简单、更聚焦
LM：贴近业务，评价更简单、队伍能力提升
PM：有权力、有资源、即时激励

图 4-12　HRBP 进版本解决方案小结

第 5 章

第二式：人力资源专业模块的合集——系统的基础要素

人力资源六大专业模块是人力资源管理系统的基础要素，重要性不限于人力资源专业化阶段，即使是在强调系统性的战略人力资源阶段也很关键。做好 HRBP 基础层工作的前提是对六大专业模块有扎实而全面的认知和理解，尤其是要对各模块之间的关联在理念、方法和应用场景方面的落位和交织有清晰的框架和脉络，在脑海中编织出蛛网般的思维导图，以便在实际工作中能够随时"定位"和"调用"。

本章以华为人力资源管理方法和实践为例，从理念、方法、工具等维度概括性阐述人力资源专业模块。企业对人力资源的理解都有针对性，也有局限性。我们在学习的过程中不重形似而重神通。一个专业领域的知识在一家企业生根发芽，必须具有恰当的适配定制，否则一定会水土不服。因此要延伸了解、思考、体会当时这家企业在这个领域所面临的情境，做到因时因地制宜。

第 1 节 组织、干部与领导力

组织管理：概览与业务架构

组织与组织绩效管理的核心目的是在承载企业战略的基础上，经过管理原则与策略的实施，最终建立起符合客户导向、匹配业务流程的高绩效组织。组织管理概览与业务架构如图 5-1 所示。

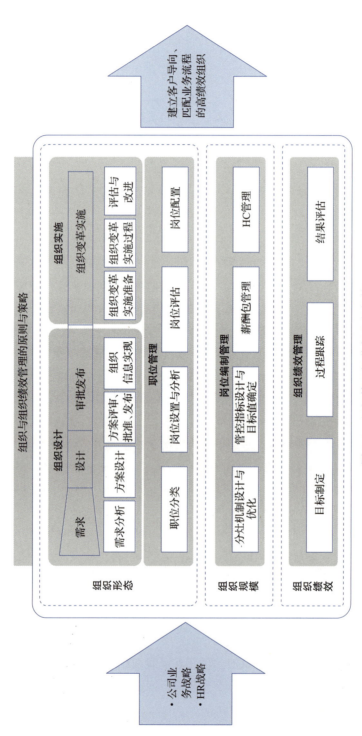

图 5-1　组织管理概览与业务架构

组织与组织绩效管理的原则与策略包括组织形态管理、组织规模管理、组织绩效管理。

- 组织形态管理：组织形态是组织的轮廓骨架，其管理内容包括组织设计、组织实施以及职位管理。组织形态从需求出发，经过方案的设计、评审和汇报后正式发布，然后进行组织变革的实施。需要注意的是，组织变革实施后要持续地进行评估与改进，以确保组织升级的意图得到实现，需求得到满足。
- 组织规模管理：组织规模是指组织的体量，不同的企业有不同的组织规模管理方法，但都必须遵守自上而下的设计和约定的规则，否则通常会无序扩张。组织规模管理通常包括薪酬包管理、定岗定编 HC 管理，除此之外，还有基于收入 E/R（Employee Revenue ratio，工资性薪酬包收入占比）管理、基于利润的 E/M（Employee Margin ratio，工资性薪酬包销毛占比）管理，不同类型的组织在不同发展阶段一般灵活采用一种或多种管控组合。
- 组织绩效管理：组织绩效是组织最终对外输出的功能，其管理过程包括目标制定、过程跟踪、结果评估三个阶段。典型的组织绩效目标是一个结构化的描述，包括目标名称、目标描述、目标值、指标名称、指标定义、考核权重、数据来源与口径等。战略规划应输出下一年的组织绩效目标建议，在此基础上，结合年度业务规划和预算管理进行滚动刷新。组织绩效目标要纳入例行管理，及时识别问题并闭环改进。考核期末基于组织绩效记分规则输出组织绩效得分。

组织管理：组织设计导向原则与职位评估方法

组织设计并无普适的方案，企业在不同历史时期会选择自身倾向的导向原则，在此基础上结合实际生成定制化方案。比如华为现阶段的组织设计导向原则是承接战略、以客户为中心、匹配流程、运作高效。职位是组织设计中的关键内容，华为对于职位的职级设计称为岗位称重，使用以责任和贡献结果为导向的"三维度八要素评估工具"来打分评估。组织设计导向原则与职位评估方法如图 5-2 所示。

组织设计导向与职位评估需要结合企业务因时因地制宜

公司现阶段对组织设计的导向原则

承接战略：承接企业战略，落实业务策略

以客户为中心：以客户需求为导向，体现对客户需求及未来市场的理解

匹配流程：沿着流程设置组织，组织承担流程的角色，组织职责应与承担的流程位置相匹配

运作高效

- 大部制：公司一定层级的机关部门实行大部门管理，职能相近的部门尽可能整合
- 组织层级及管理幅度：减少信息传递的层级，精简决策流程，适当扁平化；管理幅度根据业务特点和相关因素确定
- 综合化与专业化：面向客户的组织要综合、统一；面向一线的组织兼顾综合与专业化；支持作战的组织要专业化
- 标准化：达到一定数量规模、功能相似的组织，要建立统一的标准组织
- 可实现性：组织设计需同时结合组织能力现状，具有实现的基础；要有一定的弹性，坚持持续优化

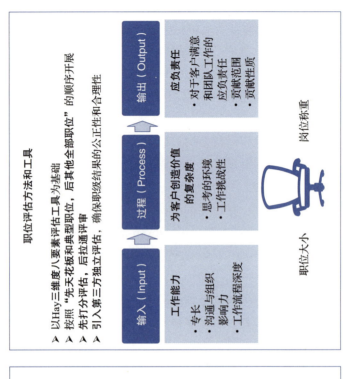

职位评估方法和工具

- 以Hay三维度八要素评估工具为基础
- 按照"先天花板和典型职位，后拉通全部职位"的顺序开展
- 先打分评估，后拉通评审
- 引入第三方独立评估，确保职级结果的公正性和合理性

输入（Input）	过程（Process）	输出（Output）
工作能力	为客户创造价值的复杂度	应负责任
• 专长 • 沟通与组织影响力 • 工作流程深度	• 思考的环境 • 工作挑战性	• 对于客户满意和团队工作的应负责任 • 贡献范围 • 贡献性质

职位大小　　　　　　　　　　　　岗位称重

图 5-2　组织设计导向原则与职位评估方法

华为现阶段的组织设计导向原则如下。
- 承接战略原则：承接企业战略，体现企业治理结构；落实业务策略，与业务发展节奏相匹配。
- 以客户为中心原则：以客户需求为导向，体现对客户需求及未来市场的理解；匹配客户运作模式，做厚客户界面，为客户提供更有价值的服务。
- 匹配流程原则：沿着流程设置组织，组织承担流程中的角色，组织职责应与承担的流程位置相匹配；按流程确定责任和权利，有独立的人员和费用管理要求，组织职责明确，边界清晰。
- 运作高效原则如下。
  - 大部制：企业一定层级的机关部门实行大部门管理，职能相近的部门尽可能面向对象和业务整合。面向对象的整合指面向一线的机关组织综合化、集成化，减少一线对机关的协调量；面向业务的整合指整合或精简职能重叠、责任范围相似、工作紧密配合的部门。
  - 组织层级及管理幅度：在必需的管理幅度及领域内设立相应的行政组织，减少信息传递的层级，精简决策流程环节，适当扁平化；管理幅度根据业务特点和相关因素确定，最末端组织的岗位编制不少于 5 个。
  - 综合化、专业化与标准化：面向客户的组织要综合、统一；面向一线的组织兼顾综合与专业，支持作战的组织要专业化；达到一定数量规模、功能相似的组织，要建立统一的标准组织形态，并基于业务需要，在标准形态框架内设立组织。
  - 可实现性：组织设计需同时考虑组织能力现状，具有实现的基础；组织设计要有一定的弹性，坚持持续优化，不追求一步到位。

华为现阶段职位职级评估方法和工具如下。
- 以三维度八要素评估工具为基础：确保打分工具的专业性和延续性，确保职位评估以职位责任和贡献为依据。
- 按照"先天花板和典型职位，后其他全部职位"的顺序开展：充分体现天花板和典型职位的锚定和对标作用。
- 先打分评估，后拉通评审：打分是基础，并通过"区域、行业、21 级及以上、升降级"四个维度拉通审视，确保结果的合理性，并落实向直接创造价值岗位倾斜的导向。
- 引入第三方独立评估：外部顾问协助评估天花板和二级组织的典型职位，确保职位职级结果的公正性和合理性。

组织管理：实体与虚拟组织

华为在实体组织基础之上设置三类虚拟组织：MC（Management Committee，跨部门委员会）、ST（Staff Team，办公团队）、AT（Administrative Team，行政管理团队）。该虚拟组织类似于阿里的委员会或班委制，但最核心的区别有两点，一是华为的委员会具有超越实体组织的实质性权力，二是华为对委员会的任命和运作有清晰严格的定义和要求。在这三类委员会组织中，AT 负责干部的任用推荐和员工的各项激励评议，是 HRBP 最依托的工作平台。华为虚拟组织如图 5-3 所示。

AT 的设立定义和要求如下。

- AT 设置到组织规模至少有三个下属部门且人员规模至少有 30 人的部门。各级 AT 的设立以及成员的增减均需由公司总裁签发任命。
- AT 成员包括主任和成员。主任原则上由实体组织的行政主管担任，成员为该行政主管的部分直接下属，这部分下属应深刻理解并认同企业的文化导向，并在干部管理和员工评议、激励工作上具备丰富的成功经验。
- AT 的总人数应该控制在合理范围之内，既体现团队责任制，又保证运作和决策的高效。根据实体组织在企业所处的层级由高到低、组织规模由大到小，AT 的人数应分别控制在 11～9、9～7、7～5，最多不可超过 11 人。

AT 的职责定义和要求如下。

- 遵循分权制衡原则，开展干部任用推荐和员工评议、激励工作。
- 按照干部后备队选拔原则、选拔标准和选拔程序，推荐符合后备队要求的骨干进入干部后备队，以接受规范的培养。
- 开展本实体组织内干部梯队建设工作，实施干部继任计划，以保证干部的数量和质量满足业务发展要求。

AT 的决策定义和要求如下。

- 对于涉及干部任用推荐和员工评议、激励的重大议题，原则上应采用会审方式进行，会前酝酿、会上讨论、全体成员集体表决。对于一般性或例行的工作，可以采用会签方式。
- 表决权：主任和成员拥有表决权，一人一票。
- 表决方式：对于讨论通过的决议，集体书面会签并上报。

第 5 章 第二式：人力资源专业模块的合集——系统的基础要素

华为虚拟组织具有超越实体组织的实质性权力

MC	ST	AT
MC是为保证业务流程端到端上跨部门协同运作，而在实体组织架构上设立的跨部门、跨流程团队，是保证公司业务目标达成和治理理念落实的重要组织载体	ST是公司端到端流程的重要环节，在相关跨部门委员会集体制定的路线和方针下，通过强化本实体组织的运营管理和能力建设，保证对各级实体授权的跨部门委员会所做决策有效落实	AT是为保证各实体组织内各级干部任用推荐、激励员工评议、工作等重要人员管理工作的客观性、规范性、决策质量，提高决策质量，经公司授权的各级实体组织的行政管理团队

属性	核心解读
行政管理团队的设立	①设置到组织规模至少有三个下属部门且人员规模至少有30人的部门 ②行政管理团队成员包括主任、成员。主任原则上由实体组织的行政主管担任，成员为该行政主管的部分直接下属 ③行政管理团队的总人数应控制在合理范围之内
行政管理团队的职责	①开展干部任用推荐和员工评议、激励工作 ②推荐符合后备队要求干部进入干部后备队，开展本实体组织内干部梯队建设工作，实施干部继任计划
行政管理团队的决策	对于一般性或例行的工作，可以采用会签方式。对于涉及干部任用推荐和员工评议、会上讨论的重大议题，原则上应采用会审方式进行，会前酝酿，会上讨论，全体成员表决 ①表决权：主任、成员拥有表决权，一人一票 ②表决方式：书面会签、口头会签、集体会签、上报 ③决策规则：遵循少数服从多数的原则。任何决策事项的提交表决，原则上必须由全体成员参会；决议须获得全体成员中2/3以上成员的赞同后方可通过

图 5-3 华为虚拟组织

❏ 决策规则：遵循少数服从多数的原则。任何决策事项的表决，原则上必须全体成员参会；对于无法现场参会的成员，须采用发送材料、电话沟通、传真会签的方式表达意见。决议须获得全体成员中 2/3 以上成员的赞同后方可通过。对于无法形成结论的决议事项，应延后再议，或根据需要报上级 AT 裁决。

AT 主任由对应实体组织的一把手担任，是 AT 可以行使权力的关键。而在一些企业的虚拟组织中，主任角色由一把手指定代理人来担任，结果导致委员会的权力弱于对应的实体组织。当然，委员会和实体组织权力的大小需要依据设置的目的而定，但通常意义上的委员会组织是要跨领域和跨实体组织的，其权力应该超越对应的实体组织。否则，"层层代理"就会落入"科长治国"的窘境。

干部管理：概览与业务架构

华为的干部管理以干部标准与干部管理导向为牵引，以 AT 为依托。同时，干部队伍是人才三支队伍中极其重要的分支，适用于人才的"选、用、育、留、管"框架。干部管理概览与业务架构如图 5-4 所示。

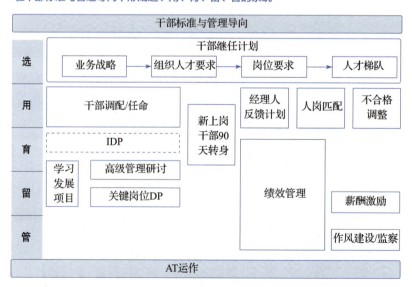

图 5-4　干部管理概览与业务架构

干部的选、用、育、留、管的管理导向和关键活动具体如下。

- 干部的选择：遵循四点一线，从业务战略出发，提出对组织人才的要求，设定关键岗位并进行评估，然后选拔并任用合适的干部到合适的岗位。
- 干部的使用：从调配任命开始，通过新上岗干部的90天转身辅导和经理人反馈计划，帮助新上岗干部尽快适应新岗位的要求，减少脱轨因素，加强人员管理的能力。对于合格的干部进行人岗匹配，不合格的干部进行淘汰和更换。华为坚持每年10%的干部末位淘汰和更换制，"末位"包括在岗改进、调整岗位、降级等，并不意味着离开公司。
- 干部的培育和保留：主要关注干部的能力提升、发展、绩效和回报。华为尤其注重干部的能力提升，不仅开展各种角色的培训发展项目，还组织高级干部管理研讨班和战略预备队训战，并将这些培训培养过程记录在干部档案中，作为考察干部必备经历的一部分。
- 干部的管理：底线是廉政合规和作风建设。华为不仅会从严处罚违反合规的干部，而且会将风险前置，从各种业务流程加固、机制设置和文化宣贯上让干部"不能犯、不敢犯、不想犯"。风险前置实际上是对干部的一种保护。

干部管理：华为干部标准

华为长期以来坚持干部标准和干部四力的能力标准，将其应用在干部选拔、考察、评价的各个环节。干部标准定义了华为如何看待干部的核心价值观、品德与作风、绩效、能力。干部四力是从决断力、执行力、理解力、人际连接力四个维度对干部能力进行打分评估的工具。华为的干部标准与能力标准如图5-5所示。

华为的干部标准如下。

- 核心价值观是衡量干部的基础。
- 品德与作风是干部的资格底线。
- 绩效是干部选拔的必要条件和分水岭。
- 能力（干部四力）是干部持续取得高绩效的关键成功要素。

华为的干部能力标准（即"干部四力12要素"）如下。

- 决断力：要素1是善于抓住主要矛盾和矛盾的主要方面（战略思维）；要素2是敢于决策和承担责任（战略风险承担）。

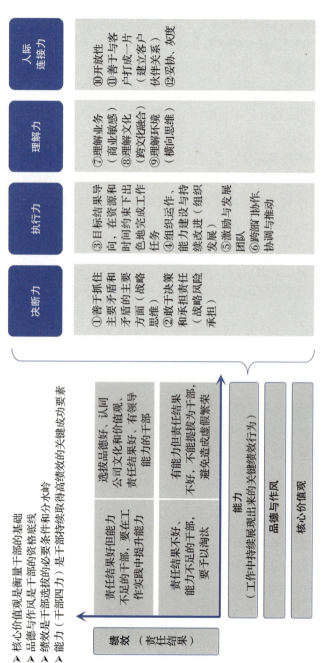

图 5-5 华为干部标准与能力标准

- 执行力：要素 3 是目标结果导向，在资源和时间约束下出色地完成工作任务；要素 4 是组织运作、能力建设与持续改进（组织发展）；要素 5 是激励与发展团队；要素 6 是跨部门协作、协调与推动。
- 理解力：要素 7 是理解业务（商业敏感）；要素 8 是理解文化（跨文化融合）；要素 9 是理解环境（横向思维）。
- 人际连接力：要素 10 是开放性；要素 11 是善于与客户打成一片（建立客户伙伴关系）；要素 12 是妥协和灰度。

干部管理："三权"定义

华为对干部的管理和对员工的评议采用分权制衡的思想，防止"专制"下的腐败和局部的利益化，通过流程制度尽可能地保障公平公正，保障全局并兼顾长远的利益最优。其中又以干部管理中的"三权"分立最为著名，它描述的是在干部的任用、评议、激励过程中，各层行政管理团队、委员会组织和相应的职能组织之间的责权分配。干部管理中的"三权"定义如图 5-6 所示。

在华为，分权制衡是授权的前提条件。各类组织在干部任用和员工评议、激励等过程中，遵从下述分权制衡机制，既获得相应的权力，又须承担相关的责任，并接受监督，以确保公司相关的政策导向和制度要求得到充分体现。

- 负责日常实际运作和干部员工直接管辖的组织具有建议权（示例：本一级部门的行政管理团队行使建议权）。
- 属于矩阵管理的干部员工（包括在跨部门委员会中担任成员），相关矩阵管理部门具有建议否决权（示例：上一级部门的 PMO（Project Management Office，项目管理办公室）行使建议否决权）。
- 促进公司成长的能力建设与提升的组织具有评议权（示例：人力资源部行使评议权）。
- 代表日常行政管辖的上级组织具有审核权（示例：上一级部门的行政管理团队行使审核权）。
- 代表公司全流程运作要求、全局性经营利益和长期发展的组织具有否决权和弹劾权（示例：公司委员会、党委组织干部部行使建议否决权）。

干部管理：领导力发展

干部的领导力发展既是组织的需要，又是干部本人的发展诉求。领导力发展

干部管理中的分权制衡——"三权"定义

示例：以公司中高层管理者的任用、评议、激励为例看各类组织的责权分配

场景	建议权并负连带责任	建议否决权	评议权/审核权	否决权	批准
任用（不涉及矩阵管理）	本一级部门的行政管理团队	相应层级的党组织			
任用（涉及矩阵管理）	本一级部门的行政管理团队	・相关一级部门的行政管理团队 ・相应层级的党组织			
	相关一级部门的行政管理团队	・本一级部门的行政管理团队 ・相应层级的党组织			
评议	本一级部门的行政管理团队（仅对于涉及矩阵管理的员工）		・体系行政管理团队 ・体系干部部 ・人力资源部 ・内部培训大学堂	・支持主业务流程运作的跨部门干部部 ・党委组织干部部	
激励			・体系行政管理团队 ・人力资源部	・支持主业务流程运作的跨部门干部部 ・党委组织干部部 ・支持主业务流程运作的跨部门委员会	EMT

建议权/建议否决权 → 审核权/评议权 → 否决权/弹劾权

图 5-6　干部管理中的"三权"定义

工具琳琅满目，此处简要介绍华为广泛使用的四个基础工具。类似一个生命周期，从 TSP（Talent Succession Plan，继任计划）开始，到 AAD（Annual Appointment Decision，年度干部任用决策）、新上岗干部 90 天转身、MFP。事实上，华为更认同干部在实战中的培养和发展，猛将必发于卒伍，宰相必起于州部。HRBP 需要将基础的领导力项目做扎实，如图 5-7 所示。

继任计划是企业确定关键岗位的后继人才，并针对这些后继人才进行开发的整个过程。继任计划通过内部提升的方式来系统有效地获取组织人力资源，对企业的持续发展具有至关重要的意义。其思考逻辑如下。

- 业务发展对组织和人才的要求是什么？
- 目前的组织结构能否支撑业务发展与目标达成？
- 组织里的人才是否符合未来的业务需求？
- 如果人才有差距，如何弥补？

干部的继任者是否需要公开？在多大范围内公开？不同的企业有不同的考量，我所经历的企业一般有三种选择，各有利弊。

第一种是面向组织内公开，其考量点是确保组织的平稳，建立有利于继任者的环境，减少猜疑，避免小道消息满天飞；弊端在于容易导致组织"骑虎难下"。

第二种是针对继任者本人公开，其考量点是表达对继任者的期望，让继任者有意识地提升和改进，做好能力和心理准备；弊端在于容易导致继任者"谋权篡位"、非继任者"愤而出走"。

第三种是不公开，其考量点是赛马、再观察、再酝酿；弊端在于导致小道消息满天飞，潜在继任者间"勾心斗角、博弈谋上位"。

年度干部任用决策是企业分层分级预测未来一年的组织和关键岗位需求，执行跨领域、跨区域的集中性人才任用决策，确保每个岗位均有支持业务实现的最优配置。其目标和逻辑如下。

- 通过对目标岗位进行集中性的人才任用和匹配，促进更大范围内的人才最优配置。
- 系统性提升人才任用决策效率和质量。
- 通过 AT 决议的形式，实现必要的跨领域、跨区域人才最优配置。
- 分层、分级完成人才任用决策，提高决策效率。

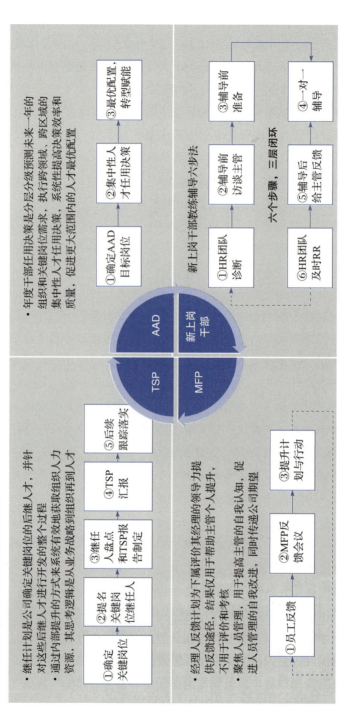

图 5-7　领导力发展的四个基础工具

新上岗干部教练式辅导六步法，是 HRBP 作为教练角色针对新上岗干部 90 天转身过程中诊断和辅导的方法，以帮助新上岗干部成功转身。90 天转身重点包括 3 个 3，即 3 次目标对齐（上岗谈话、中期审视、转身答辩）、3 项关键认知（角色、团队、业务）、3 项快赢（Quick Win）工作。诊断和辅导的步骤如下。

步骤一：HR 团队诊断，背景材料收集，初步诊断。

步骤二：辅导前访谈主管，了解主管的期望，识别新干部转型风险，确定辅导点。

步骤三：辅导前准备，确定辅导策略，准备启发性案例。

步骤四：一对一辅导，触发思考，帮助新干部对齐目标期望，针对辅导点深入开展工作。

步骤五：辅导后给主管反馈，闭环检查（Check），获取下一步的差距及根因。

步骤六：HR 团队及时反思与回顾（Reflect & Review，RR），总结经验，提升能力。

经理人反馈计划是企业为下属评价其经理的领导力提供的反馈途径，征集下属对主管在人员管理方面的意见和建议，帮助主管提高管理能力。MFP 与阿里针对管理者的 360° 评估是类似的，结果仅用于帮助主管个人提升，不用于评价和考核。其特点如下。

- 聚焦人员管理：用于提高主管的自我认知，促进主管在人员管理方面的自我改进。
- 传递期望：传递公司对经理人卓越行为的期望。
- 加强双向沟通：成为员工与直接主管加强沟通互动的平台，以益于建立更加高效的团队。

第 2 节　绩效、评议与激励回报

绩效管理：概览与业务架构

个人绩效是员工履行岗位职责或角色要求的有效产出。华为绩效导向是责任结果导向，责任结果就是这个岗位应该承担的职责所要求的结果，最终体现为为客户创造的价值。绩效管理不简单等同于绩效考核，是一个包括目标制定、执行辅导、绩效评价、绩效反馈四个循环的管理过程。绩效管理概览与业务架构如图 5-8 所示。

绩效管理是"向上承载战略、向下激活组织"的管理过程

- 绩效是指员工履行岗位职责或角色要求的有效产出。华为绩效导向是责任结果导向。责任结果就是这个岗位应该承担的职责所要求的结果，最终体现为客户创造的价值
- 绩效管理的核心目的：向上承载战略，向下激活组织

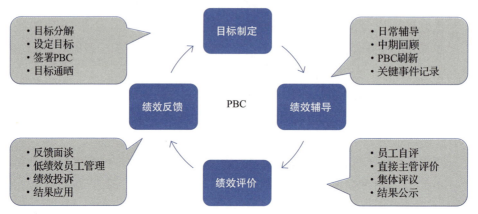

图 5-8　绩效管理概览与业务架构

绩效不是什么？是什么？

- ❏ 不是过程，不是行为，不是能力。
- ❏ 不是表扬信的多少。
- ❏ 不是苦劳、加班。
- ❏ 不是亮点、出彩、影响力。
- ❏ 不是过程指标。
- ❏ 不是素质、态度。
- ❏ 是直接的、间接的、有形的、无形的、短期的、长期的产出。
- ❏ 是员工整体绩效贡献，包含岗位责任和个人对团队目标的贡献。
- ❏ 是表扬信本身所承载的绩效事实。
- ❏ 是功劳，是贡献，是责任结果。

绩效管理的目的是什么？

- ❏ 一句话概括：向上承接战略，向下激活组织。
- ❏ 落实企业战略：落实战略，协调一致，保证产出。
- ❏ 强化核心价值观：区分贡献，激活组织，导向冲锋。

绩效管理不是为了什么？是为了什么？

- ❏ 不是主管要求员工做某事的任务监控。
- ❏ 不是根据主管好恶打考评。
- ❏ 不是为了挑出员工的毛病。

- ❏ 不是为了让所有人都满意。
- ❏ 是个人目标与组织目标保持一致并努力达成的过程。
- ❏ 是把优秀员工识别出来，给予更多发展机会和回报。
- ❏ 是认可并激励大多数员工。
- ❏ 是识别和管理低绩效员工。
- ❏ 是主管教练员工的过程，员工主动挑战并产出超过期望的结果。

杰克·韦尔奇的组织活力曲线对华为绩效管理的影响巨大，他认为绩效管理的最终目标并非仅使员工达到期望的绩效，而是使他们愿意付出超越职责的努力。活力曲线存在的争议是，对于精心打造的精兵化组织或者创意精英聚集的组织，是否有必要按正态分布进行区分，强制区分是否有利于群体奋斗，是否是一种内卷的体现。

绩效管理：目标制定

绩效目标制定是绩效管理循环的起点，决定了绩效的方向，也在很大程度上决定了最后绩效结果的水平。一般的操作方式是上级主管公开组织和个人的绩效目标，下级依据上级的输入和个人的自主来综合制定。绩效目标是一个自上而下和自下而上结合的产物。绩效目标的制定关键是"3+1"上下对齐，即理念对齐、目标对齐、思路对齐，以及对 PBC（Personal Business Commitment，个人业务绩效承诺）的认识和理解对齐。员工在目标制定的过程中要合理使用量化，不能为了指标而忘了目标，这样反而过犹不及。绩效目标制定如图 5-9 所示。

目标制定环节的沟通是一次正式的绩效辅导过程，旨在通过"3+1"上下对齐，真正驱动更高绩效的达成。

- ❏ 目标对齐：帮助下属聚焦正确的事情。澄清与沟通下属半年度工作方向、业务重点和绩效期望及目标，确保其与战略一致且聚焦明确。
- ❏ 思路对齐：辅导下属将事情做正确。分析组织和个人面临的当前与未来的核心挑战，共创达成目标的思路、方法和领导行为。
- ❏ 理念对齐：激发下属拥抱挑战的热情。激发下属主动设定有挑战性的目标，促使他们乐于付出超越职责的努力。
- ❏ PBC 认识和理解的对齐：帮助下属认识和理解 PBC 工具的组成部分和作用，帮助下属理解 PBC 的业务目标、组织与人员管理（若有）、行为与价值观、个人发展计划的制订要点。

第二部分 基础层筑基——人力资源兜底组织运作

绩效目标制定是绩效管理循环的起点

- 目标设置环节是沟通的，是一次正式的绩效辅导过程，旨在通过"3+1"上下对齐、真正持续驱动更高绩效

帮助下属聚焦正确的事情	辅导下属将事情做正确	激发下属拥抱挑战的热情
澄清与沟通下属半年度工作方向、业务重点和绩效期望及目标，确保其与战略一致且聚焦明确	分析组织和个人面临的当前与未来的核心挑战，共创出成目标的思路、方法和领导行为	激发下属主动设定有挑战性的目标，促使他们乐于付出超越职责的努力
目标对齐	思路对齐	理念对齐

PBC认识和理解的对齐

- 指标是对目标多维度的"扫描建模"，有时会出现偏离
- 阿里从KPI到OKR，使用的核心点就是"不要为了指标，忘了目标"，除此之外并无其他核心要义

非结果性的指标：
平均月产代码行数不少于X
平均月发现问题数不少于X

非结果性指标可能会与目标偏离；可能会出现追求短期利益的博弈

真正的目标：
所负责特性按时高质量交付，在X时间达到TR5的要求

指明最终的正确方向，无法用指标衡量的目标采用定性描述

图 5-9 绩效目标制定

目标制定环节的无畏损耗,是纠结于使用何种形式、载体、工具。我们遇到不少企业,它们在绩效结果不符合预期的时候就四处寻求新的工具和方法或者打包混用,从平衡记分卡到KPI,从PBC到OKR,反复强调量化和SMART。在目标制定环节一定要谨记以下几点。

- ❑ 绩效管理没有银弹,没有药能包治百病,器物层的变化可能只会在初期被寄予美好的期望,实质的根因不改变,一切所谓的升级都将归零。
- ❑ 真正的目标是指明最终的正确方向,不纠结于形式、载体或是否量化,无法量化的则定性描述。
- ❑ 过多的过程量化指标或KPI可能会与目标偏离,可能会出现追求短期利益的博弈。一个简单的例子就是如果将库存周转率作为一个KPI,那么员工可能会迟滞进货来压低库存,最终以局部的KPI提高影响全局的供应链目标。
- ❑ 阿里强调"不要为了指标而忘了目标",而对于心中始终有目标的人,使用KPI或Excel写出来的都是目标。

绩效目标的形式、载体、工具有很多,因组织的不同业务特点、员工的不同层级而不同,但其核心本质是一脉相承的,都是基于目标的管理。虽然说对于心中始终有目标的人,不在乎使用的是什么工具,但这是针对个体而言的,大多是通过理念来影响形式。对于大规模的组织而言,工具、载体等形式化的器物层很有意义,它降低了群体沟通的成本,通过形式来撬动理念。

绩效管理:执行与辅导

绩效的执行与辅导是绩效管理循环中持续时间最长的阶段,也是真正产生绩效的阶段。我们强调主管对下属的及时、高质量的辅导。在知识型员工密集的企业里,教练式辅导大行其道,其套路是GROW(参见第6章第4节),内功心法是五个KP(Key Principle,基本原则),如图5-10所示。

绩效执行与辅导

绩效执行与辅导旨在于激发下属的潜能，从而产出更大的绩效

> 教练式辅导的管理方法用于释放人们的潜能，从而让他们取得最大的成就。这种管理方式旨在帮助员工学习和成长，而不是简单的说教。——Timothy Gallwey

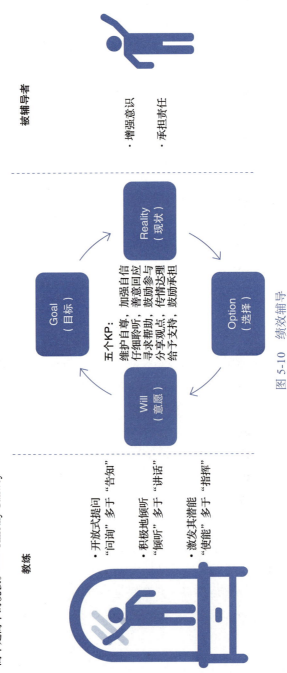

图 5-10　绩效辅导

主管对下属进行及时、高质量的辅导时需要谨记以下几点。
- 绩效辅导是一种情境领导能力，依据下属的准备情况而定。
- 教练式辅导的基本假设是员工在各自领域都是有能力或潜力的，主管不可能成为各领域的顶尖人才，辅导员工不仅是为了完成工作，更重要的是帮助他们成长。
- 执行与辅导环节的关键，不是工具和方法，而是用心、细心和耐心。
- 需要管理者加强走动管理，深入一线，把关注人放在首位。
- 除了正式的中期审视，非正式的辅导形式可以有多样，会议、沟通、吃饭、喝茶等，随时随地了解员工的困难和状态。

一个好的辅导者常问员工的三个经典问题如下。
- Start：为了帮助你工作，我需要开始做哪些事情？
- Stop：为了帮助你工作，我需要停止做哪些事情？
- Continue：为了帮助你工作，我需要继续做哪些事情？

绩效管理：评价与反馈

绩效评价是绩效管理循环中最易引发矛盾的地方。所有的承诺要在此兑现，所有的争议要在此面对。即使我们将绩效管理做到平时，辅导在平时，沟通在平时，挑战也依旧存在，特别是对于新管理者而言是不得不面对的挑战。绩效评价的核心在于区分，通过区分驱动组织绩效不断向前，营造高绩效文化。绩效评价是绩效结果应用的依据，是华为员工奋斗的重要驱动力，因此会特别强调通过AT的运作和清晰的流程定义来确保集体评议的相对客观和公正。绩效评议与反馈如图5-11所示。

在华为，对员工的评议、激励采用集体评议的方式，以尽可能地确保客观公正。在做绩效评议时，AT团队各角色的主要职责如下。
- AT主任：组织提前讨论并确定规则和方案；在评议中保持客观，维持公正。
- AT成员：提供评议绩效事实依据，积极公正地发表评议意见。
- HRBP：保证程序的规范，及时发现问题并协助解决，澄清团队成员的角色和职责（注：HRBP通常也会被任命为AT成员）。

考评具有客观性，也有主观性，对于主管而言，如何确保给出真正客观的评价？我们认为考评不因其量化的形式而客观，真正客观的考评，在于主管有意愿且有能力不失偏颇地评价下属的工作。客观公正的考评取决于：

绩效评议与反馈在于通过区分驱动组织绩效不断提升

评价的根本目的是什么？
- 让每个人的贡献得到公平回报
- 激励大多数人

对考核结果的两个基本假设：
- 全面绩效无法绝对地使用数字来衡量
- 全面绩效的正态分布（注：该点有争议）

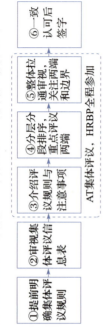

AT集体评议流程：（用流程（及其他举措）一起来保证客观公正）

①提前明确集体评议规则 → ②审视集体评议信息表 → ③介绍评议规则与议事项注意事项 → ④分层分段排序，重点评议两端 → ⑤整体拉通审视，关注两端和边界 → ⑥一致认可后签字

（③④⑤为AT集体评议，HRBP全程参加）

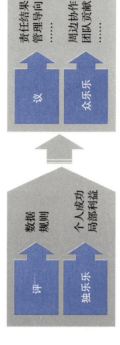

AT审视重心：（左边也是评议的内容，但右边的内容更关键）

评议 / 数据规则 / 独乐乐

↑

议 / 个人成功局部利益 / 众乐乐

→ 责任结果 管理导向 ……
→ 周边协作 团队贡献 ……

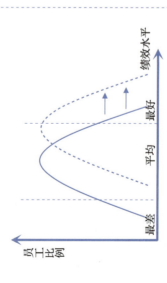

集体评议重点：以责任结果为基础，结合团队倡导的关键导向，由管理团队成员充分进行评议。绩效评价时要考虑周边协作情况，对整个组织绩效提升整个组织的绩效

绩效评价旨在：识别并奖励高绩效人才来提高上限，管理低绩效者，从而持续提升整个团队的绩效，营造高绩效文化

图5-11 绩效评议与反馈

- ❏ 主管基于客观事实，而不是主观臆想（责任结果导向）。
- ❏ 主管训练有素且经验丰富（主管经验丰富）。
- ❏ 有较为全面的绩效相关数据（信息全面）。
- ❏ 评价程序规范（流程规范）。
- ❏ 全面客观、集体评议，避免主管独立评价的盲区（集体决策）。

作为主管，与低绩效员工沟通评价结果是必须做、但又很困难的事情。评价结果沟通是为了激励改进、帮助成长，而不是为了说服员工接受结果。评价结果沟通要做到四要四不要。

- ❏ 要强化对绩效评价结果的责任。
- ❏ 要鼓励好的绩效行为持续出现。
- ❏ 要澄清需要改进的领域以及改进的方向。
- ❏ 要激励员工持续成长，并在新的绩效周期承担更大的责任。
- ❏ 不要试图说服员工接受绩效评价等级。
- ❏ 不要试图让员工对绩效评价等级感到高兴（分享你做出这样评价的原因和结论更为重要）。
- ❏ 不要将员工评价的结果归结为管理团队的决定、相对考评、比例限制。
- ❏ 不要对未来的绩效等级做出任何承诺。

很多企业都在极力打造一个公正公平、多劳多得的环境，从组织、流程、工具等方面来正向保障，甚至通过公开绩效来反向驱动管理改进，但永远不能保证没有"冤假错案"。事实是，没有绝对的公平，把时间拉长看是公平的就可以了。愿意为打造公正公平的环境而努力的就是好企业。

激励回报：整体报酬与薪酬战略

员工从企业获得的报酬，绝不仅仅只是工资、奖金和分红。实际上，员工从企业获得的是一个整体报酬（Total Reward），包含薪资、福利、学习与发展、工作环境四部分。结合员工的实际需求深入思考整体报酬的组合，我们会发现除了薪酬之外，有更好的吸引、保留、激发员工的方法。华为的整体薪酬战略包括薪酬构成、竞争性薪酬定位、风险与报酬的关联、绩效指标和标准，如图5-12所示。

图 5-12　华为整体报酬与整体薪酬战略

激励回报：物质激励

华为薪酬管理机制的核心是"16 字方针"：以岗定级、以级定薪、人岗匹配、易岗易薪。岗级体现了企业从组织角度对岗位的称重，即岗位在企业生产经营活动中贡献价值的大小，按岗级付酬符合企业和员工个体的双重利益。人岗匹配、易岗易薪反映了灵活的能上能下制度，解决了大多数企业中员工"上得去、下不来"的问题。华为"16 字方针"如图 5-13 所示。

图 5-13　华为薪酬管理机制的"16 字方针"

华为工资管理理念如下。

❑ 员工工资的确定基于其所承担的岗位责任、实际贡献的大小和实现持续贡献的任职能力。员工的学历、工龄、社会职称等不作为其工资确定的要素。
- 企业工资管理遵循"以岗定级、以级定薪、人岗匹配、易岗易薪"的管理理念,既要有利于吸引和激励优秀骨干员工,也要避免员工工资不随其应负责任的变化而变化,从而导致公司高成本运作,竞争力下降。
- 工资管理既要规范化,又要有利于打造高绩效团队,有利于市场竞争力和人力成本两个要素的平衡。

华为奖金包生成及管理机制如下。

- 针对公司网络设备、终端和软件产业的业务特点,分别制订各自的奖金包生成机制。奖金包也各自独立预算和核算。
- 公司各产业及下属部门根据其奖金生成方案计算得到的结果为"奖金分",而最终的实际分配额度须受公司奖金总包的约束和调节。
- 奖金分配要打破横向平衡。打破横向平衡就是要打破产品线和区域之间的平衡、打破产品线和区域内部的平衡、打破人与人之间的平衡。要向高绩效者倾斜,从而激发员工干劲,提升绩效,发挥奖金的激励和牵引作用。
- 奖金分配过程应及时、简单和高效。各部门可根据一定原则在一定额度范围内,按照事先经上级部门批准的分配方案,通过如预支奖金或使用余留奖金等多种方式对所属各级组织或员工进行激励。
- 公司奖金的生成及管理机制应以作战单元为基础,以牵引公司各级组织和员工提升绩效并完成业务目标。各体系管理团队及人力资源部作为责任部门负责体系内奖金方案的制订和落实。

此处描述的是个人的激励回报,同时需要了解的是华为自上而下的管控机制。华为人力资源委员会对薪酬包和人力预算整体的管控是以预算单元(各灶)为单位的"分灶吃饭",按不同类别分别采用薪酬包占比、薪酬包或定岗定编方式进行预算授予和管理,并根据实际业务完成及预测情况进行月度和季度动态管理。

激励回报:非物质激励

一个员工从企业里获得的整体报酬包括薪资、福利、学习与发展、工作环境等维度。企业如何考虑整体报酬的构成及其比重,使用最优组合匹配员工需求,从而最终实现吸引人才、留住员工、激发员工的目标呢?调查显示,在这三个场景中最重要的驱动因素各不相同,如图5-14所示。

吸引、留住、激发员工的三个场景中最重要的因素

最重要的十个吸引人才的驱动因素

薪资
- ②提供有竞争力的基本工资
- ⑧与个人绩效相关联系的薪酬增长

学习与发展
- ⑤职业发展机会
- ⑥有挑战性的工作

福利
- ①提供有竞争力的医疗保险福利
- ③工作和生活的平衡
- ④提供有竞争力的退休福利

工作环境
- ⑦同事的能力
- ⑨工作的认可
- ⑩公司的声誉

最重要的十个留住员工的驱动因素

薪资
- ⑥提供有竞争力的基本工资

学习与发展
- ①职业发展机会
- ②留住能力强的员工
- ④发展员工的技能
- ⑧有挑战性的工作

福利
- ⑩对日常生活所需福利的总体满意度

工作环境
- ③总体工作环境
- ⑤完成工作的资源
- ⑦管理人员提供清晰的目标
- ⑨管理人员激发工作热情

最重要的十个敬业度驱动因素

薪资

福利

学习与发展
- ②有挑战性的工作
- ④客户导向
- ⑤职业发展机会
- ⑩高级管理层的愿景

工作环境
- ①高级管理层对员工的关心
- ③决策权
- ⑥公司的声誉
- ⑦同事间的协作
- ⑧完成工作的资源
- ⑨决策执行

图 5-14　吸引人才、留住员工、激发员工的最重要的因素

从薪资、福利、学习与发展、工作环境维度来看，最重要的十个吸引人才的驱动因素相对比较均衡，其中以福利和工作环境最为明显；最重要的十个保留员工的驱动因素中，员工通常会首先考虑学习与发展、工作环境；最重要的十个敬业度驱动因素全部在学习与发展、工作环境中。这也符合赫茨伯格双因素理论，因此非物质激励的内容在现代企业已变得尤为重要。非物质激励的主要手段如图 5-15 所示。

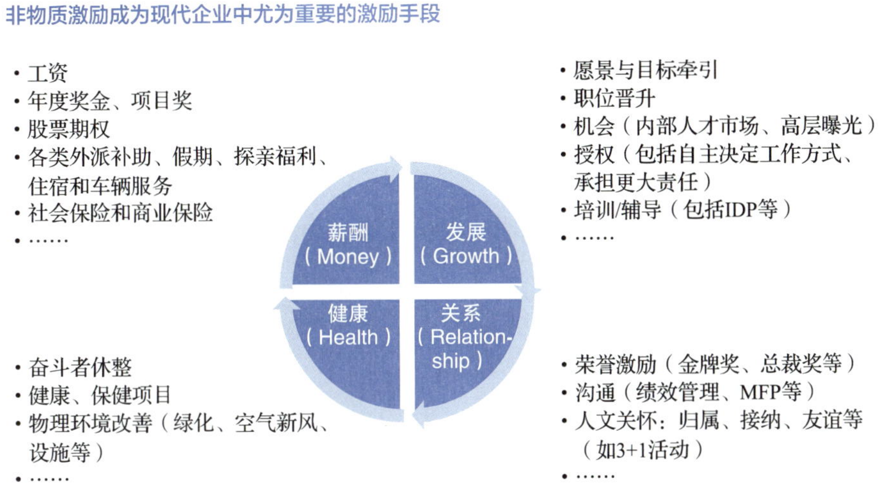

非物质激励成为现代企业中尤为重要的激励手段

- 工资
- 年度奖金、项目奖
- 股票期权
- 各类外派补助、假期、探亲福利、住宿和车辆服务
- 社会保险和商业保险
- ……

- 奋斗者休整
- 健康、保健项目
- 物理环境改善（绿化、空气新风、设施等）
- ……

- 愿景与目标牵引
- 职位晋升
- 机会（内部人才市场、高层曝光）
- 授权（包括自主决定工作方式、承担更大责任）
- 培训/辅导（包括IDP等）
- ……

- 荣誉激励（金牌奖、总裁奖等）
- 沟通（绩效管理、MFP等）
- 人文关怀：归属、接纳、友谊等（如3+1活动）
- ……

薪酬（Money） / 发展（Growth） / 健康（Health） / 关系（Relationship）

图 5-15 非物质激励的主要手段

第 3 节 招聘、发展与员工关系

招聘管理：人才链

招聘是企业人才工作的基础，是所有人力资源基础工作中最易衡量、最易产生价值感的工作，也是大量 HR 存在的基本意义。"管生管养"理念的深入，让传统的招聘显得越来越狭义。广义的招聘是一个以人才为核心的 HR 解决方案，从人才的生态运营开始，建立人才连接链，到人才招聘到位的人才供应，最后人才还要在岗位上发挥价值，满足组织期待。还有些企业会极力开发一些员工绩效支撑系统（EPS）来帮助人才更好地融入组织、创造价值。广义招聘中的人才链如图 5-16 所示。

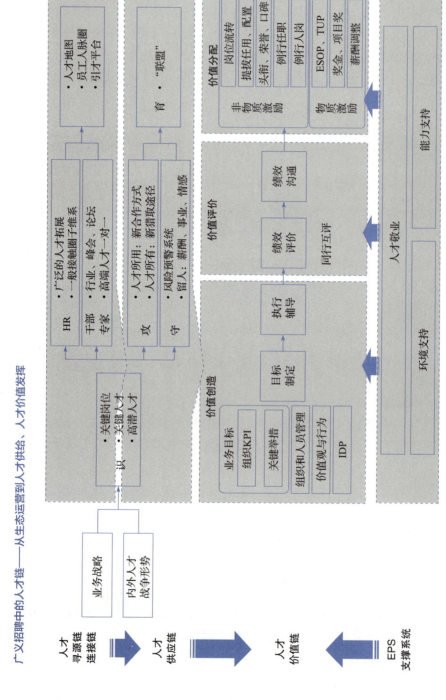

图 5-16 广义招聘中的人才链

招聘工作最能反映一个企业的人才观。阿里的人才观是"聪明、乐观、皮实、自省";早期的华为的人才观是"一贫如洗、胸怀大志",现在随着时代发展已经很少提及。招聘是一个政策强相关的工作,HRBP 要时刻关注企业阶段性的指引和要求,深刻理解组织意图。比如华为某阶段的招聘指引如下:

- 各级主管要从热衷于"获取外部人员"转移到"关注内部员工",要将人员规划和管理的重点转移到提高内部组织和人员效率、充分发挥近年录用的大量员工作用上。要靠有效的管理而不是简单、一味地以人员规模的快速膨胀来支撑业务发展。
- 招聘政策要有利于内部员工,不能让内部人寒心。坚持薪酬不倒挂原则,要承认在公司干一年比在外面干一年成长快,真正促进"让外部人向往、内部人自豪"的研发中心目标的实现。
- 改变"全员招聘"模式,招聘由专业 HR 队伍完成,研发人员不能参加除面试外的任何其他招聘活动,提升招聘效率。
- "明白人"的引进有利于弥补我们在关键技术、关键业务管理等方面的短板,有利于缩短我们与业界最佳的差距,有利于我们自身队伍的快速成长。
- 我们在重视"明白人"招聘与引进的同时,还须关注"明白人"的使用和保留。我们绝不能为了招"明白人"而招,绝不能为了完成招聘计划而招"明白人"。

招聘管理:招聘技巧

招聘是一个强实践专业,具有很大的探索空间。关于招聘的理念、方法、实践众多,想要吃透需要大量的学习和积累。此处仅列举两个小技巧作为示意,如图 5-17 所示。

员工发展:任职资格

任职资格是员工承担职责的门槛要求,从职责出发,构建各级各类的资格标准和评估体系,形成清晰的对应关系。任职资格的标准采用分层的方式,与岗位职级和个人职级相对应,既满足业务用人需求,也牵引员工能力提升。任职资格的定义与价值如图 5-18 所示。

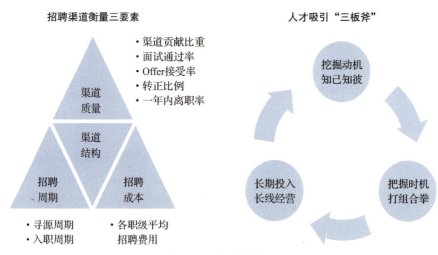

图 5-17　招聘小技巧

为什么要提出任职资格？任职资格对业务和员工的价值体现在以下几个方面。
- ❏ 它是人才任职质量的保障体系，是保障全球一致的人才质量的机制。
- ❏ 它能保障人岗的合理配置（对应岗位职责，称好人的"重量"）。
- ❏ 它能指导员工队伍的整体能力提升，牵引员工的学习与发展。
- ❏ 它让以往的 HR 推动人员评估流程，转变为业务主管提升员工专业能力。

华为设置了完善的专业任职资格管理框架来统筹开展工作，从业务与战略需求出发设置各专业委员会。它们在公司级专委会的领导下开展各专业领域的能力长期规划和积累、任职评审、知识管理等工作，为本专业领域的能力建设和人才梯队建设负责。员工则对照任职资格的标准，基于已展现的能力和责任结果参加认证。任职资格的管理框架与认证标准和方法如图 5-19 所示。

华为的价值取向是直接责任结果导向，而不是素质导向。华为强调猛将必发于卒伍，宰相必起于州郡，任何能力素质都必须在贡献中发挥出作用，才能被认可，茶壶里的饺子是不被认可的。因此可以看到任职认证需要对绩效结果、必备经历、工作成果等进行举证。

常见的任职资格错误认知如下。
- ❏ 认为任职资格是以学历、知识、技能、资历和工龄等为依据，只要掌握相应的技能，满足了相应的资历，达到了相应的年限，就应该升到相应的级别。

第 5 章　第二式：人力资源专业模块的合集——系统的基础要素　◆　89

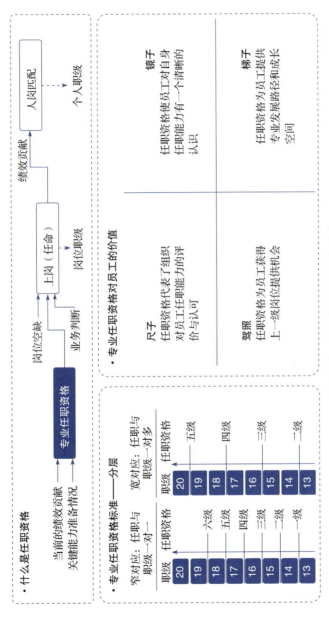

图 5-18　任职资格的定义与价值

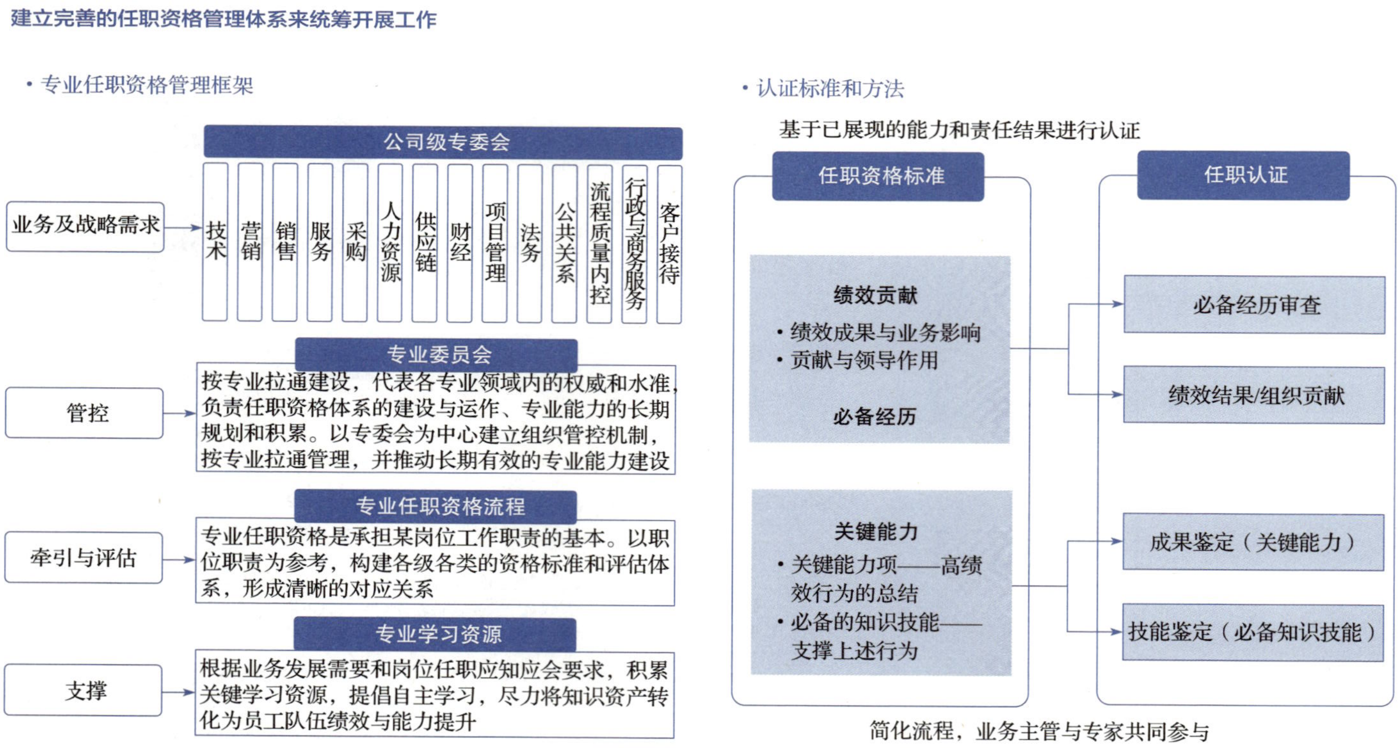

第二部分　基础层筑基——人力资源兜底组织运作

建立完善的任职资格管理体系来统筹开展工作

- 专业任职资格管理框架

业务及战略需求

公司级专委会：技术、营销、服务、采购、人力资源、供应链、财经、项目管理、法务、公共关系、流程质量内控、行政与商务服务、客户接待

管控
专业委员会：按专业拉通建设，代表各专业领域内的权威和水准，负责任职资格体系的建设与运作。以专业能力的长期规划和积累，以专委会为中心建立组织管控机制，按专业拉通管理，并推动长期有效的专业能力建设。

牵引与评估
专业任职资格流程：专业任职资格是承担某岗位工作职责的基本。以职位职责为参考，构建各级各类的资格标准和评估体系，形成清晰的对应关系。

支撑
专业学习资源：根据业务发展需要和岗位任职知识会要求，积累关键学习资源，提倡自主学习，尽力将知识资产转化为员工队伍绩效与能力提升。

- 认证标准和方法

任职资格标准（基于已展现的能力和责任结果进行认证）
- 绩效贡献
  - 绩效成果与业务影响
  - 贡献与领导作用
- 必备经历
- 关键能力
  - 关键能力项——高绩效行为的总结
  - 必备的知识技能——支撑上述行为

→ **任职认证**
- 必备经历审查
- 绩效结果/组织贡献
- 成果鉴定（关键能力）
- 技能鉴定（必备知识技能）

简化流程，业务主管与专家共同参与

图 5-19　任职资格的管理框架与认证标准和方法

- 认为任职资格与人岗匹配是直接转换的，获得了某个级别的任职资格就一定应该匹配到相应的职级。
- 认为只要随着工作年限的增加，任职资格级别就应该不断上升。
- 认为技术通道就是能够一直不停地往上晋升，没有尽头。

华为采用岗位职级、个人职级、任职资格方式对员工进行发展牵引和评估，涉及的概念较多，易引起混淆，下面我们统一一下认识。

- 一个人的任职资格级别是以胜任该级别岗位的各种要求和产出的结果为依据的，不是以学历、知识、技能、资历、工龄等为依据的（茶壶里的饺子要能倒得出来）。
- 任职资格级别与人岗匹配职级不是直接转换的，任职资格是人岗匹配的必要条件（没有相应的任职资格级别是不可能匹配到相应职级的），但不是充分条件（有了相应的任职资格级别，还要看绩效贡献）。
- 大多数人的任职资格级别不会无限上升，应该会在一个中间等级上，只有少数的一些人能够到达最高点（如中国科学院和工程院院士都是极少数的）。
- 每一个人都要不断学习提高，要持续奋斗贡献。如果不再做贡献，那么工龄就不是财富，而是包袱。

华为采用岗位职级、个人职级、任职资格方式进行组织和个人级别的统筹管理，是大规模企业中相对稳健的机制，解决了不少特定场景下的问题，但相对还是复杂了许多。业界大多数企业仅采用个人职级的单一管理方式，同样在一些特定场景下出现了很多问题，如干部能上不能下的问题、价值贡献与个人回报不能匹配的问题。

员工关系：组织气氛

20世纪90年代，管理学界和企业界开始认识到，员工快乐不一定带来绩效，而员工的敬业会带来绩效。企业客户的满意依赖于企业内部员工的敬业和投入。如果员工敬业，必然会产生绩效，让客户满意，从而实现企业的成功。因此，员工满意度概念不再流行，员工敬业度开始盛行。华为一直使用盖洛普Q12测评法对员工敬业度进行调查，如图5-20所示。

第二部分 基础层筑基——人力资源兜底组织运作

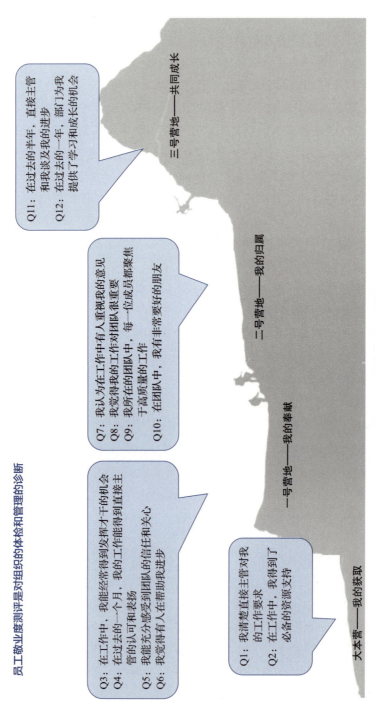

图 5-20 盖洛普 Q12 测评

业界研究表明，一个组织的绩效 60% 取决于组织气氛（员工敬业度）。在一个高效型团队中，员工的潜力可以得到充分的发挥；在激发型团队中，员工发挥了 80% 的潜力；而在中立型团队中，员工大概只发挥了 60% 的潜力。

员工敬业度调查表面上看是检测员工敬业程度，实际是对组织的一次体检，是对管理的一次诊断，帮助管理者发现工作中的不足，促进各级管理者的改进，提升组织绩效。管理者针对调查报告进行分析时一定要关注以下几点。

- 组织气氛调查结果不好的，组织气氛肯定不好，部门的管理需改进；组织气氛调查结果好的，不表示真的好，改进永无止境。
- 组织气氛营造不是与日常管理相割裂的活动，不是吃饭、搞几个活动就可以搞好的，而是要把基本的管理做好，需要确立团队目标，明确员工职责，及时激励和肯定，持续关注员工成长。
- 管理者只有通过做好基本的管理，加强对人员管理的关注，不断激发团队成员打胜仗的欲望，并带领团队打胜仗、打硬仗，才能改善组织氛围，提升组织绩效。
- 营造高绩效组织气氛，管理者必须处理好员工在"我的获取""我的奉献""我的归属""共同成长"四个阶段的问题，这样员工才能抵达山顶，体会一览众山小的畅快。

员工关系：员工心理健康

员工心理健康是指企业员工心理和行为都处于一种良好、正常的状态。现代社会高速发展，科技日新月异，人们工作节奏快、生活压力大，精神健康问题已成为社会普遍性问题。应对企业中偶发的异常事件是一件非常专业的事情，涉及社会、家庭、心理等领域。我们要认识到，精神类疾病或状态已是普遍现象，发生了就应该积极面对，不要讳疾忌医，同时可以主动识别和疏导预防，如图 5-21 所示。

员工关系是组织治理的延续过程。员工发生的外在事件是冰山事件，发生冰山事件后要从趋势模式（价值观）、系统结构（思维模式）、心智模式（愿力）去治理。华为已建立起员工心理异常的三级防护模式，从组织机制、人员能力、活动氛围、配套保障等方面做到位，以保证妥善处理异常，提前识别异常，疏导防止异常。

- 日常疏导：华为每年要例行组织"健康周"活动，通过文体活动让"3 个 1"（阅读 1 本好书，发展 1 项运动，结交 1 个朋友）有效落地；有计划地让员工参加压力测试，对高分人群进行关注和辅导，通过压力测试使员工加强自我认知和自我调整能力。

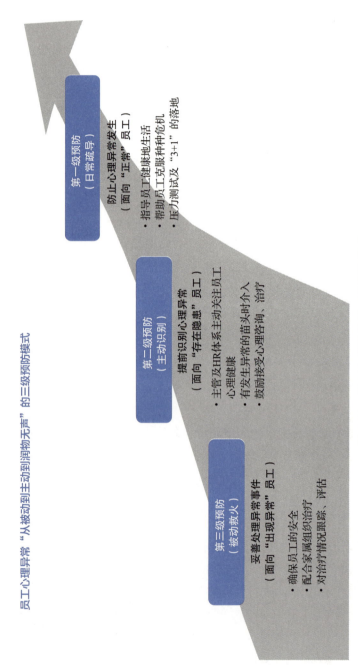

图 5-21 员工心理异常的三级预防模式

❑ 主动识别：各级主管在日常工作中持续关心下属，发现异常情况及时向人力资源部报备，鼓励接受心理咨询。
❑ 被动救火：发生异常事件后，由经验丰富的员工关系专家、主管、HRBP 一起协助家属确保员工安全，并对治疗情况进行跟踪、评估，对员工及其家属保持关怀。

第 4 节　专题与实践：促人才——让企业新生力量快速拥有战斗力

【实践背景】

企业最宝贵的财富是人才，人才是关键生产要素，也是企业最重要的产品。新员工的培养对于任何组织而言都是最基础的工作，对人才梯队的健康发展、文化的传承具有重要的意义。在新组建的团队和成熟团队做新员工培养面临不一样的挑战，新团队的首要考虑是如何搭建体系，坚持急用先行原则，两者不可或缺。成熟团队因为已相对完善，考虑的是在继承发扬之外，如何与时俱进地不断解决实际运营中的问题。

本节实践"具体场景下的新员工训练微改进"主要描述的是，在一个成熟的研发团队中，如何在巩固既有优势的前提下，将业务输出的反馈提前传递给新员工，专注于基于业务需求的微改进，让企业新生力量快速拥有战斗力。

【实践案例】

A 部门是一个规模超 300 人的开发部，且正处于高速发展期，每年有 50～100 名新员工加入。经过近年的不断实践，新员工培养方案已经相对成熟。随着业务的逐步演进，一些新陈代谢问题不可避免地出现了。变化总是缓慢发生的，短时间内难以察觉，HRBP 如果不敏感、不深入理解分析，也会慢慢麻木，失去成就感。

从诊断问题到针对培养措施的微改进

新员工满意度调查报告显示，当下的新员工培养工作面临的不再是体系化的问题，而是具体场景中的实际问题，管理团队与新员工的心声呈现出不小的差异，甚至有些对立的观点。

"我们"这样看新员工,具体如下。

- PL(Project Leader,项目组长)/导师:现在很多新人的基本编码能力较弱,主动性也不够;有些新人的成长依赖于我们在后面盯着。
- PM(Project Manager,项目经理):很多新人帮不上忙,还占用人力管道资源。
- LM(Line Manager,部门经理):冒尖的新人不是很多,一开始发现的好苗子,后来发现后劲也不足了;一些新员工宁愿相信小道消息,也不愿意相信官方信息,融入团队较慢。

新员工这样看"我们",具体如下。

- 培养体系和氛围有待提升:学习资料的体系化和宣传不到位;新员工晨会,主管及导师参与率较低,新人感觉不到部门的重视。
- 团队融入:业务压力大,项目组活动偏少,尤其与新员工的互动和信息沟通更少。
- 技能提升:各项目组及部门没有系统性地针对新员工培养以及能力提升的过程监控,导致新人的成长依赖于个人的学习能力及主动性,目标感也不强。

正如韩寒在《后会无期》里所言,我们听过很多道理,依然过不好这一生。新员工和管理团队的心声要求我们不能再只关注体系和大道理,而是要深入场景,通过具体的微改进来解决实际问题。经过充分的诊断和分析,我们做出了关于核心举措的微改进,既考虑新员工心声,又紧贴业务诉求,如图5-22所示。

按照新员工工作的传、帮、带分类,此处摘录四个具体微改进背后的思考。其中,前三个微改进是通用的举措,第四个关于培养沙盘的重新设计与业务发展紧密相关。

"传、帮"微改进帮助新员工快速融入

微改进举例一:组织级沟通"精彩三部曲"。除了思想导师的言传身教,以及日常小范围的新人圆桌等沟通场,将以往零散的座谈会关停,合并为三个组织级的重量级沟通场,起到组织级拉齐、补位的作用。

微改进举例二:对新员工接待的五个标准动作进行模板化定义。精简一些效果不好的会面形式,保留优化的5个标准动作,沿着新员工思想动态的发展层层递进,让每一条涓涓细流汇入大海。

组织级沟通与新员工接待标准动作如图5-23所示。

第 5 章 第二式：人力资源专业模块的合集——系统的基础要素 ◆ 97

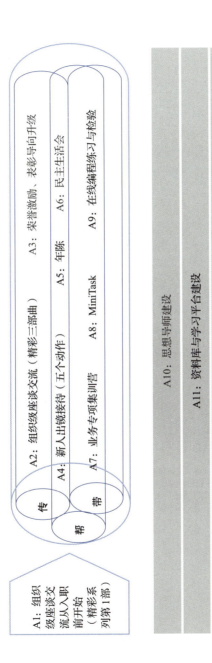

图 5-22 通过深入场景的微改进来解决具体问题

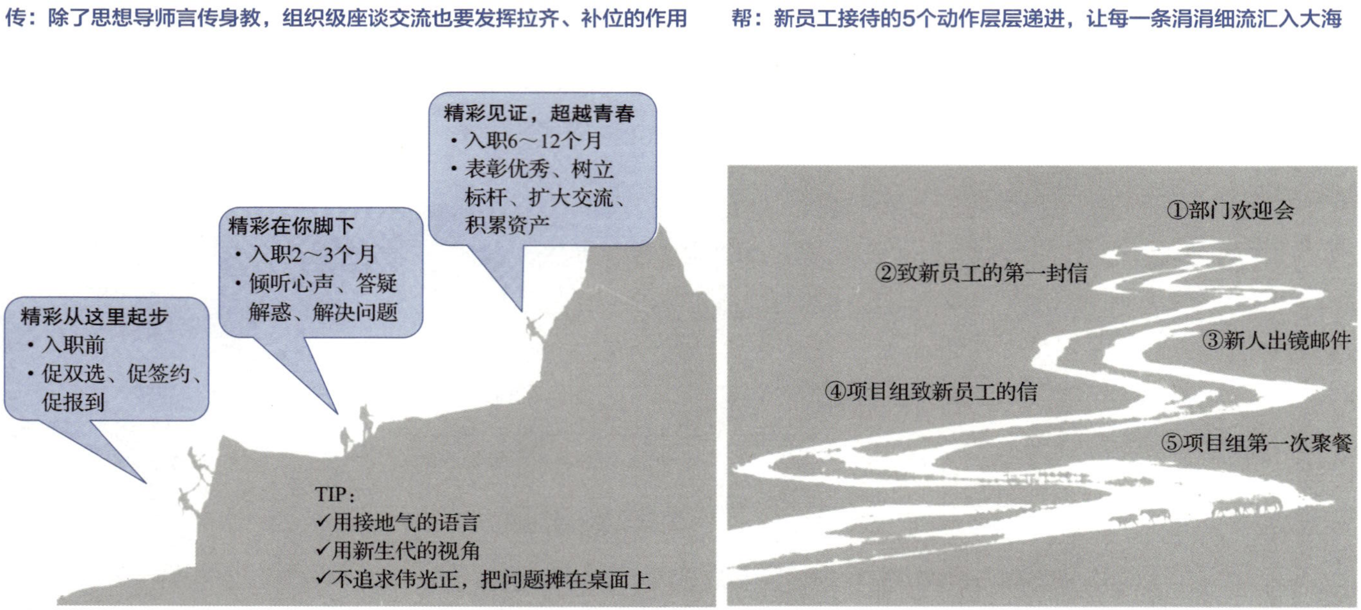

传：除了思想导师言传身教，组织级座谈交流也要发挥拉齐、补位的作用

帮：新员工接待的5个动作层层递进，让每一条涓涓细流汇入大海

① 部门欢迎会
② 致新员工的第一封信
③ 新人出境邮件
④ 项目组致新员工的信
⑤ 项目组第一次聚餐

精彩见证，超越青春
- 入职6~12个月
- 表彰优秀，树立标杆，扩大交流，积累资产

精彩在你脚下
- 入职2~3个月
- 倾听心声，答疑解惑，解决问题

精彩从这里起步
- 入职前
- 促双选，促签约，促报到

TIP：
✓ 用接地气的语言
✓ 用新生代的视角
✓ 不追求传光正，把问题摊在桌面上

图 5-23 组织级沟通与新员工接待标准动作

新员工接待的五个标准动作，具体如下。

- 部门欢迎会：让新员工对部门整体情况有所了解，未确定具体项目组的应届生可在此进行项目组的双选，选我所爱，爱我所选。
- 致新员工的第一封信：信中包括公司办公环境介绍、部门资料库、各种工具权限的链接和备忘。
- 新人出镜邮件：推介新人简介到部门群组。
- 项目组致新员工的信：介绍项目组的情况，包含历史、荣誉、年度规划与重点工作；介绍配备的思想导师的简介和特长。这封用心用情的邮件会极大增强新员工对项目团队的自豪感。
- 项目组的第一顿聚餐：在轻松愉悦的环境中与团队周边同学建立连接，了解工作之外的彼此。

微改进举例三：资料库等常规的支撑体系建设的逐步优化。资料库的建设在任何一个企业都是容易被诟病的话题，因为新员工对资料库的追求是无止境的。在资料库的建设中我们做了以下微改进：

- 我们注意到资料库要么是内容少且陈旧，要么是浩如烟海无从着手，即便使用检索或智能机器人等技术手段也只能解决单点的即时查询问题，无法解决新员工脑海中知识体系构建的问题。因此一张逐步（Step by Step）学习路径地图就尤为关键，对于新员工而言能够按图索骥，不至于再束手无策。
- 在资料库的升级过程中，我们也特别设计让新员工一起完善，培养共建团队的意识。
- 视频资料录制，让两年左右的员工来负责，因为他们曾面临同样的情境，记忆还新鲜，印象更深刻，可以把走过的"坑"变成鲜活的案例。

"带"微改进帮助新员工快速拥有战斗力

微改进举例四：新员工培养沙盘的重新设计。一份看似平淡无奇的新员工培养沙盘，本是基础性的工作，已经按部就班运营了较长时间。但随着业务和组织的发展，仔细观察业务输出的问题，会发现一些需要与时俱进之处。在沙盘的重新设计中，我们主要从以下三个细节来升级，如图5-24所示。

细节一：集训营课程设计助力提升问题定位效率

业务集训营课程设置与以往有什么不同呢？我们发现在一个较大规模的软件

带：从“平淡无奇”的新员工培养沙盘说起

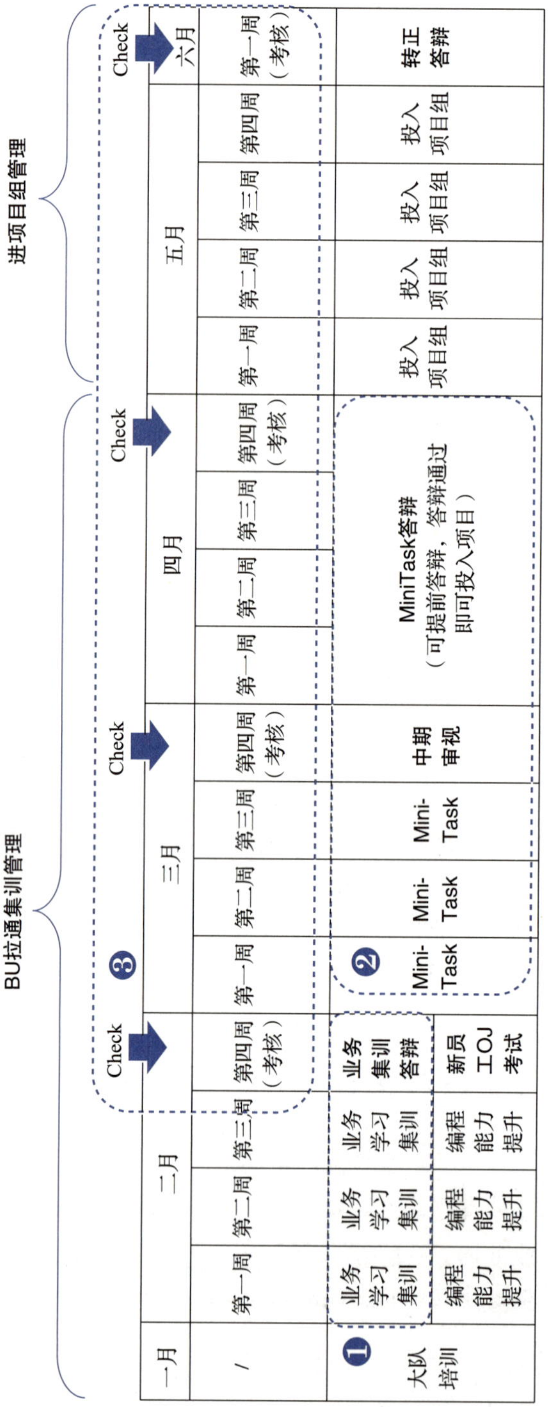

BU拉通集训管理
进项目组管理
Check
Check
Check
Check
一月
二月
三月
四月
五月
六月
/
第一周
第二周
第三周
第四周（考核）
第一周
第二周
第三周
第四周（考核）
第一周
第二周
第三周
第四周（考核）
第一周
第二周
第三周
第四周
第一周（考核）
1 大队培训
业务学习集训
业务学习集训
业务学习集训
业务集训答辩
编程能力提升
编程能力提升
编程能力提升
新员工OJ考试
2 Mini-Task
Mini-Task
Mini-Task
中期审视
MiniTask答辩（可提前答辩，答辩通过即可投入项目）
3
投入项目组
投入项目组
投入项目组
投入项目组
转正答辩

注：应届生与社招员工的培养沙盘在实际执行中有所不同，此处略去差异
各处的设置和变化都不是自然而然的，都充满争议和碰撞，下文简述之

图 5-24 新员工培养沙盘

研发团队中，软件问题定位将会涉及大量的信息传递。由于每个人都只了解自己项目模块的情况，当数据流转到其他项目模块的时候，只能去寻求该项目成员协助定位，而自己处于依赖和等待的状态。如此，一个问题的定位往往会卷入很多人，空耗不少时间，有时一个问题定位群组里会不断加入近 20 人。系统越复杂，这种跨团队的交互、等待、确认也越多，如图 5-25 所示。

以往新员工进入项目组进行培训，培训课程与该项目模块紧密相关，除此之外对周边并无涉及，造成新员工被"困"在一个小模块里。在实际的开发和维护场景中，项目模块之间的依赖对工作效率有很大的影响。

而现在，我们意识到项目模块划分过细以及业务协同之间的浪费，成为影响工作效率、阻碍员工能力提升的显著问题。因此在新员工入职的第一个月，不论其属于哪个项目组，均需集中学习整个软件系统的业务基础知识和基本原理并通过集训答辩。如此，新员工进入具体项目组时，由于对外围项目模块的了解，能更快理解自身工作的位置和周边的关系。

这个小小的改变并不是一个能轻易做出的决定。因为项目组工作压力较大，主管本来就对新鲜血液的渴求尤为迫切，恨不得让新员工在第一天就能投入到项目工作中；而此时由于需要"额外"学习整个软件系统的内容，整体学习周期拉长，比预期进项目的时间推迟了近一个月。但在 HRBP 充分的诊断和方案论证后，管理团队经过综合权衡，认可了课程的升级。

细节二：MiniTask 助力消除代码低级问题

MiniTask 是在沙箱中模拟软件实战的一个小任务，是如今新员工训练中的关键举措。其诞生之初的考量是，因为组织对研发质量有很高的要求，新员工经过一定周期的学习和锻炼后才能开发正式的产品代码；但是如果不进行实战训练，仅靠培训很难提升和检阅能力。在这样的矛盾中，四年前团队开始在仿真沙箱环境中通过模拟实战项目来提升和检阅新员工实际动手的能力。在随后的四年中，随着环境的变化，此 MiniTask 也一直在优化调整，如图 5-26 所示。

尤其需要提到的是"迭代 2"变化的源头和故事。当时管理团队在质量管理活动中发现，近期开发过程中 Lua（一种编程语言）的低级问题频发，追溯进去发现这个迹象由来已久，此前不过是被掩盖了。这种 Lua 编程的低级问题并非是有难度的问题，但数量较大，所以给研发效率和质量评价带来了较坏的影响。

追根溯源，HRBP 发现因为 Lua 属于小众编程语言，因此在部门中"不受待见"。老员工普遍认为其不如做 C++ 更有技术含量，更有获得高绩效和晋升的机会，因此纷纷将此类工作想方设法地交接给新员工。而新员工初来乍到，接到工作任务

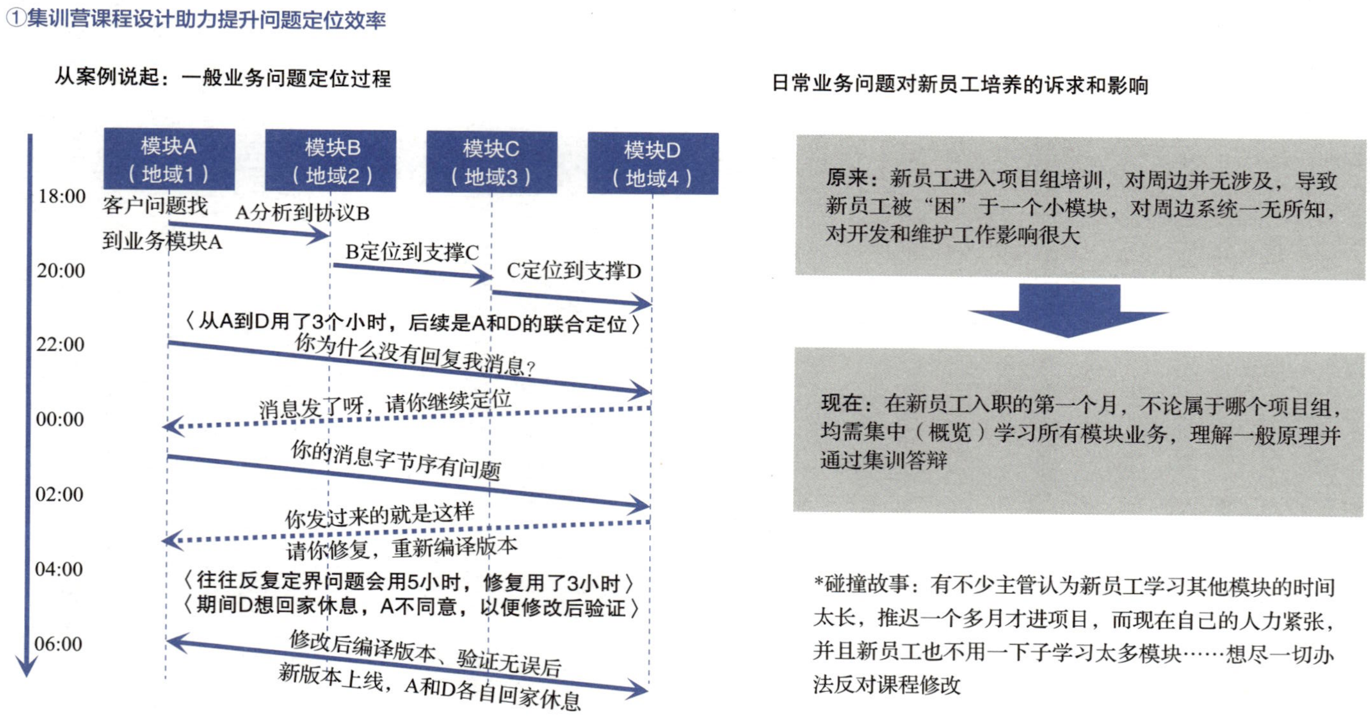

第二部分 基础层筑基——人力资源兜底组织运作

① 集训营课程设计助力提升问题定位效率

从案例说起：一般业务问题定位过程

模块A（地域1）	模块B（地域2）	模块C（地域3）	模块D（地域4）

18:00　客户问题找到业务模块A
　　　　A分析到协议B
20:00　　　　　　　B定位到支撑C
　　　　　　　　　　　　　C定位到支撑D
22:00　〈从A到D用了3个小时，后续是A和D的联合定位〉
　　　　你为什么没有回复我消息？
　　　　消息发了呀，请你继续定位
00:00　　你发过来的就是这样
　　　　请你修复，重新编译版本
02:00　〈往往反复定界问题会用5小时，修复用了3小时〉
　　　　〈期间D想回家休息，A不同意，以便修改后验证〉
04:00　修改后编译版本，验证后
　　　　新版本上线，A和D各自回家休息
06:00

日常业务问题对新员工培养的诉求和影响

原来：新员工进入项目组培训，对周边并无涉及，导致新员工被"困"于一个小模块，对周边系统一无所知，对开发和维护工作影响很大

→

现在：在新员工入职的第一个月，不论属于哪个项目组，均需集中（概览）学习所有模块业务，理解一般原理并通过集训答辩

*碰撞故事：有不少主管认为新员工学习其他模块的时间太长，推迟一个多月才进项目，而现在自己的人力紧张，并且新员工也不用一下子学习太多模块……想尽一切办法反对课程修改

图 5-25　集训营课程设计

② MiniTask 变迁故事助力消除代码低级问题

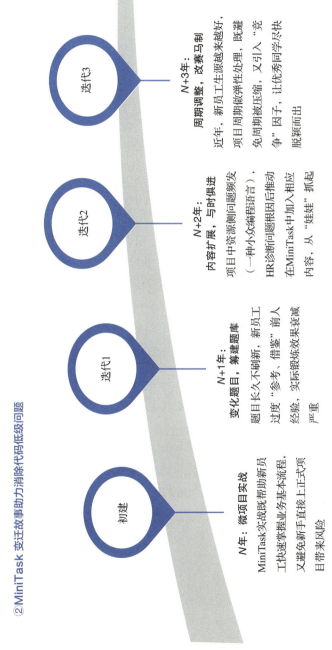

图 5-26 MiniTask 变迁故事

时都想用心做好，但苦于前期培训中并未将该小众语言作为重点，确实也不具备相应的能力，等他们发现老员工"心思"之后，也会逐步将工作交接给更新的新员工。

这是一个系统性的问题，需要从意愿和能力上解决。首先在定位和发展上，为 Lua 语言开辟新的晋升通道，回溯过往该领域的优秀人才，对其绩效和能力进行追认。其次在能力培养上，升级 MiniTask 题库和培训课程，将 Lua 语言的能力训练列入员工培训计划，让致力于该领域的员工有长期发展。

细节三：Check 升级助力知识能力迁移

PDCA 循环在学习和工作中发挥着至关重要的指导作用。在以往的新员工培养沙盘中，我们给新员工灌输了太多内容而缺乏及时的反馈和检验。而现在我们非常认同蘑菇效应和保龄球理论，新人必须经历磨炼，主管和导师必须时常给予辅导和反馈，因此在各个关键节点设置 Check 环节，进行多个闭环和复盘。

Check 有不同的颗粒度和关注点，也有很多的形式。比如业务集训课程的 Check 主要关注新员工建立业务全貌的效果，采用业务答辩的形式。编码训练的 Check 主要关注新员工编码基本功和编程规范的养成，采用上机考察的形式。MiniTask 实战演练的 Check 主要关注业务和编码的综合实战，采用模拟测试和讲解答辩的形式。在集训营的出营公告中将各阶段的 Check 评价汇总成报告，成为新员工转正的重要输入。这种 Check 方式不仅通过及时的辅导和反馈夯实了新员工的能力，而且带来了两个隐性的收获，在新员工的互相观摩中，形成了"比学赶超"的良性竞争氛围，同时也不会让转正成绩出现"惊喜"。

具体场景下的新员工训练微改进小结

在一个成熟团队的新员工体系化培养上，通过微改进来解决新员工心声和具体的业务问题，让企业新生力量快速形成贴近业务的战斗力。规划时的推演逻辑和实施后的总结效果，都显示了微改进的有效性和价值，如图 5-27 所示。

【专题心得】

2021 年 9 月中央人才工作会议指出，坚持面向世界科技前沿、面向经济主战场、面向国家重大需求、面向人民生命健康，深入实施新时代人才强国战略，全方位培养、引进、用好人才。这是继 2010 年全国人才工作会议之后，党中央在人才工作领域举行的最高规格会议，具有里程碑意义。

第 5 章 第二式：人力资源专业模块的合集——系统的基础要素　◆　105

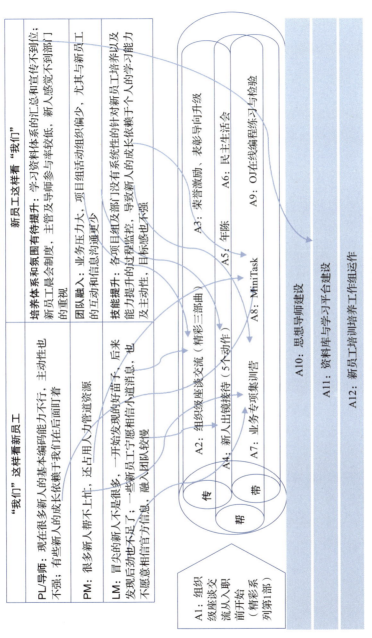

图 5-27　微改进的推演逻辑与实施效果

国家发展靠人才，民族振兴靠人才。企业人才的培育和发展是人才强国战略的重要组成。一个企业拥有的人才决定了这家企业的高度和竞争力。

- 任正非认为要善于发现人才并加快干部的循环流动，同时还要鼓舞正气上升，让更多的人成为英雄。与此同时，还要给英雄以更多锻炼，送到艰苦的地方奋斗，取得成绩后再送去重大项目或项目管理资源池去培训，让英雄走上通往将军的正确之路，带领更多人去取得更好的业绩。华为 HR 的价值主张是与广大主管员工建立互信机制，通过提升人力资本竞争力，驱动业务成功。
- 阿里特别强调在人身上一定得多花时间、多投资，要注重人才梯队的建设，培养干部。每个干部的成长，必须要踩过很多"坑"。做企业是通过组织、业务来塑造人，阿里叫"借假修真"；组织、业务都是"假"的，练出一批干部才是"真"的。阿里 HR 的使命是让每一个加入阿里的人成为更好的自己，成就生生不息的阿里。

管理者用人做事或做事用人，无论在哪个层次，人与事都是不可分割的。工作要人事合一，管理者要雌雄同体。促人才是管理者和 HR 团队的关键责任。

- 在管理制度上，改变管理者自由生长的惯性，将团队管理、人才培养的责任正式赋予他们，同时提出明确的绩效考核要求；对组织中的关键角色，如讲师、师兄进行赋能和上岗认证，既是一种仪式化的责任赋予，也是一种成长的历练。
- 在人才的培育和发展上，要坚持人才的分类管理，制定适用于管理人才、专业人才、职员队伍的发展路径和对应的培育体系。
- 提供人尽其才的土壤，打造开放创新的氛围，对人才的开放包容关键在于放权和容错，严惩犯错就会趋于保守，包容犯错就会攻击向前。

回到本实践，人力资源专业模块大多以人才为核心，围绕人才在企业的生命周期而构建。新员工培养是企业人才生命周期的初始阶段，对于促人才有重要的意义，然而也是最易被忽视的工作。因为"太基础了""难以做出比较优势"，同时"客户话语权不高"，导致较多 HRBP 在此减少投入，甚至美其名曰"萧规曹随"。

而我认为无论是"绩效论"还是"亮点论"都是值得商榷的，任何基础性工作只要潜心研究、用心雕琢，都是可以成为作品的，是可以"做出花儿"来的。正如本实践所描述的，HRBP 基于对业务的敏感和场景的理解，建立从业务到人力资源的连接，在看似平淡无奇的细微设计之处尽显功力，从而产生"蛇打七寸"般精准的业务价值。

在新员工的培养中,降低门槛也是一种变相的能力提升。比如对于技术型复杂解决方案的销售,产品与解决方案的理解本身就具有极强的专业性。我们要求销售能够投入更多的精力在商机洞察、客情维系、服务保障上,因此也需要从组织层面考虑降低业务所需的能力门槛。如构建知识云,支持移动化快速查询;构建方案云,综合我们对各行业痛点的理解和对应的解决方案,支持按图索骥和定制化;构建客户演示云,展示我们的成功案例,使用富媒体的形式进行演示和解说,支持远程沙箱登录和操作。

第 6 章

第三式：社会与人性——系统的根本要素

从人力资源专业职能管理阶段开始，除了简易的人事行政事务外，HR 更加关注个体的人；到战略人力资源管理阶段，HR 更多从组织视角去关注人，关注组织制度与企业整体竞争优势的一体化整合；未来，HR 也会增强组织对于人的价值的关注和尊重，激发人的价值创造活力，提升人的价值创造能力。懂社会、懂人性是人力资源管理系统的核心要素，是 HR 需要修炼的基本功。

社会和人性这个大课题的研究，涉及生理学、心理学、哲学、社会学、政治学、伦理学等多个学科，理论视角异常复杂多元。修炼和沉淀的过程中，有人从专业学科入手，有人从性格测评切入，有人从自然进化和遗传学来追根溯源，还有人从身边去观察体悟，所谓人情练达即文章——路径繁多，异彩纷呈，条条大路通罗马。人们所有的观察、学习、体悟、测试、研究最终都导向对人性和社会更本质、更深入的"真理性"认知，进而将这种经过"淬炼"的知识更好地应用到人力资源管理中。

至于如何更快、更好地切入人性和社会这个复杂的认知领域，我们倡导在一个相对宏观并且带有历史性观照视野的前提下，强调理论与故事的双线融合。历史性的宏观纵览是理论和故事的底色和基础，也是生发理论和故事的源泉。理论是智慧的提炼，可以指导实践；故事是精彩的世情，可以以小见大。理论系统而深邃，故事活泼而生动，辉映成趣。鉴于相关理论和故事内容过于丰富和庞杂，本章仅展示与人力资源管理紧密相关的一部分，包括驱动力、有效激励、绩效管理、素质能力等领域。示例无穷尽，旨在激发读者思想的"一生二、二生三、三生万物"。

第 1 节　人类及社会的演进

伴随着科技的进步和全球化的深化，历史学界日益强调一种"大历史观"。这种"大历史观"力图跨越种族、国家和文明的局限，同时将视野回溯至遥远的宇宙诞生之时，从而在一种极为宏观的意义上梳理地球、人类以及社会的诞生与演化，并探索其中的脉络及规律。这样的梳理也给我们对于人性和社会的认知提供了壮阔的布景和宏大的素材。

据当代物理学推论，大约 138 亿年前，宇宙诞生于一次大爆炸，时间与空间随之形成；约 10 万年前，智人出现，并且凭借使用火及工具的能力占据了食物链的顶端；约 7 万年前，智人开始迁徙到中东及东亚等世界各个角落，也就在这个阶段，人类最初的语言体系萌发了。

人类诞生初始阶段所形成的采集狩猎社会持续了数万年，约在公元前 9500～8500 年，人类开始转向农耕社会。农业革命使得人类开始定居下来，生存必须之食物供应也开始变得稳定而富足，从而催生了部落和阶层的诞生，直至出现了村落、城镇、都市和国家；战争变得频繁，商业、文化和艺术等也迅速繁荣起来。公元前 800～公元 200 年，人类精神文明出现了重大突破，以古希腊、古埃及和古代中国为代表，都诞生了无比璀璨夺目的思想。德国著名思想家雅斯贝尔斯称这一伟大的时代为"轴心时代"，堪称是人类古典文明的巅峰。

古典文明（含中世纪文明）阶段持续了 2000 多年，之后人类社会开始迈入工业时代，即进入现代文明阶段。美国享誉世界的历史学家斯塔夫里阿诺斯在其著名的《全球通史》一书中，以公元 1500 年为一个重要的时间节点，将公元 1500 年之前称为欧亚大陆的古典文明和中世纪文明时期；公元 1500 年之后到 20 世纪初，西方世界兴起并长期占据优势地位；20 世纪之后界定为西方的衰落与新世界的崛起时期。

纵观人类近 5000 年的文明史，对于人性和社会的思考与探索从未停止。不论在东方世界还是在西方世界，无数伟大的思想家为人类贡献出自己卓越而深邃的智慧，他们的存在，如同夜空中的繁星，指引着人类前行。如果回溯至"轴心时代"，那么老子、孔子、孟子等可以作为东方文化的代言，而苏格拉底、柏拉图和亚里士多德则是西方思想的源头。

在人性层面，自古就有性善论（孟子、卢梭）、性恶论（荀子、马基雅维利、叔本华）、性无善无恶论（告子、詹姆士、杜威）和性有善有恶论（董仲舒、王充、韩愈、柏拉图、亚里士多德、康德）之争。然而无论人类本性如何，基本的生存欲望都是人性的底色，在此基础上，追求财富、权力和享乐（休谟）是人性的一个侧面，追求爱、亲情、认同和尊重则是人性的另一个侧面。

在社会层面，社会由无数个体的人组成，人性无疑也是社会形成和发展的基础，甚至是社会进步的动力之源。社会作为一种组织，也自然进化出自身的秩序和结构。这种秩序和结构与自然界的生态（社会生物学）有着惊人的相似之处，充满各种形式的竞争和博弈，并在不断地建构和打破某种均衡之间"循环"或"螺旋式上升"。各种政治经济制度和文化体系的形成和演进，以及今天全球化政治经济格局的动荡，恰是这种竞争和博弈的"配套"和"演绎"。在这个领域，卢梭、亚当·斯密、马克思、马克思·韦伯、哈贝马斯、福柯、哈耶克等极具天赋的社会思想家为我们提供了丰富的思辨素材。

人性或许从未改变，而人类社会的发展进程却在加速。从采集狩猎社会到农业社会，到工业社会，再到信息社会，尤其是 21 世纪人类社会在物联网、大数据和人工智能领域的高速迈进，科技的发展推动着人类社会的结构与特征产生着深刻的变革，这种变革覆盖了整个政治、经济和文化领域，无时无刻不在影响着我们每一个人的生活和每一个组织的运转。这些都是 HR 需要持续关注和深度学习与思考的，虽然过于广泛和宏大，但对于我们的认知升维，无疑意义深远。

第 2 节　驱动力

驱动力本是一个物理学术语，指物体受到外界的合力；而在行为科学中，驱动力是影响人的行为的力量，不仅有外在驱动力，也有内在驱动力。职场中关注人的绩效，绩效由绩效行为产出，因此激发绩效行为是人力资源管理的重点。本节以丹尼尔·平克的《驱动力》为索引，简述人类行为背后的驱动力的若干理论，包括经典的 X 理论与 Y 理论、自我决定理论、X 型行为与 I 型行为等，如图 6-1 所示。

X 理论与 Y 理论

简要说明

麻省理工学院管理学教授道格拉斯·麦格雷戈根据人性的不同工作动机提出了著名的 X 理论和 Y 理论。X 理论对应人的消极因素，Y 理论则对应人的积极因素。

第6章 第三式：社会与人性——系统的根本要素

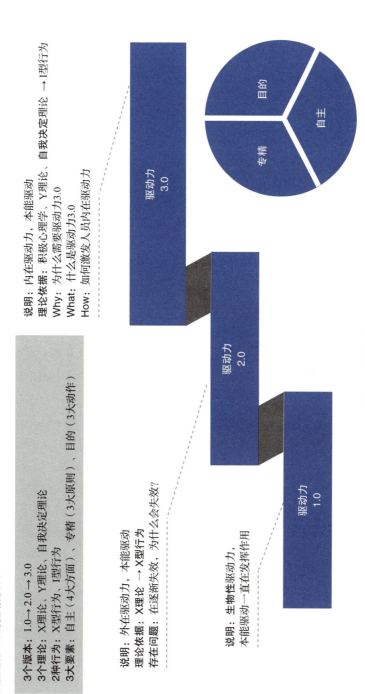

图 6-1 驱动力

X 理论认为一般人的本性是懒惰的，工作越少越好，甚至会逃避工作。一般人对集体的目标不关心，因此管理者需要用强迫、威胁、处罚、指导、金钱利益等诱因来激发人们的工作源动力。一般人缺少进取心，只有在指导下才愿意接受工作，因此管理者需要对他们施加压力。

Y 理论认为一般人在工作上投入的体力和脑力与在娱乐和休闲上的投入一样，工作是很自然的事，大部分人并不抗拒工作。即使没有外界的压力和处罚的威胁，人们一样会努力工作以达到目的，因为人们具有自我调节和自我监督的能力。人们愿意为了集体的目标而努力，在工作上会尽最大的努力，具有相当强的创新能力去解决问题。人们希望在工作上获得认同感，会自觉遵守规定。在适当的条件下，人们不仅愿意接受工作上的责任，并会寻求更大的责任。

实际应用

X 理论与 Y 理论是耳熟能详的对人性的基本假设，人性本"恶"还是人性本"善"，延伸出职场上应该是基于不信任的管理还是基于信任的管理。很多企业的规章制度都会带有该假设的痕迹，也有一些企业在不同的场景下会有不同的侧重。比如信息安全制度倾向于基于"不信任"的管理，强调规避风险；绩效管理倾向于基于"信任"的管理，强调降低成本和激发。比如在矩阵式管理的组织里，项目线一般倾向于基于"不信任"的管理，资源线一般倾向于基于"信任"的管理。

在知识经济时代，大多数企业会选择基于"信任"的管理，因为知识和创意需要信任才得以激发。企业首先倾向于认同员工是有"信用"（Credit）的，然后会根据其日常表现在"信用账户"里加分或减分，当减分到"负信用"的时候便会开始基于"不信任"的管理。阿里逍遥子曾说，阿里味儿就是当大家都不信任的时候，你愿不愿意首先向前走一步，选择先相信他人。

自我决定理论

简要说明

美国心理学家爱德华·德西和理查德·瑞安提出一种积极心理学领域的关于人类自我决定行为的动机过程理论，认为人类主要有三种内在需求：能力的需求、自主的需求和归属的需求。如果这些需求得到满足，人们就会行动积极、工作高效、心情愉悦；而如果这些需求受到阻碍，人们的积极性、工作效率和心情愉悦度就会直线下降。

自我决定理论的三个需求是人的内在需求。人都怕被别人看不起，担心被别人评价无能，正是源于内心对能力的需求；人都不希望自己被管束太多，能够有充足的空间，这是自主性的需求；人也是群居动物，物以类聚、人以群分，人终归要属于某一个群体，因此都有强烈的归属需求。

实际应用

面对知识工作者和创意精英，有一些科技型企业会去寻找那些真正的 A 级人才，并给予充分的信任和充足的发挥空间。这不仅有益于人才的价值发挥，而且会产生人才的吸引力，同时他们会再去吸引其他的 A 级人才，喜欢上彼此在一起工作的感觉。当人力资源在进行人员的招聘和激励方案的设计时，要更多地考虑自我决定理论，因为知识工作者和创意精英可以"自主地决定如何付出他们的心"，A 级人才更是如此。

X 型行为与 I 型行为

简要说明

美国著名趋势专家和畅销书作家丹尼尔·平克根据前人的理论研究，从动机的触发因素上将对应的行为区分为 X 型行为和 I 型行为。X 型行为是更多地由外在激励因素而非内在欲望推动的行为，它的能量较少来自活动的内在满意度，而较多来自这项活动能够带来的外部奖励。I 型行为更多围绕着内在而非外在激励因素，它的能量来自我们决定自己的生活方向、自主学习和创造新事物以及通过我们自己做得更好的内在需求。

X 型行为的基础源自 X 理论，I 型行为的基础源自 Y 理论和自主决定理论；X 型行为的人更多关注这件事情带来的物质回报，I 型行为的人更多关注内在收益。研究也表明，受内在因素激励的人更快乐，他们的目标在于让一件重要的事情变得越来越好，把追求卓越与更崇高的目标联系在一起。

实际应用

在现实工作场景中，我们要善于寻找具有 I 型行为特征的人，一般他们的业绩表现和生理心理状态都会更好。但需要特别说明的是，不能因为 I 型行为的人更关注内在，而忽视了对他们的物质回报，"又要马儿好，又要马儿不吃草"。对于他们来说，足够的物质回报是一种认可，同时也能够让他们不再考虑金钱的问题，而把注意力集中到工作本身上。

驱动力 3.0

简要说明

丹尼尔·平克在《驱动力》里提出人类行为系统的三大驱动力：驱动力 1.0 是生物性驱动力，人们饮食以止饿、饮水以解渴，本能驱动一直在发挥作用；驱动力 2.0 是外在驱动力，人们做出特定行为时会得到来自环境的奖励和惩罚，俗称胡萝卜与大棒；驱动力 3.0 是内在驱动力，人们想要主导自己的人生，学习并创造新事物，让自己以及周围的世界变得更好。

驱动力 1.0 一直都存在，也是生物的基本生存需求。驱动力 2.0 在工业时代很有效，驱动人们做好简单重复性工作，一般也能很快带来短期效果。驱动力 2.0 促进了泰勒科学管理理论的盛行，现代管理的诸多准则都建立在驱动力 2.0 的系统之上。但是在需要创意工作的时代，驱动力 2.0 逐渐失效，因为它让人们的内在动机消失了，让人们更多地关注外在动机，形成简单的"条件反射似的应对"。驱动力 3.0 是在知识经济时代激发知识工作者和创意精英更有效的方式，包括三个要素：自主、专精、目的。

❑ 自主：我们天生就是玩家，而不是被控制而服从的小兵；我们天生就是自主的个体，而不是机器人。自主包括人们在工作的时候能够实现工作内容自主，能够自己决定要做什么；工作时间自主，能够自己决定时间的投入，更关注工作本身和创造的价值，而不是仅花费时间；工作方式自主，能够选择自己喜欢的工作方式，给出自己的解决方案，而不是完全听从上级安排的既定路径；团队自主，能够自发组建团队，选择和更多的 I 型人在一起工作并相互促进。

❑ 专精：把想做的事情做得越来越好的欲望。驱动力 2.0 需要服从，而驱动力 3.0 需要投入，只有投入才能带来专精。专精是一种自成目标体验，目标就是自我实现，活动本身就是奖励。专精是一种长久的心流（Flow）体验，心流是一种全情投入后几乎忘记时间流逝的状态。在心流的状态时，人们要做的事情和具备的能力是完美匹配的，醉心于自己的工作，然后突然抬头发现"哇，时间怎么过得这么快"。

❑ 目的：可以理解为使命。人生为一件大事而来，目的是投身比自己更伟大更长久的事业。目的为工作和生活提供了活性能量。朝专精努力的自主的人会有高水准的表现，如果这么做是为了更宏大的目的，那么这样的人就能取得更大的成就。

实际应用

驱动力 3.0 的三个要素用一句话概括为：要激发一个人的内在动机，需要给他一个明确的目标，让他对自己的工作有更多的自主，并鼓励他在该领域钻研下去。在科技型企业里，我们发现单纯地通过加薪、奖金等物质手段，并不能得到员工相应幅度的、持续的积极性提高。从驱动力 3.0 出发，在保障物质条件的基本前提下，我们可以有更多的举措来设计员工的工作体验，以更好地激发其积极性和创造力。

- 比如自主，在工作内容上采用开源、众筹、任务认领、20% 工作时间、鼓励员工参与讨论和决策等方式，在工作时间上采用弹性工作制、目标导向任务制等方式，在工作方式上采用居家办公、基于结果的考核等，在组建团队上采用同僚面试、兴趣或专题小组等方式。
- 比如专精，给予员工与其能力相匹配的挑战性工作机会，即"压担子"；给予员工展示专长的舞台，如为专家打造的大讲堂、TED（Technology，技术；Enfertainment，娱乐；Design，设计）等。
- 比如目的，斯蒂芬·茨威格说，一个人的生命中最大的幸运，莫过于在他的人生中途，即在他年富力强的时候，发现了自己的使命。帮助员工规划职业生涯发展，采用合伙人或"联盟"制；制定具有"星辰大海"般感召力的目标，帮助员工寻找每项工作背后的价值和意义。

第 3 节　有效激励

管理最直接的目的是达成目标，目标通过行为来实现。企业使用激励手段来激发员工，以强化或削弱组织期望的行为。激励要想达到效果，需要精准匹配员工的需求。在管理工作中，激励就是通过运用各种管理手段刺激员工的需要，激发其动机，最大限度地、自觉地发挥积极性和创造性，在工作中做出更大的成绩。本节简述经典的马斯洛需求理论、ERG 需求理论、内在回报理论，以及有效激励的招式套路 TRUST 模型，如图 6-2 所示。

激励、需求和动机

简要说明

激励是一个心理学术语，是引起个体产生明确的目标，指向特定行为的驱动

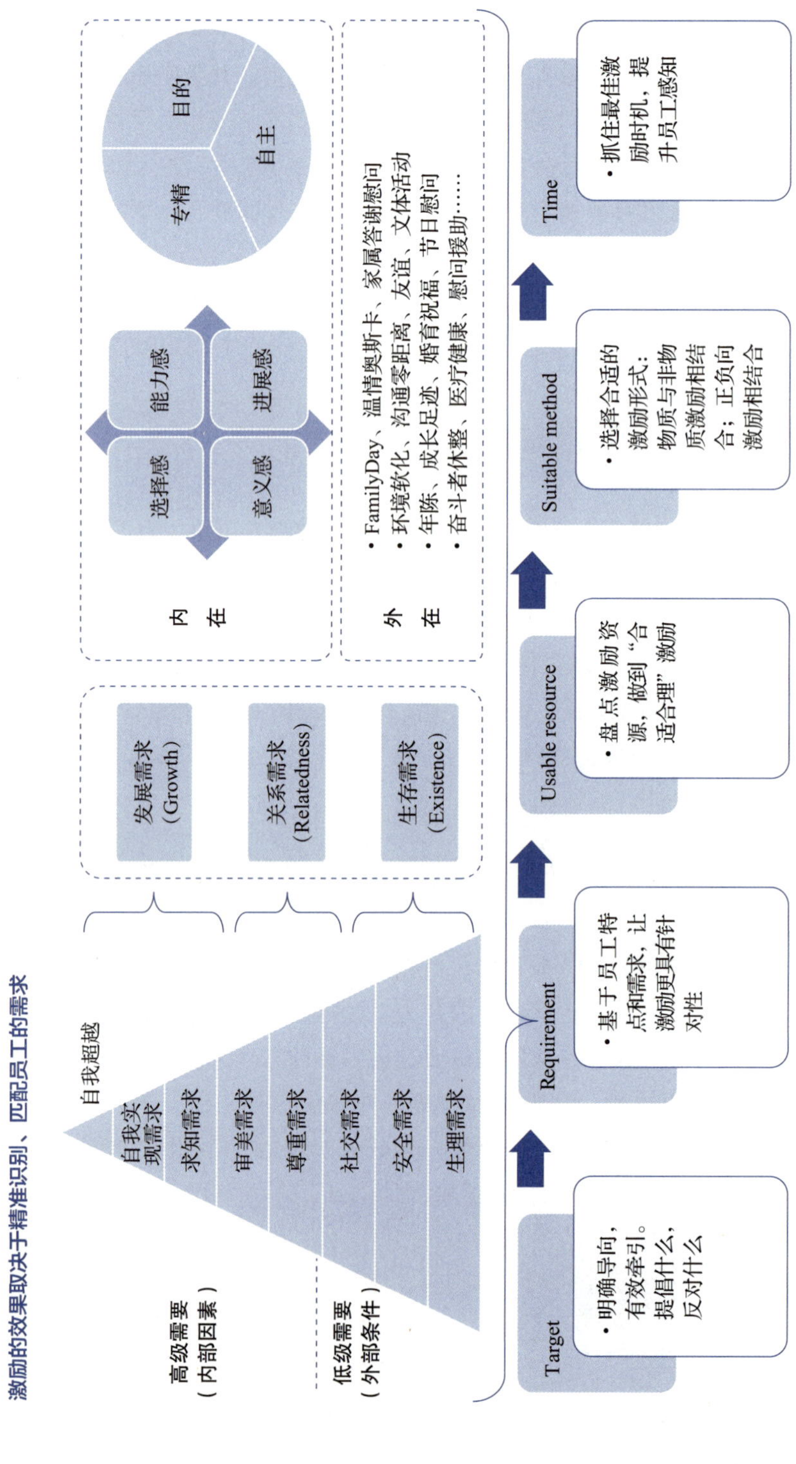

图 6-2 有效激励的理论和方法

力。激励是激发人内在的行为动机并使之朝着既定目标前进的整个过程。管理通过作用于行为的动机来强化或减弱某种行为，而如何有针对性地强化或减弱其动机，则需要分析对象的需求。

需求和动机紧密相连，但又有差异。需求是人最初始的一种需要，渴望寻求平衡或满足，当满足后心理紧张才会消失。动机是由需求引发的、推动人们行为的一种作用。需求侧重心理学角度，动机侧重行为学角度；需求是一种静态的客观存在，是人积极性的基础和根源，可以引发动机；动机是由某种需求引起的，是需求的动态表现、行为的直接原因。

实际应用

大多数企业的激励方案是针对结果展开的。"为结果买单、为过程鼓掌"对于在商言商的企业是可以理解的，但是容易沦为驱动力2.0。还有一些激励方案是针对行为本身进行的，比如激励一种遇到挑战时主动请缨的行为，本意是暂且不论结果如何，仅就行为本身就是值得提倡和鼓励的，更多的时候是为了在团队中树立导向，"给别人看，让别人效仿"。

因为结果和行为都是外显的，所以此种激励具有直接简单、显而易见且管理成本较低的特点。但是就被激励对象个体而言，如果想要达到更好的激励效果，则需要对其动机进行激励，因为同样的行为和结果可能其动机是不同的。对动机进行激励，可以让行为和结果更具可预期性和可持续性。比如某位管理者辅导下属做成了一个项目，其动机可能是希望项目成功以作为自己的绩效，也可能是想重点培养和提拔这名下属，甚至还有可能只是当时做了一个对赌。所以如果想强化或减弱某种行为，我们需要对引起该行为的主要动机进行激励。向前追溯，从结果到行为，从行为到动机，越深入，对激励本质的把握就越到位。

马斯洛需求层次理论和赫茨伯格双因素理论

简要说明

马斯洛需求层次理论和赫茨伯格双因素理论是管理学中的经典理论。马斯洛需求层次理论把人类的需求从低到高分为生理需求、安全需求、社交需求、尊重需求和自我实现需求五个层次，在一定程度上反映了人类行为和心理活动的共同规律。低层次的需求得到满足会触发对高层次需求的渴望，在某种程度上符合人类需求发展的一般规律。实际上，这五类需求对于一个人来说是可能同时存在的。需求层次理论对企业管理者如何有效地调动人的积极性有启发作用。

赫茨伯格双因素理论中把和工作本身无关的因素（如薪资、工作环境）都称为保健因素，对应马斯洛需求层次理论中的安全需求和生存需求，也称低级需求。工作本身强相关的成长和职业发展、尊重、认可等因素称为激励因素，对应马斯洛需求层次理论中的社交需求、尊重需求和自我实现需求，也称高级需求。保健因素只能消除人的不满意，不能激发人的积极性；激励因素才是真正激发员工积极工作的原因。

实际应用

马斯洛需求层次理论在企业中运用最大的争议是其"满足 – 上进模式"，即需求是有层次的，低级需求得到满足后会触发高级需求。而在实际工作中，人的需求由个体的三观来决定。对于知识工作者而言，他们大多数时候对高层次的需求更为强烈，从《横空出世》中两弹一星的革命先辈们的研发历程就能感受到。

赫茨伯格双因素理论在企业中运用时，我们要时刻谨记，薪资和工作环境虽然是保健因素，却是激励的前提条件，即必须保障且不能引发不满意。该理论只是说明如果一味地指望薪资带来很大的激励效果是不现实的，需要在保障保健因素的前提下提升激励因素。

马斯洛需求层次理论和 ERG 理论

简要说明

美国耶鲁大学的克雷顿·奥尔德弗在马斯洛需求层次理论基础上进行了更接近实际经验的研究，提出了 ERG 理论。他认为人们存在三种核心的需求，即生存（Existence）的需求、相互关系（Relatedness）的需求和成长发展（Growth）的需求。

生存的需求与人们基本的物质生存需要有关，包括马斯洛提出的生理和安全需求。相互关系的需求指人们对于保持重要的人际关系的需求，与马斯洛提出的社会需求和尊重需求分类中的外在部分是对应的。成长发展的需求表示个人谋求发展的内在愿望，包括马斯洛提出的尊重需求分类中的内在部分和自我实现需求中所包含的特征。

与马斯洛需求层次理论分层对应并非 ERG 的核心。两者最核心的不同是，马斯洛需求层次理论是一种刚性的阶梯式上升结构，即认为较低层次的需求必须得到完全满足，否则可能会停留在这一需求层次上，即"满足 – 上进模式"。而 ERG 理论并不认为各类需求层次是刚性结构，即使一个人的生存和相互关系需求尚未得到完全满足，他仍然可以为成长发展的需求而工作。三种需求同时存在，当一个人在较高等级需求受挫时，那么作为替代，他将转而诉诸较低等级需求，即"受挫－回归模式"。如一个人的社会交往需求得不到满足，可能会增强他对得到更多金钱的渴望。

实际应用

马斯洛需求层次理论和 ERG 理论提示我们去关注和思考以下问题：每个层次的需求是同时存在的还是有先后顺序的？每个层次的需求是怎样联系和相互作用的？什么是需求的"充分满足"？有没有 100% 的绝对满足？需求满足后是减弱还是又增强了？

从静态存在上看，两个理论是相同的；而从动态演化看，ERG 更符合现实世界。在实际工作中，我们更多使用 ERG 理论来分析员工群体和个体的需求，并制定对应的激励方案。采用 ERG 是因为其简单的分类及单列的发展需求对职场环境有更强的针对性，也因为"受挫－回归模式"提醒我们要同时关注员工所有层次的需求，即使是基层员工也有高层次的需求。"受挫－回归模式"让我们明白，为何三万月薪的员工会对十元的餐补那么在意，为何有些爱人对"婚前房产是否要写对方的名字"那么在意。管理措施应随着人的需求变化而做出相应的改变，并根据人的不同需求制定出相应的举措。

马斯洛需求层次理论的演进

简要说明

马斯洛在 1943 年提出了需求层次理论，在 1954 年所著的《激励与个性》一书中他又把需求层次发展为八层，增加了审美需求、求知需求、自我超越需求。

这三个新增的需求更侧重人的"内在高级需求"，审美需求代表了人有追求美、享受美以及被欣赏的需求；求知需求代表了人类不断探索钻研、理解原因、专业精进的需求；自我超越需求则表明当一个人的心理状态充分地满足了自我实现需求时，所出现的短暂的"高峰经验"（即心流的状态），这和所谓的"天人合一，与自然和谐相处"是一样的境界。

实际应用

演进后的马斯洛需求层次理论丰富了人的"内在高级需求"，迎合了"自主、专精、目的"的内涵。如此一来，这八个需求层次囊括了驱动力 1.0、2.0、3.0 的所有需求，是一个丰富的大而全的系统，通过映射关系帮我们更好地串接各种需求理论。通过马斯洛需求层次理论的演进，我们也可以更好地理解职场中的一些现象，如审美需求可以帮助我们理解，为何有人对一篇文章的错别字和一份 PPT 中的色号字体有那么严苛的要求，为何有人对工作成果会像对艺术品一样反复打磨、雕琢。

内在回报理论、驱动力 3.0、物质和非物质激励

简要说明

内在回报理论是针对需求如何被满足而言的。生理需求、安全需求和社交需求通过外部条件就可以满足，而尊重需求和自我实现需求通过内部因素才能满足。意义感、选择感、能力感、进展感是内在回报的四要素。在职场中，内在回报的四要素就是精准满足高级需求的内部因素。

- ❏ 意义感是指人们所做的工作有一个令人激动的愿景，工作是有意义和价值的；人们甘愿投入和奉献，且投身其中能够感受到明显的激情。
- ❏ 选择感是指人们在明确的目标指引下，得到充分的信息、信任和授权，可以较大程度地自由选择工作方式。
- ❏ 能力感是指人们具备工作所需的知识、技能，是擅长的而同时又不在舒适区，还有一定的挑战。从事该工作既可以发挥能力，也可以同步提升能力，让自己更加精进。
- ❏ 进展感是指人们按照预期推进工作，能看到达成的一个个里程碑，因此对未来充满了信心。过程中客户的反馈、团队的合作让人更加身心愉悦，可以预测接下来就是一个标志着工作收官的庆功会了。

内在回报理论和驱动力 3.0 的"自主、专精、目的"是相互映射的，虽然有一些边界的不同或重叠，但不同表述的背后本质是相同的。

实际应用

在以知识工作者和创意精英为员工主体的企业中，通过工作体验的设计，瞄准员工的内在回报是更有效的激励。人的需求是全方位的，很多企业会在物质激励的同时不断丰富非物质激励的内容，除了内在回报外，还有很多走心的人文关怀，比如个人健康类（瞄准生理需求、生存需求）、个人历史足迹类（瞄准社交需求、关系需求）、工作环境类（瞄准社交需求、关系需求）、社会环境和家庭环境类（瞄准安全需求、社交需求、关系需求）等方面的举措。

在共性之外，人文关怀因国家、企业文化背景的差异而有不同。比如中国一

些企业会关注到员工的家庭，如家庭生活困难、婚恋状况，而有些企业认为这是不够职业化的表现。

TRUST 有效激励模型

简要说明

我们使用激励来激发人的动机，从而强化其表现出组织期望的行为，进而提升绩效，推进目标达成。了解需求之后，在激励实施的实操层面可以按照 TRUST 有效激励模型去推进。这是华为网络产品线同仁共同创立的关于实施有效激励的普遍方法论。

- T（Target）指目的和目标。有效激励的源头是明确目标和导向，确定"提倡什么和反对什么"。进行激励源头的分析一定是以业务为基础的，深入分析团队当前面临的挑战，诊断组织当前的绩效行为与期望之间的差距。
- R（Requirement）指需求。有效激励的前提是理解员工的群体特点和特定需求，让激励更具针对性。激励是打点在员工需求上、作用于员工动机上，因此研究员工需求是激励是否有效的决定性因素，这也是考验 HRBP 思考深度的地方。
- U（Usable resource）指盘点激励资源，做到"合适合理"的激励。不少 HRBP 对激励的第一反应是申请经费，这是常见的物质激励形式。而在人才多元化的今天，特别是团队中存在较多知识分子和创意精英时，非物质激励是必须要重点考虑的激励形式。这需要结合员工需求一并考虑，如针对那些寻求发展的高潜人才，列席上级管理会议的资格、与总裁共进晚餐、申报领导力专班的学员资格，这种非物质激励可能更能激励人心。如针对因工作投入而忽略家庭陪伴的业务骨干，旅游休整套餐、定制玩具与电影票可能会有意想不到的效果。
- S（Suitable method）指合适的激励形式。激励形式应该有丰富的组合，物质激励与非物质激励相结合，正向激励与负向激励相结合。根据需求和资源的盘点做激励集合，是一个"连连看"的游戏，打得准就事半功倍，打偏了就事倍功半。同时颁奖的形式要强调仪式感，越正式、越隆重的仪式，一般激励效果也越明显。颁奖属于获奖者的高光时刻，邀请家属共同见证是较好的做法，荣耀需要被看见与被分享，锦衣夜行不是激励的做法。

❏ T（Time）指最佳激励时机。在提升员工感知的设计中需要强调及时性，一般日常的激励能够做到及时，但大多数企业的年度大奖及晋升等都有固定的节奏。将年度激励做到及时有两种变通的做法：一种方式是将年度激励变得"可预期"，比如对过程中获得的激励实施累积兑换机制，在年度奖金评定时凭过程激励的累积获得额外的特殊奖金包，在晋升时获得评委额外的支持票数，这需要用规则来确保牵引作用；第二种方式是打破奖金和晋升的固定节奏，采用重大事件触发的申报机制，华为已将晋升窗口由此前的年度评议更改为叠加每月的自主申报。

实际应用

对需求的研究可以提升激励方案的精准度，但是在实施操作过程中，还有更多的细节会影响员工体验和激励效果。TRUST模型通过简单易用的方式对实施操作给予了有效指导。如同内功心法和招式，两者结合修炼效果更佳。

第4节　绩效管理与心理学效应

在人力资源管理中，对行为驱动力和需求动机的研究，最终是要更有效地激发员工表现出符合期望的行为，并将这种行为导入价值创造流程。企业管理是以绩效管理为核心的管理体系，绩效管理向上承载业务战略，向下激发组织活力，可以说广义的绩效管理是集心理学效应之大成的实践。本节简述绩效管理循环中所涉及的理论，如期望理论、马太效应、首因效应、彼得原理等，如图6-3所示。

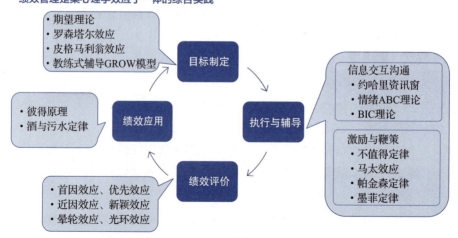

图6-3　绩效管理与心理学效应

目标制定：罗森塔尔效应、皮格马利翁效应

简要说明

　　罗森塔尔效应是一个流传已久的经典故事。美国心理学家罗森塔尔考查某校，随意从每班抽3名学生（共18人）的名字写在一张表格中，极为认真地对校长说："这18名学生经过科学测定全都是高智商型人才。"事过半年，罗森塔尔又来到该校，发现这18名学生的确超过一般水平，进步很大。再后来这18人全都在不同的岗位上干出了非凡的成绩。这一效应就是期望心理中的共鸣现象。

　　皮格马利翁效应也是一则期望心理的故事。在古希腊神话故事里，塞浦路斯的国王皮格马利翁是一位有名的雕塑家。他精心地用象牙雕塑了一位美丽可爱的少女，后来又深深爱上了她，并给她取名叫盖拉蒂。他还给盖拉蒂穿上美丽的长袍，并且拥抱她、亲吻她，真诚地期望自己的爱能被接受，但她依然是一尊雕像。皮格马利翁感到绝望，他不愿再受单相思的煎熬，于是带着丰盛的祭品来到阿佛洛狄忒的神殿，祈求女神能赐给他一位如盖拉蒂一样优雅美丽的妻子。他的真诚感动了阿佛洛狄忒女神，女神决定帮助他。最后盖拉蒂变成了一个真正的少女，成为皮格马利翁的妻子。

实际应用

　　罗森塔尔效应、皮格马利翁效应、期望理论、毕马龙效应的本质都代表了一种期望，然后事情会向期望的方向发展。期望理论给我们这样一个启示，当一个人获得他人的信任、赞美和期待时，他便感觉获得了社会支持，从而增强自我价值，变得自信自尊，获得一种积极向上的动力。他会尽力达成期待以避免对方失望，从而维持这种社会支持的连续性。运用到绩效管理中，主管需要对下属投入感情、表达期望和特别的诱导，使下属发挥自身的主动性、积极性和创造性。管理者对下属的赞美、信任和期待具有一种能量，它能改变人的行为并让下属向期望的方向发展，"注意力就像阳光，你关注什么，什么就会生长"。

目标制定：教练式辅导 GROW 模型

简要说明

　　GROW模型是教练式辅导中的经典方法论，也是IBM等企业普遍使用的成熟的辅导方法。GROW通过富有技巧的提问和结构清晰的工作流程帮助被辅导者释放潜能，增强认识，承担责任，寻求解决方案并实现目标。GROW是模型方法

的首字母缩写，同时也表达了成长的意思。

- ❑ G（Goal Setting）指确认员工业绩或某项工作的目标，这是教练式辅导中首先应该明确的谈话目的。接下来的措施都是为了达成这个目标。
- ❑ R（Reality Check）指厘清现状的问题和挑战，与被辅导者一起分析原因和需要的帮助。辅导者要设身处地地倾听，避免盲目下结论。
- ❑ O（Option）指一起探寻可能的解决方案。辅导者在该过程中要询问被辅导者的看法，通过富有技巧的提问鼓励创造性思考的出现。
- ❑ W（Will）指确定意愿。当共同探讨出解决方案后，辅导者需要增强被辅导者的信心，勇于承担责任，在确定意愿的前提下商讨行动计划。

实际应用

GROW 是教练式辅导的实操模型，在日常的工作沟通和辅导中被广泛应用。熟练应用需要一定的技巧，也需要浑厚的内功心法。企业在实践中经常使用内功心法来搭配 GROW 模型，以便让实操发挥更大的威力。内功心法要诀实际也是解决人性需求的五个基本原则（Key Principle，KP）。

- ❑ KP1：维护自尊、增强自信（留点面子）。
- ❑ KP2：仔细聆听、善意回应（做面镜子）。
- ❑ KP3：寻找帮助、鼓励参与（放下架子）。
- ❑ KP4：分享观点、传情达理（出些点子）。
- ❑ KP5：给予支持、鼓励承担（多挑担子）。

执行与辅导：乔哈里资讯窗

简要说明

乔哈里资讯窗是由乔瑟夫·勒夫和哈里·英格拉姆在 20 世纪 50 年代提出的一种关于沟通技巧的理论，也被称为自我意识的发现-反馈模型。根据该理论，人的内心世界被分为四个区域：公开区、隐秘区、盲目区、未知区。

- ❑ 公开区（Open Area）是自己和别人都知道的资讯，如你的名字。
- ❑ 盲目区（Blind Area）是自己不知道、别人却知道的盲点，如别人对你处事方式的感受。
- ❑ 隐秘区（Hidden Area）是自己知道、别人不知道的秘密，如你许下的生日愿望。
- ❑ 未知区（Unknown Area）是自己和别人都不知道的资讯。

实际应用

真正有效的沟通，只能在公开区内进行，因为在此区域内双方交流的资讯是可以共享的。但在现实中，人与人最开始接触时只有较小的公开区，缺少时间和机会进行信息交流，沟通双方对彼此都不了解，因此无法达成有效的沟通。为了获得理想的沟通效果，我们需要通过提高个人信息曝光率、主动征求反馈意见等手段，不断扩大自己的公开区，提高信息的真实度和透明度。当你开诚布公的时候，对方可能也正在为你打开心扉。

在沟通的策略上，我们可以在隐秘区内选择一个能够让沟通双方都容易接受的点来进行交流，这个点被叫作"策略资讯开放点"。当双方的交流进行了一段时间后，"策略资讯开放点"会慢慢向公开区延伸，从而使公开区逐渐放大。需要注意的是，虽然非工作类的信息是扩大公开区的有效方式，但选择"策略资讯开放点"时要避免公开过于私人的问题。

执行与辅导：情绪 ABC 理论

简要说明

美国心理学家埃利斯认为激发事件 A（Activating event，也称前因）只是引发情绪和行为后果 C（Consequence，也称结果）的间接原因，而引起 C 的直接原因则是个体对激发事件 A 的认知和评价而产生的信念 B（Belief，信念）。有前因必有后果，但是有同样的前因 A，可以产生不一样的后果 C1 和 C2。这是因为前因与后果之间一定会透过一座桥梁 B（Bridge，即 Belief），这座桥梁就是我们的信念和对情境的评价解释。

通常人的消极情绪和行为障碍结果 C，不是由某一激发事件 A 直接引发的，而是由个体对它不正确的认知和评价所产生的错误信念 B 直接引起的。正是由于一些不合理的信念，我们才产生情绪困扰。久而久之，这些不合理的信念还会引起情绪障碍。依据 ABC 理论，分析日常生活中的一些具体情况，我们不难发现人的不合理观念常常具有以下三个特征。

- ❑ 绝对化的要求：指人们常常以自己的意愿为出发点，认为某事物必定发生或不发生的想法。它常常表现为将"希望""想要"等绝对化为"必须""应该"或"一定要"等。
- ❑ 过分概括的评价：一种以偏概全的不合理思维方式的表现，常表现为把"有时""某些"过分概括化为"总是""所有"等。

❏ 糟糕至极的结果：认为如果一件不好的事情发生，那将是非常可怕和糟糕的。

实际应用

HRBP 经常与人打交道，在工作中不仅要管理自己的情绪，还要处理他人的情绪。情绪是伴随人们的思维而产生的，情绪或心理上的困扰是不合理、不合逻辑的思维造成的，人都不可避免地具有或多或少不合理的思维与信念。人是有语言的动物，思维借助语言而进行，不断地用内化语言重复某种不合理的信念，这将导致无法排解的情绪困扰。

事件的结果往往取决于我们的信念和态度，是我们可以控制和改变的。理解 ABC 理论，既可以看到更多的多样性、更多的包容性，也可以利用一些情绪疗法去帮助组织中的个体。因此，在日常生活和工作中，当遭遇各种失败和挫折时，要想避免情绪失调，人们就应多检查是否存在不合理的想法；如果存在，就要有意识地用合理观念取而代之。

执行与辅导：BIC 模型

简要说明

BIC 是沟通辅导过程中一种简易有效的表达方式。辅导不是一次性行为，在完成辅导谈话后，还要持续跟踪下属的行为，给予及时反馈，改变其旧行为，建立新行为。

❏ B（Behavior）指行为。首先需要描述下属平时工作中表现出的具体、可观察的行为，避免笼统地谈问题或者只做判断而没有依据支持。常见的表达是"我注意到……我看到……"。
❏ I（Influence）指行为带来的影响。接着需要向下属描述其行为带来的正面或负面的影响。常见的表达是"结果出现了……我们感受到……"。
❏ C（Change）指希望加强或改变行为的期望。最后提出自己的建议，请下属加强好的行为或者建议下属改变旧的行为并得到其改变的承诺。常见的表达是"我希望……你是否考虑过……"。

实际应用

表扬和批评都要具体，不要泛泛而谈，因为其目的就是激发或改变行为。因此使用 BIC 的表达方式进行反馈可以取得更好的预期效果，从现象出发，以事实为依据，最后落实到行动上。

执行与辅导：不值得定律

简要说明

不值得定律最直观的表述是：不值得做的事情就不值得做好。这个定律虽然简单，但其重要性往往被忽视。不值得定律反映了人们的一种心理，即一个人如果做的是一份自认为不值得做的事情，往往会持冷嘲热讽、敷衍了事的态度，不仅成功率低，而且即使成功也不会有什么成就感。

因此，对于个人而言，应尽可能地选择符合自己价值观的奋斗目标，选择你所爱的，爱你所选择的，才更能激发斗志。对于企业或组织而言，要根据员工的性格特点和价值观来合理分配工作，并帮助员工找到工作背后的目标、价值和意义，让工作本身成为激发员工的新动能。

实际应用

在知识型员工所组成的组织里，管理者需要与员工一起找到工作背后的目标、价值、意义，特别是那些貌似琐碎的、"吃力不讨好"的、"为什么是我"的工作，比如一个研发组织里的实验室管理员、新员工培养接口人等。让员工感受到自己所做的工作是值得的才能激发员工的热情。

同样，管理者在分发任务时要先理解工作背后的含义，然后再向下传达，而不是不求甚解，跟员工说"这都是上级的要求"。"不值得的"事情一般也不会有好的结果，仿佛一种自我印证的魔咒，"最后的结果证明这件事确实是不值得做的"。这是一个关于价值观的定律，和"没时间是因为没价值"是相似的。

执行与辅导：马太效应

简要说明

马太效应源自《圣经》中的一个故事。一个国王远行前交给三个仆人每人一锭银子，吩咐他们各自去做生意。等到国王回来时，第一个仆人报告说，他用这一锭银子做本金赚了十锭，于是国王奖励了他十座城邑。第二个仆人报告说，他用这一锭银子做本金赚了五锭，于是国王奖励他五座城邑。第三个仆人报告说，他怕银子丢失就一直包在手帕里，没有拿出来，于是国王命令将第三个仆人的一锭银子奖赏给了第一个仆人。凡是少的，就连他所有的也要夺过来；凡是多的，还要让他多多益善。马太效应反映了赢家通吃的现象。

实际应用

对于企业经营发展而言，要想在某一领域保持优势，就必须在此领域迅速做大。你成为某个领域的领头羊时，即便投资回报率相同，也能更轻易地获得比弱小的同行更大的收益。任何个体、群体或地区，一旦在某一方面（如金钱、名誉、地位等）获得成功和进步，就会产生一种累积优势，就会有更多的机会取得更大的成功和进步。

对于员工职业发展而言，马太效应可以解释日常工作和生活场景中所说的"出名要趁早""打造个人品牌与影响力"的现象。但要理解现实的残酷性，"大家其实都差不多"是很多人的口头禅，很多时候起点确实差不多，不过由于不断累积优势，最终就会产生质跃。所以要从点滴工作入手积累优势，珍惜每一次工作的委托和高质量交付，这也是"0.1的震撼"。

执行与辅导：帕金森定律

简要说明

帕金森定律源于英国著名历史学家诺斯古德·帕金森于1958年出版的《帕金森定律》一书，是官僚主义和其现象的一种别称，也被称为"官场病""组织麻痹病"或"大企业病"，常常被人们转载引用以解释官场的形形色色，被称为20世纪西方文化三大发现之一。

帕金森在书中阐述了机构人员膨胀的原因及后果。一个不称职的官员可能有三条出路：第一条是把位置让给更能干的人，第二条是让一位能干的人来协助自己，第三条是任用两个水平比自己低的人当助手。第一条路是万万走不得的，因为那样会丧失许多权力；第二条路也不能走，因为那个能干的人会成为自己的对手；看来只有第三条路最适宜。于是，两个平庸的助手分担了他的工作，他自己则高高在上发号施令，助手不会对自己的权力构成威胁。两个助手既然无能，他们就上行下效，再为自己找两个更加无能的助手。如此类推，就形成了一个机构臃肿、人浮于事、相互扯皮、效率低下的领导体系。帕金森得出结论，在行政管理中，行政机构会像金字塔一样不断增多，行政人员会不断膨胀，每个人都很忙，但组织效率越来越低下。

实际应用

帕金森定律带来的启发是，想要避免机构臃肿、人浮于事、效率低下的情况，就要对组织和干部进行管理和激发，如组织的升级和机构精简、干部能上能下的任期制、干部轮岗和汰换管理等。阿里在招聘时会让面试官回答一个问题，"候选人是不是比当年的自己还要优秀"，以此来促进面试官招聘更优秀的人，推动组织向前走。

帕金森定律还有一个时间管理范畴的寓意：只要还有时间，工作就会不断延伸，直到用完所有的时间。相信无论是求学时期做作业、复习考试，还是工作时期完成任务，我们对此都深有同感。因此做任何事情必须给它设置一个合理的截止日期，并且在过程中不断检查。

执行与辅导：墨菲定律

简要说明

墨菲定律是美国工程师爱德华·墨菲做出的著名论断：事情往往会向你所想到的不好的方向发展，如果有变坏的可能，不管这种可能性有多小，它总会发生。也就是说，凡是可能出岔子的就一定会出岔子，越怕出事就越会出事。

实际应用

墨菲定律提醒我们，在日常工作中要时刻想到风险管理和 B 计划，不能掉以轻心。如果风险存在，那么问题大概率就会发生，因此未雨绸缪，在天晴的时候修屋顶，成为了很多企业信奉的理念。

绩效评价：首因效应

简要说明

首因效应由美国心理学家洛钦斯首先提出的，指当人们第一次与某物或某人相接触时会留下深刻印象，该印象会在头脑中占据着主导地位。该效应反映了人际交往中主体信息出现的次序对印象形成所产生的影响。

心理学对此的解释是，最先接收的信息所形成的最初印象，构成大脑中的核心知识或记忆图式，而后输入的其他信息只是被整合到这个记忆图式中去。即这是一种同化模式，后续的信息被同化进由最先输入的信息所形成的记忆结构中，因此后续新的信息也就具有了先前信息的属性痕迹。心理学的另一种解释是以注意机制原理为基础的，认为最先接收的信息不受任何干扰地得到了更多的注意，信息加工精细，而后续的信息则易受干扰或忽视，信息加工粗略。

首因效应在日常中有大量的正面和反面案例。为官者总是很注意烧好上任之初的"三把火"，每个人都力图给别人留下良好的"第一印象"。心理学家认为，一个人的体态、姿势、谈吐、衣着打扮等外部特征会在一定程度上反映出这个人的内在素养和其他个性特征，因此首因效应对人际交往具有一定的积极作用。同时首因效应也带给人类很多的教训，"路遥知马力，日久见人心"，仅凭第一印象就妄加判断，以貌取人，往往会带来不可弥补的错误。

实际应用

首因效应、首次效应、优先效应、第一印象效应的本质是一样的，反映的都是最先接收的信息带来的最初印象，这种最初印象作用最强，持续时间也最长。首因效应的产生与个体的社会经历、社交经验的丰富程度有关。如果个体的阅历丰厚、知识充实，则会将首因效应的作用控制在最低限度。另外，学习可以在一定程度上控制首因效应的影响，以便人们在理智的层面认识到，首因效应获得的评价一般只是依据对象的表面而非本质的特征做出的，这种评价应当在以后的进一步认知中不断地予以修正和完善。

首因效应在日常绩效管理的集体评议中是最常见又最需要避免的。有些管理团队成员面对不熟悉的员工时会使用首因效应进行评价，"我觉得他非常棒，我记得在那个重点项目上接触他的时候……"。很明显，这是不够全面客观的，怎么避免类似情况呢？应该请该员工的直接主管具体阐述这项重点工作的结果，并阐述这项工作在员工整个绩效周期中的比重，然后基于绩效周期内的所有工作给予整体的评价。

绩效评价：近因效应

简要说明

近因效应是指当人们识记一系列事物时，对末尾部分的记忆效果优于中间或初期部分的现象。近因效应使人们更看重新的信息，并以此为依据对问题做出判断，忽略了以往信息的参考价值，从而不能全面、客观、历史、公正地看待问题。

心理学研究表明，在人与人交往中因为周期性的不同会产生不同的心理反应。交往的初期,即在彼此还生疏的阶段,首因效应的影响更明显;而在交往的后期,就是在彼此已经相当熟悉的时期,近因效应的影响会更加明显,对他人最新的认识占主体地位,掩盖了以往形成的对他人的评价。在印象形成过程中,当不断有足够引人注意的新信息出现或者原来的印象已经淡忘时,新近获得的信息的作用就会较大,就会发生近因效应。

个性特点也影响近因效应或首因效应的发生。一般性格开放、灵活的人容易受近因效应的影响,而心态稳定的人容易受首因效应的影响。认知结构简单的人更容易受近因效应影响,认知结构复杂的人更容易受首因效应影响。

实际应用

近因效应、新颖效应的本质是一样的,与首因效应正好相反。正是因为近因效应的存在,有些员工会在考评季开始"临阵磨枪、冲刺表现"。在日常绩效管理的集体评议中,有些管理者会根据员工近期的表现给予评价,阐述的绩效事实也基本是以绩效周期后半程的表现为主。如果员工在绩效周期的前期有做得不如意的工作,管理者会评价"改变很大、进步很大"。

很明显,这是不够全面客观的,怎么避免类似情况呢?管理者应该回顾员工在本绩效周期的主要目标是什么,主要做了哪几项工作,结果分别是怎样的,然后基于绩效周期内的所有工作给予整体评价。如果绩效管理周期太长,建议管理者平时按照业务节点及时记录员工的绩效。

绩效评价:晕轮效应、光环效应

简要说明

晕轮效应由美国心理学家凯利提出,指以点概面或以偏概全的主观印象。人们对认知对象的认知判断首先主要是根据个人的好恶得出的,然后再从这个判断推论出认知对象的其他品质。如果认知对象被标明是"好"的,他就会被"好"的光圈笼罩着,并被赋予一切好的品质;如果认知对象被标明是"坏"的,他就会被"坏"的光环笼罩着,他所有的品质都会被认为是坏的。晕轮效应是在人际相互作用过程中形成的一种夸大的现象,本质上是一种以偏概全的认知偏误。

这种爱屋及乌的特点,就像月晕的光环一样,向周围弥漫扩散,所以也被形象地称为光环效应。和光环效应相反的是恶魔效应,即对人的某一品质或对物品的某一特性有坏的印象,会使人们对这个人的其他品质或这一物品的其他特性的评价偏低。

实际应用

　　晕轮效应、光环效应、成见效应的本质是一样的，都是指一种以偏概全的效应。在绩效考核中，晕轮效应意味着管理者对员工的某一绩效要素的评价较高，就会导致他对该员工所有的其他绩效要素也评价较高；反之，如果对员工的某一绩效要素评价较差，则会导致他对该员工所有的其他绩效要素也评价较差，造成"一好百好、一差百差"的现象。当管理者对员工特别友好或不友好时，晕轮效应最容易发生。

　　在日常绩效管理的集体评议中，如果员工有某一项工作做得好，受到周边的广泛认可，那么管理者在阐述绩效事实或为该员工争取利益时，会容易将该项工作扩大化，以期提升该员工的绩效评价。相反，如果员工有某一项工作做得不好，有些管理者也会将其扩大化，以降低该员工的绩效评价。而这项工作是否能够代表员工整体的绩效呢？管理者会挑选哪一项工作来重点着墨阐述呢？一般与管理者的个人观点和喜好有关。因为每个人都倾向于寻找同类，自觉过滤信息，程序员出身的管理者会特别在意下属的编程能力，而注重组织能力提升的管理者会特别在意下属的知识库沉淀情况。

　　很明显，这是不够全面客观的，怎么避免类似情况呢？管理者需要关注的是员工的工作职责是什么，这项工作占了员工多大的工作量比重，是不是他的主要工作项；或者员工这项工作做得很好，给组织带来了什么贡献，贡献究竟有多大。

结果应用：彼得原理

简要说明

　　彼得原理是美国学者劳伦斯·彼得在对组织中人员晋升的相关现象进行研究后得出的一个结论。每个组织都是由各种不同职位、等级或阶层的排列所组成的，每个人都隶属于其中的某个等级，人们总是趋向于晋升到其不称职的地位，即人们总是会被提拔，直到无法胜任。彼得原理有时也被称为向上爬原理。

　　这种现象在现实中无处不在，一名称职的教授被提升为大学校长后，却无法胜任；一个优秀的运动员被提升为主管体育的官员后，却无所作为。对于一个组织而言，一旦相当部分人员被推到其不称职的级别，就会造成组织的人浮于事、效率低下，导致平庸者上位，组织发展停滞。

实际应用

　　企业需要改变单纯根据贡献决定晋升的机制，不能因为某人在某个岗位上干得很出色，就推断此人一定能够胜任更高一级的职务。将一名员工晋升到一个无法很好发挥才能的岗位，不仅不是对本人的激励，反而使其无法很好地发挥才能，给企业也带来损失。

在日常关注员工职业发展时，企业需要提供多路径发展通道，避免晋升成为唯一的通道。管理者要与下属一起探讨个人成长和职业规划，帮助员工更加理性地看待个人发展，尤其是职务的变化。企业在选拔后备干部时除了关注经验资历、绩效贡献外，更重要的是考察其潜质、素质模型、与人连接力，不能提拔一个人后发现其后劲不足或导致团队出现矛盾。

结果应用：酒与污水定律

简要说明

酒与污水定律是指把一匙酒倒进一桶污水，得到的是一桶污水；把一匙污水倒进一桶酒，得到的还是一桶污水。任何组织里几乎都存在"特殊"人物，他们存在的价值似乎就是为了把事情搞糟。最糟糕的是他们像果箱里的烂苹果，如果不及时处理便会迅速传染，直到果箱里的其他苹果都变烂。烂苹果的可怕之处在于它那惊人的破坏力。

组织系统是建立在相互理解、妥协和容忍的基础上的，往往是脆弱的，很容易被侵害和毒化。一个正直能干的人进入一个混乱的部门可能会被吞没，而一个无德无才者能很快将一个高效的部门变成一盘散沙。破坏者能力非凡的一个重要原因在于破坏比建设更容易。一个能工巧匠花费时日精心制作的陶瓷器，一头驴子一秒钟就能毁坏。如果一个组织里有这样的人，即使拥有再多的能工巧匠，也不会有多少像样的工作成果。

实际应用

"劣币驱逐良币"很多时候描述的也是这样一种情形。职场中的管理者对团队运作起着最基本的维持秩序的作用：对团体中的人才加以指引和筛选，清除具有破坏力的"污水"，使优秀者的力量指向同一目标。如果清除有难度，或者你无力这样做，就应该把其限制起来，最基本的底线是加以规范，不能放任。

第 5 节　素质、能力与成长修炼

员工在职场上得到的最大的回报是个人的增值。个人发展是根本，能力提升是王道。能力与素质密不可分,素质决定了能力提升的底座和最大可能性。员工在工作中不仅创造绩效,也通过实战提升自己的能力,因此主管应给予辅导和支持。一个人的成长与发展并不是平稳向上的,而是如浪头般根据情境的变化呈现跌宕起伏的状态,既有价值消耗阶段也有价值创造阶段。本节简述关于素质、能力与成长修炼的素质模型、蘑菇效应、保龄球理论、PARR 方法等,如图 6-4 所示。

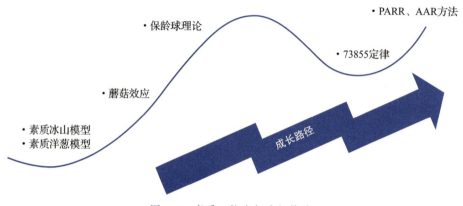

图 6-4　素质、能力与成长修炼

素质冰山模型和素质洋葱模型

简要说明

美国著名心理学家麦克利兰于 1973 年提出了著名的素质冰山模型,将人员个体素质划分为表面的"冰山以上部分"和深藏的"冰山以下部分"。其中,"冰山以上部分"包括基本知识、基本技能,是人外在的、容易了解与测量的部分,相对而言也比较容易通过培训来改变和发展。而"冰山以下部分"包括社会角色、自我形象、特质和动机,是人内在的难以测量的部分,不太容易通过外界的影响而改变,但对人员的行为与表现起着关键性的作用。

为便于素质模型在企业中推广应用,防止概念理解上的困扰和歧义,我们把素质模型定义为导致人员在具体文化和岗位中做出优秀业绩的行为特征的集合。但是在深入探讨素质时,又不得不去触碰价值观、自我定位、驱动力和人格特质等内在深层而稳定的心理特征。因此从本质上来说,素质是由个人特定的、内在稳定的心理特点所表现出来的外在行为特征,同时具有心理特征和行为特征。

美国学者理查德·博亚特兹在对麦克利兰的素质冰山理论进行了深入和广泛的研究之后提出了素质洋葱模型。素质洋葱模型的本质内容与素质冰山模型是一样的，但是此模型对胜任力的表述更突出其层次。这个模型最表层的是知识和技巧，由表及里层层递进，最里层的是动机和特质，是个体最深层次的胜任特征，最不容易改变和发展。

实际应用

素质模型实际也是胜任力的特征，尤其是"冰山以下部分"是个人驱动力的主要部分，可以预测个人工作的长期表现，却难以测量和改变。

- ❏ 在人才的招聘和选拔上，管理者需要加大力度对"冰山以下部分"进行考察。每个管理者对此都有自己独特的理念和思维方式，往往因其偏好而有所局限，因此一家企业要确定统一的人才观和人才画像。
- ❏ 在培训培养上，课堂培训比较适合解决浅层次的行为原因，而很难改变深层次的素质，因此要培养领军型骨干人才，需要进一步结合以能力素质为基础、领导力心理特点为核心的培养发展方式。
- ❏ 在工作安排上，如何根据岗位需求和人的综合素质进行合理的排兵布阵，是对管理者最大的考验。因为在很多场景中，用对了人，事情就成功了一半。知人善任、人尽其才是组织中最理想的境界。

蘑菇效应

简要说明

一朵小蘑菇生长在阴暗潮湿的地方，少有阳光肥料，等它长大了，才会被更多的人关注到，才能得到更多的阳光雨露。蘑菇管理是大多数组织对待新员工的一种管理方法。即使组织中有负责的主管、导师和同事的帮助，但是对于新手来说，一定存在一段艰难晦涩的过程。"人若无名，便可专心练剑"，这正是最利于进行学习思考的一个阶段。"蘑菇经历"是一件好事，是人才蜕壳羽化前的一种磨炼，对人的意志和耐力的培养有促进作用。博观而约取，厚积而薄发。

实际应用

企业和组织对待新员工一直有两种截然不同的观点：一种是新员工一定要通过磨炼，历经风雨最终见彩虹；另一种是以肯定和表扬新员工为主，好的开始是成功的一半，为此不惜考虑初学者的身份而降低标准。无论是"严师出高徒"还是"赏识教育"都有一定的道理，不同的主管有不同的选择，但是中间的尺度一定要拿捏好，不能走向极端，并要在组织中保持一致性。新员工的主管和导师需要多了解关于新员工群体的信息和更多一些思考，在选择和把握时就会多一些从容。

保龄球理论

简要说明

两名保龄球教练分别训练各自的队员，他们的队员都是一球打倒了七只瓶。教练甲对自己的队员说："很好！打倒了七只。"他的队员听了教练的赞扬很受鼓舞，心想下次一定再加把劲，把剩下的三只也打倒。教练乙则对他的队员说："怎么搞的！还有三只没打倒。"他的队员听了教练的指责很不服气，心想你怎么就看不见我已经打倒的那七只。结果，教练甲的队员成绩不断上升，教练乙的队员打得一次不如一次。

这个故事可以引申出两个问题。问题一，如果遮个帘子，队员看不到打倒了几只瓶，教练也不告诉他，那么情形会怎么样？问题二，正如该理论所言，教练给了队员反馈，那么是聚焦打倒了的七只还是没有打倒的三只？

世界上最难认识的人是自己，在职场上也往往如此。人们经常不能正确地了解自己的工作责任以及优缺点，相当多的人认为自己的表现比其他大多数人更好，当然也有另外一些人对自己存在消极的看法，错误地认为自己在任何事情上都表现得不好。来自他人的反馈将有助于他们确定自己在同类人中的相对位置，让他们更明白自己哪些方面需要改善，哪些方面表现良好。积极的反馈是一种激励，消极的反馈只有在结构性信息传递的情况下才能够发挥作用，如前文所述的BIC结构。

实际应用

沟通辅导是管理者日常最频繁的工作。辅导首先应该从及时反馈开始，而不仅仅是"我告诉你应该怎么做，我给你的建议"。一个有益的反馈里应该包含"评价"的内容，而评价将涉及目标、标准、价值观（聚焦点）、实现程度、继续保持点、改进点等。组织从哪里入手来观察管理者对下属的辅导是否用心尽责呢？在通常的管理动作中，我们会检查员工代码档案中的"点评意见"和员工绩效档案中的"主管评价"，来看管理者的辅导功力。

73855 定律

简要说明

美国心理学教授艾伯特·麦拉宾通过一系列研究得出关于口头和非口头信息的相对重要性结论。人们对一个人的印象只有7%是来自说的内容，有38%来自说话的语调，而 55% 来自外形与肢体语言。这就是麦拉宾定律，也称 73855 定律。人们进行语言交流的时候，55% 的信息是通过视觉传达的，如手势、表情、外表、妆扮、肢体语言、仪态等；38% 的信息是通过听觉传达，如说话的语调、声音的抑扬顿挫等；剩下只有 7% 是通过纯粹的语言表达。

实际应用

无论是授课的讲师，还是管理者、人力资源从业者，都会面临很多当众发言的场合，一定要谨记说什么重要，但怎么说更重要。比如校园招聘宣讲会，一定要了解赢得听众良好印象的三大要素：语言、声音和视觉。了解 73855 定律有助于提升自己当众演说和沟通的能力，并在日常工作中有意识地多观察、多模仿、多实践。

PARR 和 AAR 方法

简要说明

PARR 是一种简明高效的行动学习方法，帮助学习者在工作中应用所学的知识和技能，实现高效的学习和转化。PARR 包括四个结构化阶段：Prepare（准备）、Act（行动）、Reflect（反思）、Review（回顾）。

- Prepare 指为实践活动进行必要的、有针对性的知识与技能准备，是实践顺利开展的前提和能力提升的必要条件。
- Act 指按照学习设计，参加实践活动，可以是自己日常必须做的一项实践活动，也可以是一次观摩他人实践活动的机会。
- Reflect 指对实践活动中的行动及其背后的原因进行自我思考和总结，及时记录心得体会，加深对所学知识和技能的理解。
- Review 指与主管、专家或同事就实践活动进行分享和回顾，获得来自他人的见解或辅导，使既有的学习经历得到升华。其中，反思和回顾的区别是，前者在于自我思考和总结，后者在于与他人进行分享和回顾，获得他人的见解和辅导。

AAR（After Action Review）最早是美国陆军所进行的一项任务后的检视方法。美国陆军把 AAR 定义为对一事件的专业性讨论，着重于表现和标准对照，使参加者自行发现发生了什么、为何发生及如何维持优点并改掉缺点。

实际应用

我们在日常面试中经常会发现同样工作年限的候选人的表现水准差异很大，

"候选人是有十年的经验,还是一年的经验用了十年",我会把后者称为"复印机式的工作经验"。

我深有体会的是,经验本身并不必然带来成长,获取成长的关键来自行动后的总结反思。无论是美军的 AAR、解放军的团结和总结还是战神粟裕每战必总结的习惯都给我们带来了相同的启示,每个人都可以养成及时总结和反思的习惯。主管应该帮助员工养成这一习惯,并提供场合、营造氛围,如认真召开迭代回顾会议和项目复盘等。

第 6 节　在解决问题中循环发展

工作的过程就是不断发现问题并解决问题的过程。现代职场崇尚团队合作,首先要建立与周边的信任,管理者还需要率先垂范,在分析问题过程中要透过现象看本质,排除固有思维的影响,在集体奋斗解决问题的过程中要坚持利他主义。员工在解决问题的过程中,不断迈向新的台阶。本节简述解决问题过程中所涉及的故事,如看不见的弹痕、阿喀琉斯之踵等,如图 6-5 所示。

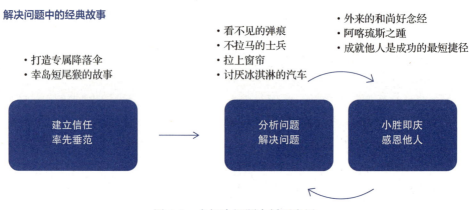

图 6-5　在解决问题中循环发展

打造专属降落伞

简要说明

第二次世界大战时期,就在巴顿将军所率领的盟军即将在诺曼底登陆之际,他收到了一份前线的统计报告。报告显示,牺牲的盟军伞兵中竟有一半人是在跳伞时摔死的。这让巴顿将军大为光火,立刻赶到降落伞兵工厂。

当时兵工厂经过努力改善,使得良品率已经达到了 99.9%。兵工厂负责人说,这个良品率已经接近完美,没有任何产品能够真正做到 100% 合格。巴顿将军怒不可遏,降落伞的质量关乎士兵的生命,品质没有折扣。军方改变了检查质量的方法,那就是从每次交货的降落伞中随机抽取一个,让负责人背着它亲自从飞机上跳下来。这个方法实施后,降落伞的良品率上升到 100%,此后再也没有发生降落伞质量问题导致的伤亡事件。

实际应用

这个故事本意表达了质量中的预防和零缺陷管理,我更愿意将之解读为如何赢得客户的信任,如何能够让客户拿着你交付的降落伞包毫不犹豫地跳下去。这源自自身的靠谱和值得信赖。信任是挣来的,合作伙伴的地位也是挣来的。HRBP 在一些企业被称为组织的二把手,似乎具有很大的权力,但这个权力不是组织和流程赋予的,而是来自业务搭档的"基于信任的授权"。

建立信任的方式无外乎基于共同圈层的信任、专业的信任、价值观的信任和人格的信任。考虑到具体场景,HRBP 能够重点突破的是建立基于专业的信任。因此 HRBP 要狠下功夫,钻研业务,通过 HR 和 BP 的专业性和成业的心态去赢得业务搭档的信任。基于专业的信任是一条有效路径,即使面临企业、部门、搭档的更换也依然有效。

幸岛短尾猴的故事

简要说明

位于日本南部宫崎县的幸岛是短尾猴的故乡,日本科学家在此对短尾猴的研究已有半个世纪之久。研究过程中最著名的发现是猴子也会清洗红薯,科学家将这种行为看作是非人类种群表现出的一种文化现象。

1952 年,日本京都大学的教授带着学生对短尾猴进行了观察和研究。在研究的过程中,他们在沙土里种植了一些红薯,临走的时候就把这些红薯留下了。后来,猴子发现了红薯。由于沙土里生长的红薯黏着一些沙子比较咯牙,有一只聪明的猴子就发现,把红薯放到水里清洗后再吃就不会咯牙了。于是它兴奋地把这个发现告诉了身边的猴子,再后来秘密传遍了岛上的所有猴子。于是有一天,令人震撼的场景出现了,在皎洁的月光下,几百只猴子排着队在水里清洗红薯,这就像预示着一个新纪元的出现。一个人在小范围内做正确的事情的时候,他的行为可以影响到身边的人,而这种影响可以产生一种聚合效应。

实际应用

管理者需要理解并践行以身作则和率先垂范。在目标管理里，管理者带头谈目标、定目标、回顾目标，这种行为可以影响员工，使大家逐渐培养起一种目标管理的行为，最终形成自我管理。在解决问题时，管理者面对困难迎难而上、主动担当，"跟我上"而不是"给我上"必定会在团队中激发起强大的战斗力。

HRBP作为管理团队的一员，并且在业务团队推进人力资源管理的举措时，一定也要以身作则和率先垂范。其身正，不令则行；其身不正，虽令不行。需要业务团队理解的事情，HRBP首先要理解并吃透；需要业务团队落实的事情，HRBP首先要体会并落实。HRBP需要用感召力去影响周边，对于自身无法做到的事情不能通过强权去要求业务团队执行。

看不见的弹痕

简要说明

1941年二战期间，美国哥伦比亚大学著名统计学家沃德教授受英国皇家空军作战指挥官的请求，希望改善战斗机装甲以避免被炮火击落的概率。沃德教授分析联军轰炸机弹着点的资料后，发现机翼是最容易被击中的部位，而飞行员的座舱与机尾发动机则是最少被击中的部位。

沃德教授详尽的资料分析令英国皇家空军十分满意，但在研究成果汇报会议上却发生了一场激辩。指挥官说，沃德教授的研究清楚地显示机翼弹孔密密麻麻，最容易中弹，我们应该加强机翼的装甲。而沃德教授客气而坚定地说，我尊敬将军在飞行上的专业，但我有完全不同的看法，建议加强飞行员座舱与机尾发动机部位的装甲，因为那儿最少发现弹孔。

这个故事有两个特别值得警惕的地方。其一，搜集更多资料并不会改善决策品质，因为弹痕资料的来源本身就有严重的偏误，努力搜集更多的资料恐怕只会加深原有的误解；其二，召集更多作战经验丰富的飞行员来提供专业意见也不能改善决策品质，因为这些安全回航的飞行员正是产生偏误资料过程中的一环，他们都不是驾驶舱或发动机中弹后牺牲的烈士。

在我们的思维逻辑里，成功者总有成功的原因需要归纳总结，但往往不会去关注那些和成功者同期成长但相继败落的失败者。我们除了要关注那些在聚光灯下的人和事，更要去关注那些谁也注意不到的部分，比如要想了解一个团队的改进点，不要只去问那些表现活跃和优异的人。

实际应用

看得见的弹痕是一种幸存者偏差，死掉或被俘的人无法发表意见，"历史是由胜利者书写的"。在企业中我们经常会遇到类似的情形。试点没有不成功的，实践没有不优秀的，于是开始转而号召分享学习失败的教训，但在现实中这并非易事。除非最后成功了，我们才能云淡风轻地谈论过往的失败。当我们越认真凝视那些看得见的弹痕时，我们离真相就越远。研究成功者能看到美艳的外表，研究失败者则能看到生死的命门。所以如果想提高组织绩效，我们需要更多地去关注那些失败的项目和那些看不见的大多数，从中发现需要解决的问题。

不拉马的士兵

简要说明

"不拉马的士兵"是管理界流传已久的故事。一位年轻有为的炮兵军官上任伊始，到下属部队视察操练情况。他在几次操练中都发现了相同的情况，总有一名士兵自始至终站在大炮的炮管下面纹丝不动。军官不解，询问原因，得到的答案是操练条例就是这样要求的。军官回去后反复查阅了军事文献，终于发现了长期以来操练条例仍因循非机械化时代的规则的问题。

在非机械化时代，大炮是由马车运载到前线的。炮声一响，马就要跳，就要跑，因此站在炮管下的士兵的任务是拉住马的缰绳。现在大炮的自动化和机械化程度很高，已经不再需要这样一个角色了，但操练条例没有及时调整，因此才出现了"不拉马的士兵"。军官的这一发现使他获得了国防部的嘉奖。

实际应用

"存在即合理"是被津津乐道的话。黑格尔所谓的"存在"不是指自然或事物，而是最普遍、最抽象的共相，即事物的本质；所谓"合理"是指合乎理性。我们进入一个新组织中或接下一项新工作时，都是在一个"过程中切入"的。新官上任三把火也好，萧规曹随也好，最重要的是要理解事物的背景和来龙去脉，知其然也知其所以然，特别是在一个大型组织中工作尤其如此。"不拉马的士兵"法则不仅适用于组织与人员，同样适用于流程与交付件，管理者要不断地识别与改进。

拉上窗帘

简要说明

美国华盛顿广场有一座宏伟的杰弗逊纪念馆大厦。大厦历经风雨沧桑，年久失修，表面斑驳陈旧。政府非常担心，派专家调查原因。调查的最初结果是以为侵蚀建筑物的是酸雨，但后来的研究表明，酸雨不至于造成那么大的危害。最后才发现原来是冲洗墙壁所含的清洁剂对建筑物有强烈的腐蚀作用，而该大厦墙壁被冲洗的次数大大多于其他建筑，因此腐蚀就比较严重。

问题是为什么每天清洗呢？因为大厦被大量的鸟粪弄得很脏。为什么大厦上有那么多鸟粪？因为大厦周围聚集了很多燕子。为什么燕子专爱聚集在这里？因为建筑物上有燕子爱吃的蜘蛛。为什么这里的蜘蛛特别多？因为墙上有蜘蛛最喜欢吃的飞虫。为什么这里的飞虫这么多？因为飞虫在这里繁殖特别快。为什么飞虫在这里繁殖得特别快？因为这里的尘埃最适宜飞虫繁殖。为什么这里的尘埃最适宜飞虫繁殖？其原因并不在尘埃，而是尘埃在从窗子照射进来的强光作用下，形成了独特的刺激，致使飞虫繁殖加快。大量的飞虫聚集在此，以超常的激情繁殖，于是给蜘蛛提供了丰盛的大餐。蜘蛛超常的聚集又吸引了成群结队的燕子。燕子吃饱了，自然就地方便，给大厦留下了大量粪便……因此解决问题的最终方法是，拉上窗帘。

实际应用

这只是一个"管理故事"，但揭示了一个深刻的道理，有些问题并不像我们看起来那么复杂，只是我们还没有找到问题的根因，没有找到"引爆点"。处理问题的时候，若能透过重重迷雾追本溯源，抓住事物的本质，往往能够收到四两拨千斤的功效。就如杰弗逊大厦出现的裂纹，只要拉上窗帘就能节省巨额的维修费用，这是许多人始料不及的。在企业遇到问题、陷入重重迷雾的时候，HRBP真的能找到"窗帘"并拉上它吗？

讨厌冰淇淋的汽车

简要说明

美国通用的庞蒂亚克汽车部门收到客户反馈，他新买的庞蒂亚克车讨厌香草味的冰淇淋。客户每天下班都会开车去买冰淇淋，一旦他买香草味的，汽车准打不着火。刚开始大家认为是恶作剧，没有重视。但该客户一再反馈，公司便开始关注此事，派工程师与客户一起开车去买冰淇淋。果然，当买香草味的冰淇淋时，汽车打不着火了，而买其他口味的冰淇淋则不会，连续几天均是如此。这个结果震惊了庞蒂亚克整个汽车部门，并迅速采取了措施。工程师逐一测试汽车所有参数，结果显示与正常的汽车没有任何区别。那问题又在哪里？

工程师找出该汽车相关的所有记录和数据逐一分析，最终发现这家店的香草味冰淇淋卖得最好，放在了顾客最容易拿到的位置，所以购买所花的时间相比于其他口味的冰淇淋更短。而汽车刚熄火，汽车引擎没有足够的时间散热，产生了"蒸汽锁"，因此短时间内打不着火。随后，工程师针对"蒸汽锁"做出了改进。

实际应用

在分析和解决问题时，我们通常会遇到一些不可思议的事情，容易陷入惯性思维。因为从我们的经验来看某些事情不可能发生，从而错过那些纠正错误以及改进提升的最佳机会。表面看上去比较滑稽的事情，如果我们能够正视问题，深入钻研进去，则会发现凡事必有因果，只在于我们是否找到了足够的线索关系从而发现脉络。

外来的和尚好念经

简要说明

据说有一位高僧马祖的老家在成都，他的父亲是卖簸箕的。马祖得道还乡时，全城哄传有个高僧来，等见了面大家都嚷，原来是马簸箕的儿子呀！马祖不胜感叹，得道不还乡，还乡道不香！这可能算得上是关于"外来的和尚好念经"最早的注脚了。

西方人常说仆人眼里无英雄，我们常说墙内开花墙外香。其实，就念经而论，本地和尚不见得输给外来和尚，或许人们对于外来和尚知之甚少，心存神秘而充满期待，而不管是否有滥竽充数之嫌。本地和尚就不一样了，知根知底，优势变成了缺点，长处变成了不足，从美学上讲产生了审美疲劳。

如今，"外来的和尚好念经"已经演绎到现代企业人才竞争的层面，拥有了更深的内涵和外延。无论对与错、行与否，人们对舶来品的崇拜似乎都顺应了马祖的感叹。墙里种的花在高墙之内平平无奇，不受欢迎，但幽香传到墙外，给人美好的感受，让人无限向往。

实际应用

"外来的和尚好念经"是企业中普遍存在的现象，空降高管比本土高管更吃香，新招聘的人总让现有的员工产生"薪资倒挂"。我们在管理中一定要仔细甄别，既开放包容，也立足成长。此外，在日常的管理中也可以正向巧妙运用这种心态，比如跨部门邀请干部专家来做培训和交流，可能会收到更好的效果；比如打造自己本土的干部专家品牌，并且利用合适的机会对外推广。

阿喀琉斯之踵

简要说明

荷马史诗中的英雄阿喀琉斯是凡人泊琉斯和美貌仙女忒提斯的宝贝儿子。传说忒提斯为了让儿子炼成"金钟罩"，在他刚出生时就将其倒提着浸进冥河，使其能刀枪不入。但遗憾的是，因冥河水流湍急，母亲捏着他的脚后跟不敢松手，因此脚后跟露在水外，脚踵成为最脆弱的地方，是全身留下的唯一"死穴"。

在激烈的特洛伊战争中，勇力过人的阿喀琉斯单挑特洛伊主将赫克托尔，杀死他后拖尸示威。但很快，阿喀琉斯被太阳神阿波罗一箭射中了脚踝。后人常以"阿喀琉斯之踵"譬喻这样一个道理，即使是再强大的英雄，也有致命的死穴或软肋。

实际应用

在日常的管理中，再坚强乐观和优秀的人都有脆弱的时候和地方。很多管理者会认为，绩效优秀的员工是坚强乐观的，并且回报已经足够多，因此"响鼓还要重锤擂，百尺竿头更进一步"，往往对他们的情感关怀是不够的。我们要善于发现优秀人才的脆弱并多加关怀。另一方面，我们也要认识到，任何困难、看似铁板一块的事情都有"命门"（抓手、切入点），要善于去发现和撬动。

成就他人是成功的最短捷径

简要说明

《国富论》的作者亚当·斯密被誉为经济学之父，他的思想奠定了资本主义经济发展的理论基础。渴望致富的人们争相阅读此书，想从中找到致富的秘诀，可是始终没找到答案，于是纷纷向斯密请教。斯密先生告诉他们，其实答案就在书扉页上的一句介绍中——《道德情操论》的作者亚当·斯密。其实，《道德情操论》才是真正揭示致富秘诀的书。

《道德情操论》所阐述的核心内容用一句话概括就是，通过利他而利己是致富的坦途。因为人人都想致富和成功，人人都只想着自己，所以通往成功的路上披满荆棘。而人人都想成功，如果有人来帮助别人成功，没有人会拒绝，所以帮助别人成功的路上充满欢迎。当别人成功了，自己也就成功了，自己的价值也得以充分实现。成就客户的本质也在于此，通过成就客户来成就我们自己，与客户共同成长。

实际应用

很多企业会将"利他"作为价值观，也有人说无私是最大的自私。合作的真谛是将自己的目的与对方的"利益"捆绑起来，并且回应对方的关切。延展开来，在与人交往的过程中，如果仅考虑组织利益，那么对方可能会公事公办；如果不仅考虑组织利益，同时考虑对方的个人利益（注：并非徇私舞弊类的个人利益，而是个人绩效与成长发展之类的利益），那么对方可能会全力以赴。

第7节 专题与实践：重激励——物质文明与精神文明导向冲锋与可持续发展

【实践背景】

戴尔·卡耐基曾说，我能叫你去做任何事情的唯一方法，就是把你所需要的给你。企业使用激励手段来激发员工，从而支撑业务目标达成。激励需要精准匹配员工需求，而需求是全方位的，因此激励方案也是系统化的。激励也需要考虑群体影响。对于群体而言，激励就是要打破平衡，制造新的不平衡。不平衡的势差会产生动力，正如没有温差就没有风，没有位差就没有水流。如同社会的物质文明与精神文明，一个组织往往综合运用物质激励和非物质激励的手段，来导向冲锋与可持续发展。

但在不同的企业、不同的阶段、不同的业务板块，激励都有特定的侧重。本节实践截取了销售板块和研发板块的两个激励片段。"销售从佣金制到项目奖的转变"描述在销售板块的物质激励方案。在一个负责复杂产品和解决方案的销售团队里，简单的佣金制会破坏群体奋斗，并且组织也很难把业绩结果与销售个人贡献直接关联起来；同时又要考虑激励的及时性，因此需要设定过程项目奖。"小P向前冲"则描述在研发板块的非物质激励方案，特别聚焦于基层管理者（Project Leader，PL）的成长需求。在以往的 PL 培养过程中，HRBP 主要关注角色认知、知识传递、岗位赋能，而忽视了他们成长的内在驱动力，因此需要多激发 PL 心智的成长。

【实践案例】

组织激励的意图，短期导向冲锋，挑战当期业务结果；长期导向经营，促进组织与人员共同成长，实现组织可持续发展；中期激励兼而有之。在一个大规模组织里，HRBP 需要对群体分类，根据每个群体的特点，在生存、关系、成长诉求上精准匹配相应的激励资源，制定面向人群的差异化激励方案。短期激励是对员工岗位职责与能力的认可，让能跑的马跑起来；中期激励是对业绩结果和员工绩效的认可，让跑起来的马跑得快；长期激励是对员工潜力的认可，并最大化地将员工与企业进行锁定，让跑得快的马跑得远。组织激励的意图与资源盘点如图 6-6 所示。

通过激励导向冲锋和可持续经营

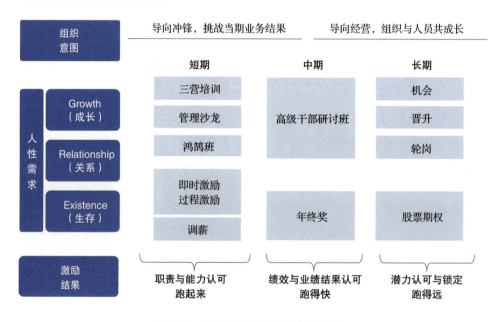

图 6-6 组织激励的意图与资源盘点

物质激励：销售从佣金到项目奖的转变

销售人员在企业的激励沙盘中是一个独特的群体。人们普遍认为销售的目标明确、结果容易度量，且是企业的直接变现部门，因此大多数企业会加大对销售的物质激励比重。销售群体的激励方案以驱动力 2.0 为主要特征，包括两个关键要素：一是发放的数额，二是发放的时机。

销售人员希望在数额上越多越好，因为这是驱动力 2.0 直接带来的后果——内在动机消失了，追求物质的动机膨胀；希望在时机上越快越好，因为销售最讲究落袋为安。企业希望用最简单直接的激励方案来达成销售目标，优先选择以物质激励为主体，在发放数额和发放时机上进行设计，导向组织期望的结果。

常见的销售激励模式与业务形态强相关

最简单的销售激励是"底薪＋佣金（提成）"。比如在大众消费品领域，企业销售的是简单的单品，如电饭煲。客户以个体消费者为主，购买决策简单；产品是标准化的，一般无定制化；购买即交付，后期维护和服务也相对成熟。在这种场景里，销售的技能相对单一，企业一般会采用低底薪、高佣金的方案。

较为复杂的销售激励是"年薪包 × 系数"。比如在 IT 领域，企业销售的是较为复杂的产品与解决方案，如 ERP 系统。客户以企业为主，购买决策复杂；产品与解决方案有标准化的基础版本，但一般都会根据大客户的需求进行定制；购买后需要投入交付，后期需要客户化的维护和服务。在这种场景里，销售的技能要求相对较高，既需要有 To B 销售的能力，也需要有掌握自身产品与解决方案的能力，还需要有理解客户所在行业和关键场景的能力。企业一般会采用高额年薪包的方案，其中 60% 为固定部分，按月度发放，因为人才层次较高，给相对较高的底薪；40% 为弹性部分，与业绩目标捆绑，根据目标完成率进行系数的阶梯调节，如完成率 120% 则系数为 2，完成率 80% 则系数为 0.5 等。

ICT 和云计算领域的销售激励面临更大的挑战

但是在 ICT 和云计算领域，我们会遇到更加复杂的情形。在这些领域里，企业销售的是复杂的技术型产品与解决方案，如业务中台或智慧城市系统，通常反映为一个项目。客户以政企为主，购买决策非常复杂，"点头不算摇头算"，购买是一场谈判，甚至包括商业模式设计和资源置换；产品与解决方案很难标准化，通常都会进行定制开发，并与客户现有系统进行有机整合；销售周期长，大多会历经投标、POC（Proof of Concept，验证性测试）、合同签订、交付验收、确认收入、回款等过程，后期还需要进行贴身的维护和技术服务。

在这种场景里，销售的技能要求很高，除了具有上述企业 IT 销售人员所需的能力外，还需要有商业模式设计能力、运营设计能力和资源整合能力。因为人才层次高，所以企业一般会给较高的底薪，以体现对岗位和人才的基本重视。对于弹性的激励部分，不同的企业有不同的考量，共同点是要考虑业绩完成率和激励的及时性。但是对于一个复杂且长周期的销售项目来说，这两者之间却难以权衡。就复杂性而言，此类销售项目的成单要素复杂，大多由一个销售项目组协同完成，甚至需要动用企业的资源，所以无法将该项目的业绩结果清晰地分拆到每个销售的身上。就周期性而言，此类销售项目周期较长，需要体现激励的及时性，企业就会按照合同签订、确认收入、回款等进行阶段性的激励发放；而在项目过程的任何阶段都存在风险，甚至是项目夭折的风险。

建议复杂领域的销售激励采用项目奖方案

复杂的技术型产品与解决方案不能使用简单粗暴的佣金制（提成）或阶梯系数法，建议转变为体现过程即时激励的项目奖的方式，如图6-7所示。

在销售激励方案的设计中，HRBP需要贯穿全流程，提供专业化的支持，特别是在评议和沟通过程中要发挥"主导性"的作用。佣金制与项目奖有四点核心区别。

- 规则与导向：佣金制简单粗暴，将激励分配与业绩目标的达成直接挂钩。业绩目标通常表现为数字KPI，如果有对数字的约束，则通过设置相应的系数进行调节。项目奖方案在此基础上可以设置非直接业务结果的导向，比如客户攻坚的挑战、行业标杆项目的样板点、在项目中沉淀的能力等有助于贯彻落实销售策略的导向。
- 项目奖金包：佣金制不存在项目或团队的奖金包。而项目奖方案使用奖金包的方式，既体现企业自上而下的关注颗粒度是项目，也方便企业根据业务策略进行项目间的激励资源分配，还有利于销售项目组的团队奋斗。
- 个人项目奖：佣金制使用计算公式将激励资源直接分配到个人，虽然会考虑到规则和导向而进行一定的系数调节，但成单要素的复杂性导致无法设置公平合理的系数。常见的情况是，销售运营人员根据公式计算出来的数额不符合管理者心中的预设，然后再去倒推以调节成更公平合理的系数，却往往是按下葫芦浮起瓢。项目奖方案将激励资源分配到个人的权力下放到一线管理团队，让真正指挥战斗的人有激励权，相信他们能够综合考量业务导向和个体实际绩效贡献。为了保障评议的公平合理，HRBP需要制定相应的组织规则并对管理者进行赋能。
- 激励沟通：佣金制的计算公式是公开发布的，销售人员可以根据自己的业绩直接计算出数额，因此佣金的发放不需要管理者参与沟通。项目奖方案中关于销售人员的发放数额是集体评议而来，体现了团队"要什么，不要什么"的导向，因此需要管理者与员工进行激励发放的沟通，这是激励达成效果的关键一环。

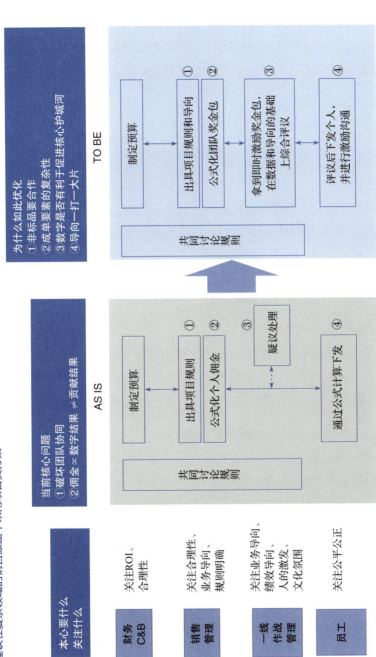

图 6-7 销售从佣金制到项目奖的转变

销售的激励方案设计与销售人才画像也有关联，一般高层次的人才不介意延迟满足，企业可以使用更长期的年终奖和股票期权的激励方式。所有的激励方案都有利弊，关键是能实现组织的预期。销售激励的核心关注还是打粮食，而不是分粮食。在支撑达成业务目标的过程中，激励的关键还是明确牵引团队成长为一支什么样的队伍。

非物质激励：一线 PL 的成长激励

研发人员在企业的激励沙盘中也是一个独特的群体。人们普遍认为从最终商业结果来衡量研发的目标和结果是相对容易的，但是深入打开且从短期来衡量很困难。因此大多数企业会使用高底薪的方式吸引优秀人才加入，并用股票期权等方式进行长期锁定，而对中短期的弹性激励的使用则相对保守。此外，研发人员属于高层次知识分子，企业也会同时注重非物质激励部分，即以驱动力 3.0 为主要特征，关注并激发其自主、专精和使命的内驱力。其中专精代表成长的诉求，不仅包括本专业领域的能力，还包括能够促进其增值的所有能力项和发展机会。

困惑：做得越多困惑也越多

我们在一线管理者的培训和赋能上已经做了很多工作，包括 PLDP（Project Leader Development Program，项目组长发展项目）赋能项目，以及事业部从管理资源池开始的选拔上岗、90 天转身、四张地图、管理沙龙等举措，但也遇到一些困惑。

- HRBP 将绩效档案、代码档案审视纳入了管理会议沙盘，但是 PL 经常出状况，比如缺少反馈、不及时反馈或反馈不到点子上。
- HRBP 抓住一切机会一遍遍地"唠叨"这个应该怎么做，那个应该怎么填，但是 PL 经常貌似听懂了，回头一看还是问题百出。
- HRBP "唾沫横飞"地开展各种赋能，如教练式辅导，但是 PL 经常不是时间冲突就是中途出去打电话，勉强听完的效果也只有天知道。
- HRBP "赶场子"似的跑到各个新 PL 的工作现场进行辅导，如第一次绩效沟通；但是从 PL 的眼神里感觉到的是一种负担，或许把 HRBP 当作监察了。

领悟：关注"表面"，忘记了"走心"

PL 是一线管理者，他们的管理给予一线员工最直接的体验。大多数 PL 刚完成从独立贡献者向管理者的转变，本身就需要 HRBP 更多的陪伴和赋能。在这个转身的过程中，知识和技能的具备可能还是其次，意识和心智的转身才是最重要的。

HRBP 开始反思，总是在讲内在回报和驱动力 3.0，但大多举措都是聚焦员工群体。我们对员工可以做到"倾听"，为什么对一线管理者就换成了"说教和要求"呢？我们是否考虑过 PL 的内在回报呢，特别是能力感？是否考虑过 PL 的内驱力呢，特别是专精？在 PL 转身的过程中，我们是否设身处地地考虑过其尊重、求知、发展的需求呢？换位思考，我们决定改变思路，在帮助 PL 成长的同时，转变他们的意识和心智，激发其自动自发地开展管理工作。

事实上，我们应该更早地警觉并立即做出改变。无论是组织氛围调查还是日常访谈都告诉我们，每个人最为关注的归根结底还是"我"自己。人最根本的人性是自私，慷慨也源于自私，凡事要从"我"的角度出发，管理者也不例外。而对于"我"的职场而言，除了物质回报，最关键的还是"自我增值"，也就是成长与发展。在 PL 的赋能中，我们关注"表面"太多，忘记了"走心"。这里面的根本问题在于对成长与发展理解的差异，组织更多关注给予机会，管理者群体更多关注未来的可能性；其中高级管理者更多关注发展空间与机会，一线管理者更多关注能力储备与成长。PL 赋能中的领悟与思考如图 6-8 所示。

行动：从管理理论与故事出发，启迪心智，助人自助

在推心置腹的沟通之后，HRBP 放下"说教和要求"，决定趁热打铁在管理例会上设置固定议题来带领 PL 学习。然而当了解 PL 的具体需求时，出乎意料的事发生了。在"外部标杆故事和优秀实践、开拓视野的行业与企业洞察、管理相关的理论与故事、日常管理案例的研讨沙龙"四个主题选项中，几乎所有的 PL 都选择了"管理相关的理论与故事"。

PL 使用的是排除法。在他们看来，所谓的优秀实践有时候是"善于包装的糊裱匠"；外部洞察的套路无外乎"别人如何好而我们如何不好"，向外学习值得提倡但过犹不及，一味"媚外"则会自乱阵脚；管理案例的研讨沙龙，到最后无不隐含着"再增加一些管理的动作和要求"。权衡之下，PL 对管理相关的理论和故事更有兴趣，他们觉得在实践的同时往往忽视了理论的研习，而螺旋式的成长才能再上台阶。PL 也觉得无论是在与下属沟通、同人交流、上级汇报时，还是在登台演讲时，他们都有一个朴素的愿望，就是希望自己在别人眼里是一个除了业务之外还有管理能力的人。

不愤不启，不悱不发。于是 HRBP 开始借助管理例会与 PL 一起学习管理理论和故事，大家以放松的姿态发散地探讨理论故事带来的启示。作为引导员，HRBP 会把自己想要的"私货"（预期收益）放入学习的过程中——PL 想要能力提升，而 HRBP 还想要他们能更好地履行管理职责。

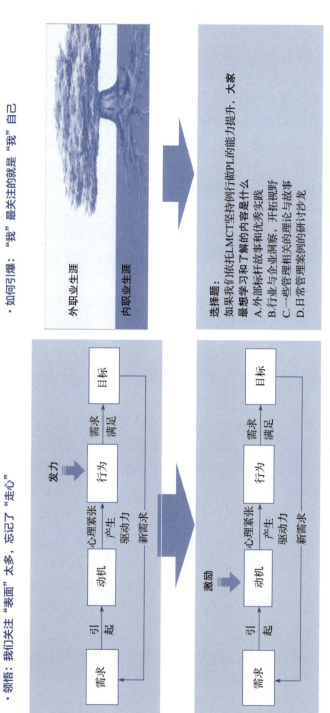

图 6-8 PL 赋能中的领域与思考

变化:"无为而治"是最好的管理,"自动自发"是最好的行动

历经半年之余,PL 通过学习加深了思考的层次,更容易看到问题的本质,同时行为也发生了改变。比如,在夯实绩效管理的工作中,以往 HRBP 会要求管理者为每位员工建立绩效档案,记录员工在绩效管理周期中的绩效目标、衡量标准、每项工作的完成情况,并在过程中给予员工及时的反馈和辅导。为了这种"夯实",HRBP 和上级制定了很多标准化动作和规范化模板,下达了很多检查要求。

而现在,HRBP 降低了对绩效档案的关注,但绩效档案的质量水平反而提升了。HRBP 了解到,PL 正是因为几个理论故事触动了内心,开始自动自发地改变行为。这几个理论故事是"如何避免复印机式的 10 个 1 年的工作经验——PARR/AAR""及时反馈是主管的核心职责——保龄球理论""出名要趁早——马太效应""你期望他成为什么样的人——皮格马利翁效应"。PL 在学习讨论的过程中,认识到绩效档案是给予员工反馈、表达自己期望的载体,既是管理的职责,也是送给员工的礼物;同时,绩效档案的管理也是一种实践后的总结梳理,是自己每天 0.1 的进步。

后来,PL 开始期盼管理例会的学习议题了,同时也积极分享自己在团队管理中的尝试,原来让 HRBP 头疼的问题也在悄然发生变化。世界上最难的两件事,一是将钱从别人的口袋里拿出来,二是将思想装入别人的脑袋中去。正如质量大师克劳士比所说,改变心智是最难的管理工作,但它正是金钱和机会的隐身之处。PL 的变化如图 6-9 所示。

【专题心得】

激励的目标是树立导向和传承文化,引导员工表现出与战略期望一致的行为,激发员工自主的状态,推进组织业务成功。激励方案需要差异化适配业务和人群,通俗来讲就是升官(机会)、发财(物质)、受尊重(非物质)。

任正非曾说,钱给得多了,不是人才也变成了人才。这句话需要放到具体情境中去理解,通过薪酬遴选人才、激发人才,薪酬最高的时候"成本"最低。事实上,华为在激励上推崇物质文明与精神文明并重,精神文明特别侧重于使命目标、价值意义和机会激励。例如最初在华为有很多做硬件的工程师感觉成就感不强,任正非座谈时说"硬件单板是海量发货的,是我们的印钞机",硬件工程师听到后浑身充满了力量。华为的激励就是让"一贫如洗"的人才得到物质满足,让"胸怀大志"的人才得到精神满足。

154 ◆ 第二部分 基础层筑基——人力资源兜底组织运作

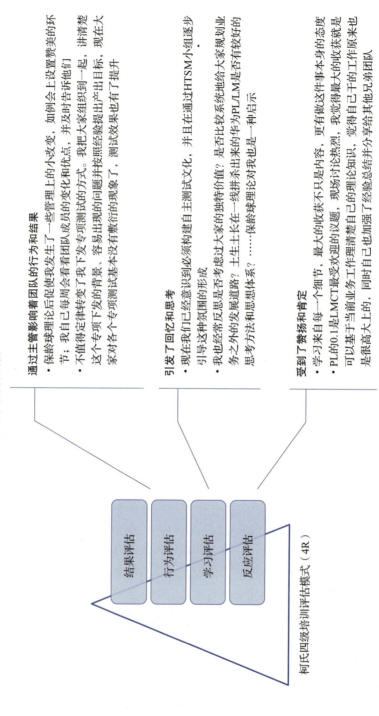

图 6-9 PL 如"预期收益"中描述的方向一样发生着变化

想要去远方，最重要的不是造船，而是唤醒人们对大海的渴望；而 HRBP 承担的激励的使命，就是唤醒梦想。这个梦想除了使命目标外，还融入日常过程之中，"随风潜入夜，润物细无声"。内部及时而快速、小而精准的持续激励，或者仅仅是让"默默无闻"奉献者被看见，对团队都是一种正向的点燃，会让团队的精气神最终体现不一样。多开庆功会，少开誓师会，胜仗后的喜悦不仅是最终大奖，也包括过程中的小胜即庆，不用等到万里长征结束。

激励是一个专业化的工作，而不是一个公式化的工作。KPI 的主要作用不是数字化的加权运算，而是这个 KPI 是否能够激发员工创造性地达成目标。销售运营体系的规则和指标的主要作用不是"通过严密的律法去堵漏洞和惩戒"，而是正向牵引，激发正能量。激励需要考虑人性，定规则简单，指望规则不行，要把事想得最坏，把人想得最好。

回到本实践，学习理论和故事是理解社会和人性的一种途径，然而在企业场景中，不少管理者和 HRBP 是排斥理论的。因为他们有很多迫切的问题需要解决，理论总是给人一种正确而空洞的感觉；相较而言，他们更喜欢"拿来主义"的实践和工具。HRBP 对管理者赋能的终极目标是把自己"做没了"，理论和故事可以启迪心智、助人自助，因此还是希望管理者能够悟道以后把以前的"管理要求"变成自动自发的行为。而 HRBP 学习理论也有"顺带的收益"，在与业务搭档交互的过程中，适当的理论显得"专业"，适当的故事显得"通俗"；但是也要谨记做到领悟内化和尺度把握，不能变成了吊书袋。

理论与实践的辩证关系，是学习理论前首要突破的认知。在我看来，理论与实践就像知与行、科学与技术、理科与工科、所思所想与所做、研发与生产制造、基础研究与实用技术。理论倾向于抽象，实践倾向于具体。理论投资大见效慢，实践投资小见效快。理论不直接产生生产力，需要大量工作才能转化为生产力，实践直接作用于生产力。理论更深入、更长远，实践更贴切、更直接。理论适应性强、万般变化，是发生质变的催化剂，是实践的源动力。理论与实践相结合，均衡发展，相互促进，而不应厚此薄彼。对两者的追求，往往决定了我们的高度和深度。

第三部分 ▶▶

应用层立地——人力资源支撑业务发展

应用层的 HRBP 价值创造在于解决业务的问题,其目的是支撑业务的成功。基于业务解题的核心要义是首先读懂业务的问题,然后将业务的问题翻译为人力资源的问题,最后通过 HR 解决方案去解决业务实际的问题。实践是检验真理的唯一标准,能否支撑业务打赢是检验人力资源解决方案价值的核心标准。

机会往往在边界里。HRBP 秉承从业务中来、到业务中去的初心,挣脱固有的 HR 专业间、业务与 HR 领域间的藩篱,勇敢地跨界到业务领域,到听到炮火的战地一线助力每一场拼杀。从业务的发展阶段来看,无论是成熟的核心业务,还是成长型业务或新兴业务,其面临的业务问题大多都需要通过 HR 解决方案来解决,如下图所示。

HRBP 以 HR 解决方案的形式来解决业务问题。业务的理解能力是 HR 解决方案的前提,业务的翻译能力是 HR 解决方案的关键,系统集成能力则是 HR 解决方案的核心。本部分将阐述业务理解能力、业务翻译能力、系统集成能力的修炼。

无论成熟业务，还是成长型或新兴业务，大多需要通过HR解决方案来解决业务问题

业务孵化盘
（H3新兴业务，如正在预研的下一代产品，正在考察和寻找的新赛道）

业务增长盘
（H2成长业务，如正在研发的新产品，正在新切入的赛道）

业务基本盘
（H1核心业务，如运维、存量经营、成熟产品）

业务战略 → HR战略 — 从人力资源看业务 人力资源驱动业务

业务问题 → HR解决方案 — 从业务看人力资源 人力资源支撑业务

HR问题 → HR专业流程执行 — 从人力资源看人力资源 人力资源兜底组织运作

平台化、工具化、智能化为HRBP减负 HR SSC协助解决事务性工作

HR 解决业务问题是最核心的应用

第 7 章

第四式：业务理解能力——HR 解决方案的前提

HRBP 从业务中来，理解业务是基本功，也是 HR 解决方案制定的前提。然而不少 HRBP 并非业务出身，对业务存在着本能的回避乃至恐惧。即使是业务出身的 HRBP 也并非都如想象般底气十足，当他们脱离了原属领域进入一个新的业务场景后，也面临着从头再来的压力。

理解业务成为 HRBP 的刚需，成为 HRBP 在业务场行走的首要傍身之技。理解业务是否是非本领域出身的 HRBP 的魔咒？如何快速习得理解业务的能力？本章所提出的对业务理念的认同和战略的笃定、理解业务的五把金钥匙和三域模型便是解决这些问题的有效方法。

第 1 节 理解业务是可以习得的能力

不要迷信出身论

HRBP 既要懂专业，又要懂业务，专业是水平底座，业务是垂直领域；COE 专注于水平专业，HRBP 见长于垂直业务。行走于业务部门之中，可能得到的最糟糕的评价就是"不懂业务"了，这是任何 HRBP 都不想被扣的帽子和被贴的标签，仿佛被彻底否定了。

无论出身，HRBP 在理解业务上都面临各自的挑战

HRBP 的来源大致有两类：一类是传统 HR，另一类是业务主管。比如华为

的 HRBP 中绝大多数是由优秀的业务主管转岗而来，外招或人力资源科班出身的 HRBP 很少。华为认为运营商业务和企业业务具有极高的复杂性，对于从来没有从事过该领域工作的人来说是难以理解的；消费者业务相对容易理解，一个人从消费者的视角来看就能有直接的体感。阿里早期的 HRBP 中有一部分是从业务人员转岗而来，大多是 B2B 时期的销售或运营人员；后期随着集团业务更多元化地飞速发展，外招和人力资源科班出身的 HRBP 越来越多，比重已占企业所有 HRBP 的半壁江山。

一般而言，人力资源科班出身的 HR 去做 HRBP 的工作，往往能够较好地开展基础层的人力资源工作，但与业务搭档对话时总感觉如隔靴搔痒。而业务出身的主管转岗去做 HRBP 的工作，在理解业务上相对有优势，但往往又感觉使不上力，空有一身"本领"，打出去的拳头软绵绵的，特别没有成就感。前者多半是不理解业务，后者多半是没有打通从业务到组织、人才、文化的思维链路。

人力资源科班出身的 HRBP 不理解业务，一部分原因是他们长期的学习和工作经历形成的惯性思维，精力分配大多侧重于人力资源专业领域，自然而然就容易对业务领域失去敏感性；还有一些原因或许是在长期的学习训练中形成了对人文社科较为敏感的感性思维和条件反射，而对业务领域所需要的洞悉本质的逻辑思维缺少必要的训练。

业务主管或理工科出身的 HRBP 在理解业务上的优势仅是相对的，并不比人力资源科班出身有绝对优势。一般而言，由于交叉任职的需要，业务主管转岗 HRBP 后会进入一个新的业务领域，比如研发出身的业务主管去做销售的 HRBP 或者从通信行业到医药制造行业等，业务的积累也多半清零；或者是转岗后负责一个比原本更大范围的业务单元，比如从一个模块的业务主管去做一个系统的 HRBP，其原来对于业务的积累只是一个基础，而不是全部。同时业务主管和 HRBP 的关注点也有不同，业务主管一般擅长局部的业务细节和具体实现，HRBP 需要理解全局的业务概貌和背后逻辑，即此前关注 What 和 How，现在更多关注的是 Why 和更大视野的 What。

无须艳羡出身，关键是发挥各自的优势

HRBP 的出身对做好 HRBP 工作没有本质的决定作用。不同出身的 HRBP 各有特点和优势，重要的是在发挥优势的前提下尽力提升相对短板，或者是不让相对短板成为瓶颈。因为 HRBP 是一个对综合能力要求较高的岗位，每种优势都可以得到发挥。业务主管出身的 HRBP 拥有以解决问题为出发点的 Ownership 和洞悉本质的敏感性，这个优势非常难得。人力资源科班出身的 HRBP，在解决

VUCA时代带来的压力下的组织健康度和员工职业倦怠上更有用武之地。

任何艳羡出身的观点都带有宿命意味，而人定胜天。参考那些穿梭于不同行业和企业的咨询顾问，想想那些出现在不同场景中进行深度报道的记者，他们和HRBP面临着相似的情境，他们的思维和学习方式可以给HRBP启发和借鉴。我的断言是，理解业务不囿于HRBP的出身和经历，只要掌握了科学的方法，就可以快速习得。

从了解到理解，从理解到见解

"比业务搭档更懂业务"是不可能且无必要的

曾经有一位综合素质优秀的候选人，对阿里云HRBP的岗位既向往又担心。他从朋友那里听说，阿里要求"'政委'比业务搭档更懂业务"，而自己此前做研发团队的HRBP，起初与业务搭档讨论问题时总是听不懂，现在好不容易能够对话了，再转去阿里云的销售团队做HRBP，将会面临更大的挑战。候选人担心在新的岗位会被要求参加各种业务会，并被要求在业务会上发表自己的观点，这让他对是否接受offer犹豫不决。

我与该候选人探讨了HRBP的职业规划和"业务Sense"（业务感觉、理解力、判断力）的养成。字面上的"比业务搭档更懂业务"是不可能的，因为就该业务领域知识而言，需要长期的浸淫和积累；HRBP与业务搭档在知识、经验、技能上都不可同日而语，从求学时的专业到工作后的主航道，从每天投入到思考和实践上的时间，没有一项具有可比性。HRBP凭什么能比业务搭档更懂业务呢？阿里并不存在这种说法和要求，设想如果HRBP比业务搭档更懂业务，那么这块业务的前景也就堪忧了。

但是也存在另一种形式的"更懂业务"。设想业务团队对本领域的问题进行讨论的场景。HRBP如果能够立足于人力资源的根基，从业务的顶层或侧面以不同的角度给出另一种全新的视角，或佐证或挑战业务搭档的观点，那么业务搭档最终便会在HRBP这个蓝军的刺激下，不断完善并升级更好的方案。如此，HRBP弥补了业务搭档的短板，让他成为了更好的自己，从这个角度而言称"HRBP更懂业务"也不为过。

HRBP理解业务的三个层次

HRBP懂业务要到什么程度？怎样才算理解了业务？懂还是不懂，是一个相对的概念，是一个够用就好的程度。懂业务和理解业务也是有差异的，懂业务是一种客观的了解，理解业务是能把自己带入业务中，与业务发生联系。理解业务是HRBP必须不断精进的能力，大致包含了了解、理解、见解三个程度。

- 其一为了解：了解业务所属领域的词汇和语系，能在业务场合进行交流。
- 其二为理解：进入业务的情境，知悉其源起和去处，将自己与业务建立起紧密的连接，能够理解业务人员分析问题时的观点和看法，知道他们为何这样思考，他们的思考链路是怎样的。能够理解是能听明白，看明白，但不代表认同。这时，我们对观点有了一定的判断，会选择去认可和支持他们，或怀疑和否定他们。
- 其三为见解：不仅理解业务人员的观点和看法，也能针对该业务问题形成自己的见解。我们可以与业务人员就业务领域的问题进行探讨和对话，产生碰撞的火花，充分表达、达成共识、得出结论。这时，我们对业务问题有了一定的判断，不仅是认可、支持、怀疑、否定，还能给他们提醒和建议。

HRBP要不断精进，能达到见解程度的人虽然屈指可数，但未必不可能。常见的HRBP能够达到理解业务的程度，能够理解所负责业务范围外的大局和背景意义，理解业务运行的规律，能够将业务问题翻译为人力资源问题，能够将人力资源工作构建在业务流中。

用结构化战略思维来习得理解业务的能力

理解业务需要不断学习，学习的路有很多条，但有些HRBP选择了异常艰难的那一条。他们似乎像重新选择专业上一遍大学一样从头开始，尽管努力但收效甚微。暂且不论这样的学习方法是否足够快，以便能够在有限的时间里达到和业务搭档对话的水平，只要设想如果紧接着又换了一个业务场景，是不是需要再换专业重上一遍大学？用归零重来的方法学习业务，HRBP将永远看不见业务搭档的尾灯，这是多么令人沮丧和崩溃的事情！

结构化战略思维，咨询专家们的快速学习法

纵横于不同行业和企业的咨询专家，他们和HRBP遇到相似的情境，需要在极短的时间里快速熟悉一个行业、认识一个企业，并且还要根据业务需求给出解决方案。

在与不同咨询公司的不同咨询专家合作后，我发现他们在学习上有共通的可取之处。咨询专家工作在方法论的层面而不是专业经验层面。很多具体业务问题

的解决实际上最终还是来自企业自身的管理思路，咨询专家只是在架构上进行了发掘并促进了过程的发生。HRBP 需要比咨询专家更深入地理解业务，仅靠方法论是不够的，但他们的学习方法对我们有极强的借鉴意义。

咨询专家是如何做到快速学习业务的呢？除了聪明、好学、见多识广这些基本的要素之外，咨询专家都接受过体系化的关于学习和解决问题能力的训练，从而能够快速适应各种项目。结构化战略思维正是其中"学习如何学习"的认知方法，是一套以逻辑为基础的理性科学方法论。结构化战略思维需要注意两个关键词：一是结构化，二是战略。

- 结构化体现在，该方法论由两个要素组成：一是涉及企业各领域的多维度的思考框架，如同骨架；二是大量的企业在该领域维度的案例和优秀实践，如同血肉。咨询专家在遇到企业咨询项目时，首先从顶层思考框架入手，快速在脑海里建立关于问题的初步思考逻辑，然后在此基础上进行访谈和信息搜集，再与其他企业的相关知识经验进行对比，最终搭建起对该企业的理解并形成自己的洞见。
- 战略体现在，该方法论自上而下、由外而内的思维。咨询专家一开始并不关注相关的专业知识和经验，而是直接从问题本身入手，从大局和盒外思考，用结构化的方式对问题进行一层层的拆解，用逻辑把每一层的现象和数据进行分析，辅以标杆对照，逐步提出洞见。如果需要进一步解决问题，则在洞见的基础上提出关于举措的假设，用沙盘推演的方式进行验证。一般咨询公司的解决方案并不负责落地实施，书面的解决方案汇报通过即视为交付，因此逻辑是检验的核心标准。

先"结构化战略思维"再"专家思维"

结构化战略思维与专家思维（或专业思维）是有本质区别的。专家思维是对某一个领域的底层细节知识点逐步进行掌握，然后形成该领域的知识体系，从而对整体有了专业的判断，是一种厚积薄发的线性过程。前文所述 HRBP 归零重来、从头开始的学习就是一种典型的专家思维。专家思维的优势是显而易见的，在面对具体技术类问题时往往手到擒来。但是这种学习方式的周期很长，不适合咨询专家和 HRBP 这种角色。

HRBP 理解业务是为了更好地开展人力资源工作，其本质定位还是 HR。所以对于业务领域的学习和理解，HRBP 不能采用专家思维的方式，而要采用自上而下的结构化战略思维的方式，这样才能体现出快速认知的优势，特别是解决从未发生过的问题时效果更为明显。先"结构化战略思维"再"专家思维"，HRBP

理解业务的顺序不能颠倒。当我进入一个新的业务领域时，在快速梳理学习上会注意三个关键点。

- ☐ 关键点一：收集所有的学习资料，并制订学习计划。这个快速学习计划尽量要在一周内完成，如果时间太久，随着记忆的衰减，新领域知识系统的完整性建立效果就会打折扣。
- ☐ 关键点二：用结构化战略思维去学习资料，先看大图快速勾勒框架，包括系统框架、词汇概念；再看要素与关系，包括周边系统、业务流程等。
- ☐ 关键点三：勾勒大图的过程，也是在大脑中构建该领域体系的过程。这时候，HRBP 要与大脑中已经存在的知识体系建立连接和比照，以便让新体系与大脑中已存的信息建立牢固的关系并逐渐融为一体，以记忆的关联、触类旁通、查漏补缺的方式快速掌握新领域体系。

此处并不是说 HRBP 对业务的理解不需要专家思维，毕竟 HRBP 长期支撑一个业务，对业务理解的深度要高于咨询专家。此处想要表达的意思是，HRBP 首先要用结构化战略思维去理解业务，在自上而下快速搭建了关于业务的架构和脉络后，如果要更进一步，还需要对架构中的具体知识采用专家思维去理解。

第 2 节　理解业务首先要有对业务理念的认同和战略的笃定

人最强大而持久的内在驱动力来自使命感，使命感一定有现实世界的附着物。在企业里，这是对业务的理念认同和战略笃定；溯源而上，也是对企业使命和愿景的相信，这种相信会成为一种信仰。

伟大的企业都诞生于一个伟大的使命和愿景

阿里的成立始于一个在长城脚下的梦想。十八位年轻人在长城立下誓言，要做一家由中国人创办、让世界感到骄傲的公司。阿里坚持让天下没有难做的生意，为世界带来微小而美好的改变。2016 年阿里首映的纪录片《Dream Maker》（造梦者）再现了创业十六年来的发展历程和磨难。合伙人们说，阿里历史上每一次在关键时刻做出的重大决定都与使命、愿景和价值观有关。

阿里云诞生在一片争议之中。十年前，关于云计算的争论还如火如荼，有人说这个概念很超前，也有人说这是新瓶装旧酒。只有阿里对云计算充满了信心和希望，认为这是对客户、对自己、对社会都有用的东西。阿里云相信在数字经济时代，互联网是基础设施、数据是生产资料、云计算是公共服务。阿里云在数字经济时代的使命，就是构建数字经济的基础设施，将云计算、大数据、人工智能与产业融合，通过技术普惠千行百业，让天下没有难做的生意。

华为创立之初，虽然历经快速发展，但体量还不及全球通信巨头的零头。在自研交换机的日子里，"不懂技术"的任正非端着大茶缸在没日没夜加班的员工面前说，未来十年，通信世界三分天下，华为必居其一。ICT 转型时期，华为认为未来人类社会必将走进智能社会；万物互联的智能世界里，物联网、智能制造、大数据将对管道基础设施带来海量的需求。华为多年来坚持管道战略，敢于放弃非战略机会，就是聚焦于大的战略机会，看准了就集中配置资源压强在关键成功要素上。任正非说，我们就是赌未来管道像太平洋一样粗，我们可以做到太平洋的流量能级。

田涛在《华为如何才能将秀才塑造成战士和枭雄》一文中提到：

什么叫组织愿景？说到底是一种组织牵引力。为什么那么多优秀的知识青年愿意追随任正非？为什么那么多校园枭雄式的李云龙愿意在统一的旗帜下向着同一个目标前进？就是因为这个愿景足够远大和宽阔，能够寄托和容纳他们的个人雄心、远大抱负、成就感。

青年人的天性非常适合集体无意识哲学，但青年人的狂热如果总是被乌托邦的幻觉所击碎，被海市蜃楼所警醒，他们也最容易走向集体的反叛和个人主义的疏离。所以，组织的愿景必须宏大，这样才能点燃青年人心中的火焰；但组织又必须将愿景付诸行动，付诸个体激情燃烧之后的奋斗，唯有个体融入群体之后的一致奋斗的行为，才有可能使吹牛变成现实，使不可能的未来变成实实在在的通天塔。

中小企业的"星星之火"更需要 HRBP 的认同和笃定

华为和阿里成长为科技巨头，使命和愿景就是其一路走来始终坚持的信仰，业务的理念和战略就是使命和愿景在具体历史阶段的诠释。华为和阿里现在取得了很大的成功，追溯历史似乎有一种"毋庸置疑的正确性"。HRBP 认同和笃定伟大的企业很容易，因为看见，所以相信；然而认同和笃定中小企业的"星星之火"却很难。事实上，众多的创业者也正是由于内心的使命和信仰才踏上了创业这条布满荆棘的凿空之路。

创业公司数睿数据以"让天下数据快速使用"为使命，并形成了清晰的业务理念。首先，基于智能软件工程解决数据资产自动化积累的问题，通过企业级无代码软件平台构筑的业务应用系统，生成的数据自动成为数据资产，数据与数据、数据与应用之间天然打通，实现"数用一体化"。其次，借助数据智能、增强分析等技术将数据变为信息和知识，并通过工程技术反哺到上层业务应用系统中，实现知识的沉淀、再利用。这一使命和业务理念吸引着众多的追随者。

任何企业都有独特的使命和愿景，也有管理团队长久以来形成的理念和战略。这是业务的大江大河，是HRBP理解业务的前提。HRBP投身于一个企业的业务团队，一定要有对其理念的认同和战略的笃定，这会激发其内心的使命感。因为热爱，所以投入；因为相信，所以看见。

第3节　理解业务其次要与业务搭档建立信任关系

HRBP必须与业务搭档建立信任

业务搭档是业务的代言人，业务是业务搭档"拟物化的反映"，业务搭档是业务"拟人化的投射"。HRBP进入一个新的团队，因业务上有搭档刻画的痕迹，组织里有业务搭档留下的烙印，要想理解业务和融入团队，必须与业务搭档建立初步的信任关系。HRBP深入团队一段时间后，要想创造价值，必须与业务搭档的信任关系更进一步。

HRBP在一些企业被称为"政委"，是组织的二把手，听起来有很大的权力。但在实际工作中，HRBP的权力并不来自组织定位，也不来自流程赋予，真正的权力实际上来自业务搭档的"授权"。因为大凡设置HRBP的企业，都是非常重视人力资源管理工作的，这种企业会对管理者提出雌雄同体的要求，所以业务的一把手也是组织的一把手。如果一把手想抓住权力，二把手很容易被旁路，即使拿着尚方宝剑（组织角色和流程定义），也不敌"道行更深"的业务搭档。

HRBP要得到业务搭档的"授权"，最基础的一条是建立信任；HRBP要与业务管理团队双向协同，最基础的一条也是建立信任；HRBP要得到业务团队员工的支持，最基础的一条还是建立信任。建立信任会取得双向的认同，没有信任会让双方疏离。"相敬如宾"已比较糟糕，更可怕的是"心生嫌隙"，这必定会殃及池鱼；HRBP 会把对业务搭档的意见迁移在业务和团队上，那样即使再专业、再热情，也是无法做好工作的。

建立信任的四种途径

一般来说，建立信任的方式无外乎基于共同圈层的信任、专业的信任、价值观的信任、人格的信任，如图 7-1 所示。

建立信任的四种途径，打造专属品牌的降落伞

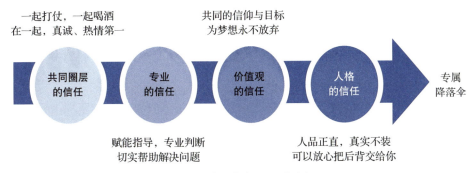

图 7-1　建立信任的四种途径

- 共同圈层的信任：此种信任常见于 HRBP 与业务搭档已经相识，或有过共事，有了信任的基础。他们或在工作上一起打过仗，或在生活中一起喝过酒，业务搭档能感受到 HRBP 的真诚和热情。
- 专业的信任：此种信任要求 HRBP 必须有扎实的专业功底，因为业务搭档作为一个雌雄同体的管理者，经过多年的训练和实践，一般都具有人力资源管理的知识技能和观点体悟；如果 HRBP 在"雌性"上反而不如业务搭档，那么很容易沦落为助理和下属，"伙伴变伙计"，从此开始打杂和跑腿儿的生涯。
- 价值观的信任：此种信任"苛求于"HRBP 与业务搭档之间有共同的信仰和相似的价值观，在成年人的世界里或中高阶管理者的圈子里是可遇不可求的。排除"一见如故"的偶然性，他们需要经历长期的并肩作战，历经考验。
- 人格的信任：这是最高阶的无条件的信任，无论是工作还是生活，无论是正式场合还是非正式场合，HRBP 和业务搭档间达到了全方位的互信。

此时的 HRBP 在业务搭档的眼里，已经有了专属品牌的降落伞，业务搭档拿过 HRBP 递过来的降落伞就会毫不犹豫地跳下去。

"以专业赢得信任"在业务侧体现为三个专业方向

从切实可行的途径来看，HRBP 推崇以专业建立信任，通过专业的能力和成业的心态去赢得业务搭档的信任。这是一条有效途径，即使面临企业、部门、搭档的更换也依然有效。但是专业信任的前提是 HRBP 必须可以突破业务搭档在人力资源管理工作上的认知边界，这在企业中极具挑战。因为一般 HRBP 的配置会比业务主管低 1～2 级，更甚者有低 3～4 级的情况出现。因此，HRBP 还要在看家本领上狠下功夫，千锤百炼。HRBP 赢得专业的信任，在业务侧体现为三个专业方向：一是 HR 的专业方向，二是业务的专业方向，三是从业务到 HR 的专业方向。

- HR 的专业方向：是 HRBP 安身立命之本。虽然 HRBP 可能在人力资源单领域的专业性上弱于 COE，但是一定要强于业务搭档，至少达到持平。此方向的核心专业能力包括人力资源的系统能力和变革管理的能力。
- 业务的专业方向：是 HRBP 与业务搭档对话的基础。HRBP 要融入业务的场景，最基本的是要掌握业务的语系、听懂业务的名词、了解业务的大体逻辑。HRBP 永远不可能比业务搭档更懂业务，业务的专业只是一个"不要过于外行"的基本门槛，最低限度是"不要闹笑话"。此方向的核心专业能力包括理解业务的能力。
- 从业务到 HR 的专业方向：是 HRBP 创造价值的前提。从业务到 HR 的专业，是 HRBP 区别于业务搭档、COE 的地方，是 HRBP 的核心价值。此方向的核心专业能力包括业务的翻译能力（发现问题、定义问题、分析问题）、解决方案的设计与集成能力（解决问题、系统集成、体系构建、组织沉淀）和人力资源战略规划的能力。

具备三个方向的专业后，HRBP 有了以专业赢得信任的基础。但 HRBP 不能坐而论道做个评论家，对于业务搭档来说还要产生价值，最直接的就是要帮助其解决业务问题，树立"专业靠谱有温度、有情有义可托付"的形象。除解决业务问题外，HRBP 帮助业务搭档成长也是取得专业信任的途径，成就他人是成功的最短捷径，合作才能共赢。

第 4 节 理解业务的"五把金钥匙"

在华为期间,我曾协助全球 HRBP 部的蔡永达老师开发了华为全球 HRBP 的必修课《HR 解决方案七星刀》。这门课程开篇总结的理解业务的"五把金钥匙",现在看来依然具有提纲挈领的指导作用。我们认为企业是和人一样的生命体,有生命体征和生命能量。理解业务像中医的望闻问切一样,从五个维度由外而内推进,这也是一种鹰眼式的 Outside-in(由外而内的鸟瞰式)视角,如图 7-2 所示。

气候:外部环境

气候指业务所处的大环境和场域。HRBP 要用超越企业的更高的 Outside-in 视角,鸟瞰式地扫描,帮助我们快速勾勒出业务所处的整体大环境。外部环境直接或间接影响了企业内部各领域。理解业务需要我们首先了解业务生存在一个怎样的世界,业务因何而存在,受什么影响,如何与外部交换能量,外部对业务的期望又是什么。

HRBP 一般通过竞争、社会、法律法规、政治、经济、技术、伦理这七个要素来了解外部环境,可以使用结构化战略思维和经典的 PEST 模型作为整理企业外部宏观经济大环境的理论框架。在一个较大的企业集团里,如果要理解一个局部的业务,HRBP 还需要了解整个企业集团的概况,这也是局部业务所处的大环境。

脉象:业绩表现

脉象反映业务的业绩表现。业绩好的团队,脉搏跳动有力;业绩不好的团队,脉搏轻缓衰弱。HRBP 了解业绩表现也需要使用鹰眼式的 Outside-in 视角,不是从业务搭档的视角来看,而是从周边全方位的视角来看财务三张表、客户满意度、战略规划和组织的 KPI。

- ❑ 从财务的三张表(资产负债表、利润表、现金流量表)用经营的视角来看待业绩,体现一个商业组织最终的商业结果。
- ❑ 拜访客户或查阅客户满意度调查报告,洞察客户心中的痛,了解我们与客户期望之间的差距,这会是业务存在的最大问题,也是后续要着力改善的地方。

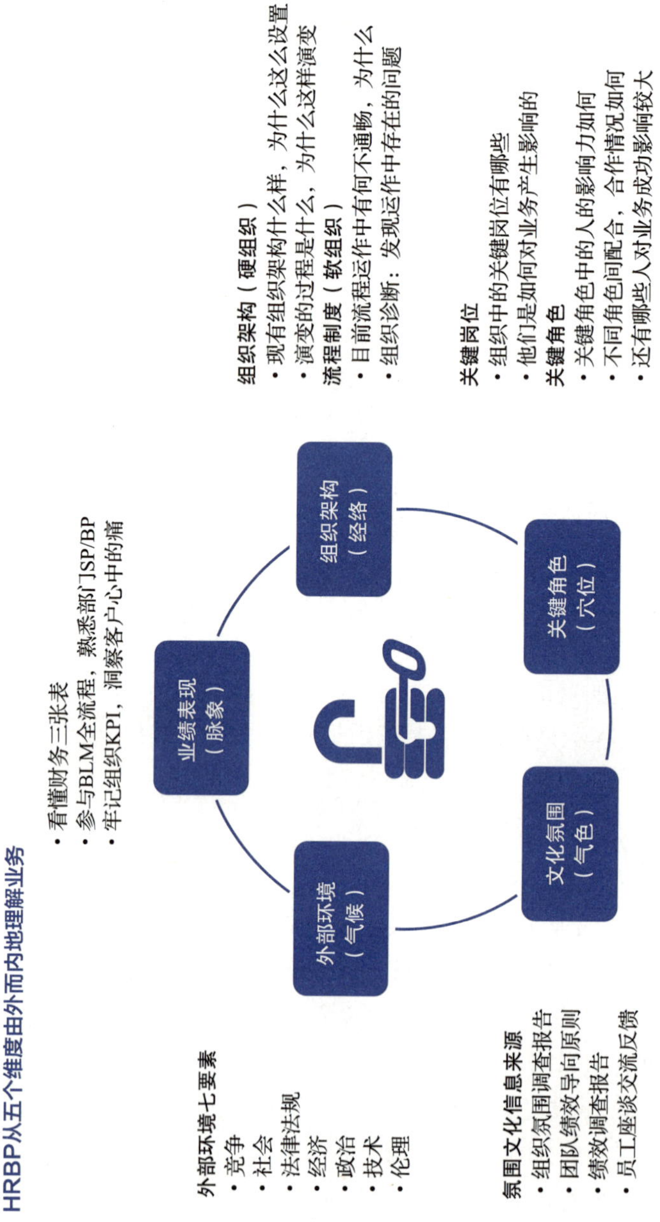

第三部分 应用层立地——人力资源支撑业务发展

HRBP从五个维度由外而内地理解业务

- 看懂财务三张表
- 参与BLM全流程，熟悉部门JSP/BP
- 牢记组织KPI，洞察客户心中的痛

业绩表现（脉象）

组织架构（经络）

组织架构（硬组织）
- 现有组织架构什么样，为什么这么设置
- 演变的过程是什么，为什么这样演变

流程制度（软组织）
- 目前流程运作中有何不通畅，为什么
- 组织诊断：发现运作中存在的问题

关键岗位
- 组织中的关键岗位有哪些
- 他们是如何对业务产生影响的

关键角色（穴位）
- 关键角色中的人的影响力如何
- 不同角色间配合，合作情况如何
- 还有哪些人对业务成功影响较大

外部环境（气候）

文化氛围（气色）

外部环境七要素
- 竞争
- 社会
- 法律法规
- 经济
- 政治
- 技术
- 伦理

氛围文化信息来源
- 组织氛围调查报告
- 团队绩效导向原则
- 绩效调查报告
- 员工座谈交流反馈

图 7-2 HRBP 理解业务的"五把金钥匙"

- 参与业务战略规划的全过程或查阅战略规划文件去理解业务的源头，沿着大的业务思路脉络，在逻辑链条里找到我们所处的位置。
- 组织的 KPI 是当期业务亟待达成的目标，也会是业务搭档首要关注的主要矛盾。HRBP 时刻牢记组织 KPI，既能以组织目标为方向，也能设身处地地站在业务搭档的位置，同时明确自己业务的站位——没有把自己当作"外来客"或"敲边鼓的"，进而快速获取业务信任。

经络：组织架构

经络是生命体里能量的走向，是企业的组织架构。组织是为了承载业务战略和实现业务目标的，硬组织是静态的架构布局，软组织是动态的作战走向。

- HRBP 要了解业务的硬组织架构，需要思考现有的组织架构是怎样的，为什么要这样设置；演变的过程是什么，为什么会发生这种演变；承重墙部门有哪些，对整体业务目标的实现发挥怎样的独特价值。在一个业务组织里，了解事物的来龙去脉是至关重要的。
- HRBP 要了解业务的软组织流程，需要思考当前的角色和责权利的划分，为什么会有这些角色；各业务单元依据什么业务流程开展工作，目前流程运作有没有不畅或阻塞的地方；当前的流程是笨重的还是轻巧的，需要减负还是加固。只有理解业务流，HRBP 才会知道组织如何构建和协同，才会知道关键角色的权力和决策点。

穴位：关键角色

穴位是生命体中特殊的点区部位，犹如组织里的关键角色。如同"葵花点穴手"作用于穴位，关键角色的稳固是至关重要的，如果遇到冲击则会影响到业务流的运行。在有的企业里，为了支撑大型复杂的管理体系，岗位、角色和个人是分离的。岗位是组织要求员工完成一项或多项责任以及为此赋予的权力的总和，一般依组织而定，如开发部长岗位；角色是组织对不同员工有不同的期望和要求，一般依管理而定，如管理者角色。

- HRBP 理解关键岗位时，需要了解各个组织和流程定义了哪些关键岗位，他们是如何对业务产生影响的；如果关键岗位遇到冲击，组织和流程有没有设计逃生路径。

- HRBP 理解关键角色时，需要结合岗位和个体来看有哪些关键角色，他们的影响力如何；关键角色的发展路径是怎样的，系统中是否有他们在职业发展过程中各种度量和评价的报告；这些关键角色之间相互的配合度和影响度是怎样的，他们的稳定性如何。

气色：文化氛围

气色是生命体的精神面貌，是组织的文化氛围。HRBP 要想了解一个组织的文化氛围，除了需要理性的分析，更重要的是需要感性的观察和体会，因为感受是对文化氛围的直接度量。通常，HRBP 可以参阅既有的报告文件和实地走访感受相结合来了解文化氛围。报告文件全面，实地走访直观。

- 一般可以参阅的报告文件有组织氛围调查报告、团队绩效导向原则、绩效调查报告、员工座谈反馈等。报告文件的优点是完整、概括，缺点是可能丢失了细节和洞见，也可能时过境迁。
- 实地走访是必不可少的，文化氛围体现在人的言行举止上，也体现在每一个器物上，了解文化氛围最关键的是到实际场景里感受。我在初次走访一个企业或部门的时候，喜欢独自在办公区里闲逛，从办公环境、办公桌面陈设及文化墙看硬件环境，如果有项目的状态看板就更好了；然后看员工的工作状态，办公区的声音大小，在保障信息安全的前提下观察他们讨论问题的方式。

第 5 节　理解业务的"三域模型"

业务的内涵很广泛，我们尝试将其做如下理解。对企业外部而言，业务是以产品与解决方案和服务满足客户需求的活动；对企业内部而言，业务是为了特定的目标而形成的生产要素和流程、组织等事物产生反应的一系列过程。简言之，业务都有供需两端，以及供需间的匹配。

HRBP 理解所支撑的业务，既要深入也要抽离。只有深入业务才能知道其痛点，这是"供"的视角，我将之定义为"实现域"；只有抽离业务才能知道其源头和全貌，这是"需"的视角，我将之定义为"问题域"；而结合起来看"供需匹配"的视角，我将之定义为"组织域"。

比如软件行业的本质是通过将现实的物理世界在虚拟的计算机世界里进行问

题抽象、建模分析，从而解决现实问题。在软件的业务活动中，问题域是劳动对象，实现域是生产工具，组织域是生产关系，如图7-3所示。

问题域是理解业务的源头，组织域是理解业务的关键

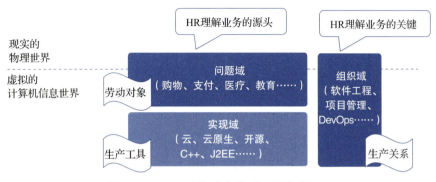

图 7-3　HRBP 理解业务的"三域模型"

问题域是理解业务的源头

以软件行业为例，HRBP 在支撑软件研发团队时，如果感觉理解业务比较困难，大多是深陷于实现域而被眼花缭乱的技术和工具所纠缠。这时，HRBP 可以跳出实现域从现实世界中的问题域切入去理解业务；因为问题域是客户需求的视角，通过人类感知和想象是易于理解的，比如购物、支付、医疗、教育等。

从相对更容易理解的问题域切入，既抓住了价值源头，又能以 Outside-in 视角来把握业务全局。即使在日后进入纷繁复杂的实现域，HRBP 也会因能始终把握问题域的锚点，不至于被乱花所迷眼。

同属于软件企业，理解业务的难度也有差异，大多是因为问题域的不同。产业互联网时代，HRBP 理解业务的难度相对要大于消费互联网时代。在消费互联网时代，每个 HRBP 首先也是消费者，从消费者的视角出发，可以感知和想象很多业务的逻辑，也可以根据体验来评价业务的价值。而对于产业互联网，如果 HRBP 此前没有相关行业领域的知识积累，是很难凭感知和想象来理解业务逻辑的，这时必须通过结构化战略思维快速学习。

所以假设有两名 HRBP 都在大数据软件企业，可能需要学习的问题域知识也是不同的。如果企业的客户是政府，HRBP 需要对政府治理和民生服务有所了解；如果企业的客户属于金融行业，HRBP 需要对银行、证券、保险等领域面临的机遇和挑战有所认识。

组织域的业务流运行逻辑是理解业务的关键

静态的组织和动态的业务流共同构成了组织域

用实现域的产品与解决方案和服务去满足问题域里的客户需求，或者用实现域的工具方法去解决问题域里的问题，这个系列活动的过程就是业务流。理解业务流的运行逻辑是理解业务的关键，因为流程、制度、工具、组织、角色都是为了业务流持续高效运转而设置的。

业务流是组织域的核心组成部分。此处的组织域并非人力资源领域常言的"组织"，而是包括了组织形态和业务流。组织形态是静态的组织，是硬组织；业务流是动态的组织，是软组织；两者构成的组织域是业务活动的生产关系。

HRBP思考业务的解题时，实际是带着组织域的视角去分析业务问题的。从HRBP的经验和能力来看，他们一般不太了解业务流，相对而言更加擅长组织域里的组织形态、人和角色，以及凝聚激发人的文化氛围。鉴于此，此处将业务流单拎出来——组织域的业务流运行逻辑是理解业务的关键。

理解组织域的关键做法是从上级组织的角度去看所支撑部门的业务，从全局组织中看本部门的职责和定位。理解业务流的关键做法是从所支撑部门的业务形态和流程切入，带着组织的观点去匹配和调适生产关系。这都是非常有挑战的HRBP工作，也是我认为华为人力资源的组织口是技术含量最高、难度最大的COE的原因，也是互联网企业普遍把OD作为核心团队建设的原因。

以业务流为桥梁打通从业务到人力资源的全链路

我曾经遇到一位名校人力资源科班出身的HRBP，因为要理解所支撑的软件研发团队的业务，就去自学软件开发和程序设计的书籍，从如何输出"Hello world"开始。我看见后立即叫停了她的做法，并且分享了关于理解业务的观点。我对她说，如果精力有余的话当然可以从实现域零起步开始，扎实的基础有助于更好地理解业务团队中的细节；但是本着急用先行的原则，当前的工作紧迫性要求我们快速进入业务，那么从软件工程和软件项目管理切入是正确的选择，这可以让HRBP更快捷地认识和理解业务团队的工作逻辑。这里的软件工程和软件项目管理便是组织域里业务流的基础内容。

企业的活动都可以在业界找到对应的业务流和优秀实践，向标杆学习不仅有助于我们理解业务，也可以帮助我们审视和改进所支撑业务团队的组织域。如在华为或阿里云这样的技术型To B企业，支撑软件研发的HRBP，需要了解软件工程、敏捷软件开发、DevOps；支撑产品与解决方案的HRBP，需要了解

IPD（Integrated Product Development，集成产品开发）流程；支撑销售团队的 HRBP，需要了解 LTC（Lead To Cash，从线索到回款）流程；支撑全球技术服务的 HRBP，需要了解 ITR（Issue To Resolution，问题到解决）流程。

理解了业务流后，对组织的需求就应运而生了；组织是为了匹配流程的，角色是为了服从组织的。如此一来，以业务流为桥梁，HRBP 就能够打通从业务到人力资源的全链路。需要注意的是，业务流的学习不是生搬硬套的，必须依具体的场景因地制宜。所以，HRBP 在分析业务和组织域的时候，也要有参与定义业务流的能力，这种能力是 HRBP 在优化升级组织时的核心能力。

第 6 节　专题与实践：产品力——商业与技术双轮驱动的汇聚点

【实践背景】

企业通过产品与解决方案来满足客户需求，获得商业成功。产品是商业与技术双轮驱动的汇聚点，解决方案是产品实现客户价值的界面和通路。特别是在互联网时代，爆款产品的边际成本接近于零，巨大的规模效应让赢家通吃，产品力已成为企业的首要能力。To B 企业因行业深度和产品复杂度，除需设置产品经理角色外，还需要协同整个组织来建立以市场为导向的产品管理体系。大型企业需要设置独立的产品管理部门来运作产品管理体系，打通市场销售端和研发交付端。在这种时候，产品管理部无疑就是产品的龙头。HRBP 在面对产品管理体系时，既要考虑单点问题，也要思考组织系统。沿着产品管理的主业务流程去诊断问题有助于看清问题的本质。

本节实践"产品与解决方案管理部的症结分析"描述了 HRBP 在支撑产品与解决方案管理部时，面对"销售说产品没有竞争力，产品说销售不卖好产品"的窘境，沿着产品管理的生命周期从规划到上市的全流程去诊断问题，从而提供大颗粒度的 HR 解决方案。

【实践案例】

业务战略对产品管理的诉求是增强企业战略控制力

随着市场的快速发展，阿里云在 2018 年提出了促增长、调结构、建生态的战略方针，并围绕战略开始组建产品与解决方案管理部。管理部承担了统筹各产品研发部门构建未来产品与解决方案蓝图的重任，全营一杆枪，共绘一张图。该蓝图既要推动企业战略控制力向上走，又要推动目标客户覆盖率向下走，如图 7-4 所示。

业务发展的形势紧迫性，让升级产品管理体系本质上成为一个"开着飞机换引擎"问题。企业既要业绩，又要转型；要业绩是用空间来换时间，然后用换来的时间进行转型，从而换取更大的空间。管理部既要有新的引擎出现，又要在飞行中更换。这就涉及分客户、分行业、分场景的全系产品与解决方案都要进行价值升级，还要在运动中把控节奏，进行多梯次的部署。升级背后需要强大的产品化、体系化的组织能力，包括产品与解决方案的专业能力和业务链前后打穿贯通的组织机制。快速发展中的升级问题如图 7-5 所示。

客户视角的组织诊断得出两个亟待解决的关键问题点

产品与解决方案管理部成立半年，取得了一些成绩，但同时 HRBP 也发现了很多不和谐的现象和声音。这些信息杂乱无序，汇集成一句话就是"销售说产品没有竞争力，产品说销售不卖好产品"。而组织真正的症结在哪里呢？一个合理的思路就是从客户视角出发，按照产品管理的全流程进行全面诊断。从诊断分析中对组织能力进行自评，HRBP 发现市场洞察和上市阶段是当前组织的能力凹点，最终得出两个亟待解决的 KP（Key Point，关键问题点），如图 7-6 所示。

KP1 解决举措：统一规划产品蓝图与投资决策

解决第一个关键问题点需要紧贴市场、深入了解客户痛点，统一规划产品蓝图和投资决策，提升产品与解决方案竞争力。规划的前提是市场洞察，洞察的触动是产品蓝图，蓝图的落地是投资决策。在这个链条里，组织能力在市场洞察、创新、产品投资与决策方面不足，如图 7-7 所示。

- ❑ 市场洞察是规划的源头，是产品最终能创造价值的基础。该环节目前存在的关键问题是组织分散，未形成合力。现在的洞察根据维度和内容的不同，被分解在不同的职能部门。简单的信息聚合是无法生成有触动力的洞见的，需要有目标、有策划、有组织。当前良莠不齐的洞察结果，注定不能对后续的产品蓝图提供足够的支撑。
- ❑ 产品蓝图规划是研发体系的行动纲领，既要包括产品与解决方案的组合，又要包括产品策略。对于一个大型 To B 技术型企业来说，在纸上画出产品蓝图规划是容易的事情，然而如何画出来极具挑战。这需要自上而下的战略指引与解码，也需要自下而上的认同和配合。

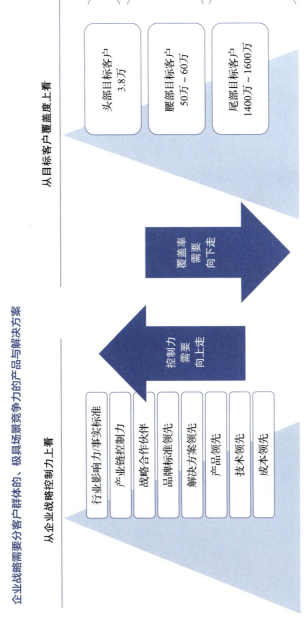

图 7-4 企业战略与目标客户对产品与解决方案的诉求

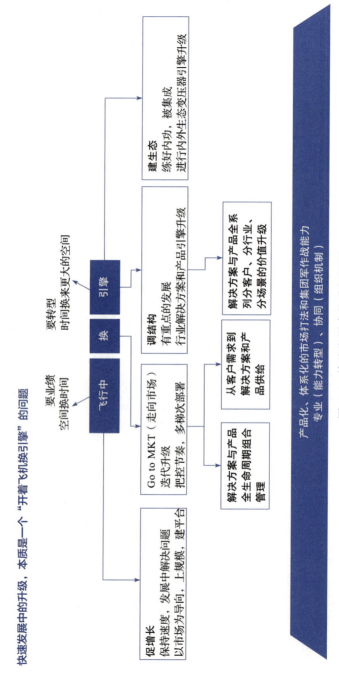

图 7-5 快速发展中的升级问题

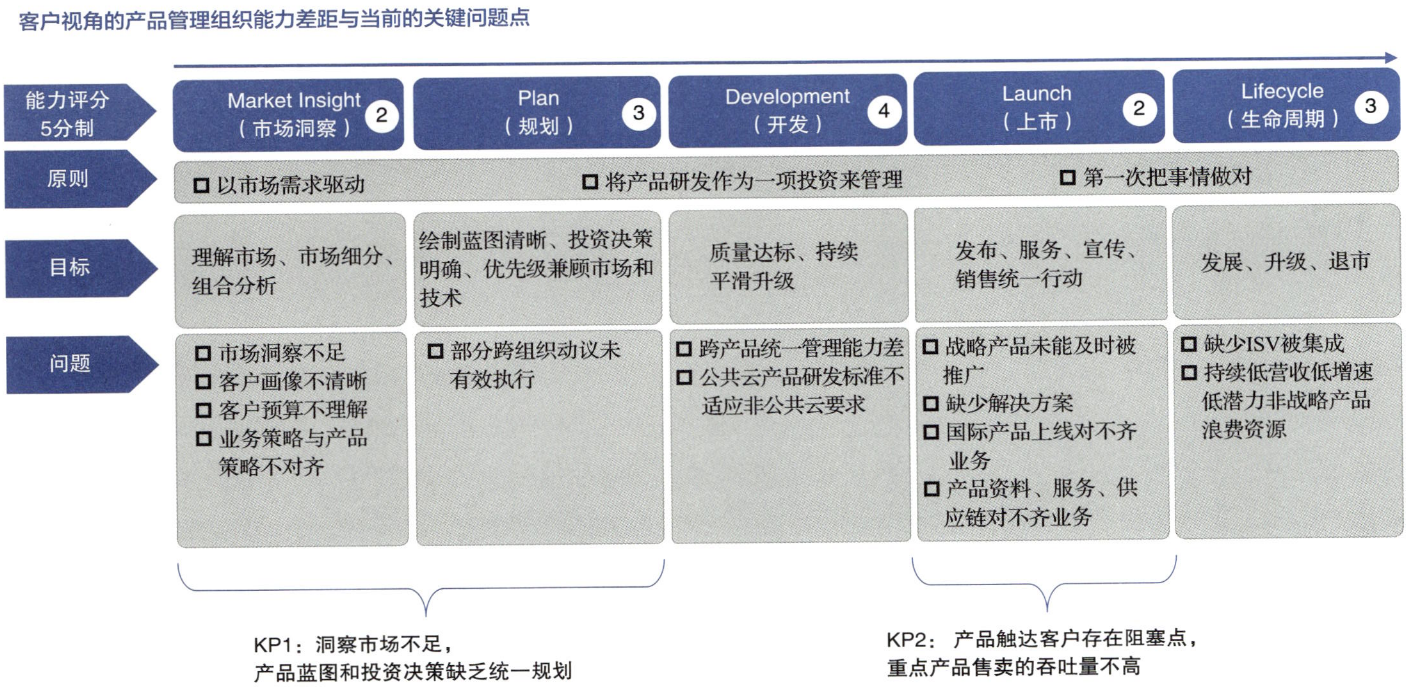

客户视角的产品管理组织能力差距与当前的关键问题点

能力评分 5分制	Market Insight（市场洞察）2	Plan（规划）3	Development（开发）4	Launch（上市）2	Lifecycle（生命周期）3
原则	□ 以市场需求决驱动	□ 将产品研发作为一项投资来管理		□ 第一次把事情做对	
目标	理解市场、市场细分、组合分析	绘制蓝图清晰、投资决策明确，优先级兼顾市场和技术	质量达标、持续平滑升级	发布、服务、宣传、销售统一行动	发展、升级、退市
问题	□ 市场洞察不足 □ 客户画像不清晰 □ 客户预算不理解 □ 业务策略不对齐	□ 部分跨组织动议未有效执行	□ 跨产品统一管理能力差 □ 公共云产品研发标准化要求 □ 适应非公共云要求	□ 成熟产品未能及时被推广 □ 缺少解决方案 □ 国际产品上线对齐不齐 □ 产品资料、服务、供应链对不齐业务	□ 缺少ISV被集成 □ 持续低营收低增速低潜力非战略产品浪费资源

KP1：洞察市场不足，产品蓝图和投资决策决策缺乏统一规划

KP2：产品触达客户存在阻塞点，重点产品售卖的吞吐量不高

图 7-6　产品管理组织能力差距与关键问题点

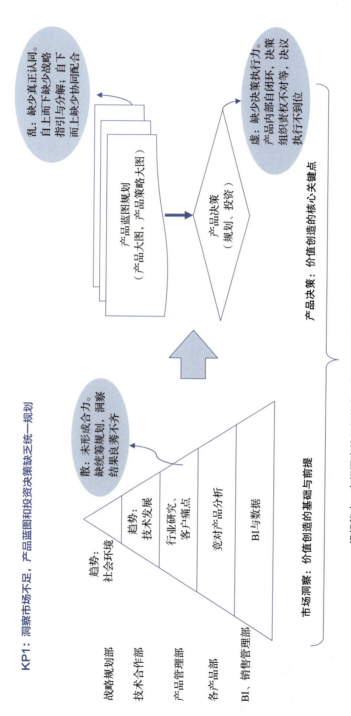

图 7-7 统一规划产品蓝图与投资决策的问题

❑ 产品决策是规划阶段的核心产出，是价值创造的核心关键点。决策的组织需要责权利对等，并且还要有决策的能力；对下级各产品部门要有保障决策得到执行的管控约束力，比如资源投入调配的权力。下级各产品部要明白在阵地战中，一切行动听指挥，而不是山头主义，内部自闭环。

建立以市场为导向的产品管理体系

为解决第一个关键问题点，首先需要整个组织建立以市场为导向的产品管理体系，通过体系化的运作，让以往各个自由生长的产品研发团队能够协同起来共绘一张蓝图，如图7-8所示。

产品管理体系的组织运作形式在IPD的基础上进行定制化，形成产品线PDT（Product Development Team，产品开发团队）、IPMT（Integrated Portfolio Management Team，集成组合管理团队）、IRB（Investment Review Board，投资评审委员会）三级决策机制。产品开发团队在统一的规划蓝图下制定产品路线图，并发起产品立项和关停并转的申请；集成组合管理团队负责全系产品的统一规划，并对各产品线的产品申请进行预审；投资决策委员会输出战略与投资计划，并进行最终产品决策。

围绕产品管理体系的组织能力建设的核心思想是以市场需求为驱动，将产品开发作为投资来管理，通过前期规划来保障做正确的事情。在能力建设过程中考虑现状，延续研发垂直化的优势，让产品研发组织和产品管理组织相互妥协，向共同的蓝图靠拢；增强市场洞察和整体规划的组织建设。根据不同的产品类型，制定不同的KPI牵引产品导向。

盘点并确立产品的投资策略与组织布局

其次对现有产品进行梳理和盘点，对各研发部门的产品进行分类，分析产品所处的阶段，差异化预算管控机制，长远投资着眼未来，将资源向创新产品和规模化产品上倾斜，增强创新组织能力，提高技术投资的有效性。产品阶段与投资策略、组织布局如图7-9所示。

加大创新投入，寻找未来增长的第二曲线

然后加大对创新的投入。对于已经孵化的创新产品需要从1到N，加大其商品化所需要的工程化能力建设，如易用性、配套材料包、配套交付能力、配套服务能力等，跨越鸿沟，在主流市场上扩张规模。在从0到1的创新产品孵化上，打开组织边界，外部合纵连横，内部形成三级创新梯队，瞄准早期市场，抢占先机，加大创新投入和组织布局，如图7-10所示。

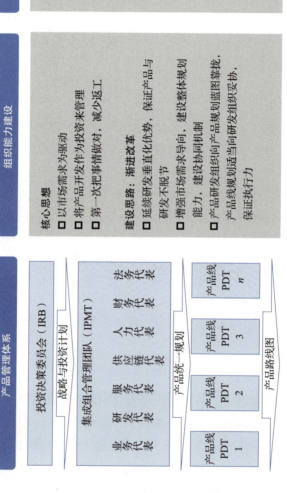

图 7-8 建立以市场为导向的产品管理体系

第 7 章 第四式：业务理解能力——HR 解决方案的前提

图 7-9 产品阶段与投资策略、组织布局

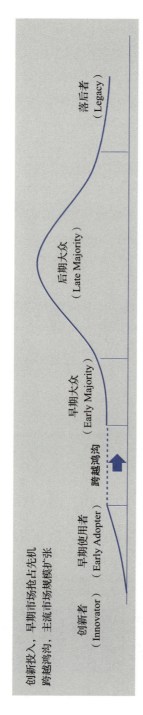
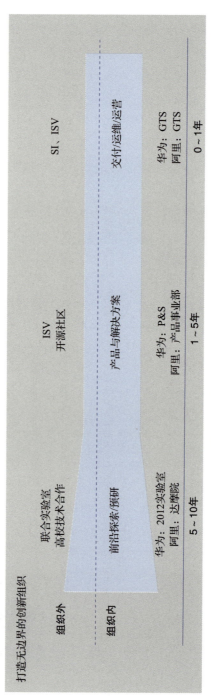

图 7-10 加大创新投入和组织布局

创新是推动社会不断进步的源泉，是所有组织形态或个体竞争力的核心。
- 颠覆式创新的源头来自新技术突破和客户需求，且只有一流的客户才能带来一流的需求，一流的需求才能催生一流的产品，所以要抢占客户制高点。颠覆式创新是方向性创新，创新的结果大多可以开辟新赛道。
- 渐进式创新也是一种持续改进，源头来自客户需求与内部问题，是一种路径性创新，创新的结果大多是提升组织效率，为客户提供更好的服务和体验。创新无处不在，不要动辄就是"颠覆"或"改变世界"。

创新的源泉来自人类自身勇于探索世界、不断超越的内在驱动力。人力资源唤醒、点燃、养护创新的内在驱动力，需要以愿景和使命为驱动，通过世界级的命题吸引世界级的人才；同时通过物质激励、非物质激励方案给予创新者足够的荣誉，唤醒并点燃创新火花；打造容错的环境，养护创新的星星之火。

KP2 解决举措：疏导产品触达客户的管道阻塞点，提升产品售卖的吞吐量

解决第二个关键问题点要从产品部门的角度看市场，对销售管道的阻塞点进行分析解决，加大产品触达客户的力度，提升售卖吞吐量。如解决销售"避难就易"的问题和各产品单打独斗无法形成统一体验的问题。管道阻塞点分析与解决如图 7-11 所示。

经过分析，HRBP 得出四个关键的管道阻塞点，其一是高价值产品的技术门槛较高，销售部门不太理解；其二是产品卖点不够，竞争力不明显；其三是售卖高价值产品的动力不足，售卖产品的难度与其 KPI 之间未完全匹配；其四是各产品单打独斗，产品组合和解决方案缺乏统一的质量保证和产品体验。

- 高价值产品的技术门槛高是无法改变的现实，除了需要研发部门从产品易用性设计上打磨外，还需要销售部门对学习做出要求。
- 产品卖点和竞争力的问题通过加强洞察和规划决策的举措来改变。
- 售卖高价值产品的动力不足，涉及产品定价和上市策略，以及销售 KPI 和激励策略。管理部需要对产品进行分类，区分哪些产品属于敲门型，哪些属于跑量型，哪些是高价值形成利润和构筑客户黏性型，并对不同标签的产品形成不同的定价、上市和激励策略。常见的方式是根据产品类型设置专项 KPI，或调节激励系数。
- 为解决产品组合和解决方案缺乏统一的质量保证和产品体验的问题，管理部下建立集成开发与验证部，兜底各产品组合间的集成开发与联合质量保证，并形成统一的产品体验。

KP2：疏导产品触达客户的阻塞点，提升重点产品售卖的吞吐量

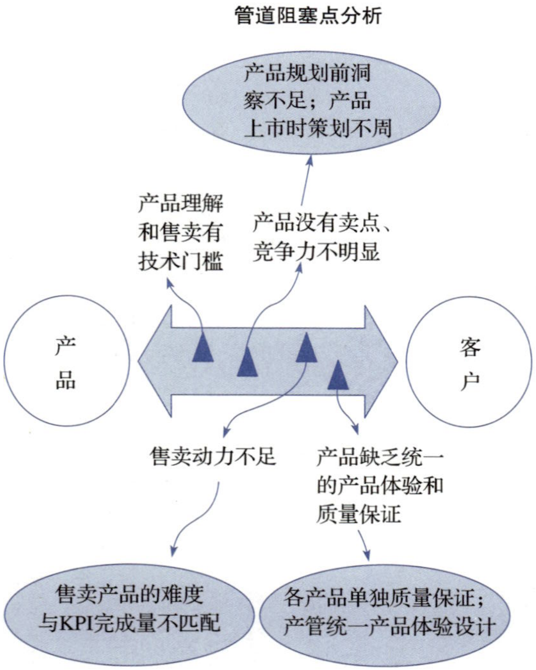

管道阻塞点分析

- 产品规划前瞻不足；产品上市时策划不周
- 产品理解和售卖有技术门槛
- 产品没有卖点，竞争力不明显
- 售卖动力不足
- 产品缺乏统一的产品体验和质量保证
- 各产品单独质量保证，产品统一管控——产品体验设计
- 售卖产品的难度与KPI完成量不匹配

• 举措1：调节产品系数，推进关键重点产品售卖

策略分类	产品类型	激励系数	激励金额	重点产品	激励原因描述
钩子 （数据上云）	1.钩子产品			牵引数据上云	营收在市场总盘子中占比小；要去IOE，"存储"是"计算"的第一步，有利于客户云化；对销售要求高，投入的人力和资源多，销售周期长
去IOE （数据存储）	2.存储 3.数据库				
技术红利 （数据计算）	4.大数据				云的核心目的是"计算"，需要通过计算进行价值增值；市场增速快
政策红利 （数据安全）	5.安全				政策红利，上升为国家战略，抓住政策风口，市场增速快
减少对低价值黏性产品依赖	6.流量产品				黏性低，易销售

• 举措2：建立集成开发与验证部，兜底产品组合的开发与质量保证，并形成统一的产品体验

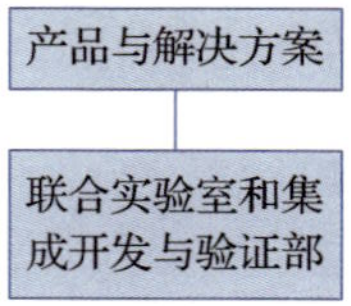

产品与解决方案 → 联合实验室和集成开发与验证部

图 7-11 管道阻塞点分析与解决

此处是对业务问题关键点进行大颗粒度的分析,之后还要逐步分解到组织能力差距、组织策略、人才策略、激励文化策略。通过基于业务的 HR 解决方案进一步细化并分解落地,此处不再赘述。

【专题心得】

产品力一体现在产品,即做什么。数字化转型时代,数据和计算驱动智能演进:传统 IT 技术→IT 技术设施云化→业务系统服务化→数据智能化。产品力二体现在产品管理,即怎么做。只有建立起产品管理体系,经验和知识才能得以积累和传承,组织的一切努力才能导向结果,大规模产品创新才能导向商业成功。

- ❑ 从基础产品到解决方案,打造"云+智能",遵循智能演进路线,而非一味向领先者看齐。对于阿里云、华为云这样的头部云计算公司而言,大行业和空白行业是机会,它们都可以利用集团 B 端和 C 端协同的优势,但不能形成路径依赖。
- ❑ 头部企业不能过于依赖政策形势,政策形势只是一个加速,而不是一个市场;真正的产品仍然是从客户角度去看解决的问题和提供的价值;循环证明的产品没有竞争力。
- ❑ 云计算头部公司应该聚焦于规模化、集约化的产品,定义原创型产品、开辟大赛道。大企业由于体量优势,反而容易陷入大而全的境地,产品并不是越多越好,参谋可以面面俱到,主帅要判断取舍;没有规模化的亿级产品或者只是纯叠加的产品,就没有放大效应。
- ❑ 在重定义时代,慎谈红海,同质化只是因为没有差异化的能力,有能力都变蓝海,没能力都是死海。华为云具有学习和更新的组织能力,前期使用跟随(Follow)策略和饱和攻击也能后来居上;阿里云应该在保持先发优势的情况下,继续突进"无人区"而不能停下歇息,这是领导者的宿命。

构筑产品力需要全链路的打赢能力。面对 To B 和 To G 市场,企业内的各业务板块需要具有极强的专业能力,也需要大规模的协同作战能力,从而构筑起 To B 和 To G 的产品服务体系。全链路的打赢能力,需要有指挥,也需要各部分服从大局,将客户利益、公司利益放到个人和小团队利益之上。

- ❑ 一切行动听指挥,听指挥的前提是有指挥,一个超大规模的组织必须要把"肩膀部门、中枢部门"的建设做强。做强就要赋权,而承担权力更关键的是这些肩膀和中枢部门必须有实力，否则在"夹缝"中也无法生存。它们的级别可以比平行部门高半级，以吸引优秀的平行部门的人去勇挑重任。而也有一些人凡事寄希望于上级，寄希望于别人拍板，这是一种思想上的懒惰。这样的组织永远走不到理想态。从来也没有救世主，我们在没有指挥的时候要充分发挥主观能动性，不等、不靠、不要；下级要站在上级的角度去考虑问题，下游要站在上游的角度去考虑问题，而不是死盯着自己的一亩三分地，"局部"的胸中要有"全局"的丘壑，真切地为主管和组织分忧。

- 全链路的打赢需要体系化，体系化要有组织纪律和要求。组织扁平化是有一些灵动性的优势，但辩证来看，需要集团军作战的时候可能还是需要修正。不能因为崇尚自由生长的互联网基因，就把"科层式"组织一棒子打死，中国抗疫的成果就是很好的证明。企业经过野蛮生长，必然存在一些"独立闭环、占山为王"的局面，谁也看不上谁，除了自己别人都不行……这种场景下，文化和价值观固然可以托底，但不是解决问题的根本办法。体系化要求局部服从全局，本质上是违背人性的，因为会带来不自由；但这也是组织的意义，都去要各自的自由自主，布朗运动下去就是熵增死亡。

- 全链路的打赢需要全链路地理解客户和行业的能力，中后台也要走进客户。特别是产业互联网时代，业务具有很高的专业性和复杂度，敬畏客户的积累、尊重行业的规律、尊重竞争对手是我们最起码的态度。产品和技术部门走进客户、倾听客户声音是学习的必要途径，需要常抓不懈。值得提醒的是，走进客户不是走马观花、观光访问，而是要解决客户问题，否则客户不喜欢，客户经理也不欢迎。

回到本实践，产品管理是组织的中枢，置身于庞大的系统中需要理解业务的能力，理解业务既要理解部门组织架构的责权利，也要理解业务形态和业务流。对于复杂的业务，HRBP从业务流的视角去诊断和思考问题，往往能得到直击本质的解决方案，否则将陷入纯粹管理的漩涡里。不同的业务板块有不同的流程属性，如研发部门、销售部门、技术服务部门的主业务流是不同的。即使同一个部门，因为要诊断的业务问题不同，也需要使用不同的业务流逻辑。比如同一个产品管理部门，在诊断业务问题时使用IPD流程，在诊断战略执行问题时使用DSTE（Development Strategy To Execution，从开发战略到执行）流程和BLM（Business Leadership Model，业务领先模型）。工具与方法论均围绕目的和目标而动，是辅而不是主，最终要活学活用。

第 8 章

第五式：业务翻译能力——HR 解决方案的关键

理解业务是解决问题的前提，翻译业务问题则是解决问题的关键。理解业务后的 HRBP 需要更进一步建立一个从业务问题出发到自己所擅长的人力资源领域的通路，然后才能通过自己所擅长的人力资源举措去解决业务问题。建立业务领域到人力资源领域通路的过程，称为业务的翻译能力。正是通过业务翻译能力，HRBP 将业务问题转换为人力资源问题，将业务策略转换为人力资源策略。

翻译是从一个领域到另一个领域的思维、逻辑、语系的转换，但不改变其核心内容。翻译讲究"信""达""雅"，业务的翻译能力也是以"信"为根本的。业务翻译能力的高下，决定了"译作"质量的优劣，决定了现象的提炼是否抓住了主要矛盾，决定了问题的界定是否厘清了边界和颗粒度，更决定了解决方案的生成是否能直击本质、药到病除。正如海森堡所言，提出正确的问题，往往等于解决了问题的大半。本章我们将阐述从感知现象到发现问题，从定义问题到设定课题的内容。

第 1 节 "科学解题的章法"从概念定义开始

概念是对事物的抽象，是思考和分析复杂问题的基础。学科是在概念的基础上构建起来的，而概念奠定了学科的基础和骨架。概念的混淆，极易引起思维的混沌，在业务的 HR 解决方案的范畴里，我们尝试谈谈对如下概念的理解，以对齐认知。

现象与问题

- 什么是现象？现象是外在表象，是事物在我们感知里的一种映射。在 HR 解决方案的范畴里，研究对象大多是组织和人，而组织和人是复杂多变的，因此 HRBP 所言的现象通常是指未对其真实性、客观性、全面性进行分析和判定的表象。
- 什么是问题？问题在不同的领域有独特的定义。在申论中，问题是客观存在的会对社会带来一定负面影响的事实；在工作中，问题是造成应有状态与现有状态之间差距的各种影响因素，并且需要采取行动来解决的直接或间接影响因素；在生活中，问题是现实和理想之间的差距。也就是说，问题可以理解成事故和麻烦，也可以理解成关键和要点，还可以理解成需要回答或解答的题目……在 HR 解决方案的范畴里，问题是指造成差距的因素，是需要研究讨论并加以解决的矛盾和疑难。

问题的本质是有了落差（GAP），而落差必定是两者以上对比才能衡量出来的。在日常工作中，我们衡量问题的对比参照物是目标、标准、基线、期望值或理想状况。HRBP 的首要任务是能够及时发现业务中存在的问题，并解决问题，让业务、组织和人朝着期望的状态演进。

问题与课题

- 什么是课题？课题是需要并值得研究和解决的主要问题，也是具有一定复杂性和综合性的问题，具有多种变量、多种要素或多种场景。从逻辑上来看，课题是问题的一个子集，是具有复杂性、普遍性、规律性、价值意义的问题。研究课题的过程就是不断提出问题、解决问题并认识规律的过程，一般会产生新的知识或方法。

并不是所有的问题都需要或值得研究，如 HRBP 日常遇到的大量基础性问题是可以依靠常识、HR 专业和过往经验快速解决的；在 HR 解决方案的范畴里，问题一般指的就是课题。

问题与原因

- 什么是原因？原因指的是导致问题产生的因素。一个问题产生的原因有很多，原因和问题必然构成因果关系，没有因果关系就不存在原因。

HRBP 研究的对象是组织和人，他们都是复杂的生命体，同时问题的原因还与边界和范围相关，所以从解决问题的角度来看，我们关注的一般是直接原因和根本原因。直接原因对问题的产生起到最直接的推动作用，不经过中间事物和中介环节。根本原因是问题产生的根源和最本质的原因，往往起到关键性和决定性的作用。

HRBP 在面对一般性的基础问题时，往往分析直接原因。在 HR 解决方案的范畴里，要解决复杂的综合性问题，往往要深入分析其根本原因。

需求与要求

- 什么是需求？需求是由需要而产生的要求，是站在"需"和"求"两个角度看问题的，即产生需要和追求满足。HRBP 在分析问题和研究课题时必须时刻牢记，我们所研究的对象处于一个宏大的背景环境中，这个背景环境对置身其中的人和事有很大的影响。所以，如果我们研究的对象主要涉及事，那么我们要理解企业中的业务；如果我们研究的对象主要涉及人，那么我们要理解企业中的组织文化。

- 什么是要求？要求是具体的愿望或条件，希望做到或实现。HRBP 在日常工作中，会经常接到业务搭档的要求，如"我们需要招聘十名行业专家""我们要将新员工训练营开展起来""我们要做个方案来加大过程中的激励"。此时，业务搭档就是背景环境的代言人。此处提出的要求无疑都是有价值的，HRBP 一般也不会深度去探寻其背后的动机和意义，因为大多时候及时响应是 HRBP 良好的品质。

但是我们必须知道，要求是经过转换翻译的需求，这个转换翻译是由业务搭档来完成的。在管理者雌雄同体的企业里，成熟的管理者能胜任这个转换翻译的工作。但是，对于大多数的企业和场景，管理者未必能胜任这个工作。所以，战略型 HRBP 必须要从要求追根溯源到需求，这是伙计和伙伴的区别。

HR 解决方案

- 什么是解决方案？简言之就是解决问题的方案，专业的说法是针对某些已经体现出的或者可以预期的问题、不足、缺陷、需求等，所提出的一个解决问题的整体方案，同时能够确保快速有效的执行。解决方案的质量取决于对问题的客观、理性和深入的分析，取决于对问题本质的把握。

❑ 什么是 HR 解决方案？其专指为了解决业务场景中出现的业务和组织问题，经由 HRBP 进行主导分析、设计和实施，并以 HR 领域专业知识和能力为主要举措的方案。

所谓主导，并不是全部的参与者都只有 HRBP，在大多数的 HR 解决方案里，业务团队的主管和专家都会或多或少参与进来。HR 解决方案一般既包括解决问题的关键举措和图景，也包括解决方案落地的实施路径。由于复杂度不同，有的实施方案可以省略，而不能省略的实施方案一般会涉及组织变革。

第 2 节　从感知现象到发现问题

发现问题包括对现象的感知以及从现象中发掘问题的过程。现象是能够被直接感知到的，而问题是现象背后那些看似纷繁无序的事件和信息间的关联。这种关联需要我们经过认真的观察分析和比对差距才能得到。如果我们看到每个现象都立刻去直接解决，那么可能会治标不治本，按下葫芦浮起瓢。感知现象是乱花渐欲迷人眼，发现问题是透过现象看本质。

观察的层面和维度决定问题的界定

我们在日常的工作和生活中经常会发现很多问题，比如上线的软件出现了重大缺陷，两个团队的主管产生了争吵，孩子的作文出现了大量的错别字，甚至是今天的菜有点咸了。前文提到，问题的本质是有了落差，而落差必定是两者以上进行对比才能衡量出来的。类似于 BLM 模型的两种差距，落差也有两种：一种是和原状有落差，一种是和理想有落差。

所以问题的出现一定有一个被观察物、一个参照物、一个观察对象、一个衡量标尺、一个阈值。无论是简单的问题还是复杂的问题，当我们判断出现问题时，一定是衡量了这五个要素。需要特别说明的是，大多数时候观察对象是人，而人是千差万别的，一千个人眼中有一千个哈姆雷特，并且有时其他四个要素还是被人有意或无意选择和使用的。

观察的层面决定了是现象还是问题

从观察的层面来看，判断一个现象是否属于问题时，我们可以尝试从解决方案进行倒推。比如妈妈今天做的菜有点咸了，如果解决方案是加适量的水或糖，那么"菜有点咸"就是一个问题；如果解决方案是让妈妈休息一段时间以调整情绪和身体状态，那么"菜有点咸"就是一个现象，真正的问题可能是妈妈最近有些疲劳过度。

现象、问题、原因是逐层递进的，它们的定义并不绝对，而是可以互相转化的，这取决于我们观察者所处的层面。一个问题，当我们站在其原因的层面来看时，它又成了一个现象。所以，如果我们从直接原因的层面去看待、分析和解决问题，那么现象此刻就等同于问题；如果我们从关键原因和根本原因的层面去看待、分析和解决问题，那么现象只是现象，现象的背后才是问题。

观察的维度决定了问题的类型

从观察的维度来看，判断一个现象归因于哪一种问题往往更是见仁见智了，我们通常会陷入专家思维的经验主义。比如两个团队的主管发生了争吵，支持他们的 HRBP 都一致判断这是一个问题而不仅仅是现象，但在这是一个什么类型的问题上出现了争议。一位 HRBP 认为这是一个文化的问题，文化随着大量新人的加入而被稀释了，需要加强利他价值观和团队合作的文化建设；另一位 HRBP 认为这是一个领导力的问题，需要提升业务主管在复杂局面下的大局观和影响力；还有一位 HRBP 认为这是一个组织的问题，组织信任的前提是职责清晰，用 OD 的手法帮助业务在更大范围内形成"一张图、一颗心、一场仗"，同时对 KPI 的设置进行纠偏……众说纷纭而不无道理，因为他们观察和分析事情的维度不同。

有时候，我们在讨论中所提及的问题并不是问题，只是一个表象、一种现象、一个事实，或者是从不同层面和不同维度看到的不同问题。当讨论出现争执时，我们经常会听到"你说的根本就不是问题""在我看来这就不是问题""我跟你说的不是一个问题""这是一个伪问题"……不在一个频道上沟通大多是上述原因造成的。经过磨合大家终究会达成一致，"先看是不是，再问为什么"，然后很多问题就被迅速解决了。为什么一起战斗过的情谊弥足珍贵？为什么职场上会有那么多的"嫡系和站队"？其实，他们只是已经在摸爬滚打中度过了磨合期，看问题的三观已经比较一致，沟通效率更高，信任感更强而已。

HRBP 要做合格的组织探针

阿里 HR 体系有一个很神奇的词汇叫"闻味道"。闻是"望闻问切"的统称，味道是一个组织、事件或人所散发出来的信息和能量的总和。闻味道是通过接受周边信息和能量而对事物形成一种感知（也被称为体感）。阿里内部合作中能够相对减少争议的原因之一就归功于此，因为每个人说话时一般以"我的体感是……"开始，表达的是一种感受；相对于"我发现有一个问题……"，少了一些判断的意味，因此更容易让人接受。

如果希望发现组织、事件或人的问题，那么首先需要获得关于它的体感。HRBP作为组织的探针，有许多感知现象、获得体感的途径，比如较为常见的有1on1（一对一）沟通、抽样访谈、圆桌交流、开放信箱、问卷调查、社区论坛等；如若想有规划、有主题地去获得体感，重量级的组织诊断是常见的方式。

主动策划三种轻量而高效的一线探温方式

HRBP初到一个部门，需要利用一切时间和形式，在较为自由的状态下深入一线，快速获得关于组织的体感。鉴于HRBP身份的特殊性，"被HRBP约谈"在有些环境里被认为是一件敏感的事情，因此需要进行特殊的策划，以打消团队成员的顾虑。在此推介三种我们经常使用的策划方法。

- 利用中午时间组织HRBP午餐会。为打消员工顾虑，HRBP需要在活动前期面向全员发布一个统一的宣传公告，趁机介绍一下自己，然后就"守株待兔"，等候被员工预约，或者主动出击，根据近期的工作重点选择预约群体。
- 利用基层团队例会开展HRBP的自我推介。很多基层团队员工不太清楚什么事情可以求助于HRBP，这是一个普遍的现实。HRBP"走基层"介绍角色职责是一次名正言顺进入基层场子闻味道的机会。
- 利用一切机会走进尽可能多的会议场合。会议是信息汇聚的地方，也是干部专家议事的一线阵地，在会议中了解业务信息的同时，也是观察和考察这些关键角色的最佳场所。

从零散信息中得出共性或本质的洞见

组织中可能已经存在常规的一对一（1on1）沟通、圆桌交流、开放信箱、社区论坛等形式化的做法。这种做法大多数时候是一种被动获取信息的方式，事前并不能预测。在这种场景里，沟通对象会主动反馈一些他们面临并希望得到解决的问题。问题的类型五花八门，并且是否是问题也需要斟酌。此时，HRBP需要立即反应的是"问题收到"，然后分门别类地去处理。非问题的认知要进行纠偏或心理疏导，能立即解决的可从直接原因上快速响应，不能立即解决的要从根本原因上澄清并取得理解，或给出未来的计划。

但这种常规形式化的做法获取的大多是单点问题，即To C的问题居多。

HRBP 在分析和解决这些单点问题的同时，还需要将问题处理过程中的信息格式化地记录下来，久而久之积累大量的一手资料。经过格式化并汇总了的信息数据会产生巨大的威力，HRBP 可以对信息数据进行建模分析，加工得出更有用的洞见，揭示组织的共性或问题的本质。比如从多起外派补贴问题的处理中，发现现行的外派员工的薪酬制度需要有统一的升级方案，而不是 CASE BY CASE（逐案）来就事论事；比如发现产生争吵的主管越来越多了，这并不是个体的原因，而是组织间的责权利设计缺陷导致的。HRBP 需要对被动获知的零散信息进行汇聚加工，得出共性或本质的洞见。

组织诊断中，"诊"是手段，"断"是目的

经过设计的抽样访谈、问卷调查、组织诊断是一种主动获取信息的方式，信息的质量取决于事前的策划。充分的策划、结构化的问题，有利于组织诊断过程的开展和事后的分析，有利于输出有价值的发现。组织诊断既包括"诊"也包括"断"。无论是"望闻问切"还是"闻味道"，都只是"诊"；组织诊断最关键的落脚点还是"断"，即我们对问题的判断和洞见。HRBP 需要对主动策划的组织诊断进行充分设计，牢记"诊"是手段，"断"是目的。

业界有很多关于组织诊断思路和维度的工具模型，阿里等互联网企业推崇七个盒子。但大多数的工具属于形各异、神相通，所以只要顺手就可以了。我们经常使用的简易的组织诊断思路和维度如图 8-1 所示。

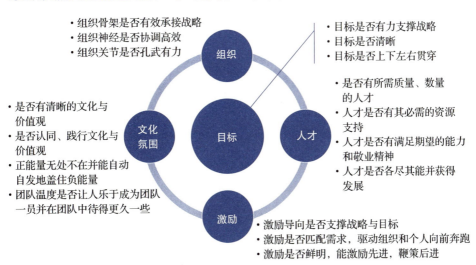

图 8-1 组织诊断思路和维度示意

从现象中找到问题的四项注意

解决问题的起点是发现问题的存在,发现期待状况与现状之间的落差。HRBP 如何更好地从现象中找到问题?

- ❏ **注意预留思考的时间**:HRBP 每天因例行事务忙得团团转时,其实很难察觉出问题的存在,只会认为事情太多是问题,所以需要给思考留下时间。
- ❏ **注意对变化保有敏感**:HRBP 需要对变化有足够的敏感度。熟悉一个事物是否比不熟悉更容易发现问题?这是一个辩证的问题。如果你不了解这个业务和部门,你可能发现不了问题,或者下车伊始仅凭直觉就能发现问题,但这时候发现的往往是表面问题。如果你太熟悉这个业务和部门,你可能也发现不了问题,因为麻木或熟视无睹让你放过了一些问题。
- ❏ **注意从线索找到问题**:机会常常伪装成麻烦,问题必须要靠自己找出来,发现问题是重要的能力。学生时代的问题是由出题人提供已知条件来设定的,而职场时代的问题是隐匿于业务和组织环境中的,只留给你一些线索,这些线索就是现象。发现问题还是要靠仔细观察和脚踏实地的分析。
- ❏ **注意保持客观和更高的格局**:HRBP 作为观察者对问题的界定会存在人为的变数,因此需要用客观且不代入主观的视角来看待问题,站在更高的格局和维度来看待问题。这并非易事。因此在实际工作中,HRBP 除了要累积经验提升自我外,还要进行周密的分析,吸纳周边的意见,让自己看待问题更有高度和深度,看问题的角度更准确。

第3节 从定义问题到设定课题

爱因斯坦曾说,提出一个问题比解决一个问题更重要。因为解决一个问题也许仅仅需要一个数学或实验上的技能而已,而提出一个新的问题、新的可能性,从新的角度去看旧问题,却需要有创造性的想象力,而且标志着科学的真正进步。

做正确的事情,正确地做事情。定义一个正确的问题就是做正确的事情的前提。定义问题如果出现方向性的偏差,最终会导致南辕北辙、谬以千里。对问题的定义需要对所有涉及的现象和数据进行推敲,回答到底要解决什么问题,这是所有问题驱动型方法论的第一步。很多出色的企业和 HRBP 会在定义问题上投入大量的时间和精力,反复斟酌推敲、推理检验。在现象、问题、原因的递进里,不断下探观察的层面,下层的问题就代表了上层的原因。以至于团队里流行一句话:"你说的这些都不是问题,问题本身就是解决方案。"这是一种朝源头推进的思想,笔者在阿里也经常会被追问:你的初心是什么,为什么而出发?问题定义越精准、越清晰,就越有利于后续的分析,也越有利于最终从根本上解决。HRBP 的业务翻译能力就是精准地定义问题,能够精准地定义问题,问题就解决了一半。

在 HR 解决方案的语境里,具有复杂性、综合性和价值意义的问题被称为课题,所以定义问题也就转换成下一步我们需要研究的课题。课题对于 HR 解决方案而言,也相当于提出了一个需求。

利用需求地壳模型向前追溯到业务需求

精准地定义问题对于最终从根本上解决问题具有重大的导向意义。然而在现实中我们总是因为受到外部环境或观察者个体的影响而不能精准地定义问题,如果我们无法意识到这一点或无法做到自我告诫和提醒,将很可能陷入一些困局。

谨慎对待业务搭档提出的需求或要求

定义问题最容易受到 HRBP 业务搭档的影响。业务搭档通常具有丰富的管理经验,经常会将问题以需求的形式直接抛给 HRBP,甚至会直接提出要求。

信息就是在转换中产生变异的。问题是一种客观的存在,需求是工作委托人即业务搭档要解决这个问题的意图。我们暂且认为此处的问题和需求只是表达方式的差异,在内涵本质上是等价的,忽略其可能存在的转换差异。但是,要求就需要引起 HRBP 的警觉了,业务搭档在需求和要求的转换中可能存在较大的差异,因为这意味着他已经考虑好了解决方案,同时从中选取了需要你去执行的举措,变成了任务和要求下发。业务搭档在需求和要求的转译过程中所考虑的解决方案在针对性、有效性和完整性上未必是最优的,或者从中选取的执行举措未必是最合适的,并且 HRBP 并未参与这个解决方案的思考和形成过程,因而变成了一个狭隘的执行者。

掌握需求地壳模型

针对业务搭档提出的需求或要求,HRBP 在定义问题和设定课题的时候一定要向前追溯。如同研究人的马斯洛需求层次理论一样,业务也存在需求层次的地壳模型:最源头的是业务需求,然后向内依次为绩效行为需求、环境需求和能力需求。HRBP 基于业务问题来解题,需要向前追溯到业务需求来定义和翻译问题。需求地壳模型如图 8-2 所示。

需求地壳模型的核心要点

- 只有向外扩展到业务需求，才能找到**价值源头**
- 只有聚焦到绩效行为需求，才能**落到实处**
- 只有分析其中的工作环境需求或能力需求，才能找到影响绩效行为的**根因**

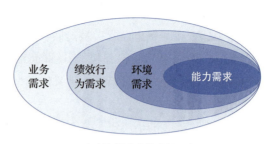

人力资源成为战略性业务伙伴

图 8-2　需求地壳模型

向前追溯以校正需求的精准性，向后推理以判断要求的合理性

只有向前扩展到业务需求才能找到价值的源头。咨询公司有一个惯常的做法——"从 0 开始"，也就是从源头出发，回到原点去分析问题，抓住真正的问题点。当面对业务搭档提出的需求或要求时，HRBP 需要向前追溯到业务需求，以校正业务搭档提出的需求的精准性。业务搭档的需求可能是业务需求，或者是绩效行为需求、环境需求和能力需求中的一个，都需要我们将之扩展到业务需求。

然后从业务需求再向后分析推理到解决方案，以判断业务搭档提出的要求的合理性。HRBP 只有聚焦到绩效行为需求才能落到实处，串接起业务与组织和人的关联，这也是业务翻译的能力；也只有深挖到工作环境需求和能力需求才能找到影响绩效行为的根因，生成一击而中的 HR 解决方案。在分析推理的过程中，HRBP 可能会发现更优的解决方案，比单纯地响应业务搭档的要求更加有效，或者即使推理得到的解决方案与业务搭档的要求是一致的，至少也有了对背景和思考链路更深的认识。

利用经验而非经验主义来定义和翻译问题

HRBP 作为一名观察者去定义问题，不可避免地会受经验、认知和心态等诸多因素的影响，从而产生较大的差异。经验是我们面临新问题时的加持而不是禁锢，定义和翻译问题需要经验而非惯性思维定势的经验主义。

假设面对一个业务现象——公共云的腰尾部客户在流失，HRBP 如何定义和翻译这个问题呢？让我们设想一下 HRBP 的脑回路：HRBP 观察到该现象后，结合自己的认知和经验开始信息的初步筛选，然后无意识地从大脑数据库中检索过往类似的解决方案。因此除了业务理解程度的差异外，经验让 HRBP 在定义和翻译问题时，同步受到了大脑中"我该如何解决这个问题"的影响。手里拿个锤子，看啥都是钉子。HRBP虽然要求具有较强的综合能力，但也有各自相对倾向和擅长的专业领域，因此每个人手里的锤子是不一样的。

虽然每一个同步思考的解决方案都可能对该业务现象的改善有积极正向的推进作用，但未必是我们所需要的完整、直击核心根因的解决方案。因此，面对同样的业务现象，不同的HRBP的定义和思考差异如图8-3所示。

HRBP在定义和翻译问题时，要形成从业务源头到人力资源的全局和高度来把握问题精准性的思维。无意识的"我该如何解决这个问题"的念头，实际上是一种专家思维，而不是结构化战略思维。HRBP在定义和翻译问题时，需要解放思想、不自我设限，暂时抛开如何解决的牵绊，重点去考虑现象背后的"为什么"和"是什么"，而不是提前聚焦"怎么做"。在某些企业或场景中，"设计"与"实现"分离也有类似的考量。

利用"四度"来定义和翻译问题

定义问题检阅的是HRBP下定义和业务翻译的能力。下定义是用简洁明确的词句对事物的基本属性和本质特征进行全面而概括的描述。下定义依赖于一定的场景和目的需要，所以同一事物在不同的场景下有不同的定义。

HRBP的HR专业性并不是COE所表现的HR专业深度，也不是对各项规章制度和事无巨细的实操动作娴熟于心，而是对问题的认定和课题的界定有专业的洞见和判断。在业务的翻译能力上，对问题下定义、做判断就是体现HRBP专业洞见和功力的地方。这份洞见和功力需要站在上级的高度，结合全局业务的深度，带着人力资源系统的角度综合思考得来。

- ❑ **定义问题的广度**：反映看待问题的一种高度，一种格局。有了高度自然就有了更宽广的视野，以大格局看待事物，不是只挖掘细节，而是用更开阔的视野来掌握事情的全貌。拥有大格局的视点，同时不超越自己的权责范围，以当事者的身份脚踏实地地解决问题。定义问题的广度基本决定了问题和课题的颗粒度。
- ❑ **定义问题的深度**：要直抵本质，抓住根因、标本兼治。对于现象和问题的分析要多问为什么，问"问题背后的问题"，这往往是重要的课题。质量管理方法中推荐采用5Why的方法来寻求根因，连续向下层探问大多能找到根因。在日常工作中，我也会对团队成员提出要求，你的思考至少要能挡住三个问题的连续追问。

案例："我们的腰尾部客户在流失"，不同的HRBP有不同的定义和同步思考

观察到的现象事实	不同的人的问题定义	可能已经在同步思考的解决方案
我们的腰尾部客户在流失，在一个季度的时间里，从X到了Y	这不是问题。我们当前的战略就是聚焦，将优质资源用到的头部客户上	无须解决，顺其自然。如果有必要，我将现有服务于腰尾部客户的员工再抽调一部分到头部客户那里去
	这是一个员工能力的问题。做好腰尾部客户需要运营能力，而我们的员工中以打项目出身的居多	以员工能力为核心的HR解决方案：画像、招聘、训战等
	这是一个激励导向的问题。当前我们对员工的佣金是按照新增GAAP收入来计算的，优秀的员工都去攻坚大客了	以激励为核心的HR解决方案：佣金、项目奖金、年终奖……作为系统性考虑的一部分，还要从源头抓起OKR、KPI
	这是一个产品的问题。我们的产品都是通过头部客户的项目进行沉淀打磨的，对腰尾部客户并不适用	以组织为核心的HR解决方案：产品管理的流程与组织升级、产品经理的供给与能力
	……	……
	这是一个业务问题，我只是一个HR，所以是业务搭档要去解决的问题，在我这里不是问题，或者我也只能敲敲边鼓	无须来解决。作为HRBP，为了体现我关注业务，我要正式提出这个问题以引起重视，然后从文化意识上宣传和践行客户第一

图 8-3 不同的 HRBP 的定义和思考差异

- ❑ **定义问题的角度**：要多维度和立体地看待事物。同样的事物在不同的角度下有不同的呈现，虽然都是事实和客观存在，但画面是不同的。如机械制图中的三视图，X 光从不同角度照射一个物体时的剖面一样。定义问题时，HRBP 要多维度和立体地分析建模，并能从中选取最直击本质的角度。
- ❑ **定义问题的锐度**：要精准和明确地看待问题。互联网企业推崇效率至上，在分享观点时强调锐度，即关于一个事物的看法，要用精准、犀利和明确的语言来表达，而不是使用中性、含糊、辩证、真理性和放之四海而皆准的表达。定义问题的锐度有一种穿透力，能拨开迷雾见日月。

利用形式化方法来检验问题

定义正确问题的最直接衡量标准，就是当这个正确的问题被正确地解决后，所有的相关问题都会得到解决，所有的相关现象都会烟消云散并不复重来。但是我们在定义问题时，时间是不可跳跃的，即我们无法预知结果；时间也是不可快进的，即我们无法预览走向。定义问题如此关键，我们不可能"反正先干再说"。

在我们无法得知后续的分析、假设和落地效果的时候，常见的做法是使用逻辑来对问题进行形式化的检验，类似于军事上的沙盘推演或软件开发领域的小黄鸭调试法。我们把定义的问题和课题代入 SCQA 结构，并将 SCQA 作为一个摘要讲述给一只小黄鸭或任何无生命的事物来对逻辑进行检验。

- ❑ S（Situation，情境）：在一个什么样的场景下，我们期望的稳定的常态是什么。
- ❑ C（Complication，冲突）：然后我们发现了什么冲突和障碍，跟期望之间形成了什么落差。
- ❑ Q（Question，疑问）：这里面出现了很多的"问题"，经过对搜集到的信息全面梳理，不断地推敲和扪心自问，我们认为核心本质的问题是什么。然后结合我们现在的业务场景，思考将本质问题转译的课题是什么。
- ❑ A（Answer，回答）：关于这个课题，我们初步的思考方向是什么，然后提出对应的一些假设性的解决方案，其中一些关键举措的筛选和优先级方面我们是怎么考虑的，以及就目前我们的认知和能力，加上周边的帮助，我们认为这个课题是否非常正确并具有价值意义。

小黄鸭调试法适用于自我的形式化检验。我们会从中发现粗浅的逻辑问题。经过修正后，我们可以再次邀请业务伙伴充当蓝军来进行讨论，从而发现更深层次的逻辑问题，逐步得到精准的问题和课题。

第4节 专题与实践：抓质量——研发的安身立命之本

【实践背景】

质量是产品的生命线，是研发的自尊心。研发体系通过各种方式提升产品质量，特别是对于具有高复杂性和不可见性的软件产品。内源是内部开源的简称，是指在一个企业内部的研发环境中借鉴开源软件的模式来尝试解放软件开发的生产力，通过信息的开放透明，提升软件的开发质量和效率，激发组织活力。关于开源的模式，《大教堂与集市》一书进行了详尽的描述。华为研发体系在进行内源模式转型时，人力资源如何提供匹配的解决方案，是 HRBP 面临的重大课题。

本节描述在多个业务团队探索内源开发模式的基础上，如何基于华为彼时百花齐放的人力资源实践，进行统一的方向、原则、框架和语言的策划，以达成更大范围内的共识，推动政策和管理的落地。具体细则和实操有删节，在阅读过程中你可以体会人力资源问题定义的全局性脉络，以及人力资源促进研发质量提升的价值。

【实践案例】

内源带来的情势变化和我们面临的课题

内源带来的变化催生了对人力资源的诉求

人力资源进行 HR 解决方案的设计，首先从源头来看内源开发给业务带来了怎样的情势变化，给组织和个体带来了怎样的影响。内源带来的最显性的变化是开放，随之而来的是组织边界的模糊和个体更清晰的认知。在这种情形下，组织和个体都希望能够有更多因势利导的指引和政策来从中获益。内源带来的情势变化如图 8-4 所示。

内源的开放体现在个体能够看到企业存放在社区中的更多代码，也能够看到更多如组织关系、项目组成和历史演进等信息。信息的公开随之带来了一系列自动自发且自然而然的变化，包括个体和组织的变化与收获。

- 对个体而言，看到更多的信息后能够更清晰地看自己所负责的模块在系统中的位置，这将有利于简化周边沟通与问题定界。个体因此会获得更开阔的视野和更丰富的资源，有利于学习成长与自我工作的改善，如学习

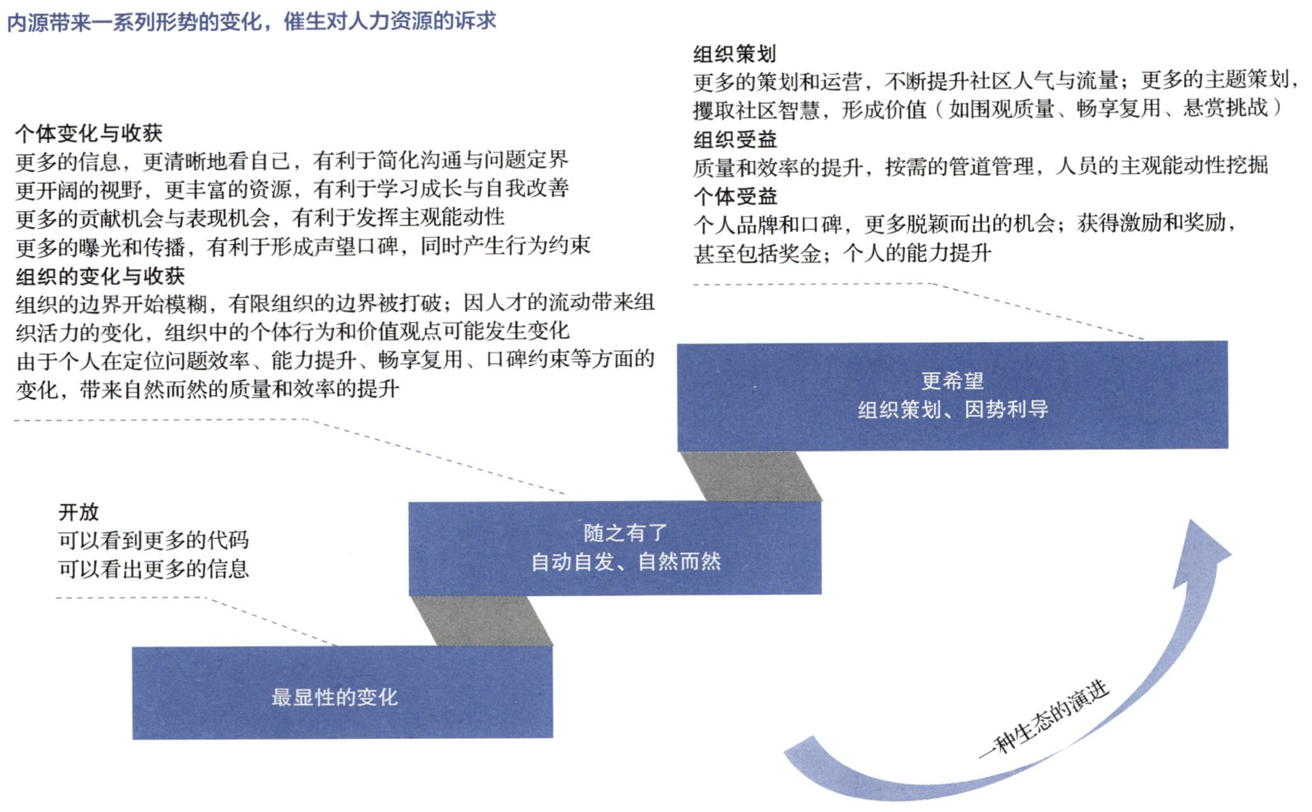

内源带来一系列形势的变化，催生对人力资源的诉求

个体变化与收获

更多的信息，更清晰地看自己，有利于简化沟通与问题定界
更开阔的视野，更丰富的资源，有利于学习成长与自我改善
更多的贡献机会与表现机会，有利于发挥主观能动性
更多的曝光和传播，有利于形成声望口碑，同时产生行为约束

组织的变化与收获

组织的边界开始模糊，有限组织的边界被打破；因人才的流动带来组织活力的变化，组织中的个体行为和价值观点可能发生变化
由于个人在定位问题效率、能力提升、口碑约束等方面的变化，带来自然而然的质量和效率的提升

开放

可以看到更多的代码
可以看出更多的信息

组织策划

更多的策划和运营，不断提升社区人气与流量；更多的主题策划，攫取社区智慧，形成社区价值（如围观质量、畅享复用、悬赏挑战）

组织受益

质量和效率的提升，按需的管道管理，人员的主观能动性挖掘

个体受益

个人品牌和口碑，更多脱颖而出的机会；获得激励和奖励，甚至包括奖金；个人的能力提升

最显性的变化 → 随之有了 自动自发、自然而然 → 更希望 组织策划，因势利导

一种良性的演进

图 8-4 内源带来的情势变化

标杆和榜样、与同行切磋碰撞、寻求高手大咖的指点，这些交互和围观都将促进软件质量的提升；也可以畅享复用所看到的更多的好代码和公共组件来提升效率。个体因此也能在内源场景上得到更多表现和贡献的机会，如通过悬赏、众筹和挑战活动发挥主观能动性；如曝光和传播有利于形成声望和口碑，同时也对个体产生行为约束。

- 对组织而言，有限组织的边界开始模糊甚至打破，因才智的流动带来组织活力的提升。组织中的个体行为和价值观点都可能发生变化，如由于个体在定位问题效率、软件开发质量、能力提升、畅享复用、声望口碑约束等方面的变化，整个组织软件开发质量和效率自然而然地提升了。

正是这种自由产生的变化，催生了人们的期望。人们希望组织能够提供一些整体的策划来因势利导，牵引组织和个体从中受益。

- 人们希望能有更多的内源策划和运营，不断提升社区人气与流量；希望有更多的主题策划来攫取社区智慧，形成诸如围观质量、畅享复用、悬赏挑战的价值。
- 组织希望受益于质量和效率的提升、按需的管道管理以及人员的主观能动性挖掘。
- 个体希望受益于能力的提升、声望口碑与个人品牌、更多脱颖而出的机会、额外的激励和奖励甚至包括奖金等。

结合价值链与内源场景形成思考框架

带着这样的期望和命题让 HRBP 思考如何因势利导地策划才能将内源价值最大化。我们认为内部开源模式实则是一种新型的生产关系。鉴于此，整体方案将尝试围绕着价值链展开。因为员工个体是隶属于某个组织的，常规情况下，工作由该组织分配，评价与激励也由该组织负责。但是在内源模式下，员工可以在社区中做该组织分配的工作，也可以做非该组织分配的工作，那么这种行为和结果该如何评价与激励呢？结合价值链与内源模式下的三种常见场景，人力资源需要系统思考的问题如图 8-5 所示。

价值创造

在思考内源的价值创造时，我们需要对内源是什么进行澄清和定义。即当我们在说内源时知道我们在说什么。内源是一种生产工具还是劳动对象？我认为内源模式下，实际上最关键的是增加了自下而上、自主认领和贡献的价值创造方式，使得人们有了更多的选择，价值贡献呈现多元化，如图 8-6 所示。

组织如何策划、如何因势利导将内源价值最大化

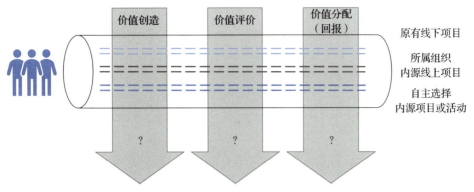

图 8-5 将内源价值最大化所面临的问题

内源增补了自下而上、自主认领和贡献的价值创造方式，使得人们有了更多的选择，价值贡献多元化

场景	明显特征	价值创造
场景 A： 原有线下项目	正常进行	正常进行
场景 B： 所属组织内源线上项目	用内源的方式做传统的项目。内源此刻作为一种劳动工具，工作对象依然是原来员工所需要面对的待完成的工作（如某责任田中某项目的交付）	①总体正常进行 ②在过程中可采用内源的相关实践，提升协同、质量、效率，简化管理
场景 C： 自主选择内源项目或活动	用内源的方式做内源的项目。内源此刻代表一种劳动对象。对于员工而言，这种对象原本是不存在的（比如做组织外的认领项目，比如社区运营等）	①在该员工原本责任田之外新增劳动对象，创造新的价值，多数是自下而上、自主认领工作 ②可采用内源的相关实践，提升协同、质量、效率，简化管理，遵循社区规则和大众约定的流程与交付件

图 8-6 内源增补了价值创造的方式

在场景 B 中，"内源"是作为生产工具出现的，让价值创造更加多快好省。劳动对象依然是原来员工所需要面对的工作，内源对其价值创造仅有些许差异。而随着生态的演进，在场景 C 中，"内源"代表的是一种劳动对象，对于员工而言是一种额外的投入和付出，员工创造了新的价值，并且这种价值是自下而上、自主认领的。

类比于一个简易劳动场景的例子，小王买了一台收割机来割麦子，那么当我们说"小王开收割机"的时候指的是什么呢？如果小王开着收割机收割自家的麦子，那么这时"小王开收割机"是一种生产工具，除了因先进工具带来的效率提升外，在总产量上并未创造新的价值。而如果小王开着收割机为他人收麦子，并获得了劳动报酬，那么这时"小王开收割机"是一种劳动对象，创造了新的价值。

生产工具是人们在生产过程中用来直接对劳动对象进行加工的物件，在劳动者和劳动对象之间起传导劳动的作用，是生产力发展水平的重要标志。劳动对象是人们把自己的劳动加在其上的一切物质资料，其数量、质量和种类对于生产力的发展有很大的影响。生产力由起主导作用的劳动者和生产工具、劳动对象组成。随着科学技术的发展，劳动对象的范围将进一步扩大且更加多样化，生产工具和劳动对象在一定条件下也可相互转化。

价值评价

员工来自某个具体的组织，组织会对其进行评价。在内源模式下，员工所有的软件活动都在社区进行，社区本身的规则（如数据、排序等）也是一种评价。因此，价值评价既包括来自原组织人为参与的价值评价，也包括来自社区自动生成的价值评价。

社区自动生成的评价是一种"大众评审"

首先我们来看内源社区自动生成的价值评价。内源社区平台会记录员工所有的软件活动，不仅数据化而且公开化（社区中的每个人都能看到）。内源社区自动生成的价值评价如图 8-7 所示。

内源社区数据是所有价值评价的基础，但我们也不能唯数据化是从。我认为在评价的过程中，不看数据谈贡献是耍流氓的行为，而只看数据谈贡献是一根筋不作为的行为。

- 内源社区仅仅通过数据的简单排序就得到了最基础的评价，如项目风云榜、内源英雄榜等。
- 在大多数内源项目中，如果再按照项目维度对个体的贡献数据按照时间线展开并进行对比，我们就可以打造项目中的声望评价系统。
- 社区对每个用户都自动生成了个人首页，汇聚了该用户在社区的所有行为数据。借助社区个人首页，我们可以打造工程师的口碑和品牌影响力，使组织的评价方式从单一的 Excel 中的绩效等字段，变得更加丰富立体。

设想一个场景，软件工程师小王毛遂自荐希望晋升。按照以往的评价方式，组织会查询小王的三年绩效，如果连续绩效不够突出，那么肯定是晋升无望的。而有了内源的评价方式，除了连续绩效外，组织还可以查看小王的专业贡献口碑（这是通过项目代码贡献值积分得来的），也可以看到他的社区活力口碑（这是基于时间线的包含项目、代码片段、活动动态、趋势、粉丝与关注等信息的聚合），还可以看到他的大众声望口碑（这是包括获得的奖章、收到的标签等"大众心目中的他"的反映）。

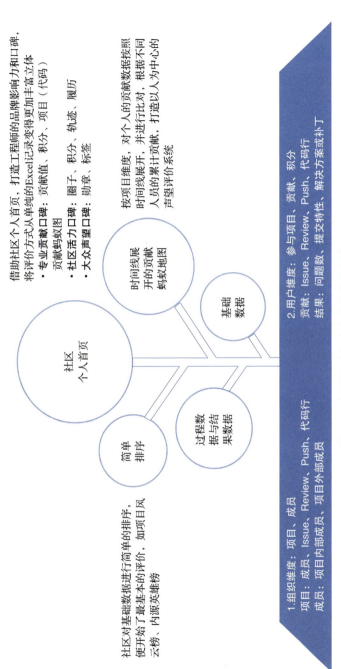

图 8-7 内源社区自动生成的价值评价

社区自动生成的评价是一种"大众评审",也是"组织评审"的数据化输入。在很多时候,群众的眼睛是雪亮的,大众评审是组织评审和主管评审的有益补充。晋升是对员工的肯定,同时也是感染和激发周边人的一种方式。从激发组织活力的角度看,通过更加丰富立体的评价来决定晋升比单一的绩效更合理。

任正非曾说,我们需要建立一个荣誉累计制度,作战英雄得到的荣誉累积起来要对他们的未来长期有好处。不是说发个奖章就行了,要通过系统性的荣誉制度的规划让这些荣誉最终得到回报。内源社区的数据化记录和公开化评价体现的正是这种思想。

在任职的"新城特区"基于内源数据和口碑来评价

然后我们来看员工所属组织人为参与的价值评价。这个评价最主要包括任职资格和绩效两个方面,其中任职资格关乎能力,绩效关乎责任与贡献,如图8-8所示。

相对绩效而言,任职资格是易于评价的。人力资源的方案是在以往任职资格政策下,针对内源社区建立新城特区,使用基于数据与口碑的评价,由内源社区的PMC(Project Management Committee,项目管理委员会)来代替传统的行政组织行使评价权力。对比新城与旧城,其实可以看到软件类人员任职的导向并没有发生变化,依然聚焦价值创造,聚焦以代码为核心的产品与服务交付,主要的变化体现在过程精简和公开透明,并认可员工的全面贡献。

企业需要认可员工包括内源在内的全面绩效贡献

绩效评价相对而言要更复杂一些。因为晋升看责任,任职看能力,绩效看贡献。晋升考察大颗粒度的担当,任职考察能够体现能力的关键代表作,这两者都是评价"有无"和"水位"的问题。内源模式下,员工在不同的组织和项目中贡献,考察绩效的"多少"的问题还需要更加全面且一致。

我们尝试向外洞察,看业界是如何解决全面绩效评价问题的。我们发现绩效评价在任何企业从来都是最难彻底解决的问题。尤其在代表软件高水准的互联网企业,一般产品和项目的当量较小,绩效评价会在有限规模的实体组织内闭环,而这对于产品和项目复杂度较高、需要横跨多个实体组织的华为研发来说参考意义不大。

员工在企业里工作,无论是否内源做出了价值贡献(即产生了绩效),员工的价值、贡献、绩效是客观存在的。内源是否应该算额外的绩效,则需要从内源充当的角色来判断。如果内源作为生产工具,那么价值评价已经反映在其工作产出里了(如更高的质量和效率、更快的问题定位等),不需要再额外评价。如果内源作为劳动对象,实际上是员工通过内源去做了超越职责的贡献,那么要承认员工的该部分绩效,可以由受益方(内源社区或内源项目或个人)做出。

内源组织中人为参与的价值评价需要针对任职资格和绩效而采取不同策略

- **任职资格**

建立内源新坡特区，基于数据与口碑的评价，简化过程管理，认可员工全面贡献

技能鉴定：既有考试
任职流程：既有流程
任职标准：统一解读
评议主体：AT/CT实体组织
评议破格：既有指标

一直未变的
  ➢ 导向：聚焦价值创造，以代码为核心的产品与服务交付，写好代码
  ➢ 标准：好代码标准，SMART原则

- **绩效评价**

认可并评价衡量"作为生产对象的内源"的价值贡献，但需与传统组织打绩效等级互相独立

技能鉴定：社区数据
任职流程：内源流程
任职标准：统一解读
评议主体：基于跨实体组织的答辩小组
评议破格：内源指标

主要变化：
  ➢ 精品简化：通过社区数据简化过程（如技能鉴定、答辩组织等）
  ➢ 公开透明：评议过程加入民间声音（公示、口碑等）
  ➢ 全面认可：突破行政组织边界，强调通过跨部门PMC与评委，跨组织贡献

非特区	内源特区
专委会	专委会
上层AT	研发管理部
AT答辩组	内源工作组
直接主管	PMC

员工自由选择

评价者 + 评价对象 + 评价标准 = 评价结果（等级/分数）

图 8-8 内源组织人为参与的价值评价

内源绩效贡献不能与绩效等级进行混合运算

我们是这么来看待绩效的：绩效的评价结果（等级/分数）＝评价对象＋评价标准＋评价者。评价是一个非常复杂的价值判断过程：评价者对评价对象的各个方面，根据评价标准进行量化和非量化的测量，最终得出一个可靠且有逻辑的结论。员工额外的内源绩效贡献被认可，但无法与传统组织在绩效周期内给出的结果等级放在一起进行"相加或系数相乘"运算。

- 首先，评价一般需要由统一的评价者或团队进行，因为他们具有相同或相近的价值体系，否则无法将多个评价意见进行汇总，因为"A+B=？"并无答案。
- 其次，如果要进行绝对的量化，统一度量衡，成本巨大，且会陷入盛大经验值考核法的困局；且量化是采样的过程，评价并不因量化而绝对客观。
- 然后，内源是部分人员内驱力使然（如兴趣、口碑、能力等），不宜使用外部功利化的刺激（如对比"献血"与"卖血"）。
- 最后，员工额外的内源贡献不与传统结果等级放在一起运算还存在社会学意义。传统组织对员工的绩效进行评价打分是最重要的权力，如果受到各种制约与限制，内源的变革将得不到组织的支持。

那么，当前内源对绩效评价有何价值呢？内源因其公开和透明的特性，提供了一把更精准的尺子，使得绩效评价更趋于客观公正。从另一个维度来看，绩效评价的关键其实是绩效结果的应用，即"奖优罚劣"。我们认为员工额外的内源贡献，可以直接由受益方给出相应的激励回报。

在对问题进行分析时，适当的对外洞察可以帮助我们开阔眼界，但外部洞察并非都是正确的，洞察的借鉴也并不是要模仿。实际的解决方案较为复杂，在具体的评议中需要考量大量的导向和公平性问题，以及有效落地的阻碍和兼容性问题。

内源的品牌和口碑是更可贵的价值评价

内源的绩效贡献评价应避免与传统的绩效结果牵扯混淆在一起，表面上是我们无法给出一个综合的等级分数，实际上是我们认为绩效等级固然重要，但在内源社区人的品牌和口碑更加可贵。人的驱动力来自外驱力和内驱力，品牌和口碑对外驱力的长期受益和内驱力的增强有明显的正向影响，如图8-9所示。

美国管理学者彼得斯说，21世纪的工作生存法则就是建立个人品牌。竞争的激烈与信息的泛滥，让你只有拥有了自己的个人品牌才能更好地在社会立足，才能取得更加辉煌的成绩，在激烈的市场竞争中脱颖而出。

绩效固然重要，但人的品牌和口碑更可贵

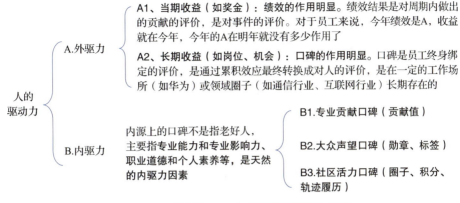

图 8-9　人的品牌和口碑是最强的驱动力因素

内源社区更是放大了人的品牌和口碑。《大教堂与集市》提到，在同人中拥有好名声是一种最基本的激励。从我们实践的项目观察来看，在设定不同项目间人员自由流动的制度，以及选择 Committer（项目提交者和贡献者）角色时，那些拥有良好口碑的人在自主选择项目时更有利，在机会激励（如岗位、提拔）中更具有优势。这其实是很符合人的驱动力的作用的，内源上的口碑主要是专业能力和专业影响力、职业道德和个人素养等，是天然的内驱力因素。

在日常消费领域，我们已经感受到品牌和口碑的威力，无论是网购还是线下消费都会通过相应的应用去查询、对比。口碑是众人口头上的称颂，是客户的反应，是社会的广泛认同。传统口碑由于多发生于亲戚朋友等强关系人群中而具备了很大的影响力。随着传播技术和现代网络的发展，网络口碑的概念被发挥到了极致。品牌与口碑是相得益彰的：品牌是有形的，看得见摸得着，口碑是无形的；品牌代表人们的认知，口碑代表人们的认可；品牌是口碑的基础，口碑是品牌的归宿；品牌是自身价值的体现，并不是一朝一夕就能构建起来的，品牌不易，口碑更难。

价值分配

员工参与内源社区的动力更多来自自驱力和利己

员工把内源作为劳动对象创造了额外的价值，同时得到了客观公正的评价，那么我们如何对其进行价值分配呢？我们首先进行了访谈调查，了解通过内源员工想获得什么样的激励。我们对访谈的声音进行归纳整理，发现内源社区的贡献者希望获得的激励与人的需求是紧密相关的。

- 相对应的绩效、奖品或奖金（生存需求、安全需求）。
- 提交代码获得通过后的那种"酸爽"，这是一种圈子的认可。当然，这个圈子要有足够的吸引力，其 Owner（负责人）和 Committer 有极高的威望（社交需求、尊重需求）。
- 如果说能够帮助到别人，听到别人的赞扬和感谢，让我觉得自己的能力还是受到认可的，我觉得也是一种激励（社交需求、求知需求、自我实现需求、专精、目的）。
- 参与内源项目与大家一起切磋、一起成长本身就是最大的激励（求知需求、专精、自主）。

被调查者最初参与内源社区的主要动力是自我提升以及本项目问题定位效率的提升，贡献其他内源项目代码的动力不足。我们对外部 60 万开源项目和 300 万贡献者的分析结果也表明，贡献代码集中在工作时间，也就是说贡献代码依然是本项目成员的职责。换句话说，参与内源社区的动力更多是内驱力，是一种利己行为，只是这种表面的利己其实形成了利他。

统筹设计给予贡献者的物质和非物质激励

从价值分配的主体来看，我们逐步勾勒出内源价值分配的全景图。社区对用户的激励，可以是一些奖项设计和积分系统。内源项目对贡献者的最直接的物质激励包括项目奖金，还有过程中授予的勋章、头衔和机会。我们也不能忘记贡献者的自我激励，就是依托平台形成的履历、能力、口碑，这其实也是激励的一部分。这样，贡献者的内驱力从社区和项目的评价中即可自然而然地获得。内源价值分配的全景如图 8-10 所示。

- 内源社区对用户的激励是最简单的奖项设计和积分兑换。奖项设计更多是对行为和实践的倡导和肯定，目的是繁荣社区。积分兑换通过对用户的运营，体现了对内源用户的认可和留存，目的是增强用户黏性。
- 内源项目对贡献者的激励就更多关注核心贡献结果了。比如徐直军提出为了鼓励软件高手在其他的团队做贡献，倡议使用简单直接的项目奖方式，鼓励多挣一份奖金。相比以往的项目激励，通过内源项目对贡献者进行激励有一些可预期的收益：内源项目打破了有限组织边界，在更大范围内做管道管理、盘活资源；内源社区公开透明的特点，是一种变相的"公示"，挤出水分，将压力变成驱动力；项目成员由以往的"指派"改为"指派+自主参与"，可部分解决员工反馈的"重大项目机会不均等"问题。

图 8-10 内源价值分配的全景

❑ 除了简单直接的项目奖金之外，项目本身也对贡献者有诸如勋章、头衔等非物质激励。我们通过对 Apache 社区和 Linux Kernel 社区的洞察发现，虽然开源社区不直接付费给个人，但是从社区获得荣誉能促进商业组织对个人的认可。换句话说，更多的物质激励是间接获得的，是来自社区之外的。因为参与外部开源项目的人（特别是获得了一定头衔的人）的能力能被外界所看到，如果其公司在物质激励上没有相应的提升，那么他们将会接到更多企业抛来的橄榄枝。

价值链循环

综上分析，内源提供了更多价值创造的机会，让价值贡献多元化、激励回报多元化，最终实现多赢。在分析、论证和实践的过程中，我们基于现实业务场景让方案更具针对性。我们丰富了各场景下价值链的内容，如图 8-11 所示。

内源提供了更多价值创造机会，让价值贡献多元化、激励回报多元化，最终实现组织、社区、个人多赢

场景	明显特征	价值创造	价值评价	价值分配
场景 A：原有线下项目	正常进行	正常进行	正常进行	正常进行
场景 B：所属组织内源线上项目	用内源的方式做传统的项目。内源此刻作为一种劳动工具，工作对象依然是原来员工待完成的工作（如某责任田中某项目的交付）	①总体正常进行 ②在过程中可采用内源的相关实践，提升协同、质量、效率，简化管理	①价值通过项目结果来反映；内源让评价过程更公开透明、更精简 ②转型期可增加对过程实践的评价	①正常进行 ②对倡导的工作行为、新增的组织能力的贡献进行有限、适当的激励牵引（类似于优秀实践）
场景 C：自主选择内源项目或活动	用内源的方式做内源的项目。内源此刻代表一种劳动对象。对员工而言，这种对象原本是不存在的（比如做组织外的认领项目、社区运营等）	①在该员工原本责任田之外新增劳动对象，创造新的价值，多数是自下而上、自主认领工作 ②可采用内源的相关实践，提升协同、质量、效率，简化管理，遵循社区规则和大众约定的流程与交付件	①从实体组织评价到大众点评，依托公开透明的社区数据和围观 ②对现有评价体系的影响并不是颠覆性的： • 任职：透明、精简，承认全面的跨组织贡献 • 绩效：承认跨组织贡献并给予回报，但与传统的绩效等级不挂钩	①物质激励，项目奖金 ②以口碑为核心的非物质激励，荣誉、头衔、能力的提升和内驱力激励

图 8-11 内源下的价值链循环

以终为始，回到案例之初的问题，组织如何因势利导地将内源价值最大化。我们总结各阶段的导向和指引，以及在现有人力资源管理基础上进行对应的升级，如图 8-12 所示。

第 8 章　第五式：业务翻译能力——HR 解决方案的关键　◆　215

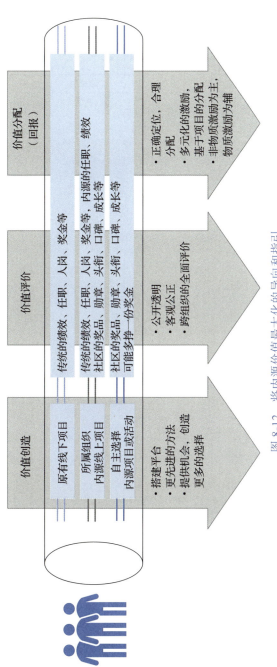

图 8-12　将内源价值最大化的导向和指引

作为一个阶段性的、统一认知的 HR 解决方案，深入下去还有一些待研究的课题和行动计划，以逐步完善实操性的内容，支撑业务的内源变革成功。此处摘录一些示例，如图 8-13 所示。

内源激励方案需要立即着手的具体工作（Action List）

场景	工作内容	详细描述	负责人	完成时间
数据与展示	提供关于个人的积分、贡献、履历数据并可视化	①用户积分、贡献值的算法研讨对齐 ②提供标签功能 ③以项目和个人维度，可视化明细和履历轨迹 ④以组织为单位提供排序功能，如项目风云榜、内源英雄榜	研发能力中心	—
任职绩效	内源任职新城特区建设	①任职新城特区的制度、流程、标准、指标 ②首批任职试点开展与修正	专委会	—
任职绩效	内源对传统绩效评价的优化	①在自评、主管评价的基础上，公示软件类员工的个人首页信息	人力资源部	—
口碑文化	社区成员口碑的建立及其在岗位选拔中的应用	①以试点单位，建立各成员口碑 ②依据口碑选拔 Committer，并丰富 Committer 审核门禁制度 ③依据口碑进行项目成员自由流转管理	人力资源部	—
项目奖	以试点项目开展基于内源的项目奖	①打破参与成员的组织边界 ②利用自由参与的悬赏功能吸引资源投入	研发管理团队	—
及时激励	对内源行为进行激励	①对内源行为、实践的倡导和激励 ②设计积分与积分兑换系统	运营团队	—
......				

图 8-13　内源方案的遗留工作列表

【专题心得】

品牌的核心是诚信，诚信的保证是质量。华为竞争力的基础是在设计中构建质量、成本和维护优势，成本低于日本、稳定性优于德国、先进性超越美国。随着"新基建"进程逐步深入，云计算成为数字经济的基础设施。其质量关系到国计民生和社会稳定。基础设施的质量好，就是"稳稳的幸福"。

被誉为全球质量管理大师和管理思想家的菲利浦·克劳士比在20世纪60年代初提出零缺陷的管理哲学。零缺陷是持续改进的方向，并不是绝对意义的"零"缺陷；质量好的基本原则是符合要求，用PONC（Price Of NoConformance，不符合要求的质量代价）来衡量质量。在企业全面质量管理中，最重要的其一是工程方法（内源就是一种工程方法），其二是人的意识和能力。

质量是研发的生存立命之本，然而大多数研发部的HRBP在质量工作上的"存在感"仅限于质量意识的宣传和氛围打造，常见的组织形式是会议研讨、宣传造势、标杆激励。犹记得在2013年时，我曾在业务管理会上听到某个软件版本的低级问题特别多，将要作为一项重点工作来改进，由一位重量级的业务主管牵头。这项工作每周都有一个质量会诊，我参与后觉得可以将此作为HRBP的切入点。经过整合运作，在每周质量会诊的基础上，我们制定了"主管看代码"的导向，检验了"代码基本盘"的机制，驱动了"内源Committer制度"的诞生，落实了"干部经营责任田"的评价，打造了"明城墙的每一块砖都实名制的责任到人"的氛围。

HRBP从日常现象逐步触及人力资源和业务的课题，但是大多时候把握不准人力资源与业务之间的尺度。离业务太远，显得脱离了实际；离业务太近，又纠结是不是越位了。我建议只要眼睛盯着业务的目标，不妨将手伸长一些，只要是与业务搭档配合默契的"华尔兹"，不管是跨界还是越位。通过业务与人力资源的融合，我们会发现平淡无奇的组织氛围、新员工培养、编码能力提升等，都不再是单点割裂的零零碎碎，人力资源工作也不是一个可以忽视的旁路分支，仿佛有了生命而鲜活起来。

回到本实践，内部开源是企业软件研发中的生产方式变革，促进了生产力和生产关系的发展，核心目的也是提升质量和效率。类似于农村改革"从人民公社到包产到户，再到新农村合作社与社群"，每一次改革都通过生产方式的变化，调整了生产关系，解放了生产力。内部开源是研发人员工作的解耦，是基于先进技术的民主，这种民主跨越国度、跨越组织。HRBP在设计基于内源的HR解决方案的时候，既要从生产关系的高度来设定课题，又要从业务的源头出发，在纷繁的现象中剥茧抽丝、去伪存真，深度整合人力资源系统的各要素来解决业务问题。

第 9 章

第六式：系统集成能力——HR 解决方案的核心

定义好问题并转化为设定的课题后，接下来就需要正式开始解题了。不能回避的是，在定义问题的过程中，经验已经让 HRBP 在同步酝酿解题了。同时，HRBP 的解题举措与业务的解题策略也在同步进行，两者互为表里。因此，对于课题类的疑难、复杂问题，HRBP 需要与业务团队一起分析和讨论。

有时候，业务搭档希望存在水平高超的 HRBP，能够一招制敌，以摧枯拉朽的"屠龙术"将所有的业务障碍全部扫除，以便使自己能够专注于业务问题。这明显是不现实的，因为并没有能与人力资源完全切割的、纯粹的业务问题孤立存在，HRBP 实际上并没有针对复杂问题的通用银弹。复杂的问题没有直接的、简单的解，复杂的问题必然需要复杂的思考、系统的设计，然后才会有简单的呈现。

想要彻底解决一个复杂问题，首先需要对问题进行结构化的分析与拆解，剥茧抽丝，找到根因，然后才能提出针对根因的举措。很多时候问题是提出了，但不能解决，就是因为还没有找到事物的内在联系。举措是否有效，需要逐一提出假设并验证，即大胆假设、小心求证。复杂的问题一般有多个根因，也有多项针对性举措，解题的过程是一个动态的系统，所以最终需要对关键举措进行系统集成，考虑相互间的影响和每项举措的投入产出，最终得出最优解。

第 1 节　结构化拆解与分析逻辑

结构化拆解的 MECE 原则

分析是解题的前提。分析是将事物拆解并进行追根究底的归类,从而将复杂且混沌的现实区分成有意义的群组并阐明其相互间的关系。因此,除了要拆解出对象的构成要素外,还必须了解要素之间的关联,这是一个从结构来理解整体的过程。

拆解的原则是 MECE 思想,它代表着彼此独立(Mutually Exclusive)和完全穷尽(Collectively Exhaustive)。经过拆解后的各构成要素不重复、不遗漏,具有相互排他性和集合网罗性,如图 9-1 所示。

结构化拆解要求彼此独立、完全穷尽

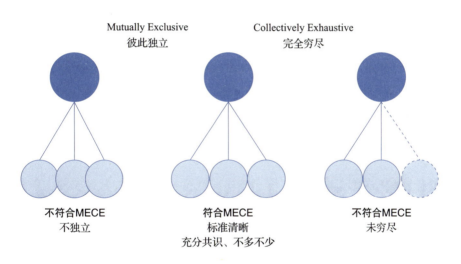

图 9-1　结构化拆解的 MECE 原则

使用常见的"八股文"帮助 HRBP 进行结构化拆解

结构化拆解的目的是归类梳理,MECE 思想简单来说就是"正交的"。概念相对容易理解,但在实际工作中我们遇到的挑战往往是,一个事物究竟应该按照哪种结构或维度去进行拆解。经典的拆解结构和维度大多符合 MECE 原则。HRBP 要掌握拆解结构就需要熟读、熟记、熟用常见的"八股文"。熟用可以大幅提升分析力,而且熟能生巧,最后达到活用。

"八股文"就是结构的代指。人力资源领域有很多可以拿来即用的"八股文",随着我们对事物理解的深入和拆解技术的娴熟,甚至可以"生造"出更多的"八股文"。

- ❏ 第一种结构将对象用"空间"视角区分成符合MECE的项,这有助于理解对象的结构。比如,关于基层管理者的角色定义:抓业务、管项目、带队伍;培训中的3E模型:70%实战、20%碰撞交流、10%传统培训。
- ❏ 第二种结构将对象用流程的逻辑或按照时间顺序拆解,这有助于理解对象发展的过程。比如IPD(集成产品开发)流程、LTC(从线索到收入)的销售流程。
- ❏ 第三种结构则是使用由横轴和纵轴所构建的多维图谱矩阵来整理事物。该矩阵将经MECE分类过的两个独立变量作为主轴,将分析对象及其要素在矩阵里进行排列,以帮助分析者建立结构性的理解。比如人才盘点的九宫格、外部宏观经济大环境的PEST模型、行业吸引力的波特五力模型、消费感知的BCG矩阵、内部管理的SWOT分析等。

结构是可以嵌套的。通过结构对分析对象进行第一层拆解后,我们仍然可以使用另外的结构对第二层进行拆解,直到拆解的力度可以看清事物的本质和解决问题的根因为止。结构也是可以互补的。我们可以使用不同的结构对同一分析对象进行反复拆解,从而发现新的剖面和价值。

结构化分析的归纳与演绎逻辑

结构化分析的基础是逻辑,逻辑是符合思维或客观事物的规律和规则。通过结构将分析对象拆解后,拆解的要素需要用通顺而严谨的逻辑来连接。归纳法与演绎法是最基本的两个逻辑,如图9-2所示。

- ❏ 归纳法是从"个别"到"一般"的方法,即从个别事实中提炼概括出一般的原理。当有部分事实依据时,我们习惯使用归纳法推理得出初步的结论。归纳法在有些场合不够严谨,因为我们无法汇集所有可能的"个别",所以归纳法往往适用于谈论一些有共识且不易产生异议的观点。
- ❏ 演绎法是从"一般"到"个别"的方法,即从一般原理推理出个别具体的结论。演绎法与归纳法的逻辑正好相反,两者互相依赖、互相渗透、互相促进。归纳法通常是演绎法的基础,作为演绎法出发点的一般原理,往往是通过归纳法得来的。演绎法从一般原理出发,得出的观点一般更加严谨。

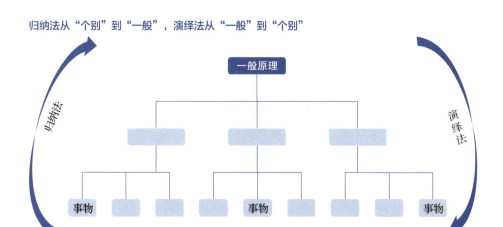

图 9-2 归纳法与演绎法

第 2 节 大胆假设、小心求证的 V 模型

提出假设要剑指根因

我们要在合乎逻辑的基础上进行分析,进而提出解决问题的假设。只有当假设直指根因时,问题才能得到根治。为了找到根因,我们需要了解事物之间的联系和原因,这也是人类探索和求知的本能,是人类应对复杂变化的一种直接手段。

事物之间的联系包括相关关系和因果关系。相关关系是事物之间存在某种关联,一般会同时出现或变化,但并不确定一方必然是另一方的触发诱因。因果关系是一方发生或变化的诱因是另一方触发的,有 A 必然有 B。相关关系和因果关系可以帮助我们梳理并看清事物之间的关联。因果性是我们解决复杂问题时必须要去追究的关系,能够帮助我们找到根本原因。

相关关系不足以形成严谨的逻辑

相关关系的确定相对是比较容易的,我们只要进行观察而不必深究其内在机理,因此相关关系并不足以形成严谨的逻辑。比如,小孩作文写不好是因为阅读量少了,小孩在家经常看电子产品是因为父母看手机带来的影响,这些都只是相关关系而不是严谨的因果关系,找到真正的因果关系是非常困难的。

相关关系不足以形成严谨的逻辑,但大数据促进了其发展和应用。大数据时代,相关关系倍受关注,在有些场景下因果关系反而无人问津了。大数据把研究的事物看成一个黑匣子，不去深入探究其内在机理，只是通过对数据的计算找到千丝万缕的相关性来支撑商业决策。在电子商务领域，大数据下的相关关系为用户画像构建和精准投放赋予了新的活力，使得千人千面的业务策略创造了新的商业价值。但是，大数据下的这种相关关系也会产生让人啼笑皆非的结论。有一个经常被提及的关于大数据的谬论：大数据结果显示，有两部电影的观众消耗的冷饮数量有明显的差异，由此可见，第一部电影的观众比第二部电影的观众更喜欢冷饮。那么为了提高影院冷饮的销售量，这两部电影能够给予我们什么启发呢？使用大数据对电影的类型、标签和观众的性别、年龄等进行建模，得出了一些相关关系。实际上，产生这个差异的根本原因是两部电影上映的季节不同。

因果关系有严谨的逻辑链

因果关系的判定需要严谨的逻辑，是一项有挑战性的"科学研究"。有一些现象仅凭直觉和常识就能分辨，比如雄鸡一唱天下白，那么公鸡打鸣是太阳升起的原因吗？有一些现象是需要专业的知识才能搞清楚的，比如组织内人才平均年龄的增长是创新力下降的原因吗？更多的时候我们需要借助已有的公理、定理、公式和多数人共同的认知来判定，比如我们要在收入增长不力的情况下提高利润就必须在降成本上做文章，就是遵循了"利润 = 收入 − 成本"的公式。

提出假设需要关注因果关系而非相关关系，提出直指根因的假设对解决问题更加有效。我们通常通过5Why分析法不断地去追问和探究，直至找到最成熟且最具解决问题杠杆效应的根本原因。在不断逼近根因的分析过程中，我们应始终遵循三条分析原则：

- ❏ 一是要朝着解决问题的方向分析，追问的问题应能指向上层问题的原因，而非脱离原有问题的方向。
- ❏ 二是要分析自身可能造成问题的原因，问题不应只由外部因素造成，因此不要只从自身以外的方向找原因。
- ❏ 三是要找到可控的因素，找到的原因需要产生对应的解决方案，因此要选择自主可控的方向进行分析。

近年风靡全网的第一性原理最早是由古希腊哲学家亚里士多德提出来的，他说："在任何一个系统中，存在第一性原理，是一个最基本的命题或假设，不能被省略，也不能被违反。"埃隆·马斯克是第一性原理的拥趸和成功践行者，也是因为他的推崇，掀起了一股学习和讨论第一性原理的风潮。马斯克说："我们运用第一性原理思维，而不是类比思维去思考问题，是非常重要的。我们在生活中总是倾向于比较，对别人已经做过或者正在做的事情，我们也都跟风去做。这样做的结果，只能产生细小的迭代式的发展。第一性原理思维就是从物理学的角度，一层层剥开事物的表象，看到里面的本质，再从本质一层层往上走。"

分析与验证的 V 模型

"所有的问题都不是问题，问题本身就是解决方案"，其隐含的意思是表面的现象和问题往往不是症结所在，问题之下清晰透彻的根因所代表的问题本身就会告诉我们解决问题的答案。分析问题直至根因，从根因出发到解决问题的根本举措，呈现出一个 V 模型，且问题与解决方案分层对应，实现闭环。我们在定义问题和设定课题阶段使用的是分析的逻辑：提出主张、论述主张；在解决方案阶段使用的是验证的逻辑：提出假设、验证假设。分析与验证的 V 模型如图 9-3 所示。

分析问题直至根因，从根因出发到解决问题的根本举措

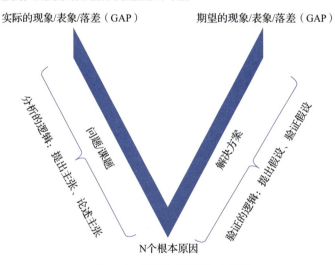

图 9-3　分析与验证的 V 模型

分析的逻辑：提出主张、论述主张

分析的逻辑不靠感觉而靠理性的思考，逻辑思考的输出要包括具体的主张和论述。没有主张则漫无目的，缺乏洞察力；没有论述则信口开河，缺乏说服力。经过论述后的主张往往定位到了根本原因。根本原因定位的精准性，决定了后续解决方案的力度，也决定了是否能从根本上解决问题。所以，分析和论述的过程要始终严谨，用鹰眼视角的结构化战略思维来检视整个过程中的思考是否存在逻辑问题；也可以将自己假设为工作委托人来听取论述，检验站位是否出现偏差。

验证的逻辑：提出假设、验证假设

定位到根本原因后，问题的脉络变得清晰起来，关键举措也呼之欲出。制定举措需要用到假设法，因为此刻我们并不确定举措的有效性究竟如何，所以这是一个"提出假设 – 验证假设"的循环。

提出假设依赖于经验，提出创造性的假设则需要创新，如借助头脑风暴来迸发新思维。验证假设依赖于逻辑，可以采用形式化检验方式，也可以采用专家论证、沙盘推演或小范围试点的方式。基于逻辑的沙盘推演需要使用"移动时间轴"的方法，畅想随着时间的流逝，各项举措都实施落地以后会发生什么变化，这些变化会对问题的解决产生怎样的推动作用。如果某一条假设的举措在验证过程中无效，我们就要弃之不用并提出新的假设，如此循环。

根本原因与解决根本原因的关键举措之间未必是简单的一一对应关系，关键举措也未必只有一条。如同复杂的软件研发领域没有银弹，复杂的人力资源领域的解题也不可能会有一招鲜。通常情况下，经过验证的假设汇总起来就是一套关键举措的组合拳，这个汇总的合集就是 HR 解决方案。

第 3 节　集成与系统之美

HR 解决方案的系统

HR 解决方案是一个完整的系统而不是关键举措的堆砌，其关键是集成与系统之美。任何一个系统都包括要素、连接、功能或目标这三种构成要件，我们可以用系统论的视角来检验 HR 解决方案。解决方案的功能或目标是通过关键举措的实施来实现的；解决方案的要素是经过验证的假设，即关键举措；解决方案的连接是关键举措间的依赖和影响、权重与优先级。

从系统外看全局和周边影响，从系统内看要素和结构连接

HR 解决方案的系统性是需要重点着眼的工作核心。系统具有适应性、动态性和目的性，并可以自组织、自我保护与自我演进。系统是时刻动态变化的，所以观察系统既要站在系统外，也要站在系统内。我们站在系统外可以从全局观察

系统的功能和运行状态、系统的边界和周边输入的影响，也可以设计负反馈回路并根据输出与预期的差异来调节系统参数。我们站在系统内可以深度剖析系统的要素与连接，特别是连接部分将各要素组合起来形成了系统结构，而系统结构是系统行为的根源。

为了解决具体业务问题而生成的 HR 解决方案，其中的要素可能来自既有的 COE 的专业成果。HRBP 的价值在于组装和集成。分析和挑选、解构和连接是组装和集成的关键基础。HRBP 在实际工作中，往往会重"要素"而轻"连接"，但是对于复杂的解决方案而言，需要将思考的着眼点更多从显性的要素转移到隐性的连接上，对于决策层来说更是如此。要成为高段位的 HR 解决方案设计者，HRBP 需要根据系统的特点，同时从系统外和系统内来观察和设计系统。

关注全局最优，总体大于部分之和

HR 解决方案遵循"总体大于部分之和"原则。系统论认为每个人都是有限理性的，都是基于其掌握的信息制定理性的决策，但是由于人们掌握的信息通常是有限的，尤其是对相隔较远或不熟悉的事物，人们的决策往往并非整体最优。

HR 解决方案是一套组合拳，其中的关键举措（要素）通过结构化（连接）黏合在一起对外形成作用力。要素间的依赖和影响、权重与优先级是一个复杂的多变量问题，而现实中每个人都有自己的思维定势和经验倾向，以至于并不能做到整体最优的选择和设计。所以 HRBP 需要有大局观和全局观，能够跳出所在系统中固有的位置，打破固有信息限制，使用鸟瞰式的 Outside-in 视角来力求看到整体的系统。

关注恰当的系统边界，保证完整性和互动性

HR 解决方案中还要划分出恰当的系统边界。世间万物存在普遍的联系，"向左切一刀还是向右切一刀"有时是颇具挑战性的事情。HR 解决方案的边界至关重要，因为涉及解决方案颗粒度的大小，也关系到人力资源与业务之间的影响。

从业务出发的 HR 解决方案，如果系统边界划分过小，那么可能会变成人力资源领域里一项自娱自乐的活动，将业务的要素和影响排开在系统之外；如果系统边界划分过大，那么可能将原本属于业务的要素也囊括进来，使人力资源失去了工作重心，系统变得很难掌控。甚至有些系统边界划分继续扩大，超出了本组织能够作用的范围，那更是只能望洋兴叹了。

我既往的经验是尽量往业务侧切分薄薄的一层，这样既不损伤 HR 解决方案的完整性，又能建立人力资源与业务的互动。HRBP 从业务的源头找到价值，最终也从业务的结果来检验价值。

HR 解决方案的 GAPS 模型

HR 解决方案的系统性不仅体现在最终方案的设计和产出上,而且体现在从业务到 HR 解决方案的全链路思考和逻辑上。HRBP 在业务解题的过程中,最根本的目的是缩小或消除绩效在理想状况与现实状况之间的差距,而缩小或消除该绩效差距,需要从员工群体的绩效行为出发制定系统性的 HR 解决方案。GAPS 模型可以帮助我们在一张地图里梳理和推敲 HR 解决方案全链路的思考逻辑,如图 9-4 所示。

GAPS 模型是从业务目标出发分析现状并找到根因,然后确定 HR 解决方案;与业务需求的地壳模型相呼应,每一步也都有一些启发性的提问。乍看之下,GAPS 模型是一个传统的工具,但其中的细节设计独具匠心,可以帮助我们更好地整理思考逻辑。

❏ 匠心设计之一:GAPS 模型通过业务需求和关键员工群体这两个维度建立了从业务到人力资源的连接,是对业务的翻译,是一种全链路的关键桥接。GAPS 模型深挖了要实现业务目标所面对的员工群体,以及当前业务差距具体是由员工群体的哪些绩效行为未达到预期而导致的。这种分析思路既可以帮助 HRBP 建立业务与组织人员之间的关联,又可以清晰定义组织人员的绩效行为应该如何变化,这是有别于直接从人员能力上定义差距的。

❏ 匠心设计之二:GAPS 模型用组织边界的思维对根因的探究进行了归类区分。GAPS 模型根据系统边界将根因划分为组织外部因素和组织内部因素,其中组织内部因素又包括工作环境因素和能力因素。很多时候,HRBP 对组织外部因素无能为力。GAPS 模型把"组织外部因素"单列出来清晰地表达,可以帮助 HRBP 时刻牢记外部环境变化对系统的影响,同时也可以让 HRBP 在有余力的情况下尝试推动改变,属于"尽力去做,但不指望能最终成功"的工作。HRBP 真正需要掌控的是组织内部因素,其中工作环境因素一般涉及组织、流程、文化、激励等可以激发员工意愿和状态的项目,能力因素则涉及传统的角色模型、岗位期望、培训、培养和人才供给的项目。

集成计划与全功能项目团队

集成计划包括各职能领域和项目管理子领域计划

没有估计就没有计划,没有度量就没有管理。在 HR 解决方案实施落地的时候,HRBP 需要综合评估组织的运行状态,将关键举措与现存的其他日常运营工

HR解决方案的GAPS模型及常用的思考问题

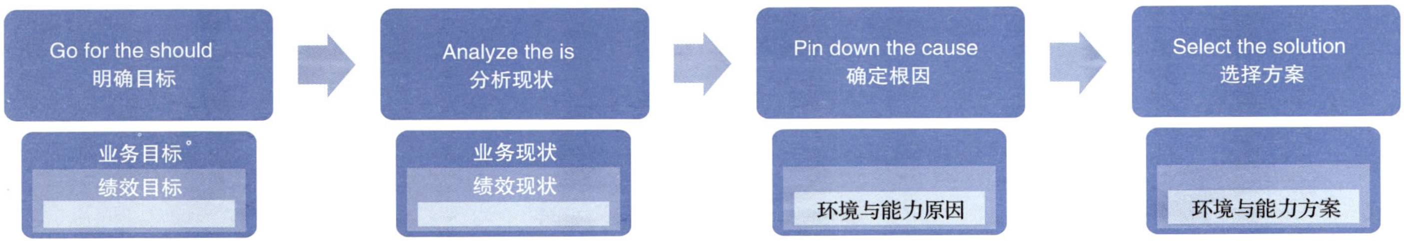

Go for the should 明确目标 → Analyze the is 分析现状 → Pin down the cause 确定根因 → Select the solution 选择方案

- 业务目标 / 绩效目标
- 业务现状 / 绩效现状
- 环境与能力原因
- 环境与能力方案

常用问题		
明确目标	**业务需求：** 1）业务目标是什么 2）谁对这个业务目标负责 **业务目标（应该达到的目标）** ①你希望通过这个解决方案实现的业务目标是什么 ②这个业务目标实现的时候是如何度量的 ③是否有业务单元在达成这个目标，他们做了什么不同的事情来达成这个目标	**员工群体：** 哪个或哪些员工群体对目标达成有贡献 **绩效行为目标（应该达到的目标）** ①如果要达成目标，需要哪些员工群体做出哪些绩效行为 ②如果要有明星员工，他们在哪些方面做得与别人不同（更多、更好或不同）
分析现状	**业务现状** ①你的团队当前业务结果如何 ②一个典型业务单元的实际业务结果如何	**绩效行为现状** ①在工作组中典型的工作行为是什么 ②你观察到的什么东西使你相信人们会从该解决方案中受益
确定根因	**组织外部因素** 造成当前业务结果与业务目标之间差距的原因是什么（与外部因素相关的问题）	**组织内部因素** ①什么原因造成了员工应该发生的行为与实际发生的行为之间的差异 ②如果该解决方案实施了，还有什么其他因素会造成人们不能做出期望的绩效行为
		能力因素 ①与工作要求相比，员工的技能怎样 ②员工如果要表现得更成功，他们需要掌握哪些技能或知识
		工作环境因素
选择方案	针对我们已识别出的原因，我们可以采用哪些解决方案（举措）	

图 9-4 HR 解决方案的 GAPS 模型

作进行统筹安排，制订一个集成的计划。HR 解决方案的集成计划包括两个含义：一是集成各功能领域的计划，二是集成各项目管理的子领域计划。

- ❏ 从功能领域维度来看，如果 HR 解决方案的实施依赖于业务、HRBP、COE 和财务等各功能领域的团队，那么 HRBP 在制订计划时需要将各功能领域的计划包含进来，并考虑其中的依赖关系与约束条件，设定明确的责任人、参与人和过程交付件。
- ❏ 从项目管理维度来看，HR 解决方案的集成计划还需要包括风险管理、沟通管理、人力资源管理（排兵布阵、激励等）等项目管理的子领域要素。一个大型的 HR 解决方案通过项目管理的方式来实施，通常需要配置一名专职的 PMO 人员以支持项目负责人的工作。对于一般规模的 HR 解决方案，项目负责人应该具有项目管理的能力并履行项目经理的职责。

大型综合的 HR 解决方案实施需要依赖全功能项目团队

大型综合的 HR 解决方案在实施落地的时候，需要组建全功能项目团队。所谓的全功能是指根据关键举措所属的相关领域，组织相应的人员，并根据领域的权重设置各关键举措的负责人。

全功能项目团队的组建是一个组织行为。在通常的 HR 解决方案实施过程中，由于很多较为复杂的工作涉及了较多的职能团队和人员，拉通和协同成为人人头疼的事情。团队成员浪费了大量的精力使用刷脸、说好话、卖人情的方式去推动工作，往往还是推而不动。因此，我们需要将此类个人行为转变为组织行为。

将个人行为转变为组织行为的一般做法是，首先在上级管理会议上汇报解决方案和实施计划，俗称"过堂和盖戳"；然后根据会议结论起草项目团队任命文件并由上级管理团队签发。实施计划和项目团队任命中要约定各职能团队的资源投入、沟通管理和决策上升机制，并在过程中通过有仪式感的方式（项目开工、阶段性评审、复盘与表彰等）来驱动项目成员的目标感、能力感和进展感。

全功能项目团队需要合理设置关键角色。有些业务主管和 HRBP 会认为 HR 解决方案实施的负责人就是 HRBP，但是当 HRBP 成为 HR 解决方案的实施负责人后会发现，立项汇报很顺利，实际工作推进却不理想，导致风险不可预知，过程不可控制。实际上，对于从业务出发的 HR 解决方案，其关键举措与业务策略具有极强的关联性，因此通常可以将对应业务策略的业务主管或重点培养的高潜干部设置为负责人，将 HRBP 作为架构师或双负责人。这种以业务为主、HRBP 为辅的关键角色设置模式，不仅有利于项目的推进效果；还有利于保证项目在实施过程中及时纠偏，不忘业务的初心；同时对业务主管和 HRBP 都是一种培养和历练。

HR 解决方案的实施落地需要强大且有思辨的执行力

HR 解决方案中的各项关键举措具有难度大、难以度量的特点，因此需要强大且有思辨的执行力。大多数人自认为执行力高，但每个场景对执行力的要求是不同的。华为要求干部的执行力包括目标结果导向、发展组织、激励和发展团队、跨部门协作。

- 首先要以目标结果为导向，有强烈的目标感并有计划、有策略、有监控地去推进达成，在问题和障碍面前不放弃、不断挑战并超越自我，在资源和时间的约束下出色地完成工作任务。
- 其次要有组织发展能力，除了完成基本任务外，也要发展组织能力，通过流程建设、方法建设和资源建设构建可持续性，将能力构筑在组织上，建立"无依赖"的组织能力，让每个人"来则添砖加瓦，去不釜底抽薪"。
- 然后在执行的过程中要激励和发展团队，激励团队斗志，帮助他人成长。
- 在一切跨部门协作中，团结一切可以团结的力量，推动事情向前发展。

阿里强调有思辨的执行力。阿里认为环境快速变化，下级不能简单执行上级的指令，在执行的过程中一定要思考什么东西是靠谱的，我需不需要调整，需不需要重新对焦，但是最后还是要落地在执行上。有思辨的执行力还体现在最容易被忽视的"一头一尾"上，对目标和策略的思考，对项目的复盘和回顾，这种脑力和习惯上的执行力也尤为重要。聪明地全力以赴，就是有思辨的执行力。

第 4 节　专题与实践：提效率——研发的效益之源

【实践背景】

研发效率是一个企业研发体系的效益之源，业务搭档和 HRBP 在日常工作中会通过多种举措来提升研发效率。对于 HRBP 而言，对组织的优化和生产关系的调适，是最能提高组织效率的途径。但是，要想在组织上动手术，HRBP 首先需要具有敏锐的业务洞察力，能够从日常工作现象中发现存在的问题；其次需要具备扎实的专业组织力，能够结合具体的问题和场景对根因进行剖析；最后需要遵循组织管理的规则，通过汇报、讨论、修正达成共识，最终促进组织升级的落地实施。

本节实践"平台型研发组织的设置与效率提升方案"描述了由 HRBP 负责操刀的组织设置和效率提升研讨会方案。会前 HRBP 从大量的调查研究出发提出了初步的解决方案，并借此研讨会达成共识，为推进方案落地实施奠定基础。

HRBP 精准地洞见并给出了初步建议方案，让研讨会因为有了"标的"而更高效地达成共识。

【实践案例】

业务狼烟四起，组织阵型应该因需而动

A 部门是一个独立的平台型研发事业部，人员规模在 1500 人左右，下设若干开发部，人员规模在 200 人左右。A 部门按照版本化的项目管理方式运作，同时负责四个平台版本：预研一代、研发一代、应用一代、维护一代。各平台版本承载了数十款产品，研发高峰期每版本的团队规模有 500 人左右，横跨事业部内的各个部门。

由于系统庞大和组织关系复杂，提升组织的研发效率成为迫在眉睫的事情。在组织升级研讨会的开篇，HRBP 用典型的"你有病、我有药"的套路，用红色大字醒目地写道："当前的组织，能否搞定现在，能否承载未来？"然后通过列举大量调查研究数据和案例呈现了一个"交付结果亟待改进、外部产品诉求强烈、内部组织运作疲累"的具有强烈紧迫感的画面，如图 9-5 所示。

- 对于平台型研发组织而言，需求响应和产品满意度之间的差距最大，周边所支撑的产品对平台定制化开发的诉求不断加码，对平台差异化支持的诉求日趋强烈。
- 在组织内部，业务的庞杂使得现有的组织阵型与业务环境不再匹配，陷入严重的多线作战局面；在对外沟通与支撑上责任主体不明，各开发部精力分散，人力耗损巨大。

平台整体上处于狼烟四起的境地，团队也疲惫不堪，并且在可预期的将来，外部诉求和内部运作的挑战会更大。效率是症结所在。组织阵型应该因需而动，未雨绸缪地去适配业务发展需求，以确保最终业务成功。

从组织诊断中得到洞见和关于未来走向的启发

带着问题，我们抱着"真理在民间"的想法去获得关于未来组织走向的启发。这是一个强矩阵式的组织，我们分别对项目交付线、资源线、基层员工进行群体访谈，从访谈内容中剥茧抽丝，形成如图 9-6 所示的诊断发现（图示仅列举基层员工群体）。

第 9 章 第六式:系统集成能力——HR 解决方案的核心 ◆ 231

当前的组织,能否搞定现在,能否承载未来

- 需求响应或满足率低,变更率高,产品满意度低
- 版本合并举步维艰
- 内部运作效率低,版本发布周期与互联网公司的差距大

- BU 的规模和业务过于庞大,对精细化管理要求很高
- 现有组织阵型与业务环境不匹配,多线作战严重,团队疲于奔命
- 在对外的沟通渠道(客户声音、满意度管理)上有欠缺,与客户日常互动的责任主体不明确
- 各 BU-D 部门同时需满足主线版本作战和各分支版本突发需求,分兵严重,人力损耗大

- 新版本切换加速,多产品上平台;差异化诉求一方面会对版本节奏带来冲击,另一方面也会对产品支持策略带来挑战
- 产品诉求没有缓冲区,会直接到 BU 层面,受理会影响恶劣,不受理则会打乱既有节奏,恶性循环
- 缺乏本地支持力量,短期可以出差解决,但非长久之计

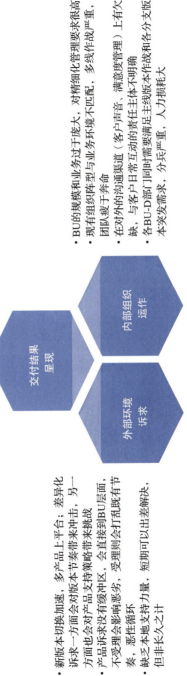

图 9-5 当前组织所面临的严峻挑战

从基层声音来看，员工认为束缚太多、管理变化频繁

访谈对象：访谈基层员工21人（样本：13~15级，绩效B+，项目组分散）
访谈问题：你觉得影响你当前工作效率的主要问题有哪些

注：对PM、LM、员工群体进行访谈，此页为员工关于管理的声音的示例

序	关键点	声音归纳
1	流程类：问题单流程	改问题单流程耗时长，无论问题复杂程度如何，涉及角色和步骤比较多，等工作，还可能由于某个问题会触发差异管理、OM流程……问题单量太大了，有些规定又死板
2	交付件类：交付件	版本自定义每个迭代的交付件太多，比如6周一个迭代，准备交付件就要周，有些交付件是为了给人讲明白，有些交付件是为了证明自己做了某个动作，会影响项目中2~3人。项目管理一刀切，PM是通过交付件来管理项目的，有点类似于"盖戳"……
3	项目管理类：突发排查类	排查工作多，突发任务，多个入口，对员工干扰很大。比如，员工都会自己做计划，但再三地被突发任务打断，他就不会再做计划了，只要完成下发的任务就行了，变成了被动执行而没有主动思考
4	项目管理类：人员分工与切换	项目分工太细，人员变换较多，交接的东西包含很多隐性知识，不是一两句、一两个月就能交接好的；分工割裂，比如，分为设计、开发、测试，还有的将开发分为特性开发和维护等，信息传递本身就没有闭环，导致缺乏反馈，也就缺少改进
5	项目管理类：CI问题定位的轻重缓急区分	对CI问题定位的要求很严格，没有优先级排序，就是"栈"的解决模式（2小时内定位，不断打电话催促）

共同发现
• 在基层流程方面，员工的诟病集中在两点：问题单流程和Showcase交付件 • 员工对于工作经常被打断、计划被调整最为反感（注：符合《驱动力》中关于自主、顺流（Flow）的期望） • 员工希望能够流程达到位，部分信息也没有传达到位，如交付件的裁决权，计划少被打断、做事有规划

图9-6 组织诊断的洞见和启发

- ❑ **项目交付线诊断与发现**。外部客户最直接感知到的是项目交付线。项目经理在面对"目前你的工作与平台其他开发部的 PM 有哪些关联场景"的问题时,大多苦恼于大量的对外沟通和协调,具有支撑属性的项目经理对外沟通和协调的工作量甚至在 75% 以上。沟通和协调的场景主要有两个:一是特性依赖和协同的开发活动,二是问题归属和协同的定位活动。如此一来,项目经理用于内部的项目管理和思考改进的精力就显得严重不足了。
- ❑ **资源线诊断与发现**。直接承担特性开发和问题定位职责的资源线经理也明显感到无助。在面对"在目前业务越来越多的情况下,如何通过聚焦来提升效率"的定向问题时,他们最无奈的是支撑了四个并行的平台版本,方方面面都要照顾到。资源线经理手中掌握着人力资源,但是对于资源如何投入,却要在各种权衡和兜底中耗费大量的精力。如此一来,资源线经理对于长期的经营和组织能力建设的自主思考也显得严重不足了。
- ❑ **基层员工诊断与发现**。关于"你觉得影响当前工作效率的主要问题有哪些"这个问题,我们从基层员工那里听到了关于流程类、交付件类、项目管理类的各种声音,其中工作流程被员工诟病最多。员工希望能够流程减负,同时希望工作能够具有一定的延续性,不要被频繁地调整或打断。同时,在开放式问题中,我们发现相对于组织的目标而言,大多数基层员工对个人成长和快乐工作给予了更多关注。这是可以理解的,提醒我们需要将个人目标与组织目标进行统一,绩效目标的分解和分配还存在较大的改进空间。员工的幸福感就是生产力,员工普遍关注的,就是我们需要努力改进的。我们可以通过工作本身的设计来更好地激励员工,而不仅仅是"胡萝卜加大棒"策略。

当我们试图将声音定义为一个"问题"的时候,需要对访谈对象进行统计分析,充分考虑样本的特性与分布,以便更能说明问题。我们需要对声音进行归纳整理,找到共性或相关性,形成共同发现或洞见。

分析组织运作问题的末端因素,找到根因

组织运作复杂、效率低是引发当前现象和声音的症结。围绕该课题,我们通过鱼骨图的方式对访谈声音和意见建议进行聚拢分析,找到需要解决的核心问题,即初始问题的末端因素,如图 9-7 所示。

找到影响组织运作效率的末端因素

外部环境因素客观存在,不以组织意愿发生改变。通常条件下,组织只能适应这些环境因素的限制,对其进行深入研究,加以有效利用;让组织本身聚焦并进行调整与改变,以便对组织效率产生积极的影响

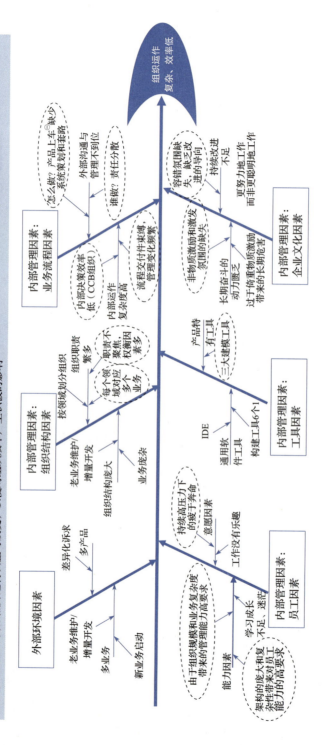

图 9-7 影响组织运作效率的鱼骨图

注:叶子节点依然可以向下展开,篇幅所限,仅为示意。

① 华为使用"大平台+小产品(组件)"的产品架构,一个完整的产品由平台和产品(组件)组成,且一个平台任任承载多个产品。平台遵循相对固定的版本研发节奏,被形象化地称为"版本火车节奏"。各产品需要像货物一样装配平台的节奏,当产品装载到平台时,被称为"上车"。

鱼骨图是一种质量分析方法，围绕一个主题对不同维度的因素进行逐级分析，类似于 5Why 方法的持续追问与分解，最终找到关键的根因，这个根因也称为叶子因素或末端因素。

针对末端因素提出"综合的"解决思路和应对举措

从现象、问题到根因，HRBP 发出"代入感的感慨"："这就是组织目前面临的情境，管理团队必须清楚地认识到，组织内外部的环境挑战只会越来越多；问题并不会在等待中自行消失，如果因循守旧，组织终将一点点沦陷；变化是不可改变的，而如何改变取决于此刻的行动。"

从鱼骨图的末端因素出发思考应对举措，每一个末端因素的解决都需要一个"综合的"解决思路。所谓的"综合"是指包含组织、流程与制度、人才与导向多个方面，如图 9-8 所示。

图 9-8 是一个表格矩阵，横向看是各个末端因素的解决思路，纵向看是人力资源专业领域的应对举措；分析问题使用业务视角，解决问题使用专业视角。通过归纳和聚合，从中进一步提炼出人力资源专业维度的解决方案，毕竟人力资源是 HRBP 的本行，也是可以直接发力的地方。

1. 解决一个末端因素往往需要一套组织、人才、文化氛围的组合拳，这是 HRBP 必须要具备的融合的思维模式，而不是人力资源专业 COE 的模式。
2. 这套组合拳里并不都是新鲜的思路和举措，可能包括已经开展（Continued）的、需要着手去做（Start）的或需要停止（Stop）的举措。

针对组织提出优化升级核心思路的假设

纵向的五个人力资源专业维度的解决方案对于核心问题（此处为组织运作复杂、效率低）的解决有不同的效能，即有不同的轻重缓急和投入产出。针对综合的解决方案，HRBP 需要抓主要矛盾，此处着重剖析"优化组织"部分。

在汇聚并分析了根因后，HRBP 以业务理解力和组织专业力为基础，提出了组织优化升级的核心思路，即将原来并列的各开发部整合为平台部和产品支持部，二者联合运作。平台部主内，聚焦于核心平台、能力建设和主线版本交付。产品支持部主外，聚焦于快速响应差异化的产品诉求。同时，该方案对两级平台

针对末端因素提出"综合的"解决思路和应对举措(其中一些举措现已开展工作)

序号	维度	末端因素	解决思路应对举措		
			组织	流程与制度	人才导向
1	组织结构因素	组织职责繁多:每个领域对应多条业务线;职责不聚焦,权衡多	优化组织		
2	业务流程因素	内部运作复杂度高:内部决策效率低、流程交付件束缚多,管理变化频繁	优化组织 ①	梳理流程制度;子系统独立经营;基层流程交付件简化 ②	
3	业务流程因素	外部沟通与管理不到位:责任分散	优化组织:责任主体		
4	业务流程因素	外部沟通与管理不到位:怎么做?产品上车缺少系统策划和套路	优化组织:责任主体	梳理流程制度	
5	员工因素	能力因素:由于组织规模和业务复杂度带来的管理能力高要求	优化组织:降低促发复杂因素(规模、复杂度)		管理者能力提升
6	员工因素	能力因素:架构庞大和复杂度带来的对员工能力的高要求;学习成长的不足和迷茫	优化组织:精兵团队或精兵战略		员工能力提升 ④
7	员工因素	意愿因素:持续高压下的疲于奔命、工作没有乐趣、没劲		"奋斗者休整"系列(休整+旅游奖)③	导向冲锋的氛围和对应的回报体系;人文关怀,正能量
8	工具因素	三大构建工具	优化组织:工具开发、推广"的责任落地		
9	企业文化因素	长期奋斗的动力源乏:非物质激励和激发氛围的缺失			非物质激励
10	企业文化因素	持续改进不足:容错氛围缺失,缺乏改进导向			微导向 ⑤

图 9-8 针对末端因素的解决思路

的具体业务划分和职责进行了定义，对组建产品支持部的路径进行了对比阐述，以及定义了在新的组织阵型下面向客户的交付运作思路。组织运作优化的核心思路如图 9-9 所示。

在核心思路的指引下，提出具体的优化升级方案

在该组织升级思路的指引下，HRBP 同步给出具体的组织结构优化方案，包括具体的业务剥离、聚拢、划归以及新组织需要的核心能力，还包括相关人员的调整和关键角色的选拔。组织结构优化方案建议如图 9-10 所示。

针对方案进行推演论证，逻辑自洽后上会讨论

这个方案是否能够真正解决问题呢？需要验证假设。先通过逻辑推演来验证初步建议方案，研讨会上使用红蓝军 PK 的方式进一步检验。逻辑推演显示该方案在逻辑上是自洽的，大体的举措和根因一一对应，如图 9-11 所示。

最后 HRBP 抛出"启发性的期待"："因为业务和组织的复杂性，该方案不可避免会存在待完善之处，这也是召集管理团队进行专题研讨的目的。共同思考：该方案的漏洞、缺陷、问题在哪里，具体如何解决；该方案在实施过程中需要关注的细节，特别是如何在现有的组织和角色上进行演进；通过组织来解决或改善我们当前的问题，你是否有更好的方案建议。"

【专题心得】

组织效率提升的最顶层的设计是确定目标和衡量基线，比如在人员规模不变的情况下的业务增长，或者"减人增效涨工资"。面对组织效率提升，视角不同，着眼点和衡量指标都不同。

- **不同的视角有不同的着眼点**。客户眼中是服务上线快、需求响应迅速；企业眼中是经营结果好、投资效率高；员工眼中是工作浪费少、释放潜能、有成长。
- **不同的视角下有不同的衡量指标**。经营效率视角下衡量 ROI、研发费用率、销管费用率等；运作效率视角下衡量 IPD、LTC、ITR 等主业务流程的核心指标；人的效率视角下衡量 E/R、E/M 等薪酬包预算。

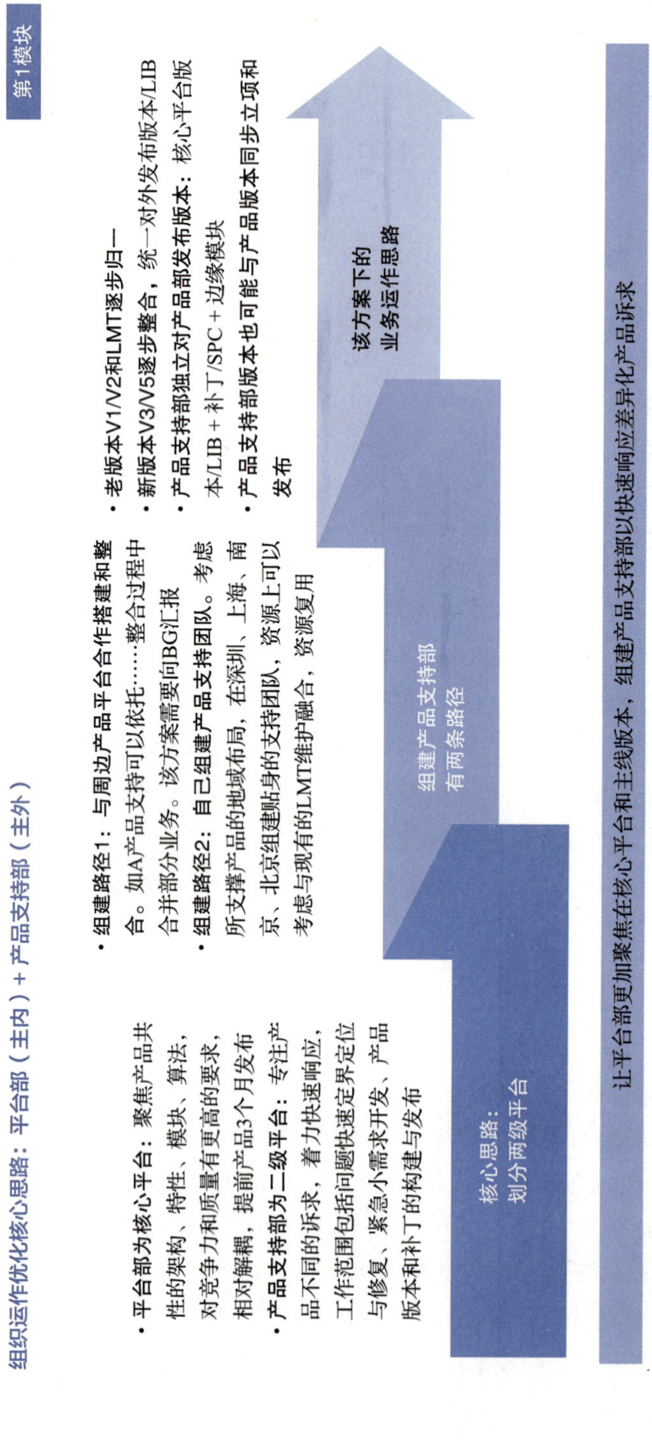

组织运作优化核心思路：平台部（主内）+ 产品支持部（主外）

第1模块

- 平台部为核心平台：聚焦产品共性的架构、特性、模块、算法，对竞争力和质量有更高的要求，相对解耦，提前产品3个月发布
- 产品支持部为二级平台：专注产品不同的诉求，着力快速响应，工作范围包括问题快速定界定位与修复，紧急小需求开发，产品版本和补丁的构建与发布

核心思路：
划分两级平台

- 组建路径1：与周边产品平台合作搭建和整合。如IA产品支持可以依托……整合过程中合并部分业务。该方案需要问BG汇报
- 组建路径2：自己组建产品支持团队。考虑所支撑产品的地域布局，在深圳、上海、南京、北京组建贴身的支持团队，资源上可以考虑与现有的LMT维护融合，资源复用

组建产品支持部有两条路径

- 老版本V1/V2和LMT逐步归一
- 新版本V3/V5逐步整合，统一对外发布版本/LIB
- 产品支持部独立对产品发布版本：核心平台版本/LIB+补丁/SPC+边缘模块
- 产品支持部版本也可能与产品版本同步立项和发布

该方案下的业务运作思路

让平台部更加聚焦在核心平台和主线版本，组建产品支持部以快速响应差异化产品诉求

图9-9　组织运作优化核心思路

第 9 章 第六式：系统集成能力——HR 解决方案的核心 ◆ 239

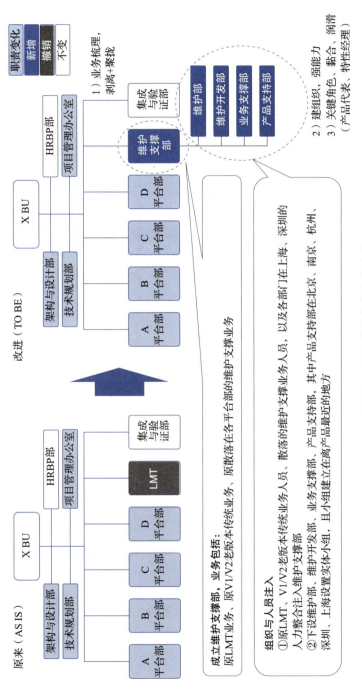

图 9-10 组织结构优化方案建议

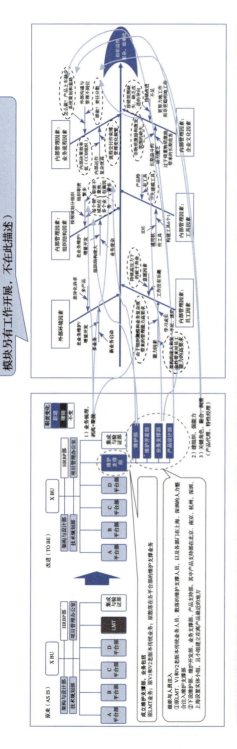

图 9-11 针对假设方案的推演论证

剖开企业组织结构，下探到研发团队来衡量效率是一件极具挑战的事情。往往从研发视角独立计算的高生产率，掩盖了能产生最终市场效益的真实的低生产率。沿着 DSTE、IPD 和 LTC 流程的视角，我们可以从投资与决策效率、产品包交付效率、员工个人效率三个层次来衡量和改进。

- 投资与决策效率聚焦于做正确的事，包括战略聚焦和一致性、产业和产品的投资决策、创新与不确定性的管理。
- 产品包交付效率聚焦于正确地做事，包括交付能力、软件能力、工程工具、弹性用工、经营外包和生态。
- 员工个人效率聚焦于单兵作战能力和人员状态的激发，包括基层的组织阵型、精兵策略、人才争夺战、驱动力与激励等。

本实践通过调适生产关系来减少协同，组织优化是 HRBP 能够促进组织效率提升的关键发力点。我们从中也可以体会到，有些 HRBP 具有强大的功力，可以主导或深度参与组织优化升级的各个环节，包括组织洞察、提出方案、引导讨论和走向。有一些 HRBP 因为部分功力的缺失，可能对问题的发现和定义比较敏感，但是无法提出组织优化升级的思路，特别是涉及业务流程的时候。他们常用的手法是"搭场子"，即把初始问题原封不动地抛出来，然后让相关的管理者和专家聚集一堂，针对该问题进行讨论和输出。

组织永远是一个最具技术含量和魅力的课题，做组织工作的 HRBP 需要有"法制精神"、系统工程与集成能力、变革的艺术。所有的 HRBP 都应该不断修炼和积累，做到"分析有核心观点、讨论有初步方案"的程度，并且能够在此基础上展开有质量的对话，引导讨论的过程，如果仅仅是"搭场子"，那么讨论很容易陷入漫无边际、被随意牵引跑偏的境地。如果 HRBP 对大致的走向并不清楚，那么讨论也多半不会得到可行的结果。

第 10 章

HR 解决方案七星刀——业务解题的方法论

HRBP 在应用层的价值创造，立足于通过履行人力资源的核心职责去助力业务解决问题，而不是直接作用于业务活动本身。理解业务并翻译业务问题、制定系统化的 HR 解决方案是 HRBP 需要修炼的核心能力。本章将上述 HRBP 的核心能力与解决问题的章法进行融合，提炼出 HRBP 业务解题的方法论，将 HR 解决方案思考链路的七个关键步骤命名为"HR 解决方案七星刀"。

HR 解决方案七星刀是一个工具，需要在日常的思考和实践中不断打磨才能日渐锋利。HRBP 需要在实战中不断通过总结和复盘来促进个人能力的沉淀和组织认知的升级。此外，本章还将延展性地介绍一些质量管理领域的工具方法，以更好地激发 HRBP 理解和思考。

第 1 节　HR 解决方案的"四阶段七步骤"

HRBP 根植于业务中，从业务痛点出发，通过综合的 HR 解决方案助力业务解决问题。应用层的价值创造核心在于解决业务问题。问题有难易之分，简单的问题如"今年有多少应届生入职"，只需统计即可作答；稍微复杂一些的问题如"应届生试用期通过率与面试评价有怎样的关系"，也只需简单分析就能够回答；更复杂的综合性问题如"应届生如何尽快发挥出战斗力"，则需要系统分析才能够解答。

HR 解决方案的思考链路

HR 解决方案范畴里所涉及的都是复杂的综合性问题，这类问题的解题是有科学方法的。结合笔者既往的工作实践，下面尝试对 HR 解决方案的思考链路和关键步骤进行定义，如图 10-1 所示。

HR 解决方案的主流程由四阶段和七步骤组成。四阶段分别是发现问题、定义问题、分析问题、解决问题。七步骤是将四阶段进一步展开，在剖析和解构的过程中帮助 HRBP 进一步掌握核心要义。发现问题和定义问题是做正确的事，分析问题和解决问题是正确地做事。

- 发现问题阶段从感知现象到发掘问题。
- 定义问题阶段设定 HRBP 要研究的课题。
- 分析问题阶段包括结构化拆解与分析、提出假设与验证假设、生成解决方案三个步骤。
- 解决问题阶段包括实施解决方案、评估与复盘两个步骤。

四阶段和七步骤所处的外力环境是业务，因此理解业务是 HRBP 澄清需求和知晓要求的基础。HRBP 往往是从发掘的问题中提出需求，再将需求分解转化为要求并输出给"定义问题 – 设定课题阶段的"自己。但更多的时候，业务搭档会将业务需求直接翻译为要求，并将要求告知"定义问题或分析问题阶段的" HRBP，让其遵照执行。这时候 HRBP 一定要从要求追溯到业务的源头。

四阶段和七步骤需要 HRBP 具备不同的关键能力项，在过程中灵活使用多种工具方法，最终输出每个阶段的过程交付件。对于复杂的综合性解决方案，我们可以通过检验每个步骤的输出交付件来确保过程的正确，通过过程的正确来确保最终结果的正确。

"四阶段七步骤"的具体业务案例

以第 8 章中的"公共云腰尾部客户在流失"的简化案例为示例说明 HR 解决方案"四阶段七步骤"的应用。

阶段一：发现问题

- **感知现象**（关键词为现象、表象、落差）：在一个季度的时间里，公共云腰尾部客户数从 X 到 Y，流失了 Z。

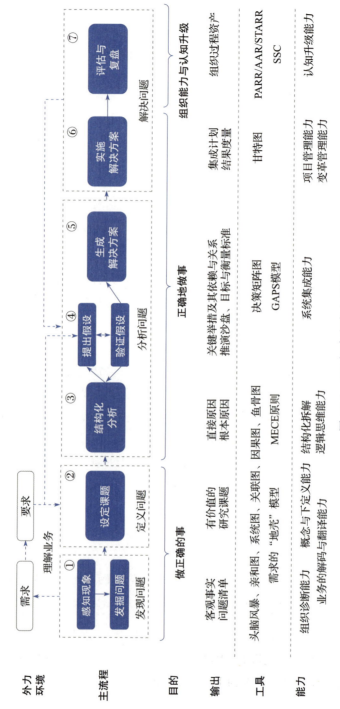

图 10-1　HR 解决方案七星刀

- ❏ **发掘问题**（关键词为理解业务、透过现象看本质）：获取到 Z 个客户的业务数据和不续签的原因，并找相应的运营人员和管理人员调查了解，发掘了多个"问题"，如"企业导向是服务好头部客户，所以优秀人员都去 KA 团队了""员工做腰尾部客户拿到的回报并不多""做腰尾部客户的运营没有什么出路，对晋升不利""服务于腰尾部客户的产品特性推出越来越慢""我们的员工大多数是新员工，能力还跟不上"……

阶段二：定义问题

- ❏ **设定课题**（关键词为下定义、业务翻译能力）：对所有的前序数据和"问题、建议"进行亲和分析，发现绝大多数的客户流失还是产品竞争力在腰尾部客户场景上与友商的产品存在差距造成的，其他的一些因素也的确存在，但不是关键。于是定义了问题"腰尾部客户场景下的产品缺乏竞争力"，相对应的课题表述为"提升腰尾部客户场景下的产品竞争力，支撑腰尾部客户拓新、留存和发展"。

阶段三：分析问题

- ❏ **结构化分析**（关键词为拆解、主张、论述、根因）：因为该问题涉及产品竞争力，所以 HRBP 先按照产品管理流程进行拆解，简化的核心流程为"市场洞察→规划→开发→上市→生命周期管理"。此时提出的主张为"市场洞察和规划阶段的不足是产品缺乏场景化竞争力的核心原因"。接下来论述这个主张，"通过此前的拆解发现，由于市场洞察阶段的主要精力放在了头部客户上，同时腰尾部客户数量众多，且员工精力有限，因此洞察覆盖不足，相应地，对场景变化的敏感度也就不足。在规划阶段，也是相同的原因导致企业把更多的资源投入到满足头部客户的需求上。开发阶段的策略也需要做相应的调整，比如在设计模式上要能够通过简易配置兼容不同场景。在上市阶段，宣传也要相应地发力。"由此我们找到了根因是"洞察覆盖不足、变化敏感度不足、规划的优先级不高"。如果再向下深挖一层，根因则是"业务策略过于强调头部客户、KPI 设计中也未包含腰尾部客户的目标"。

- ❏ **提出假设**（关键词为大胆假设）：强调头部客户本是正确的业务策略，但是执行层面用力过猛导致落地失衡，KPI 只设置了简单的收入数字，未对数字结构和健康度做出约束。因此，各执行团队要完整理解业务策略，完善 KPI 数字中关于结构和健康度的定义，以及其他的假设，如增补相应的人力资源、提升对腰尾部客户覆盖的运营能力等。

- **验证假设**（关键词为小心求证）：假设完善了关于腰尾部客户的 KPI 数字结构，各执行部门在资源分配上仍然要考虑腰尾部客户对团队的重要意义，在资源紧张的情况下可能会想到更多创新的办法。员工也不会产生腰尾部运营业务不受重视的心理，从而发挥出更强的主观能动性。再加上组织也会想办法增补一定的资源，提炼方法进行赋能。最终，洞察和规划环节的组织能力会得到强化，从而提升产品场景化的竞争力，缓解公共云腰尾部客户流失的问题。
- **生成解决方案**（关键词为系统论、集成）：通过决策矩阵对所有经过验证的假设（关键措施）进行分析，从难度、投入、收益等维度评估，最终生成包括如下核心举措的解决方案：一是完善 KPI 定义，并进行业务策略的再对焦；二是改变腰尾部客户纯线上互动模式，在全国各大区增设"洞察与规划分部"，延伸线下触角；三是补充相应的 HC 资源，保障高质量人才供给；四是发掘标杆、总结实践、全面赋能；五是发起一场关于腰尾部客户留存与发展的"春耕战役"……

阶段四：解决问题

- **实施解决方案**（关键词为集成计划、全功能团队、项目管理、变革）：组建全功能项目组（包括销售、市场、产品、研发、HRBP），按照项目管理的方式执行该解决方案，并例行对阶段性里程碑进行评估。
- **总结复盘**（关键词为组织能力与认知升级）：复盘产品与解决方案在客户、业务、组织、人才、文化激励等维度的得失，促进组织能力与认知的升级。

关于 HR 解决方案"四阶段七步骤"与 GAPS 模型的关系，我们可以认为前者是思考链路和流程，后者是思考整理模型，前者是施工图，后者是设计图，类似于战略管理的 DSTE 与 BLM。

基于业务的解题与基础性工作的三个本质区别

HRBP 在应用层的业务解题，与基础层兜底人力资源工作有三个本质区别。应用层的业务解题真正实现了 HRBP 的华丽转身，在这一层将看到更宏大的业务与人力资源交融的场景。如果无法突破应用层，HRBP 只能算是一个多模块的杂家。

- **本质区别一**：工作结果的衡量，从业务问题的解决成效来衡量工作的价值。此时，我们不再从人力资源的角度去衡量 HRBP 工作的结果，也不再在意专业模块的工具和方法论是否前沿。
- **本质区别二**：业务与人力资源已无本质的界限和区隔，浑然一体。华为和阿里这些企业要求业务管理者雌雄同体，既抓业务，又建团队。此处的建团队泛指所有人力资源相关的工作。那么同样地，作为与业务管理者搭档的 HRBP，也应该是"雌雄同体"的。在有些企业里，HRBP 被赋予了"二把手"的角色，类似于"管理班子成员，分管人力资源"的概念。因为他是班子成员，所以他关注的是本组织的全局目标，而不是"画地为牢，不越雷池"。
- **本质区别三**：人力资源各专业模块间无本质的界限和区隔，已经在一个整体系统里交融贯通。经过修炼的 HRBP 已经模糊了专业模块之间的界限，思考问题的出发点是解决业务问题，凡是可以为此产生效果的举措都会被使用。无论是叫大杂烩，还是叫组合拳，HR 解决方案已经成为一个系统，专业只是系统中的要素，更重要的是要素之间的关系和连接，这种连接和黏合的功力是 HRBP 的真正价值。

第 2 节　总结复盘促进认知升级

总结复盘是一种反思进化能力

有伟人曾经说过，革命成功靠"两个结"：一个团结，一个总结。学习成长的 3E 理论（721 模型）也表明人的能力成长中有 70% 来自实践，但是实践并不必然带来成长，是否成长还要看实践之后的总结反思。任正非在华为内部讲话时强调，总结复盘就好比把知识打个结，建立了连接，编织成网，兜住了知识，锁住了技能。

总结复盘和反思不仅对个体的成长有价值，也是组织的一种反思进化能力。企业美好而远大的愿景，需要非凡的业务战斗力，更需要一个健康的组织有机体。在业务快速奔跑的时候，企业更需要通过总结复盘进行组织的自我审视和反思，加速组织的自我进化。很多企业会将总结复盘作为项目关闭阶段的必备动作，以固化成功的经验、提升组织能力，发现改进的机会，不犯重复的错误。总结复盘对业务、团队、个体都有重大的意义，如图 10-2 所示。

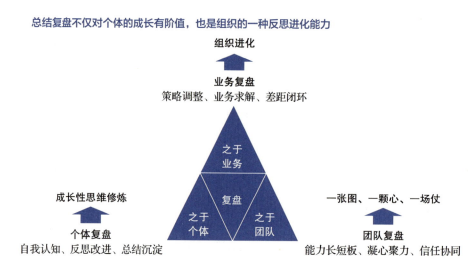

图 10-2　总结复盘的意义

从知识管理的角度来看，总结复盘可以将个人的知识组织化、隐性的知识显性化、显性的知识标准化、标准的知识系统化、系统的知识智能化。

正确的判断来自经验，经验来自错误的判断。阿里认为是错误使得我们与众不同，每一次犯错，都让我们检查自己。每一个错误、每一次失败都是自己的错，关键是犯了错误如何改正，如何在下次做得更好。

逍遥子（张勇）也曾说："当战绩记忆犹新的时候，我们特别需要冷静下来对过程进行回顾和复盘，把光鲜亮丽的数字和各种各样的记录放在一边，因为所有的数字和记录都是一个结果。我们要剥掉结果的外衣，看一下里面的过程，这对于应对今天的挑战非常关键。"

总结复盘不是一个新鲜的事物，软件敏捷开发模式里把迭代回顾会议作为最佳实践。

总结复盘的一般方法与工具

总结复盘是全方位提升组织能力的核心抓手，最终的目的是使我们个体和组织具备反思进化的能力，从而在面向未来和竞争时不断升级。总结复盘的内容一般包括：

- ❑ 目标达成情况，即整体目标达成情况和阶段性目标达成情况；
- ❑ 风险及变更情况，即过程中遇到的重大风险与求助和变更管理；

❑ 组织管理情况，即排兵布阵、组织协同和人才供给与使用；
❑ 资产沉淀情况，即战役的直接结果产出、战役形成的流程与机制和知识管理。

总结复盘的通用流程是"准备→实施→沉淀"，但是在每一个阶段都需要一定的技巧来帮助我们更加深入和高效地开展复盘，如图10-3所示。

总结复盘的流程是一个通用的"准备、实施、沉淀"的过程

图 10-3 总结复盘的一般流程方法

除了以上的流程示例，所有具有闭环性质的工具都可以指导我们开展复盘活动。比如复盘可以使用 PDCA、AAR、STARR 的方法论来梳理，行动改进可以用 SSC 方法来总结。

❑ PDCA 循环又称戴明环，最初由质量管理专家提出并应用在质量管理领域。实际上，这也是企业管理工作的一般方法。PDCA 将工作分为四个阶段：Plan（计划）、Do（执行）、Check（检查）和 Act（处理）。随着时代的演进，PDCA 的内涵也有了丰富的扩充，如 Planning（计划职能）包括 Goal（目标）、Plan（实施计划）和 Budget（收支预算）；Design（设计方案和布局）不仅是执行，还包括更重要的设计；C（4C 管理）包括 Check（检查）、Communicate（沟通）、Clean（清理）和 Control（控制）；A（2A 管理）包括 Act（对执行和检查的结果进行处理）和 Aim（按照目标要求进行改善和提高）。

❑ AAR（After Action Review）最早是美国陆军所使用的一项任务完成后的检视方法。美军把 AAR 定义为对一个事件的专业性讨论，着重于将表现和标准进行对照，使参加者自行发现发生了什么、为何发生及如何维持优点并改掉缺点。
- ❑ PARR 是一种简明高效的行动学习方法，帮助学习者在工作中应用所学的知识和技能，实现高效的学习和转化。PARR 包括四个结构化的阶段：Prepare（准备）、Act（行动）、Reflect（反思）和 Review（回顾）。其中反思和回顾的区别是，前者在于自我思考和总结，后者在于和同事进行分享和回忆，获得来自他人的见解和辅导。
- ❑ SSC 是总结复盘后的行动改进，好的方面继续保持，不好的方面快速改进。SSC 方法将行动改进分为三类：Start 是之前没有做但今后打算去做的事情；Stop 是之前在做但今后不会继续做的事情；Continue 是那些需要继续加强做的事情。

最后，总结复盘的开展形式不一而足，可以做重也可以做轻，视需要而定，关键是养成习惯和采取必要的形式化方法。集体的重量级复盘可以是召开全体成员的复盘会，也可以是基于项目的回顾会议。个体的轻量级复盘可以是在白板或笔记簿上罗列自己的心得感悟。总结复盘不是一个项目或事件的结束，更多的是一个"逗号"，因为接下来"2.0 版本"马上又要来了。

总结复盘的输出要固化到机制中

总结复盘的输出固化是提升组织能力的最佳途径

很多推崇优秀实践的企业习惯于在总结复盘会后用文件的方式将整个事件进行总结，按照 STARR 的方式进行描述，以便沉淀为组织资产，方便在同行间分享。此举既可以在组织间传递能力，同时对于撰写者来说，也是一种总结成长、打造品牌和知名度的方式。

但是，这只是一个知识管理的过程，真正有效提升组织能力的方式是将总结复盘后的 SSC 固化在流程、工具和组织上，以实现将一次性行为转化为组织固有的能力。比如，将从新员工培养工作的复盘中得到的对面试考核的优化项在招聘系统中配置为结构化的必填项，将效用高的问题列表集成其中，以此提升面试官对该维度的把握能力，这比传统的培训学习或文本化的经验总结要更加高效。

总结复盘的输出固化有利于解放 HRBP 的生产力

总结复盘的输出固化除了对提升组织能力有帮助，另外一个积极意义是通过人力资源工作的工具化和智能化，减轻 HRBP 在流程执行类工作上的投入，转而聚焦到更具价值感的业务解题上来。人力资源领域的工作可分为日常运营和例外管理两类，熟练职员一般是在既定的规则和要求下去处理日常运营工作，要求是提升效能，速度越快越好，质量越高越好。而高级别专家和管理者的大多精力是去处理例外管理，分析事情发生的原因，采取新的举措去拿到结果，然后通过固化，将例外的事情变成日常运营。

如果不能很好地将总结复盘的输出固化到机制中，HRBP 面临的日常性和例行性的事务性工作就会越来越多，各位"表哥表姐"仍然需要靠人肉模式和口口相传的实践来苦苦支撑。通过工具、流程和组织去固化总结复盘的输出，将极大地解放 HRBP 的生产力。人力资源的数据化、工具化和智能化也成为一个新的研究方向。

第 3 节　HRBP 借鉴工具来做"数学题"

人力资源工作企及的高度依赖于 HRBP 做"数学题"

人力资源管理是科学和艺术的结合，在分析和解决问题时有一个说法："不要只做语文题，还要做数学题"。"语文题"一般通过声音、案例、感受等直觉来作答，"数学题"一般通过数据、公式、逻辑等科学研究方法来作答。语文题过于灵动，数学题过于严谨。在天平的两端，HRBP 此前更偏向于做语文题，现在要开始逐步走向均衡了。企业高管要求 HRBP 在陈述人力资源工作的时候做到"有数据说数据，没数据说案例，没案例说观点，没观点就不要说了"。

人力资源的科学研究大多以对照组为基础，通过观察、对比分析来得出结论。最著名的是泰勒的科学管理方法，经典案例包括研究铁锭小推车与效率之间的关系、霍桑工厂的照明变化与效率之间的关系。随着科技的发展，数字化技术赋能各行各业，人力资源进入了数据化和智能化阶段，但大多是把人力资源的基础数据和流程线上化，再利用一些大数据和 AI 技术进行建模分析。这种大数据技术更多是证明相关关系而非因果关系，AI 技术也依赖构建者的思维建模或仅做一些辅助性支撑工作。任何时候，人力资源工作能企及高度的核心还是依赖于高段位的 HRBP 来做"数学题"。

HRBP 借鉴质量方法工具来辅助分析业务问题

HRBP 在做"数学题"的时候，可以借鉴周边学科的成熟工具和方法。比如人力资源部和质量运营部在企业中同属业务的左膀右臂，HRBP 可以借鉴质量控制方法中的一些质量方法来帮助梳理和分析人力资源问题，生成 HR 解决方案。其核心特点就是广泛的数理统计，并运用数据图表进行分析处理。

- **亲和图**：将处于混乱状态中的语言文字资料，利用其内在相互关系（亲和性）加以归类合并、归纳整理，进而从中找到所要解决的问题和解决问题的办法。亲和图的核心要义是归类和结构化，一般用于"从感知现象到发掘问题"过程。
- **逻辑树**：也称问题树、演绎树或分解树，其将所有的问题和要素分层罗列并向下扩展，帮我们直观地看到要素之间的相互关联；也可以保证拆解的完整性，排除掉重复和价值不大的要素，帮助我们理清思路并聚焦于关键的思考上。逻辑树的内在逻辑是分支法，与系统图和思维导图相同。逻辑树的核心要义是系统分层并完整表达，一般用于"分析问题、提出假设、验证假设"过程。
- **鱼骨图**：又名因果图、石川图或特性要因图，其主要用于分析产品质量与影响质量的可能原因之间的因果关系，最终找到根本原因并寻求措施促进问题的解决。鱼骨图的核心要义是深度结构化，不断向下深挖根因，一般用于"分析问题根本原因"过程。
- **决策矩阵**：又名风险矩阵或益损表，其主要用于分析最终的决策方案与有关要素之间的相互关系。决策矩阵经常使用在关乎取舍的场景中，包括战略管理的取舍，解决问题时对备选举措的取舍。在现实工作中，资源是有限的，事物间的互相影响也是千丝万缕的，取舍其实是一件极具挑战的事情。决策矩阵的核心要义是系统论，需要考虑各维度的影响并选择全局最优解，一般用于"生成集成解决方案"过程。
- **甘特图**：又名横道图或条状图，其以图示的方法通过活动列表和时间刻度表示出特定项目的顺序与持续时间，同时用颜色来标注风险，帮助我们直观地看到项目的进度、依赖和风险。有些人认为在信息时代，诞生于工业时代的甘特图已经过时了，而我认为不能如此绝对，甘特图直观可视的依赖关系管理极有价值，应汲取精华，毕竟将 HR 解决方案落地才是首要的。甘特图的核心要义是可视化和依赖管理，一般用于"实施解决方案"过程。

第 4 节　专题与实践：打造竞争力——研发的发展之翼

【实践背景】

企业的综合竞争力是在竞争中胜出的关键要素。对于技术型企业而言，研发的竞争力是最硬核的法器，业务搭档和 HRBP 会通过多种举措来打造技术竞争力。比如，华为运营商业务所在的通信领域就是一个技术为先的产业，技术竞争力的优势往往意味着商业成功，其中协议竞争力为兵家必争之地。网络协议是通信计算机双方必须共同遵从的一组约定，其开发过程的特点是，各厂商在共同遵循 IETF、IEEE、ITU 等国际标准的前提下，致力于更大容量、更高性能、更低成本的实现。各厂商一方面遵循标准，另一方面也希望能够积极引导标准的演进，以便抢占先机。

本节实践"协议竞争力走向世界第一"描述了当面临 IP 协议与解决方案竞争力的挑战时，HRBP 如何结合业务策略、整合垂直割裂的组织、保留核心关键的人才，实现"既追赶当下又隔代布局"的综合解决方案。

【实践案例】

通过客户和市场的反馈，我们发现自己的协议竞争力与友商存在较大的差距。同时，IP 协议作为底层技术被各垂直解决方案撕裂，进一步迟滞了在市场上的竞争力。战略规划中提出的业务目标是在未来两年使关键协议竞争力追平友商，并保障新网络协议和下一跳可靠性技术储备好，建立协议的水平解决方案。

面向业务的挑战和目标，人力资源应该如何认知和解题呢？HRBP 首先进行组织诊断和人力资源的洞察，将诊断和洞察的发现与业务挑战结合在一起来思考 HR 解决方案；然后协同业务团队制定稳扎稳打、步步为营的业务策略，以实现全面追赶并最终领先的目标。呼应业务策略的人力资源解决方案从业务预算和研发节奏入手，匹配相应的组织阵型，补充并发展人员能力，通过激励牵引项目成功和保障协议类人才安居乐业。思考链路和解决方案如图 10-4 所示。

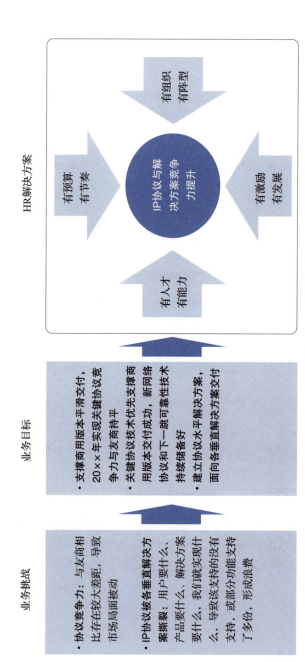

图 10-4 思考链路和 HR 解决方案

本实践略去了 HRBP 组织诊断和人力资源洞察的发现，仅向读者简要交代了协议类人才的特点，以便对案例有更深入的认识。IP 协议族非常复杂，涉及面极广，人才培养周期长，协议专家需要经年累月的实战积累。同时，国内互联网企业规模扩张，纷纷下探到基础技术层，对网络协议类人才产生了大量需求，这就造成原来只存在于通信设备企业的协议类人才受到外部互联网企业的重点挖猎。例如，IP 网络解决方案 90% 以上的场景都会用到 BGP 协议，该协议相关的能力又是当前互联网企业急缺的，以致部门在两年内流失大量 BGP 人才。从协议类人员的流失分析中可见，员工离职的主要原因在薪酬、发展和家庭上，员工转岗的主要原因在发展上。

有预算，有节奏

针对协议开发周期长、需要提前布局的特点，我们对当前业务的生命周期进行梳理。匹配四代开发模式，明确相应的定位和承接组织。"应用一代和开发一代"面向当下之战，主要聚焦于商用上的协议特性补齐，提升协议的市场化竞争力。"规划一代和预研一代"面向未来之战，主要聚焦于新协议的演进，布局领先一步的标准研究和技术项目。预算和节奏匹配的迭代开发模式如图 10-5 所示。

- ❑ 在投资预算策略上，推进组织生成统筹的规划并向上沟通汇报，形成最终的关于协议的投资策略。在商用的 BMT（Business Management Team，业务管理团队）预算授予的基础上，增加未来技术的 TMT（Technical Management Team，技术管理团队）的专项公共投资，用于事业部关键技术预研、IP 协议竞争力技术研究。事业群还对消除风险和架构优化的协议先行项目加大公共投资。
- ❑ 在组织策略上，优化多条业务线的人力管道模型和人员流动规则，保证专款专用、管道隔离。优化技术规划和预研部门的人力投入和能力构建。

我们最终形成四代开发模式、多批次布局的局面。"预研一代"关注未来长期和关键技术的储备；"规划一代"聚焦风险消除、大颗粒项目和架构优化；"开发一代"合入前期的成果，快速灵活响应市场需求；"应用一代"保障网上稳定运行。

有组织，有阵型

为支撑业务策略和四代研发模式，HRBP 规划建立以协议标准与水平解决方案

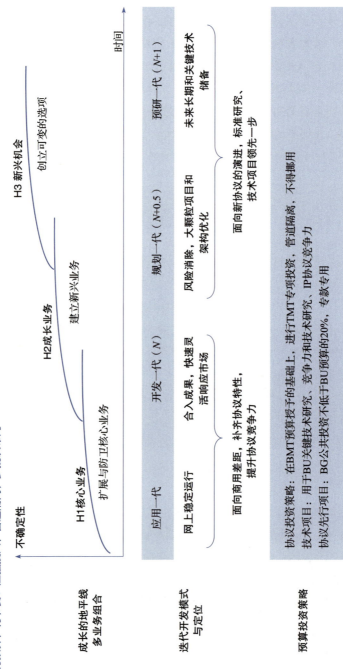

图 10-5 有预算，有节奏

组为龙头、以特性全功能开发战队为主力、以联合架构优化团队为中台、以技术项目群运作为后勤保障的组织阵型。该组织阵型不仅涉及事业部内部优化，还需要事业部外部若干组织的协同，需要组织间的合纵连横，齐头并进，如图 10-6 所示。

- 构筑协议标准与水平解决方案组，运作上向友商学习，与客户联合创新，推动标准，引领发展。在组织上合纵连横、上下贯通，向上与公司级标准策略委员会对接，向下指导研发体系的协议全功能开发团队，横向支撑市场项目打单，实现推标准、交特性、打项目齐头并进。
- 在既往项目运作的基础上，设立当前急需的协议全功能开发团队，基于已经梳理出的差距，以特性包为单位进行项目化运作，并设置独立的目标和过程激励。
- 设立联合架构优化团队，实现当前系统架构的全面解耦，构建平台与组件化架构，为特性全功能团队快速灵活地开发奠定基础，扫清障碍。
- 设置技术项目群运作，小分队快速前进，打通技术瓶颈，先行开发原型，按照 IETF 协议的产生规律，从客户、创新和标准几个方面一起发力。

有人才，有能力

从人才和能力两个维度来构建协议的组织能力，首先，从大处着眼，优化业务布局，匹配地域人才优势，同时为应对人才被恶意挖角形成的"塌方"而进行跨地域的"1 + 1 布局备份"。其次，从小处着手，规划人才的供给途径，并深扎关键战场，在实战中提升能力，打造专家梯队，牵引协议精兵涌现。人才与能力的举措如图 10-7 所示。

- 在业务布局上，发挥北美和以色列高端专家的牵引作用，占据能力制高点，与国内研发形成互动局面。考虑中印团队能力特点，将印度业务中投入商用版本的人员转移至技术先行项目，国内通过业务的迁移形成地域能力中心和跨地域的人才备份。
- 在人才供给上，内生与外招并重，组建混合型团队，外招一批、内部挖潜一批、平台与产品联合培养一批，既实现人才队伍的快速集结，又考虑思路的多元和能力的沉淀。
- 在人才的使用和牵引上，围绕协议竞争力关键战场，打造有使命感、价值感、荣誉感的首席协议专家梯队。在各领域设置协议首席专家岗位，明确专家岗位职责要求，解决协议专家长期发展问题，打造"1 + 2 + N"

258 ◆ 第三部分 应用层立地——人力资源支撑业务发展

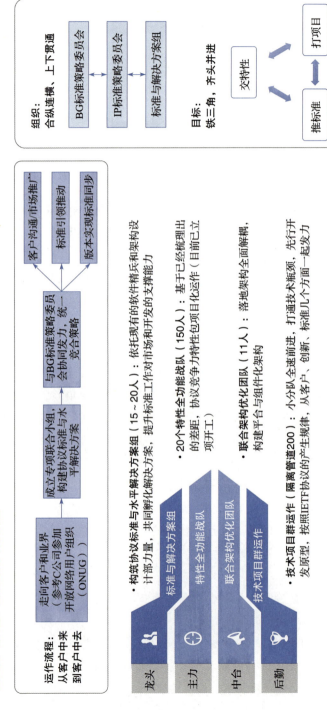

图 10-6 有组织,有阵型

第 10 章 HR 解决方案七星刀——业务解题的方法论 ◆ 259

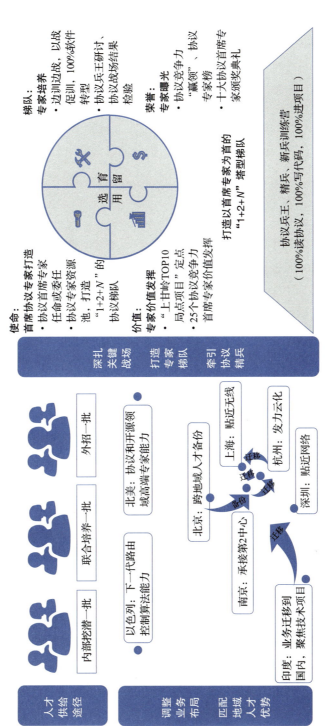

图 10-7 有人才,有能力

的协议梯队。充分发挥专家价值,将协议专家配置到TOP10的"上甘岭项目"和协议竞争力项目中以解决商业的实际问题,并对战功进行荣誉激励。

- ❑ 因为协议人才成长周期长的特点,倡导板凳要坐十年冷的精神,并制订分层的训战营计划。通过人人读协议、人人写代码、人人进战场来锤炼协议精兵和兵王,最终牵引、打造出一批骁勇善战、使命必达的协议兵王,快速满足业务和产品需求,提升协议竞争力。

有激励,有发展

针对协议类人才流失与保留的挑战制定专项 HR 激励与保留方案。首先,对协议类关键人才实行清单化管理并制定分类措施;针对头部的高端专家,通过岗位设置牵引其长期发展;对于腰部骨干,从能力提升、保留激发、成长发展等方面制定方案,牵引精兵"成倍"出现。其次,设置分层分级的多元化即时激励,物质激励着眼于导向冲锋、不让雷锋吃亏,非物质激励实现发展与可持续奋斗,最终让有情有义、有贡献的人有回报。激励与发展举措如图 10-8 所示。

【专题心得】

竞争是企业成败的关键。什么样的企业具有竞争力?竞争战略之父迈克尔·波特认为,竞争优势归根到底来源于企业为客户创造的超过其成本的价值。一是创造价值;二是以低于对手的价格提供同值服务。华为的最低纲领是活下去,活下去的基础是不断提升核心竞争力。

不同产业因本身特质和结构不同,而有不同的 KSF(Key Success Factor,关键成功要素);相同产业中的不同企业也因其竞争地位的不同,而有不同的关键成功要素。竞争力是一种综合能力,企业需要通过分析来找出使得企业成功的关键要素,在此基础上打造差异化的核心竞争力。非关键要素上的提升不足以打造核心竞争力,因此企业需要聚焦并保有战略耐心,有所为有所不为,在一些与企业核心竞争力不相关的利益前要经得住诱惑。核心竞争力也必然会带来企业生存和发展能力不断提升的结果。

HRBP 在助力业务打造核心竞争力的过程,首先要找到关键成功要素和竞争力的选择,这往往关乎业务的战略取舍;其次要支撑所在的业务团队打造领域竞争力,这往往涉及构筑新的组织能力。比如,对于数据通信领域,从 CT 向 ICT 转型的过程分析如下。

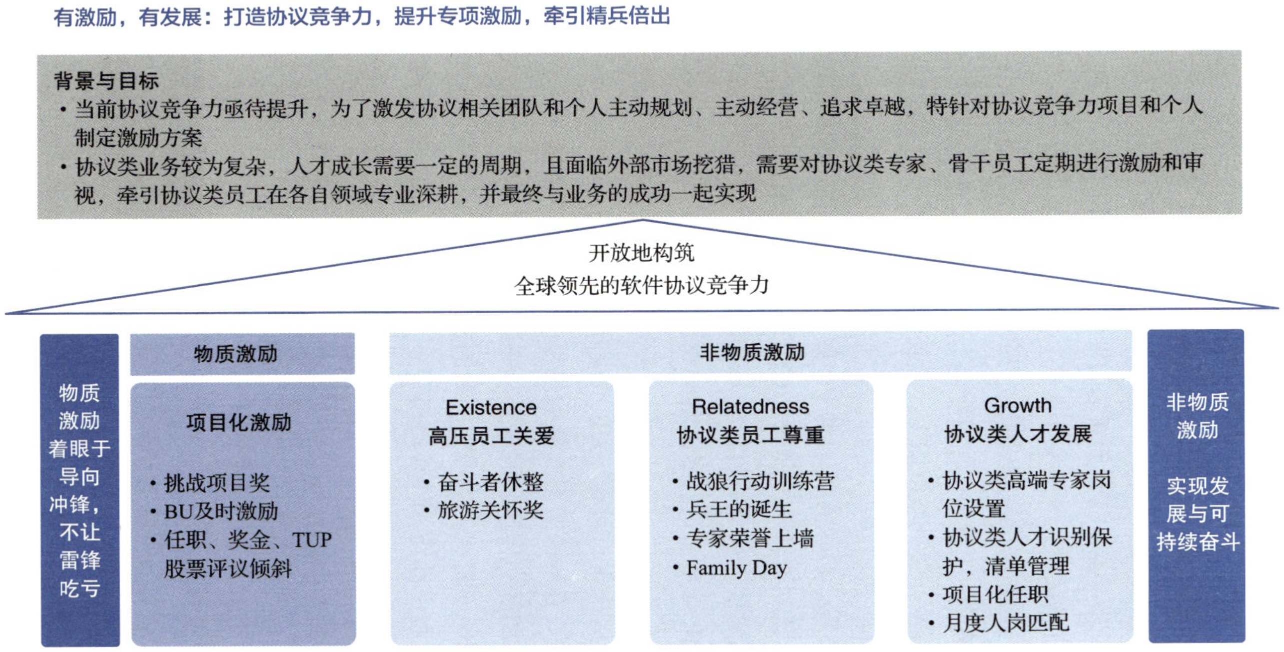

第 10 章 HR 解决方案七星刀——业务解题的方法论 ◆ 261

有激励，有发展：打造协议竞争力，提升专项激励，牵引精兵倍出

背景与目标
- 当前协议竞争力亟待提升，为了激发协议相关团队和个人主动规划、主动经营、追求卓越，特针对协议竞争力项目和个人制定激励方案
- 协议类业务较为复杂，人才成长需要一定的周期，目面临外部市场挖猎，需要对协议类专家、骨干员工定期进行激励和审视，牵引协议类员工在各自领域专业深耕，并最终与业务的成功一起实现

开放地构筑
全球领先的软件协议竞争力

物质激励			非物质激励	
	物质激励 项目化激励	**Existence** 高压员工主要	**Relatedness** 协议类员工尊重	**Growth** 协议类人才发展
物质激励 着眼于导向冲锋，不让雷锋吃亏	• 挑战项目奖 • BU及时激励 • 任职、奖金、TUP股票评议倾斜	• 奋斗者休整 • 旅游关怀奖	• 成狼行动训练营 • 兵王的诞生 • 专家荣誉上墙 • Family Day	• 协议类高端专家岗位设置 • 协议类人才识别保护、清单管理 • 项目化任职 • 月度人岗匹配
			非物质激励 实现发展与可持续奋斗	

图 10-8 有激励，有发展

- CT 市场的竞争力来自不断降低 CAPEX（Capital Expenditure，资本性支出）和 OPEX（Operating Expense，运营支出），让客户盈利；而 ICT 市场的竞争力则在于产业生态的打造、渠道能力的构建和快速灵活的应变。
- CT 市场的组织能力在于提升效率和持续创新；而 ICT 市场的组织能力在于生态竞争力、面向企业的开放与协作能力和灵活的组织弹性。
- 聚焦的组织能力取决于依赖的关键假设，提升效率的关键假设是效率提升的目的是产能，持续创新的关键假设是弥补创新盲区和持续创新机制落地是取胜的关键，生态竞争力的关键假设是未来的竞争模式是生态的竞争，开放与协作的关键假设是数据通信领域内外开放和合作是关键制约因素，组织弹性的关键假设是应对未来的不确定性需要快速应变的组织弹性。
- 最后瞄准相关的组织能力，找到其关键差距，制定针对性的 HR 解决方案来完成闭环。

回到本实践，协议竞争力的 HR 解决方案就是 HRBP 在助力业务打造核心竞争力上的价值创造。从中我们也看到，基于业务解题的 HR 解决方案需要深度的定制化和集成性。从业务目标到人力资源目标、从业务策略到人力资源策略的过程中，HRBP 既要立足自身的优势领域，又必须始终与业务团队绑定在一起。HRBP 只有与业务团队一路从分析业务挑战、制定目标、生成策略走下来，才能制定出可切实解决业务问题的 HR 解决方案。

本实践中，在解决方案实施的过程中，HRBP 要清楚自身的站位，并充分发挥全功能项目团队的作用。面对复杂的业务问题的解题，切忌陷入孤军奋战的局面。同时 HRBP 对解决宏大业务问题的长期性和艰巨性要有充分的思想准备。在相对长期的过程中和跌跌绊绊的路径中，HRBP 要坚定方向和目标，有时要作为"移动充电宝"鼓舞团队士气，狭路相逢勇者胜，增强团队啃硬骨头的战略意志。

企业的竞争力分为三个层面：第一层是表层的竞争力，第二层是支持平台的竞争力，第三层是最核心的竞争力。第一层是产品层，包括企业产品生产及质量控制能力、企业的服务、成本控制、营销和研发能力；第二层是制度层，包括各经营管理要素组成的结构平台、企业内外部环境、资源关系、企业运行机制、企业规模、企业品牌、企业产权制度；第三层是核心层，包括以企业理念、价值观为核心的企业文化、内外一致的企业形象、企业创新能力、差异化的企业特色、稳健的财务、拥有卓越的远见和长远的全球化发展目标。

第四部分 ▶▶

战略层顶天——人力资源驱动业务发展

战略层的 HRBP 价值创造在于解决未来的问题，其目的是驱动业务的发展。所谓"不畏浮云遮望眼，只缘身在最高层"，HRBP 驱动业务发展的核心要义是用富有前瞻性的视野和战略性的眼光洞悉未来，站在未来看现在，诉诸当下的组织与人才布局，如此方能拨云见日、未雨绸缪。

看见未来，或许业务已经明朗，人力资源和业务并驾齐驱，升级相应的组织能力，将业务战略从天上落实到地上，化云为雨，是谓"使其可能"（Make it possible）。看见未来，或许业务尚不明朗，人力资源提前储备的组织能力犹如一片肥沃的黑土地，在上面可以种植更多的庄稼，解除业务前瞻时的后顾之忧；或者因为人力资源早期的组织和人才布局，通过"明白人"多路径、多梯队的探索，驱动业务战略渐进明晰；此两类拨云见日，是谓"使其发生"（Make it happen）。

人力资源规划并不是孤立存在的，其对业务而言是战略执行的重要组成部分，与业务战略规划相辅相成，互相促进，螺旋式上升。战略规划方向大致正确，战略执行要使组织充满活力，如下图所示。

战略规划方向大致正确,战略执行要使组织充满活力

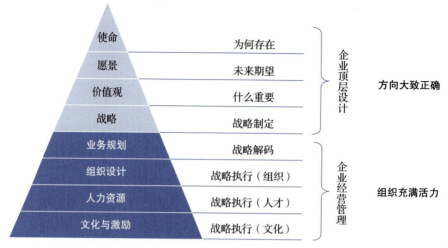

方向大致正确,组织充满活力

掌握常见的战略管理流程和方法论有助于我们形成清晰的脉络。人力资源战略规划最终要靠变革来落地,升级新的组织能力。本部分将阐述人力资源战略规划、变革管理能力的修炼。

第 11 章

第七式：从业务战略源头出发——方向大致正确

人力资源战略需要从业务战略出发，业务战略是源头。阿里总参谋长曾鸣教授曾经说："所谓战略，就是站在未来看现在。"然而，没有人可以真正地看见未来，人们都是以史为鉴，用后视镜来预测未来。所谓的未来仍是一幅受限于知识、经验和判断的想象画面。故而一切的战略规划都不具备绝对意义上的准确性和恒定性，必然会因时因势调整。如同任正非所说："产业方向和技术方向，我们不可能完全看得准，做到大致正确就很了不起。"战略规划方向要大致正确，其后便是在过程中不断地迭代刷新。

站在未来看现在需要充满想象力，但并非云山雾罩。战略规划可以做轻亦可做重，这取决于业务盘面的复杂度和组织规模的大小，但其可借鉴的思路和方法论是相通的。流程框架和方法论只能为战略管理提供基本的操作指导，有助于统一语系、对齐步调，却无法帮助我们做出真正卓越的战略。战略规划的本质是共识，目的是牵引。本章我们将举例阐述华为战略规划中使用的战略管理流程框架DSTE，以及华为和阿里均在使用的战略管理方法论 BLM。

第 1 节 DSTE——统一步调的战略管理流程框架

通过流程框架的约定来实现"齐步走"和"互锁"

战略规划是一号位工程，且是系统工程，需要将各组织联动起来，也需要将零散的、局部的体系流程衔接起来，还需要各组织和关键角色都参与其中。参与战略规划的各组织的最重要的业务单元规划需要互锁,即一个是另一个的输入,一个是另一个的依赖,通过齐步走(目标一致的)和互锁(目标、过程和依赖的)最终形成目标一致、策略一致、步调一致的战略。

如此浩大的系统工程需要一套流程框架来保障。DSTE(Develop Strategy To Execution)战略管理流程框架包括三大环节:战略规划、战略展开、战略执行和监控,是一个动态循环迭代的过程。DSTE战略管理流程框架如图11-1所示。

战略规划也称为SP(Strategic Planning),是一个大组织纲领性的方向和目标。战略展开也称为BP(Business Planning),是下层组织聚焦在本年度的业务经营规划,衔接上下层的动作是战略解码。战略执行和监控是经营和管理的过程,确保战略规划落地和闭环。

战略规划的流程框架并不是固定不变的,而是可以自由裁剪和优化的。事实上,它只是大规模组织协同的一个语言和约定。组织的惯性是很强大的,比如华为的战略管理做得相对较重,阿里做得相对较轻,而一个组织的"动态进化能力"对持续成功是至关重要的。在需要集团军作战的规模化企业里,那些崇尚灵动创意的人,坚决反对所谓传统规则和流程框架的人,最终会在需要大组织协同才能将战略落地的时候,被现实击得粉碎。

战略规划需要顶层设计和前瞻布局

有人倾向于认同战略是打出来的而不是规划出来,这有一定的道理但不完全正确。有道理的是战略需要立即行动,"战术有千百条,但头一条就是肯打"。战略规划固然不能坐而论道、纸上谈兵,但完全没有自上而下的顶层设计与思考、没有打提前量的前瞻性构想与布局也是非常"鲁莽"的,是在用战术的勤奋掩盖战略的懒惰。古语云:"不谋全局者,不足以谋一隅;不谋万世者,不足以谋一时。"在发展战略上,选择比努力重要;在战役战术上,坚持比选择重要。

对于典型的To B业务而言,没有顶层设计,就没有大规模的协同配合;没有前瞻布局,就会临到眼前手忙脚乱、应接不暇。战略时机的把握来自是否看得远、看得准,甚至是否能够创造机会窗以决胜千里,比如5G政策和市场的催生、5G技术的成熟、5G基站的部署、5G手机的上市时机之间的协同配合就是大战略。

第 11 章　第七式：从业务战略源头出发——方向大致正确　　267

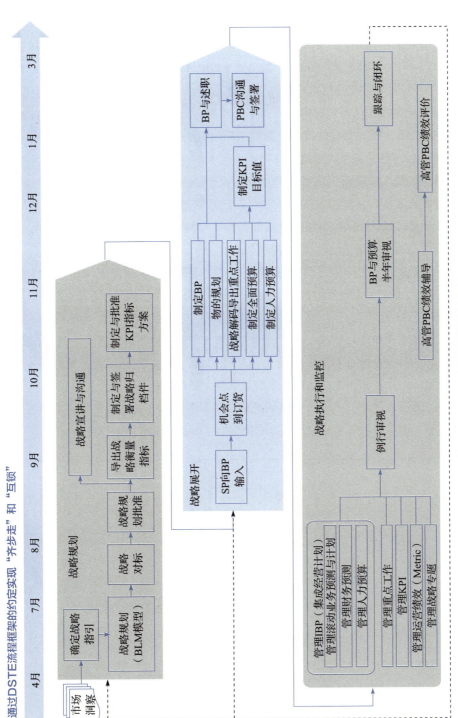

图 11-1　DSTE 战略管理流程框架

战略规划需要战略耐心和持续迭代的自我调适

战略需要战略耐心，战略规划也是如此。华为的战略规划一般聚焦未来的3～5年，但每年都在迭代刷新；每年的战略规划从启动、汇报通过到定稿要历经大半年的时间。然后稍做喘息，下一年的战略规划又启动了。有人会提出疑问，这么笨重的流程和大规模的投入是否值得，难道业务团队就不用干别的事情了吗，这么冗长的规划时间就不会耽误战略时机吗？

事实上，对于华为及下属事业群这么庞大的业务体量而言，业务和组织的复杂度超过一般人的想象，这与通信行业的业务特点有关。战略规划的工作与日常业务活动紧密相连，华为作战部队中也并没有脱离日常业务活动的专属部门和个人（战略规划部只是牵头组织的职能部门）。华为平时"低头拉车"的同时也"抬头看路"，抬头看路的时候也不会停下脚步。

战略规划是一个持续的、反复迭代的过程，包括两个关键意思：其一是"持续过程"，其二是"反复迭代"。持续过程表明"战略规划的过程比结果更重要"，虽然很多企业无须像华为一样做重战略规划，但一定不能变成短期的突击任务；突击任务式的战略规划是自欺欺人，他们只想得到一个叫作战略的输出文件而已。反复迭代是因为战略一般要看到未来的3～5年，因此具有相对稳定性和绝对易变性，相对稳定的是内核和方向，绝对易变的是策略、路径和方式方法。如果战略一直没有变化，那反而说明其是一个平庸的战略；如果战略总是处于变化中，左冲右突、探索试错、穷尽路径，那说明其不是一个战略，而是一个群体无智慧的臆想。

我们经常听到带有"规划"的词组，如战略规划和职业规划。在有些实战派的眼里，他们更坚信战略是打出来的、职业是干出来的，而不是规划出来的。这其实与行业和时代有关，在以往消费互联网野蛮生长的年代，横冲直撞杀出一条血路的可能性比较大；而进入产业互联网时代，数字化赋能传统行业，所面临的复杂度和集成度变高了，企业的试错成本更高（包括时间成本），简单地通过试错和迭代的思想已行不通。无论是传统企业还是号称"灵动快速的互联网企业"，现在都已开始加大对战略规划的投入了。

第2节 BLM——统一思维的战略思考方法论

战略管理的流程框架定义了关键活动和相互间的协同关系，而在开展战略规划工作时，其思维逻辑和使能也有很多科学方法。业界有诸多关于战略管理思维逻辑和使能的方法论和工具，其本质是相通的。业务领导力模型（Business Leadership Model，BLM）是一个常见的用于战略制定与执行连接的方法论，早期在 IBM 运用，并被华为发扬光大。

BLM 从战略和执行的各方面帮助管理层在企业战略制定与执行过程中进行系统的思考、务实的分析、有效的资源调配及执行跟踪。它能够帮助组织建立统一的战略到执行的语言体系，协同各个模块职能的思维框架，如图 11-2 所示。

通过BLM建立统一的语言体系和思维框架

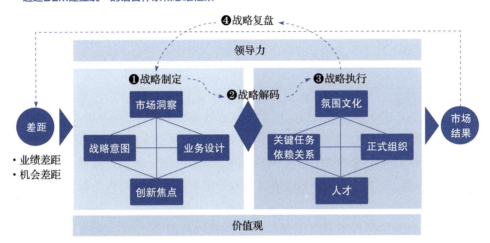

图 11-2　BLM 方法论

领导力、价值观

- 企业中常见的战略管理根本问题都与领导力和价值观相关。一是战略制定环节没有共识，战略不清不楚，以至于无法对组织的具体业务管理工作形成指导。二是战略展开环节没有解码，也没有衡量标准，无法将企业战略分层解码到各层管理者乃至员工，以至于战略无法执行。三是战略执行环节没有管控，也没有考核，缺乏有效的管理方法和工具，以至于战略执行落地不到位。

- 俗语道："问题出在前三排，根子就在主席台"，要避免这些常见的根本问题发生，在战略管理中就需要谨记领导力是关键、价值观是核心。企业核心管理团队是企业领导力水平的标尺，是文化的代言人，要加强自我修炼、提升领导力水平，并确保价值观反映在企业战略上。各层级管理者要确保价值观是日常执行中的一部分，是决策与行动的基本准则。

- 价值观是制定战略的指导原则，同时对于员工也异常重要，它实际上是推动大企业前进的重要武器。价值观的作用是驱动数以万计的员工在不被告知的情况下，凭借对价值观的理解做出企业期望的事情，呈现出统一的行动方向。很多事情是定义不清或不可提前预测的，在没有答案的时候，价值观可给一个指导，以便寻找答案。

战略部分

战略由现状和期望业绩之间的差距激发，战略制定需要充分考虑外部环境（市场洞察）、内部目标（战略意图）、新的可能性（创新焦点），最后落脚到具体的客户、价值和定位上（业务设计）。

差距

- 战略是由不满意激发的，而不满意是对现状和期望之间差距的一种感知。差距产生压力，压力带来动力。差距包括业绩差距和机会差距。
- 业绩差距是现有业绩结果和期望值之间差距的一种量化陈述，一般是没做到。业绩差距或许可以通过高效的战略执行填补，而不需要新的业务设计。
- 机会差距是现有经营结果和新业务机会所能带来的经营结果之间差距的一种量化评估，一般是没想到。填补一个机会差距需要有新的业务设计。

战略意图

- 战略意图指的是组织机构的方向和最终目标，与企业的战略重点相一致。明确战略意图是战略思考和规划的第一步。
- 战略意图确定过程中常见的问题是战略意图过大或过小。战略意图过大而自身能力不够，使得战略执行动作变形；战略意图过小就不舍得投入，最后使得机会丢失。
- 要想实现战略意图，需要考虑：做多大的投入，收入和投入如何；敢不敢投入，如何控制风险。华为自创立以来就确定每年把不少于收入的10%投入研发，才有了今天的厚积薄发。华为对投入的策略是针对确定的领域，战略聚焦、饱和攻击；针对不确定的领域，多路径、多梯队地探索尝试。

市场洞察

- 市场洞察一般会被定义为"五看":看行业、看客户、看竞争、看技术、看自己。了解客户的需求、竞争者的动向、技术的发展和市场经济状况,以把握机遇和风险。市场洞察力的缺失会导致后续战略规划采用错误的支撑信息和假设,从而对业务设计产生负面影响。
- 市场洞察所输出的观点和洞见要深入透彻,对后续工作的展开有触动和启发意义,这是体现一个组织及其操盘手实力的地方。比如,从企业的销售板块看竞争对手,不能只是简单的信息搜集,一要能够看透本质,深入分析竞对信息变化后面的事物本质和战略意图;二要能够看出弱点,不被竞对的优势所迷惑,从竞对的"出牌"中找到薄弱之处,集中资源和火力出击;三要看见三步,有预见性,不仅要看到竞对已发生的行为,还要通过相关经验、数据积累、分析看到竞对未来可能采取的措施。

创新焦点

- 通过试点和深入市场的实验,从广泛的资源中过滤并探索新想法,谨慎地进行投资以应对行业的变化。简言之,新业务和老业务间的不同即为创新焦点。
- 创新是常态,人无我有、人有我优,不断学习持续改进,而不是一直在延长线上走,跟随策略(Follow, Me too)没有出路。但是,我们也要反对盲目的创新,没有效益增长的创新都是伪创新。华为提倡依托现有业务、存量资源和既有客户场景进行创新。

业务设计

- 战略思考要归结到业务设计,战略规划的落脚点就是业务设计。行业价值是不断转移的,华为采用 VDBD(Value Driven Business Design,价值驱动业务设计)方法进行业务设计。
- VDBD 是 Mercer(美世)咨询公司开发的一种基于价值转移驱动的业务设计方法,是一种用来制定创新性增长战略的经过实践检验的方法。VDBD 业务设计模式的核心要素是价值转移、利润区、客户系统经济学(客户经济环境是理解客户的关键)、利润模式。
- 进行业务设计时,要反复自查直击灵魂的问题:如何利用企业内部现有资源?如何创造可持续的战略控制点来探索一个新的业务设计?新的业务设计能否建立在现有能力基础上?如果不能,又能否获得所需要的新能力？评估业务设计要考虑六要素：客户选择、价值主张、商业模式、业务边界、持续价值（战略护城河）、风险管理。

执行部分

战略执行是根据业务设计对关键任务进行拆解，并能充分评估完成这些关键任务所需要的组织保障、人才与能力、文化氛围以及团队目前存在的差距，在此基础上形成清晰的发展计划。

关键任务

- 关键任务起到承上启下的作用，既要支持业务设计，尤其是业务设计中价值主张的实现，又要统领执行的其他部分。关键任务是持续性的战略举措，包括业务增长举措和能力建设举措，同时也要将重要的运营流程的设计与落实包括在内。除了设定关键任务之外，我们还要识别出这些关键任务之间的相互依赖关系和资源投入等。
- 一般需要反复自查的问题：从客户角度看，增加客户价值需要哪些具体任务？这些任务与合作伙伴的相互关系怎样？任务的投入产出是否已经被很好地预估衡量？相应的风险是否已被充分考虑和恰当地评估管理？

正式组织

- 正式组织是对关键任务的基本组织保障，不只是指组织结构这种"硬组织"。为了确保关键任务和流程能够有效地推进和执行，我们需要建立相应的组织结构、流程体系、知识管理以及考核标准。
- 组织设计的最终目标是解决生产力和生产关系的问题。组织中的岗位要合理设置、职责分明。流程体系实际上是对资源权力的分配，包括规章制度、决策流程、授权问责、协作机制等。知识管理的目的是让能力沉淀在组织之上。考核激励包括目标与绩效管理、奖励与激励。
- 一般需要反复自查的问题：现有的组织及相关的机制是否与业务设计相匹配？当前各种组织要素是否能促进关键任务的完成？

人才

- 为了支撑关键任务，我们需要对人才需求、关键岗位和人才布局进行定义，理解人才和能力之间的差距及挑战，通过外部获取、内部培养、合作等方式实现人才供给。

- 一般需要反复自查的问题：当前团队的能力矩阵是怎样的？当被赋予重要任务时，团队是否有完成任务所需的技能和动力？

氛围与文化

- 氛围是指与企业战略执行相关的管理氛围以及对工作环境的感知。文化是指员工默认的行为准则，这和企业的价值观有很大的关系。在团队中，打造胜利的文化、价值贡献的文化、协作的文化异常重要。
- 一般需要反复自查的问题：团队工作氛围如何，是否与业务设计匹配，是否有阻碍客户价值的地方？上级的文化和价值观是否得到良好的传递和实践？是否有完成关键任务需要特别建立的文化氛围？

 方法论是将方法进行归纳整理之后形成的一套可以重复使用的思维框架和逻辑。方法论在大型组织里的价值是对齐语言，如果指望通过共同的实战学习来磨合就会进化太慢。新组建的大型组织，每个人都在追求自己的"最优解"，但整个组织反而都没有"及格解"。使用主流的共同语言要优于每个人固执于自己偏狭的模式，确保每个人看待人员、组织、文化、系统、变革等问题的一致性，减少争吵、伤害，把问题转化成议题，有助于形成有力的改进行动。

BLM 的价值核心就在于统一语言与逻辑、贯穿战略与执行的力量。BLM 思维框架的每个节点也可由不同的方法论填充。战略做得好不好，最关键的是对业务的理解，而不是方法论。如果方法论掌握得好可以帮到我们，我们也可以融会贯通地自创方法论。

第3节　人力资源战略是业务战略的核心组成

人力资源战略与业务战略孪生于"同场域"和"同时域"

业务战略必须落实到组织、人才、文化氛围的执行举措上。人力资源战略也不全是人力资源部的事情。基于经营责任制的业务单元，各级管理团队在相应范围内获得了业务管理的授权，同时也承担了本组织人力资源战略制定与落实的责任。实际在进行战略规划时，以业务为纲，各职能团队围绕业务一起开展战略规划的全流程工作。在 BLM 方法论的逻辑里，HRBP 全程参与，只是各阶段的投入侧重不同，如图 11-3 所示。

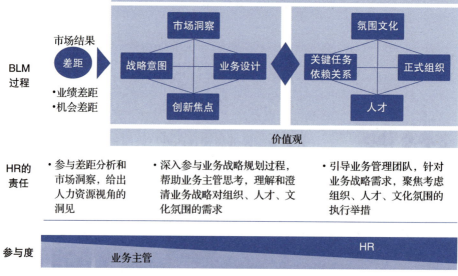

图 11-3　人力资源战略是业务战略的重要组成

人力资源战略规划不是人力资源部闭门造车的产物，也不是了解了客户和业务部门的需求后创造出来的。人力资源战略规划与业务战略规划出自同门，来自同一个战略规划工作组。它是工作组中人力资源部的代表与业务伙伴、各职能伙伴在战略生成的各个环节中，在同一个"场域"和"时域"一起工作而生成的。

在差距分析阶段，HRBP 的责任是参与差距分析和市场洞察，给出人力资源视角的洞见。在战略规划阶段，HRBP 深入参与业务战略规划过程，帮助业务主管思考，理解和澄清业务战略对组织、人才、文化氛围的需求。在执行规划阶段，HRBP 引导业务管理团队针对业务战略需求，聚焦考虑组织、人才、文化氛围的执行举措。

人力资源战略与业务战略表现出的整体一致性

人力资源战略是业务战略的核心组成部分，虽然有概念上的区分，但实质内容是相互交织、融为一体的。若要直观地理解这个说法，我们可以假设现在是在战略规划的汇报场合。

❑ 比如，事业部总裁向事业群总裁汇报战略规划，那么人力资源的内容应该是他汇报的一部分。如果报告的整体篇幅是 20 页，那么人力资源的内容应该在 4 页左右。20 页之间的逻辑关系是浑然一体的,后 4 页与前 16 页前后呼应,并没有堆砌感。如果事业部总裁的汇报没有人力资源的内容,或者人力资源部分的篇幅太少,又或者人力资源部分犹如一个补丁,那么这是一个危险的信号,说明人力资源规划与业务战略规划脱节了,HRBP 并未真正融入战略规划。

- 再比如,事业部 HRD 向事业群 CPO(Chief People Officer,首席人才官)汇报战略规划,业务的内容应该是他汇报的一部分。如果报告的整体篇幅是 20 页,那么业务的内容也应该在 4 页左右,20 页之间也是有逻辑、前后呼应的。如果 HRD 的汇报缺少业务的内容,或者轻描淡写,或者硬生生地堆砌,那么这个人力资源战略规划也是无源之水。

两个不同的汇报场合关注的侧重点和颗粒度不同,但表现出来的"整体"是一致的,"目标与靶子"是一致的,"核心思路和策略"也是一致的。如此,才能说从业务战略到人力资源战略,从业务规划到人力资源规划。

 战略有分层级和分周期的属性,战略、策略、举措是递进的关系。在企业各组织层级上下联动进行战略规划的具体过程中,下级组织不用纠结战略和策略这两个名词的差异,因为上级的策略可以转化为下级的战略,业务的策略可以转化为职能的战略,长期的策略可以转化为当下的战略。通俗来说,战略是要干什么与走向哪里,而策略是怎么走。一个完整的战略规划,应该包括长期战略规划(SP)与短期业务策划(BP)。

第 4 节 专题与实践:抓机会——战略取舍间的聚焦点

【实践背景】

战略即是取舍,取是能力,舍是智慧,取舍间聚焦的是抓住机会。战略规划是一个统称,其下包括整体的业务战略、市场战略、产品战略、人力资源战略等。一般而言,市场战略和产品战略会被囊括进整体的业务战略。人力资源战略相当于整体的业务战略的执行部分,关乎业务战略的最终成败,因此一般会单列出来重点规划。战略规划由差距出发,最终生成弥补业务差距或机会差距的创新焦点,这是一个面向未来抓机会的活动。而要抓住新机会,大多需要新的业务设计和组织能力，这是人力资源战略规划需要重点着力的地方。

本节实践"面向云化转型的人力资源战略规划"描述的是一个软件平台事业部在云化转型过程中的人力资源战略规划，既包括围绕业务的人力资源规划，也包括人力资源本专业的规划。为便于非 ICT 领域的读者阅读，本节仅摘取部分内容以作示意。

【实践案例】

人力资源战略规划对于 HRBP 来说是战略规划，对于业务人员来说其实是业务战略的执行部分。因此，人力资源战略规划必须承接业务战略，聚焦回答业务战略提出的关于人力资源的核心问题。其思考逻辑和框架如图 11-4 所示。

承接业务战略，聚焦回答组织人力资源的核心问题

输入	业务规划回答：业务战略	HR规划聚焦：战略执行
BG业务战略规划 公司和上级部门人力资源战略指引	聚焦客户业务与技术发展，打造业界最佳软件平台，提升产品和解决方案竞争力，助力公司商业成功 • 快速完善产品与解决方案竞争力，面向行业发展寻找创新机会点，拓展产品市场 • 构筑差异化技术竞争力，促进产品线解决方案成熟，参与行业生态建设，牵引客户业务发展 • 技术和解决方案竞争力"赢领"，细分市场灵活交付，与友商和客户联合创新，共建行业生态	①基于业务战略识别的关键能力差距（如前端平台先行能力、快速响应能力、协议能力、软件能力等），从组织人才角度如何解决 ②面向未来，组织的人才策略如何变化，才能有效支撑软件平台先行一步 • 在方向大致正确的前提下，平台先行的组织应该如何设计，如何运作 • 如何产生协议Fellow（指最高的技术人才头衔）和有影响力的技术专家 • 如何通过员工的"活"和组织的"力"，构建充满活力的组织，重塑平台品牌和气质

注：在人力资源领域，以往做的好的继续坚持，本次主要聚焦组织人才方面的关键问题

图 11-4　人力资源战略规划的思考逻辑和框架

- ❏ 承接业务战略不仅要从本领域的业务战略直接出发，还要更向前一步看到业务战略生成的源头，一般是上级组织的业务战略规划以及企业的人力资源战略指引。
- ❏ 分析业务战略和核心业务策略，一般会归结为在新的形势下构筑差异化的产品和解决方案竞争力、高质量的交付，达成商业成功和客户满意。人力资源侧需要回答关于组织人才的核心问题，一般可以归结为在未来新局面下支撑业务战略和核心业务策略所需要的关键组织能力。

对于一个相对成熟的组织来说，战略规划是每年都在持续做的动作，思路和报告也是迭代刷新的，不能为了求新求异或标新立异而彻底推翻此前的内容。战略规划持续的迭代刷新，是真正地站在前人的肩膀上再上新台阶。

人力资源战略规划大图

在人力资源战略规划前，我们需要承接业务战略规划的报告，作为进入主题的前序。事实上，HRBP 需要深度参与业务战略规划的全过程。此处因信息脱敏及读者可理解的需要，对作为前序的业务战略规划仅简要表述。

- ❏ 在未来新的局面下，业务的新定位和发展方向。
- ❏ 关于洞察"五看"的发现、洞见和启示。
- ❏ 未来行业和客户的演进及对我们的影响。
- ❏ 未来业务的战略目标和关键业务策略。

经过业务导入的前序和人力资源的洞察，下面正式进入人力资源战略规划。人力资源战略规划大图一般呈现为经典的房子图，衔接了业务对人力资源的诉求、新组织能力的构建、人力资源专业领域的大颗粒规划，如图 11-5 所示。

软件平台事业部人力资源战略规划最终的目标是构筑平台核心竞争力，从而支撑 ICT 成功转型。业务战略、核心业务策略、外部洞察对组织的诉求是人力资源战略规划的输入，这些诉求需要构建或增强新的组织能力。

- ❏ 未来行业、客户和技术发展的趋势以及多形态客户的诉求，需要构建平台的先行能力，让平台先于其支撑的产品准备好。
- ❏ 未来行业趋势和客户痛点需要协议快速演进并全面提升竞争力，追赶并逐步超越友商。
- ❏ 新的软件技术对嵌入式平台的改造与促进，需要提升软件与架构能力，用先进的软件技术与架构来重构现有的平台。
- ❏ 对于平台部门来说，经营责任制下的经营诉求需要提升敏捷响应的能力，不断提高人效。

除了上述业务诉求外，在人力资源专业领域我们需要不断激发组织活力，促进组织融合使运作有力，促进人才流动以释放活力。我们需要构筑精神文明，在物质激励的前提下加强非物质激励，通过机会牵引核心的高潜力人才快速脱颖而出；打造士气高昂、开放自信、技术领先的组织氛围。

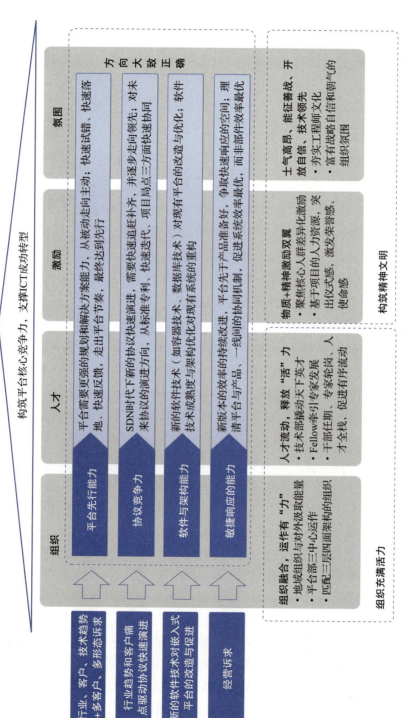

图 11-5　人力资源战略规划的房子图

这些纵横交织的维度确保战略规划方向大致正确、组织充满活力、构筑精神文明，共同组成了完整的人力资源战略规划版图。

以该版图为第一层，接下来的规划需要下探到第二层，对人力资源框架大图中的每一项进行剖析和解题。横向的组织能力在先，纵向的专业领域垫后。在阐述完面向业务解题的 HR 解决方案（横向的梁）之后，我们将继续阐述人力资源专业领域的规划（纵向的柱）。本节实践中我们仅以平台先行能力与敏捷响应能力进行示意。

 战略规划报告要以大颗粒度、主要的矛盾和问题为突破口，逻辑是严谨的，但内容不是面面俱到的。洞察报告也是如此，若以往已经有较为全面的洞察，此处仅深度挖掘变化了的或对后续规划有重大价值的洞察即可。

平台先行能力

构筑平台先行能力，HRBP 如何认知和解题呢？沿着平台的业务流去思考，我们认为平台要做到先行，需要从前端规划、中端开发、后端交付中分别找到核心优化点，从而提升整体效率，并有余力向前探索，确保能匹配上大致正确的业务方向。平台先行能力的解题思路如图 11-6 所示。

❏ 前端规划必须有广泛而深入的触角，包括商业需求管理和技术发展规划两个领域的触角，形成商业与技术的双轮驱动。只有尽可能向前延伸，才能看得更加长远，前瞻性是平台先行的基础。

❏ 中端开发包括需求决策与开发两个环节。当需求规划进入组织时，我们需要一个快速的决策机制对需求进行接纳决策和优先级决策。经过决策后的需求进入开发流程，因为不同的优先级、不同的上市时机，形成并行的四代开发模式。四代开发模式需要合理的排兵布阵和管道管理，我们将兵力分为技术先行项目（先遣部队）、主线开发项目（主力部队）、维护项目（垫后部队）以及工具支撑保障项目（后勤部队）。

❏ 后端交付需要快速通过试验局进行验证，找到商用局进行交付，并快速将获得的反馈注入规划，通过自适应的负反馈来进行系统调节，不断校正我们的规划。

因为软件平台事业部是一个相对成熟的组织，所以在这个解题思路中的关键环节里，大部分的活动已经具备，剩下一些需要修正、加强或补充的关键点成为本次人力资源规划要重点解决的问题。以该平台先行能力解题为第二层，接下来的规划需要下探到第三层，对解题中的三个关键点进行阐述。

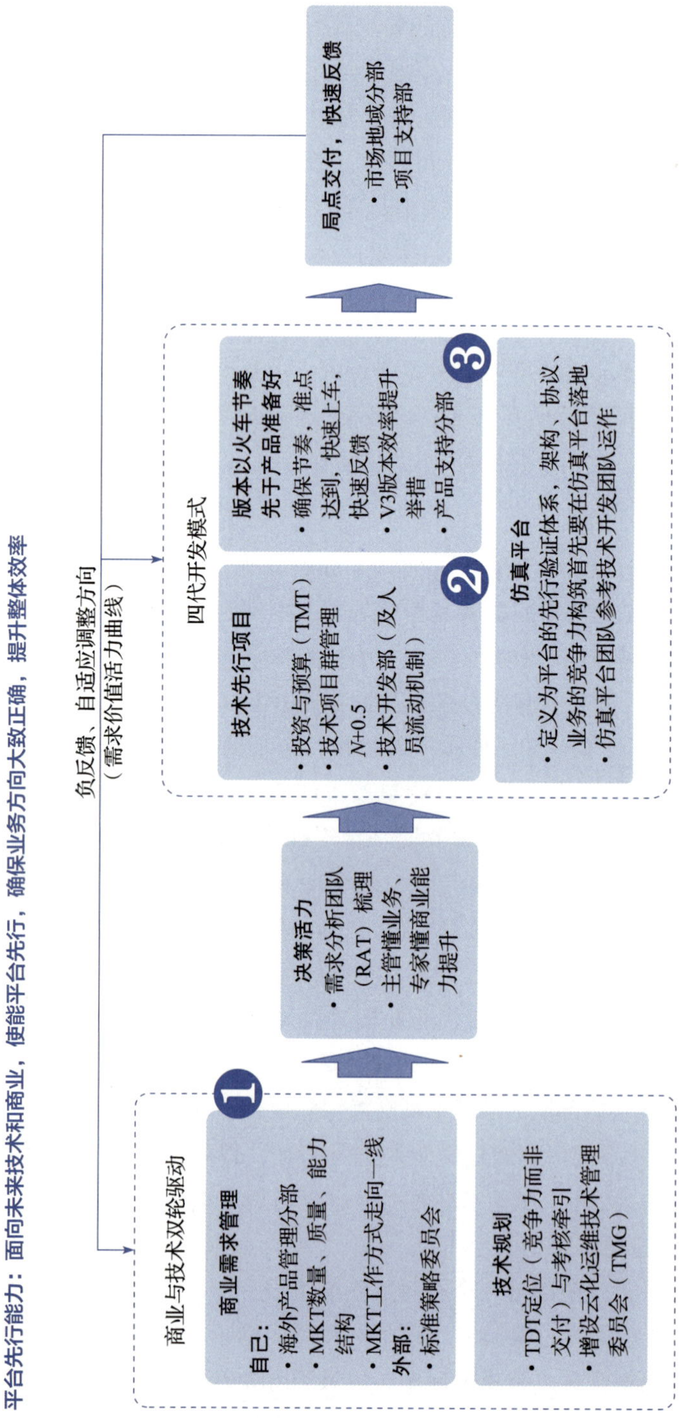

图 11-6 平台先行能力的解题思路

对于每一个业务的解题,我们需要根据课题的特点和认知进行全面深入的剖析。如何做到全面,通常我们会使用一套框架来帮助思考。这个框架可能是已存在的,也可能是自创的。如何做到深入,更多的时候取决于我们对问题的认知深度。在前文中我们说,理解业务的源头是问题域,理解业务的关键是业务流的运行逻辑,意即在此。

举措1:加强前端规划与决策能力建设

针对前端规划与决策能力建设,形成三级组织:MKT(Marketing,市场)与规划部、TDT(Technical Development Team,技术开发重量级团队)、开发部。三级联动,"张开IPD的喇叭口",实现整体规划与分析的快捷度,如图11-7所示。

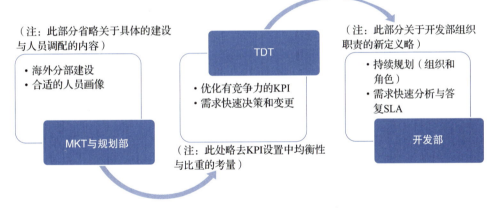

图11-7 加强前端规划与决策能力建设

- ❑ 加强一级组织MKT与规划部的建设,特别是向外延伸的海外分部建设,通过招聘和内部的指令性调配来完成人力补充。
- ❑ 优化二级组织TDT的KPI,调整有竞争力的KPI的权重,并在日常管理中对需求决策和变更SLA(Service Level Agreement,服务等级协议)进行度量,驱动组织快速奔跑。
- ❑ 保障三级组织开发部本领域内持续规划的组织和角色的配置,并在日常管理中对需求快速分析和答复SLA进行度量,驱动组织内部改进。

举措2:成立以技术开发部为主的孵化器

吸取以往在技术先行项目上的教训,成立技术开发部实体组织,以此为孵化器,加强"预研一代"和"规划一代"的投资保障,如图11-8所示。

举措2：以技术开发部为孵化器，外联海内外高校，内部技术先行项目管理

分类		原来（AS IS）	问题	改进（TO BE）
投资决策		BMT和SPDT投资（含少量技术项目投资）	前端需求关注不够，不利于技术先行的规划	BMT和SPDT + TMT投资（大颗粒项目，技术项目等）
项目管理运作		1. 按需组建项目组，挑选项目经理（PM），项目结束后团队解散 2. 跨领域的技术项目由多团队成员组成，按资源团队的责任田进行任务分工	1. 资源不集中：技术项目成员来源分散，较多为兼职投入，资源协调困难 2. 项目管理松散：PM机动，责任田分工较细，跨团队的问题裁决困难，新领域、新技术的归属不易判定 3. 技术项目在KPI中比重偏小，部门主管关注少 4. 无组织，能力固化和知识管理固化难	成立技术开发部 预研一代：对关键技术进行研究验证，支持中长期业务决策或关键技术储备 规划一代：消除技术堵点，以及大颗粒交付进度风险，支撑在研版本稳快速交付的竞争力特性

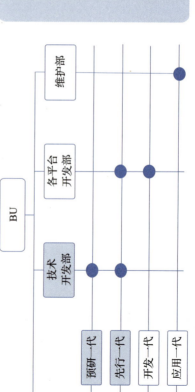

技术开发部的主要职责
- 加强预研一代、规划一代的投资保障……
- 对外拉通美研、欧研、印研等外部研所的技术开发工作，加强与高校，合作商等外部资源的连接
- 构建软件技术能力，打造开放进取的技术精英团队

运作思路
- 组织有保障：……
- 运作有管理：……
- 人员能流动，能力能固化

图 11-8 以技术开发部为孵化器

- 人力资源需要对技术投资的决策机制进行优化，改变以往主要由商业经营单元投资的局面，新增大颗粒技术项目的 TMT 投资。
- 成立技术开发部，确定主要职责，落实预研一代和规划一代的责任。对外拉通高校和海外研究所，对内构建软件技术能力，打造开放进取的技术精兵团队。
- 确定技术开发部的运作思路，解决其与各平台开发部之间的排兵布阵、人员流动与协同作战的问题。

举措 3：人力资源支撑研发版本的效率持续提升

提升整体主力研发版本开发效率意义重大，既可以保障平台研发版本先行于产品研发速度，也可以留出余力，将资源向预研和规划迁移。因为开发效率是一个系统问题，我们横向沿着业务流程从战略规划到执行（DSTE）、集成产品开发（IPD）、销售线索到收入（LTC）来分解，纵向沿着投资与决策效率、产品包交付效率、员工个体交付效率来分解，如图 11-9 所示。

人力资源在研发效率持续提升的各个分解环节都可以与业务举措配合，通过预算、组织、人才和文化激励等综合手段助力业务策略的实施。

- 比如，在投资与决策效率里以优化 TMT 预算、管道隔离、人员流动来支撑技术先行项目和 IP 标准与解决方案。
- 比如，在产品包交付效率里通过组建可定位小组和优化考评导向来提升系统级问题的定位效率，通过工具生态和产品支持组的建设来提升上车与维护效率。
- 比如，在员工个体交付效率里通过全功能团队建设、业务全栈能力模型、工匠精神、零缺陷文化来激发员工。

敏捷响应能力

对于构筑组织的敏捷响应能力，HRBP 如何认知和解题呢？在一个大规模的商业研发组织里，构筑具有敏捷优势的竞争力需要从 Outside-in 视角出发，首先面向客户界面的商业敏捷，其次面向在组织内部作为指引的战略敏捷、作为价值创造的组织与流程敏捷、作为支撑的基础生产系统敏捷。敏捷响应能力的解题思路如图 11-10 所示。

在关于敏捷响应能力的解题思路中，我们面临的具体挑战集中于商业敏捷、组织与流程敏捷和基础生产系统敏捷。以该敏捷响应能力解题为第二层，接下来

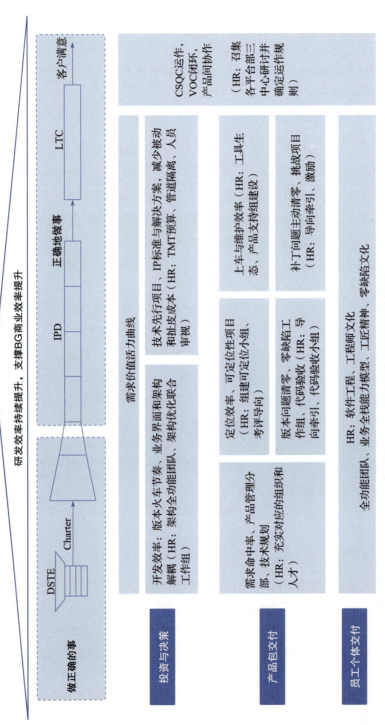

图 11-9 研发版本效率提升的分解

面向未来变化，建立具有敏捷优势的竞争能力

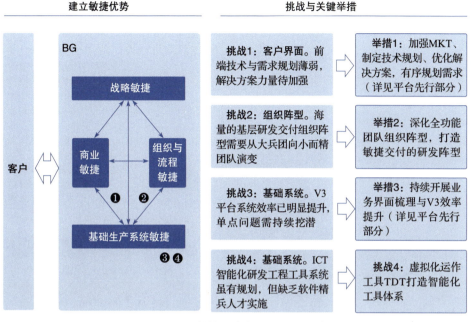

图 11-10　敏捷响应能力的解题思路

的规划需要下探到第三层，针对具体的挑战提出应对的关键举措。此处仅以第 2 项举措进行示意。

建立开放、敏捷、快速响应的基层组织阵型

基层研发交付组织具有海量的特点，因此提升其敏捷响应能力对整体系统具有较大的规模撬动作用。基层研发交付组织阵型需要由大兵团向小而精的团队演变，深化全功能团队，打造开放、敏捷、快速响应的基层组织阵型，如图 11-11 所示。

在软件敏捷开发模式里，我们从对基层软件组织阵型的研究中得出"三个面向"的断言，即面向业务要能够相对独立、减少依赖、减少耦合；面向管理要一个管理者统筹，简化管理；面向成员要一专多能，减少分工传递，最终走向全栈。这也成为我们优化基层软件组织阵型的基本指导原则。

因此，我们将根据业务特点来深化三种模式的全功能团队。在具体的研发项目中进行落地，并同步优化组织、考核评价权、任职牵引等。

- 架构全功能团队将形成全系统与子系统的双层架构组织，负责交付架构的框架代码，看护架构解耦成果及其演进，并在具体的项目中落地。

- 特性全功能团队将跨越原来的按分领域运作的模式，围绕需求包组建横跨领域的特性全功能团队，责权利合一。
- 模块全功能团队基于模块来组建设计、开发、测试融合的战队。

匹配架构解耦，建立开放、敏捷、快速响应的基层组织阵型

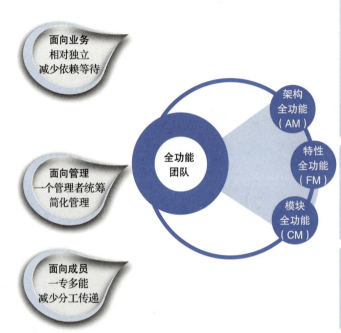

图 11-11　建立匹配架构的基层组织阵型

组织充满活力

打造开放的外向型组织，强化组织的"力"

围绕组织架构（骨架）、关键组织单元能力（肌肉群）、职责与组织协同（神经系统）来打造开放的外向型组织，如图11-12所示。

- 在组织架构的设计上遵从软件研发的康威定律，按照软件架构来匹配实体组织，各组件之间实现独立构建、独立验证；精简各开发部的组织节点，简化管理；实施各地域的业务迁移与备份，让组织归位。
- 在关键组织单元能力上遵从"三个面向"的基层组织原则，实现"小快灵全"的项目型基层组织，同时牵引研发人员向全栈工程师转型升级。
- 在组织职责与组织协同上遵从开放、均衡、补位的原则，以持续改进委员会为轴心，成立产品支持中心，面向产品提供统一的支持接口，快速响应；通过地域研发中心的运作，面向身边同事和同行结对，拉通能力建设；面向自己落实自我批判，打造开放氛围。

打造开放的外向型组织，强化组织的"力"，提升客户满意度

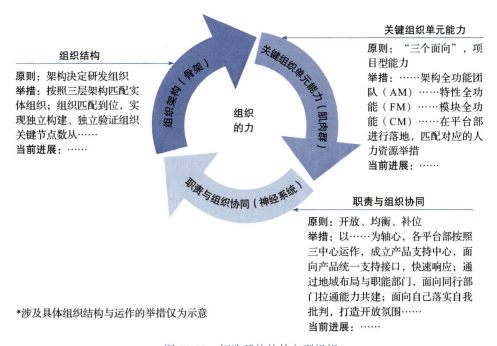

*涉及具体组织结构与运作的举措仅为示意

图 11-12　打造开放的外向型组织

流动一批，激发人才多向流动的"活"力

人才的"活"力需要通过流动来激发，并实现在多向流动中循环赋能。我们需要重点激活干部群体的流动，以及规划兵种间多向有序流动，并通过导向要求、人才盘点、评议激励等基础工作联动管理来支撑落地。人才的流动如图 11-13 所示。

干部群体的流动既要坚决服从安排，又要敢于"五湖四海"，围绕干部资源池，从推力和拉力入手驱动其不断前进。

- 推力是一种鞭策力，强调坚决服从安排。为此，计划推行干部任期制，任期结束后进入干部流动资源池。
- 拉力是一种牵引力，强调敢于"五湖四海"。为此，将在干部选拔时考察其"走出去"的意愿，并由组织层面实时进行内部空岗的管理和外部空岗的扫描，触发空岗预警与管理，使人与岗位及时匹配。对于敢"五湖四海"的干部将给予激励，扶上马、送一程，并配备左膀右臂，带着干粮上战场。

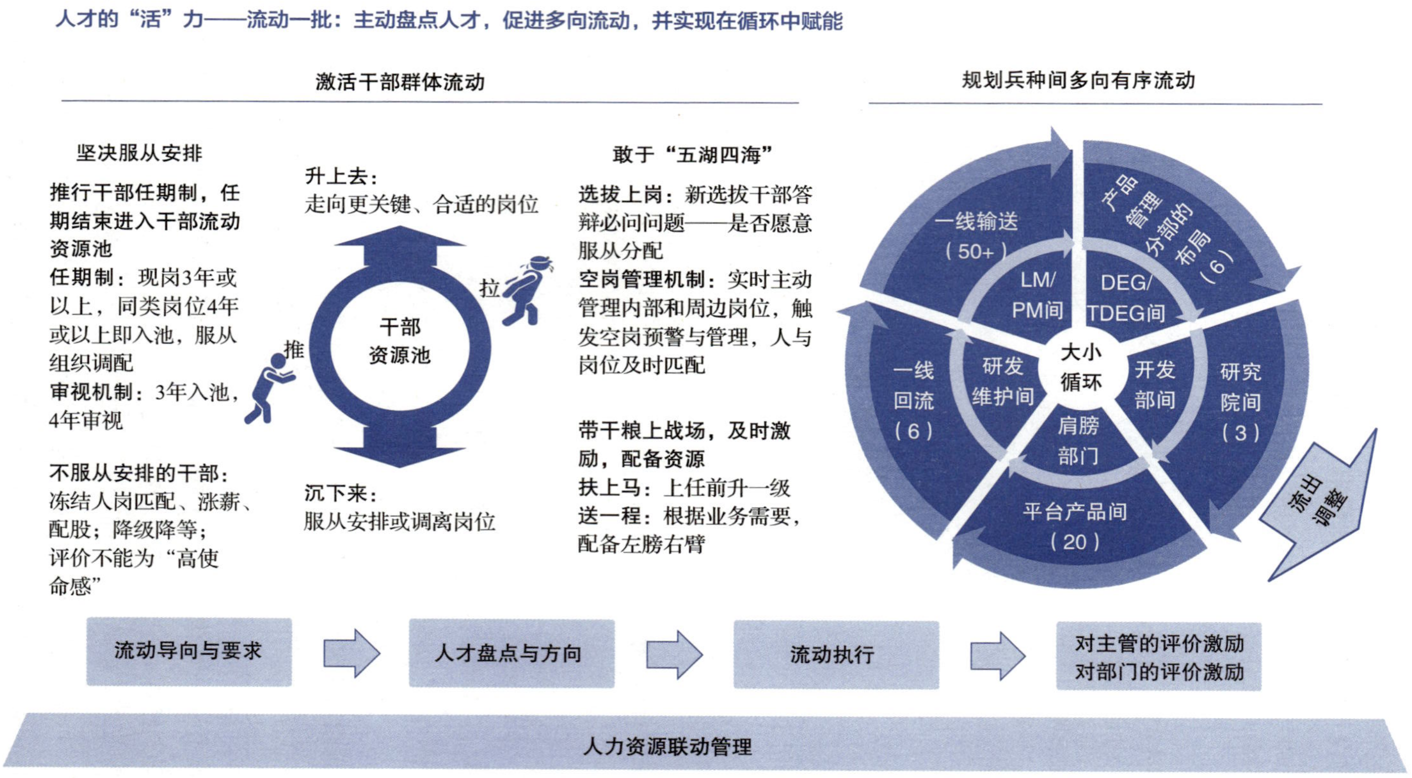

第四部分 战略层顶天——人力资源驱动业务发展

人才的"活"力——流动一批：主动盘点人才，促进多向流动，并实现在循环中赋能

激活干部群体流动

规划兵种间多向有序流动

大小循环：
- 研究院间（3）
- DEG/TDEG间
- 呼叫售后维护间（9）
- 一线输送（50+）
- LM/PM间
- 开发部门
- 肩膀部门
- 平台产品间（20）
- 一线研发维护间
- 一线回流（6）

干部资源池

升上去：走向更关键、合适的岗位

沉下来：服从安排或调离岗位

坚决服从安排

推行干部任期制，任期结束进入干部流动资源池

任期制：现岗3年或以上，同类岗位4年或以上即入池，服从组织调配

审视机制：3年入池，4年审视

不服从安排的干部：冻结人岗匹配、配股、降级降等；评价不能为"高使命感"

敢于"五湖四海"

选拔上岗：新选拔干部答辩必问问题是否愿意服从分配

空岗管理机制：管理内部和周边空岗，发空岗预警管理，人与岗位及时匹配

带干粮上战场，及时激励，配备资源

扶上马，送一程：上任前升一级，配备左膀右臂；根据业务需要

| 流动导向与要求 | 人才盘点与方向 | 流动执行 | 对主管的评价激励
对部门的评价激励 |

人力资源联动管理

图 11-13 人才的流动

兵种间的人才循环流动强调"之"字形发展,并在循环中实现组织赋能,为此开展有序的多向轮岗。

- ❑ 软件平台事业部内部不同岗位、不同项目、不同岗位之间的小循环轮岗。
- ❑ 软件平台事业部与周边各产品部门、一线行销部门等之间的大循环。
- ❑ 调离不胜任的管理人员也是一种流动,最终流出组织。

注1:华为干部管理中的一些举措,比如不服从安排的干部将被冻结人岗匹配、涨薪、配股或价值观评价不能为"高使命感",在华为现有的人力资源管理体系中是有相应的理念和政策支撑的。其他企业或许并没有完备的政策和制度供HRBP设计综合解决方案时调用,这时HRBP可以因地制宜,结合已有的政策将惩戒的导向树立起来。如果确实没有可以调用的奖惩政策,那么HRBP应该向企业求助,进行补充和完善。

注2:对于轮岗的要求和吸引力,各项举措的设计必须与最终的回报和发展挂钩,写入干部上岗的必备经验要求中,并持续做下去,使之成为铁律,这样轮岗就会形成习惯。需要说明的是,华为绝大多数的产品都是集团军作战的成果,轮岗有助于培养员工的全局能力,为提拔打下基础,这是业务形态所决定的。如果业务没有轮岗的必要性,企业也不能为了轮岗而轮岗。要注意,中高层要轮岗,基层要稳定。

注3:对于敢于"五湖四海"、轮岗、外派、拥抱全球化等,华为除了制定政策制度外,还有极强的舆论环境。任正非在国内研究所讲话时就曾留下振聋发聩的声音,在成都研究所说过:"都江堰疏导不了太平洋";在西安研究所说过:"八百里秦川何曾出过霸王";在南京研究所说过:"秦淮河边的温柔乡里产生不了世界领袖",这些都令人记忆犹新,让人产生极大的心理撼动。

稳定一批,促进人才发展的"活"力

除了流动与激活之外,我们还需要关注关键人才的稳定与发展。在人才的双金字塔模型上,我们重点关注业务专家、中基层管理者和骨干三类核心人群,从能力和激励的维度关注他们的稳定与发展,如图11-14所示。

- ❑ **针对干部**:能力上关注从执行力、洞察力到决断力的培养,重点开展领导力提升项目,如"90天转身"、高潜鸿鹄班、星火计划等;激励上关注破格提拔和人岗调薪。

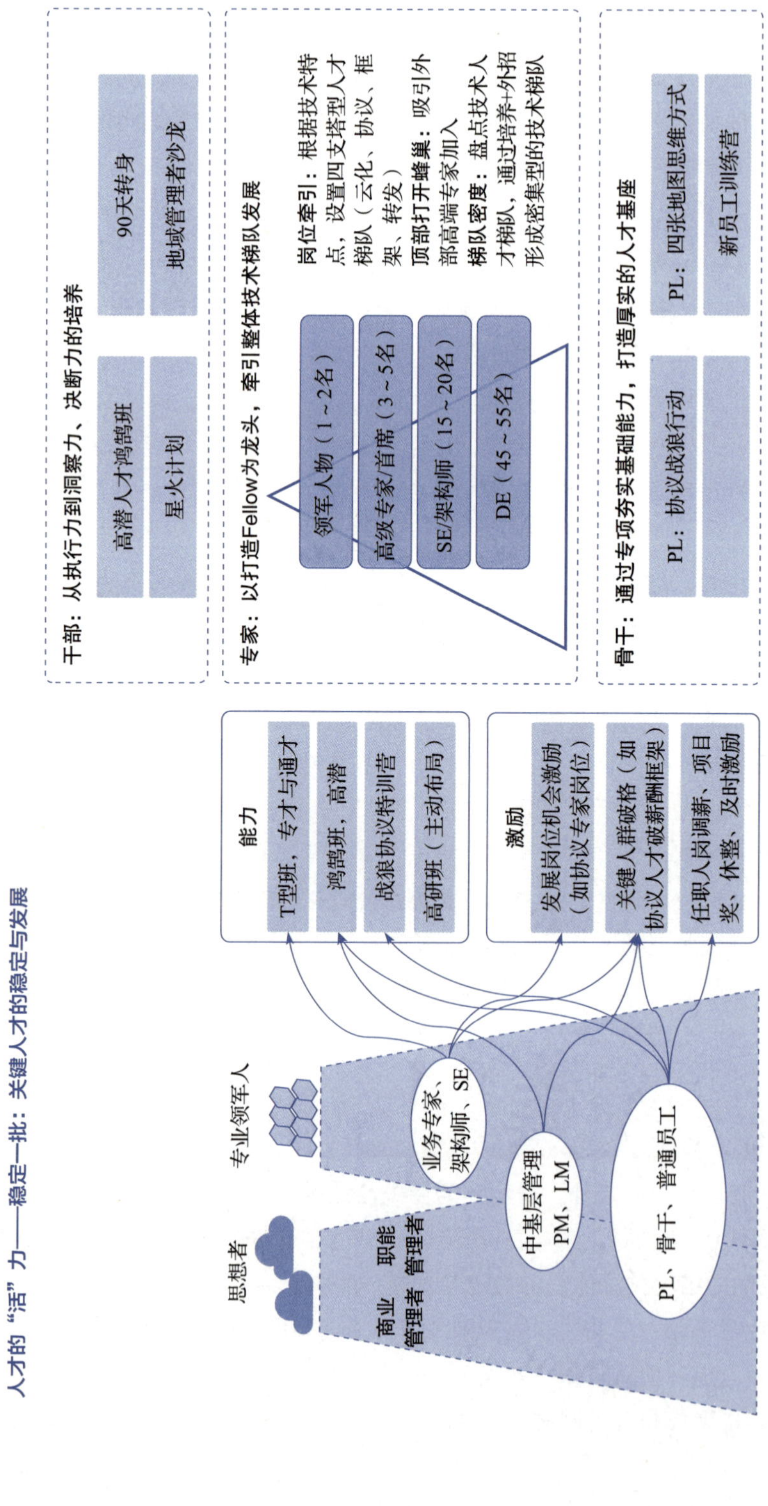

人才的"省"力——稳定一批：关键人才的稳定与发展

干部：从执行力到洞察力、决断力的培养
- 高潜人才鸿鹄班
- 星火计划
- 90天转身
- 地域管理者沙龙

专家：以打造Fellow为龙头，牵引整体技术梯队发展
- 领军人物（1~2名）
- 高级专家/首席（3~5名）
- SE/架构师（15~20名）
- DE（45~55名）

岗位牵引：根据技术特点，设置四支塔型人才梯队（云化、协议、框架、转发）
顶部打开蜂巢：吸引外部高端专家加入
梯队密度：盘点技术人才梯队，通过培养+外招形成密集型的技术梯队

骨干：通过专项夯实基础能力，打造厚实的人才基座
- PL：协议战狼行动
- PL：四张地图思维方式
- 新员工训练营

能力
- T型班、专才与通才
- 鸿鹄班、高潜
- 战狼协议特训营
- 高研班（主动布局）

激励
- 发展岗位机会激励（如协议专家岗位）
- 关键人群破格（如协议人才破薪酬框架）
- 任职人员调薪、项目奖、休整、反时激励

思想者
商业管理者
职能管理者

专业领军人
- 业务专家、架构师、SE
- 中基层管理 PM、LM
- 骨干、普通员工 PL、普通员工

图 11-14　人才的稳定

- **针对专家**：能力上以打造 Fellow（学术会员，在华为特指最高的技术头衔）为龙头，牵引整体技术梯队的发展，逐步形成领军人物、高端专家、架构师、模块设计师的人才梯队；激励上重点通过破格提拔、新增岗位、提升岗位级别来牵引专家发展，进而打开顶部蜂巢，吸引外部高端人才加入。
- **针对骨干**：能力上通过专项工作夯实基础能力，打造厚实的人才基座，重点开展"小 P 向前冲"的 PL 系列培训班、新员工训练营、协议精兵训战营等；激励上重点关注任职、人岗调薪、项目奖、奋斗者休整等。

构筑精神文明

外界对华为的感知是高职高薪，任正非也曾说自己最重要的工作就是分钱，钱给多了不是人才也变成了人才。但是，面对越来越复杂的外部环境挑战以及越来越多元的员工构成，物质激励更多变成了保健因素，我们需要通过非物质激励去点燃和唤醒员工的"驱动力 3.0"。在文化、激励、氛围维度，物质文明与精神文明两手抓，发挥愿景与机会激励的能量，通过榜样的力量使精神文明显性化，锻造富有战略自信和朝气的组织氛围。构筑精神文明思路如图 11-15 所示。

在 ERG 的需求理论中，生存需求就是物质文明，关系需求和发展需求就是精神文明。

- 在发展需求上，开放岗位的双推双选，加大破格提拔力度，强调在最佳时间、以最佳角色、做出最佳贡献。
- 在关系需求上，围绕战役通过仪式化的动员会、委任状、复盘表彰、庆功休整等来激发使命感、责任感、获得感，养护血性。
- 在生存需求上，优化适配业务和关键群体的差异化激励，开展基于项目的人力资源管理和荣誉激励，让激励的导向更清晰、目标更明确、评议更透明、激励更精准。

最后，我们将通过加强官方舆论场的建设，通过积极的信息传递并改善周边声音、传递正能量，让更多的人快乐同行，一起融入充满挑战而又充满机遇的"突围路线"洪流。

【专题心得】

机会的出现或许有先兆，但都掩盖在波云诡谲的信息噪声中；而机会窗的稍纵即逝，才是对伟大格局观者的最大成全。我认为企业是否能抓机会涉及三要素：一是要相信或看见，二是要有战略取舍，三是要有关键能力。

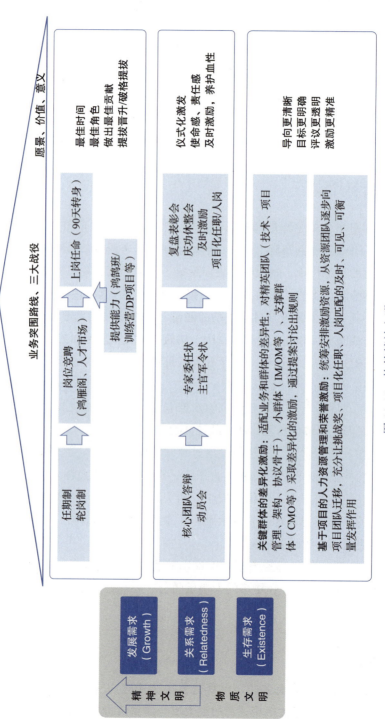

图 11-15 构筑精神文明

- **抓机会需要前瞻性**。未来其实无法定义，正如通信领域流传的戏称："物理学的尽头是数学，数学的尽头是哲学，哲学的尽头是神学。"华为认为，在方向大致正确的基础上不断自我批判和自我纠偏，或许能抓住可能的机会。虽然阿里的战略布局能力被外界津津乐道，但更多的是"因为相信，所以看见"。数字时代是我们面临的最大机遇，这个时代最大的风险是错失机会的风险。CEO 的第一职责，就是在形势好的时候，找到问题和应该放弃的东西；在形势不好的时候，找到机会和鼓舞信心。

- **抓机会需要战略取舍**。华为始终坚守主航道，对于"取"的战略机会点，采用针尖战略、大压强原则，千军万马扑上去，用大量弹药炸开城墙口。对于"舍"的非战略机会点，经得住诱惑、不为局部利益牵制，"不在非战略机会点上消耗战略竞争力量"。

- **抓机会需要有厚积薄发的关键能力**。机会留给有准备的人，在大机会时代不要机会主义。科技成果的积累过程十分漫长而艰难，要耐得住寂寞。华为建立相应的机制，鼓励"板凳要坐十年冷"。华为当前在企业、汽车、能源、终端等领域"遍地开花"，其背后的基础技术是相通的，并不是所谓的"多元化业务发展"。华为通过厚积薄发、投放有序、广泛合作形成一片黑土地，上面可以长出各种庄稼。

本实践体现的是 HRBP 面临业务的变化，打造新的组织能力，以助力业务抓住机会，改变格局。人力资源战略规划的房子图可以形成一个固定的方法，关键是横纵交织的"梁"和"柱"。大多数 HRBP 擅长使用人力资源的专业视角来做规划，这是纵向的基于专业的 HR 解决方案。我认为专业规划很重要，但更重要的是使用待解决的核心业务问题的视角来做规划，这是横向的基于业务的 HR 解决方案。

本实践中，人力资源战略规划围绕解题层层深挖。可能有读者会提出疑问，人力资源关于业务解题的表达非常具有"业务性"，甚至包括了业务流的逻辑和业务策略。比如，平台先行这个课题与 HRBP 有什么关系呢？针对平台先行的解题思路，是业务的思考还是 HRBP 的思考呢？事实上，这个解题思路表面上是套用了业务流的逻辑和业务策略，但实质都是组织、人才、文化激励的内容，是 HRBP 可以精准发力的。HRBP 要想深入解决一个业务问题，需要从业务战略到人力资源战略、从业务策略到人力资源策略展开分析；人力资源策略要精准，必须以靠谱、有效的业务策略为前提。HRBP 能够独立提出解题思路最好，更多的情况则是与业务搭档一起讨论出思路。这也是 HRBP 的思维、视角和功力所在。

第 12 章

第八式：人力资源战略规划——组织充满活力

战略即取舍，决策即选择。彼得·德鲁克曾定义决策为一种判断，是若干选项中的选择。此处的选择通常不是"是与非"间的选择，至多只是"似是与似非"间的选择。因此，战略方向只能大致正确，有时会大致不正确，但我们还要夺取胜利，让组织充满活力就尤为关键。阿里逍遥子曾坦言，大部分今天看来所谓成功的战略决策，常常伴随着偶然的被动选择，只不过是决策者、执行者的奋勇向前罢了。这奋勇向前就是组织活力。

组织活力是确保战略执行、夺取胜利的基础。业务战略规划确保方向大致正确，人力资源战略规划确保组织充满活力。事实上，人力资源战略规划与业务战略规划同步酝酿、如影随形，不过在华为引入 BLM 之前还在从属位置，尚未浮出水面。人力资源既要承接业务战略诉求，又要看到本专业的趋势和先进的理念、方法和实践，将其汇总起来成为人力资源战略规划的起点。本章将阐述人力资源的洞察以及如何使用"三横三纵"思路来做人力资源战略规划。

第 1 节 洞察要求输出智慧的洞见

风起于青萍之末，浪成于微澜之间。在战略管理和日常经营管理中洞察都是至关重要的活动。当我们有足够多且深邃的洞察时，自然就会生出一些洞见和假设。任正非说："没有正确的假设就没有正确的方向，没有正确的方向就没有正确的思想，没有正确的思想就没有正确的理论，没有正确的理论就不会有正确的战略。洞察是战略规划的起点，战略是否规划得好，洞察占其中一半的因素。

洞察要求输出智慧的洞见

洞察是根据事物的外在表象准确认识到事物的内在本质，只有通过洞察才能强化自己对外部世界的感知，从而帮助自身调适以匹配外部大趋势。业务洞察的目的是看"价值的转移"，而人力资源洞察的目的是给组织输出智慧的洞见，促进组织思考，甚至促进事情发生或改变，从而让洞察产生可转化的成果。所以洞察要透过现象看本质、拨开云雾见日月。

HRBP 在洞察中最需要深入思考的问题是：你的洞察目的和对象是什么、其成功或失败的要素是什么、可供借鉴的 DNA 是什么、你的洞见和主张是什么。而不是搜罗信息，然后两手一摊，"都在这儿了，你自己看吧，你自己按需取用吧"。言下之意，反正他（洞察对象）成功了，他说什么都是对的。

向外洞察的一般套路

洞察的一般套路可能是"有某个断言→信息搜集→信息加工→证明断言"，也可能是"有某个模糊的方向→信息搜集→信息加工分析→提出洞见和主张"。前者在大企业中尤其常见，需要避免预设性太强而禁锢了思维，如果只为了向上汇报而证明，就失去了洞察的真正价值。

洞察包括向外洞察和向内洞察，向外洞察主要着眼于行业、市场、竞对，向内洞察着眼于组织诊断。向外洞察中最常见的是洞察竞对，特别是处于跟随者象限的企业热忠于标杆学习法，有的甚至希望能够全面复刻。洞察竞对主要从市场表现、业务设计、组织三个维度开展。无论洞察者、业务人员还是 HRBP，在洞察竞对时一定要仔细关注组织和人才的部分，因为组织承载了业务战略和设计。阿里认为，研究竞对的组织就能知道他们是如何思考这一块业务的。竞对洞察的主要维度如图 12-1 所示。

向外洞察不要走极端

成功需要朋友，巨大的成功需要"敌人"。洞察竞对是为了知己知彼，互相鞭策以取得更大的成功，而不是一味地模仿和学习。见贤思齐值得推崇，但事情都是过犹不及，一些跟随者会认为别人什么都好、自己什么都不好，这是很多企业洞察竞对的通病。

竞对洞察尤其需要关注组织与人才部分，因为组织承载了业务战略和设计

财务目标：整体营收和利润增长如何，各产品线、行业线的营收和利润如何
市场份额：在主要赛道上的市场份额如何，变化趋势如何，有哪些标杆客户
能力评估：市场对竞对的能力评估如何（如分析师报告、外部测评、客户反馈等）

产品组合：在哪些赛道布局，产品策略的重心是什么，有何差异化优势
行业布局：重点行业布局是什么，行业的策略打法是什么，优势场景有什么
生态策略：生态发展策略是什么，如何管理与激励合作伙伴

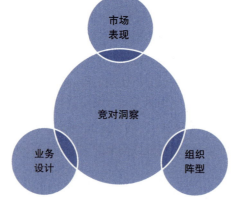

组织设计：在团队设计上，哪些是一级组织，有哪些中枢部门
角色构成：设置有哪些角色，角色的核心职责是什么，角色之间的工作关系是什么
KPI：考核的目标是什么，目标设定的背后逻辑是什么

图 12-1　竞对洞察的主要维度

我在华为工作期间，年复一年的战略规划已让自己的洞察了无新意，但是每年似乎又要推陈出新，必须向业界标杆学习新东西。洞察者与咨询公司一起绞尽脑汁去发掘新鲜的内容，甚至用放大镜去寻找友商的优秀实践。为此我曾十分不解，华为向外的洞察已经不那么欠缺了，粗略估算可以打 90 分，再去做到 95 分又有什么意义呢？相反，华为当时欠缺的是向内的深度洞察，以及已知的深水区的问题是否得以解决，去年的问题今年是否依然存在。解决深水区的难题需要战略耐心，推陈出新不是标新立异，不能对没有新鲜感的老问题视而不见或者绕着走。

当在 *How Google Works* 这本书里发现谷歌并不推崇向外洞察和盲目学习时，我受到了很大的震撼。谷歌认为这样会禁锢自己的思维，让自己被外界所左右。这是多么傲娇且令人艳羡的样子！这和史蒂夫·乔布斯的"不用向用户去调查需求"一样傲娇，也和亨利·福特认为"消费者只会说他需要一匹更快的马"异曲同工。立志成为领导者的组织，需要更多的战略自信和文化自信。

向外洞察不要走极端，以上行为便是极端的一种，而在大多数时候企业则是走向另外一种极端——对外部的洞察明显不够。这种极端的产生，要么是因为成功企业的高层滋生了"骄"与"娇"的情绪；要么是因为平庸企业的高层缺乏清晰的认知和向外看的勇气。

向外洞察学习要具有批判和质疑的精神

由于存在客观的差距,抱着学习借鉴的心态洞察优秀标杆企业时,一定要学会冷静。我们既要全面地去了解该企业的优秀实践,也要深入地去了解该优秀实践背后隐藏的 DNA 和背景。

有些洞察者会选择性地使用信息,可能是有倾向性目的;也可能是为完成"以终为始"的洞察,已预设了答案再力图去证明。因此,信息中所罗列的数据并非必然是公正、客观的事实,主要看洞察者如何去选择、解读和剖析。选择性地说真话也是一种谎言。

有些洞察者并没有到竞对企业深入观察和体会的机会,以旁观者视角搜罗的信息或许只是皮毛。竞对企业每一个管理决策的背后都有特定背景下的考量和权衡,而洞察者对此并不知悉。洞察者从外部看到的是竞对表现出来的最终结果,是多措并举的产物,是与这个企业既有的管理、文化和领导力发生综合化学反应的结果。由于结果与举措间的系统性关系,因此我们很难将成功简单归因到某项具体举措。简单摘取一二是偷懒战术。我们在向外洞察学习时要具有批判和质疑的精神,看到决策的因果关系,看到决策的系统性。

洞察要做在平时,且需多方协同

向外洞察要对外部世界做全方位的扫描,然后要有深邃的思考,最终提出洞见和主张。因此,有效的洞察会产生巨大的工作量,也需要我们甄别信息的颗粒度和看问题的角度。洞察者的主观性又在其上增加了更大的复杂度。因此,我建议洞察要做在平时并持续迭代,最好能够有相应的平台和知识管理过程。

同时,我建议能够形成一套洞察机制,将分散的力量聚合起来,依据各部门或角色的特点,对洞察主题和维度进行分工。大多数企业为了避免群龙无首情况下的信息混乱,一般会推荐战略规划部统筹,通过虚拟组织运作和按照专题方式来开展洞察活动。

第 2 节 人力资源规划的"三横三纵模型"

无论是战略规划、述职,还是日常工作,HRBP 都要谨记,分析问题匹配业务视角、解决问题使用专业视角。有些 HRBP 在陈述完整的报告或解决问题时，会被评价为"从业务到人力资源的思考链路是断的"，这是非常令人沮丧的事。从业务到人力资源全链路的思考以及基于业务的 HR 解决方案是 HRBP 的压舱石，但或许是由于缺少核心方法的指导，以致大多数 HRBP 仍在苦苦摸索、野蛮生长。使用房子图的"三横三纵模型"可以很好地解决"断链"问题，如图 12-2 所示。

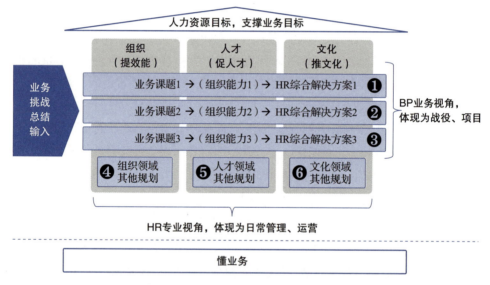

图 12-2　人力资源规划的"三横三纵模型"

房子图的三横三纵模型具有主链完整、脉络清晰的特点，可以灵活应用于战略规划或述职等需要系统性思考人力资源全面工作的场景。

- ❑ 房顶：代表人力资源工作的最终目标，并且这个目标要能够支撑业务目标的达成。
- ❑ 房子图的左侧箭头：代表业务战略和核心业务策略、内外洞察对人力资源的诉求，是人力资源规划的源头性输入。
- ❑ 房子图的横向的"梁"：基于业务解题的 HR 解决方案，代表需要解决的业务课题或者需要构建增强的组织能力。倒推回去，这些组织能力对满足业务诉求、支撑业务成功具有直接的价值和意义。HRBP 所有工作的源头是业务，业务价值就是 HRBP 工作的终极目标。HRBP 的业务视角体现在习惯于以横向战役、项目、核心组织能力的视角来规划工作，其至形成膝跳反应。无论是思考解决方案还是总结工作价值，HRBP 的第一反应就是要沿着业务的主脉络来看人力资源工作是如何为业务保驾护航的。

- 房子图的纵向的"柱"：基于人力资源专业的 HR 解决方案，代表人力资源各专业领域需要解决的问题或者沉淀的能力。人力资源作为组织运作必备的要素，除了支撑业务战略需要构筑的组织能力外，自身还有一些日常的、兜底的、专业维度的工作改进和规划。HRBP 的专业视角体现在日常的管理和运营上。

① 此处下一个或许有争议的断言：在规划或述职中，凡是以人力资源专业视角来思考和总结的，或者是以自然时间序来思考和总结的，HRBP 大抵是以自我为中心的，而不是以业务为中心的。

② 人力资源专业领域的规划，有些举措从单点上看与基于业务的横向 HR 解决方案中的举措是重合的，比如基层组织的优化。在具体落地实施的过程中，纵向的基于专业的 HR 解决方案需要支撑横向的基于业务的 HR 解决方案，后者更多是通过系统集成来解题，犹如搭积木一样，而积木本身的构建则大多落在专业领域里。

HRBP 做好人力资源战略规划的实操技巧

人力资源战略规划一般要解决若干关键的业务课题，生成新的组织能力，驱动业务战略的达成，或是在人力资源专业领域有重大的创新和变革，否则就有冠以战略规划之名，行在延长线上循环往复之实。HRBP 要做好战略规划，需要从如下七个方面入手。

- 建立与周边部门稳固的合作与协同关系：HRBP 与战略规划部、质量运营部建立长期稳固的合作与协同关系，带着各自专业的优势汇聚而来，融入自己看业务的眼光和解决问题的思路。
- 驱动领导重视、高层参与，并及时对标：战略是自上而下与自下而上结合的产物，规划过程中需要驱动高层积极参与，并及时对标和纠偏，包括业务方高层和 HR 方高层。
- 与业务同行，业务主管全程参与：无论是在战略规划中，还是在日常工作中，始终贴近业务，业务主管应全程参与人力资源相关的讨论，而不是割裂研讨。

- ❏ **战略规划聚焦于解决N个关键业务问题**：从业务战略问题清单中识别出战略专题，集中力量与资源重点解决关键问题。比如，业务的关键问题往往是在行业里的思想领导力、市场主导地位、产业生态、客户共赢、技术引领、效率提升等。

- ❏ **专注人力资源DD（Deep Dive，深入研究）专题**：专注于业务战略对人力资源诉求的若干专题的深入洞察和解决。人力资源战略专题往往应与业务战略问题结合思考，比如如何抓住机会，实现快速增长；如何利用转型机会，改变格局；如何打造差异化解决方案竞争力；如何构建开放生态；如何预防和管理不确定性。

- ❏ **报告生成与战略思维**：最终的规划报告需要由顶层架构师操刀设计，切忌"分工→汇总→评审→返工"这种自下而上的迭代试错的思路。HRBP体现战略思维主要从业务中来（有根）、从系统中来（有局）、从未来中来（有前瞻）。

- ❏ **战略落地与闭环管理**：战略规划讨论的过程和共识比报告和结果更重要，因为统一思想和认识、了解事情的背景和来龙去脉在企业战略中很重要，这都有助于战略的落地和闭环。

我们在做人力资源战略规划的时候，需要不断借鉴和总结实用的套路和章法。"三横三纵"是蓝图、是设计图，实操技巧是路线图、施工方法。"三"代表的数量，可根据要解决的业务核心问题而定。

第3节 专题与实践：练内功——打造组织竞争优势

【实践背景】

企业要抓机会、促发展，必须要练好内功，即不断完善和巩固组织能力与竞争优势。人力资源战略规划既要解决若干关键的业务课题，又要不断聚焦于本专业领域的工作改进，以沉淀能力或寻求创新突破。做业务要练内功，回到人力资源领域也要练内功；对于人力资源想要创造为业务解题的价值而言，练好内功就是专注于本专业领域的工作完善、巩固、突破。

本节实践"阿尔索斯人才争夺战奠定竞争格局"是华为网络产品线人力资源体系在 2015 年关于人才争夺战课题的战略规划。网络产品线是一个人员规模过万、营收规模逾百亿美元的大型事业群。随着业务发展和云化转型，华为在战略规划中对人才有强烈的渴求。人力资源面对该问题时，并不是立即简单地去猎取人才满足业务诉求，而是考虑到组织规模和转型的长期性，通过构筑人才争夺的组织能力来持续地打赢人才争夺战。

本节实践使用双 BLM 的思路，从组织、人才、文化激励方面构筑人才争夺的组织能力——五力制胜。需要说明两点：人才市场的洞察内容可能会因为时间问题与读者所处的情境大有不同；因信息脱敏及读者可理解的需要，仅对业务相关的描述及组织现状的分析做简要概括。

【实践案例】

对于网络产品线而言，人才是业务的内功；对于人才而言，争夺人才的组织能力是人力资源的内功。阿尔索斯聚焦的是构筑争夺人才的组织能力，而不仅限于猎取满足需求的人才。因此，规划采用双 BLM 的思路，业务 BLM 是业务战略规划的过程，HR BLM 是把人才争夺作为一种"业务"的规划过程。双 BLM 间的衔接点是业务 BLM 输出对人力资源（人才争夺战）的诉求，这个诉求成为 HR BLM 的业务差距和输入。人才争夺战的思考逻辑如图 12-3 所示。

人才争夺战的思考逻辑里存在四个关键部分：一是业务战略对人力资源特别是人才的诉求；二是将人才争夺战作为业务看待时的差距和洞察；三是人才争夺战的业务设计与所需构筑的关键组织能力；四是人才争夺战的组织能力构建的执行策略与关键举措。

 从人力资源的角度看，如果把人才争夺战看作一种业务，那是有业绩差距的。其业绩差距就是当前组织所需要的人才缺口，其机会差距就是因当前人才争夺的组织能力不够而可能丧失的机会。HR BLM 中的组织、人才、文化是为了把人才争夺战这项业务做好所需要的组织能力建设，而非业务 BLM 中直接提出的人才诉求。这有些拗口，需要仔细体会。

第四部分 战略层顶天——人力资源驱动业务发展

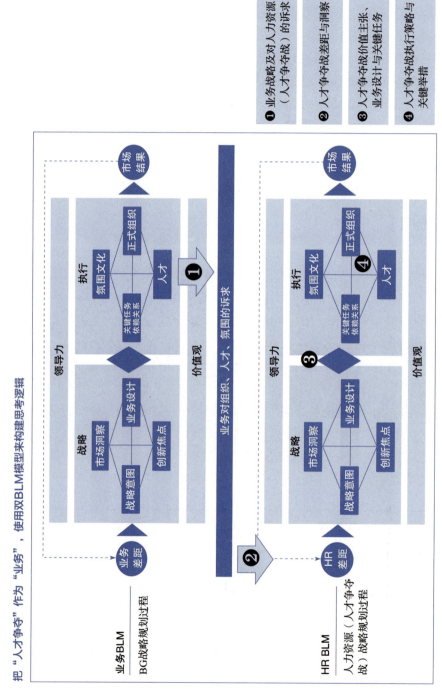

图12-3 人才争夺战的思考逻辑

业务战略对人力资源的诉求

网络产品线的业务战略目标是成为网络管道领域的行业领导者。业务战略目标包括业务目标和业务策略。业务目标主体是未来五年的经营目标,包括提高订货复合增长率、收入复合增长率、贡献利润等。业务策略包括面向商业的正循环、网络的重构、网络的现代化、新业务领域的孵化等,在传统领域做强做深,引领产业;在新业务领域抓住机会,做大空间;整体上要卓越运营,提升效率。

战略目标和业务策略提出了对人力资源整体的诉求:完善牵引机制,促进效率提升,支持有效增长;完善组织的绩效机制,激发源动力;升级全功能团队,精兵战略和人才争夺战等。其中具体的人才诉求是,在新的机会点上,加大明白人引入,快速补齐能力;适配新的产业竞争模式,优化专门人才梯队,构筑未来领先的基础;在传统领域持续夯实专家队伍,在关键技术上保持持续领先。

业务的图景已经展开,未来波澜壮阔,但是面对新的战略机会点,组织的准备度还存在较大差距,解决关键人才缺失的问题已刻不容缓,如图12-4所示。

业务前景波澜壮阔,但解决关键人才缺失的问题已刻不容缓

战略机会点 \ 准备度	组织准备度 主体明确 职责清晰	分工明确 合作顺畅	人才准备度 关键人才数量及能力	激励氛围准备度 激励机制 有效牵引
4K				
SDN/NFV				
5G承载				
……				
……				

图12-4 面对未来的准备度评估

人才战略与规划最终聚焦在人才争夺战

人力资源将解决关键人才缺失的问题,并将其转换为面向未来的人才战略与规划课题,因为我们不仅要解决短期缺口,还要解决长期能力;不仅要解决现在问题,还要解决未来问题。通过分析人力资源现状以及业务战略与现实差距的结合,我们得出面向未来的人才战略与规划的系统边界,如图12-5所示。

第四部分 战略层顶天——人力资源驱动业务发展

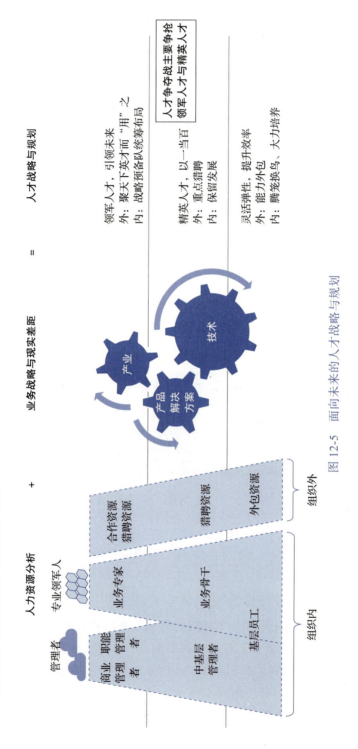

图 12-5 面向未来的人才战略与规划

人才资源现状分析依托华为人才的双金字塔模型，同时增加组织外部的人才资源，践行从"人才为我所有"到"人才为我所用"的理念。业务的战略和差距从产业、产品与解决方案、技术三个维度对人才的差距及诉求进行细化。人才战略与规划针对不同层级的人才采取相应的策略。人才争夺战关注的系统边界是领军人才与精英人才部分。

- 领军人才的定位是引领未来，对外聚天下英才而"用"之，对内采用战略预备队的方式来统筹布局。
- 精英人才的定位是以一当百，对外重点猎聘，对内关注核心骨干的保留发展。
- 基层人才的定位是稳定基石，强调根据业务灵活部署，提升效率，对外进行能力外包，对内大力培养、腾笼换鸟。

人才争夺战的差距与洞察

人才争夺战的业绩结果差距体现在当前业务的人才缺口上，而差距与洞察主要从未来人才趋势的共识、内部人才洞察的反思、各国人才战争的启示、外部企业优秀实践的借鉴等方面进行阐述。

未来人才趋势

（1）世界的问题核心是人才的问题

国家的竞争实质是人才的竞争。《国际猎头与人才战争》认为，是欧洲流失的人才，让美国率先成功研制出原子弹和氢弹，把人造卫星送上了天，实现了宇航员登陆月球；在一定程度上中国和印度流失的人才，缔造了美国的世界高科技中心——硅谷。

过去如此，未来也是如此。VUCA的世界将成为新常态，这个世界里的所有变化没有渐进式，只有革命式。工业时代的员工是可替代的零部件，而互联网时代的每一位员工都是独一无二的。谷歌通过聚集顶尖人才形成了一种文化，而文化又驱动了决策和创新。企业的竞争实质也是人才的竞争，如果我们没有找到优秀的人才，这些人才就会为其他国家或企业服务。

（2）依赖顶尖人才在不确定的世界胜出已成为共识

乔布斯说："光靠流程和制度做不出伟大的产品，我的成功得益于我发现了许多才华横溢、不甘平庸的天才，不是B级或C级，而是真正的A级人才。而且只要找到五个这样的人，他们就会喜欢上彼此合作的感觉，他们就不会再与平庸者合作。"

互联网时代更需要以一当百的人才。前华为蓝军部孟庆祥在《以一当百》里说，互联网商品的传播优势使得其以接近边际成本为零的形式销售，促使其形成了高效率的模式。在互联网时代，无效是效率的第一大杀手。提升效率的根本是提升需求的命中率，精确制导命中靶心，有效性是效率的前提。靠牛人做出牛的产品才是出路，仅靠简单的堆砌人力是无法解决问题的。同时，传统金字塔结构的决策组织影响了人才的思维自由度，每个人都在统帅划定的圆圈内思考。互联网企业砍掉组织结构、决策、流程环节等的冗余部分，也有利于使用那些以一当百的人。

（3）行业领导者要坚定"人才驱动业务"的战略意识

分析领导者的超越路径，从外部看，一般是从产品竞争力到解决方案竞争力，再到客户影响力，最后到产业影响力；而与之对应的，从内部看，则是从成本的超越到解决方案的超越，再到管理的超越，最后到人才的超越。领导者的超越路径如图 12-6 所示。

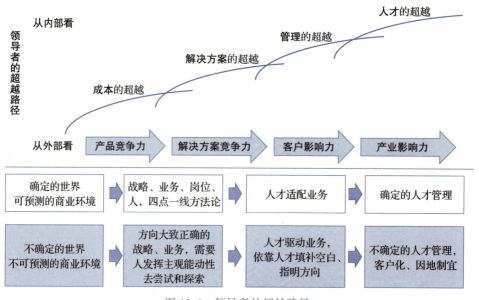

图 12-6　领导者的超越路径

两种视角相互呼应，产品竞争力很多时候体现为成本降低，解决方案竞争力体现为解决方案完备，客户影响力是企业管理的整体外在表现，而人才由于其流动性和无边界性，才是真正构建产业影响力的关键要素。在工业时代如此，在VUCA 的互联网时代更是如此。彼得·卡佩利在《沃顿商学院最受欢迎的人才管理课》里说:"在变化的世界里,人才管理问题充满不确定性,是从人才适配业务到人才驱动业务,确定的世界和不确定的世界对业务的诉求、业务对人才的需求以及对应采用的人才管理模式都是不同的。"

网络产品线要想通过人才驱动业务,必须转变人才管理的思想。过往成功的传统企业也可以找到优秀的人才或者已经聚集了许多聪明人,但为什么无法竞争过互联网企业?原因之一或许就是企业发展成长的路径依赖,这其实也是一种思维定式,即靠"堆人"来解决问题,导致人员规模快速上升,效率就开始下降。过去的成功不是未来的可靠向导,使用顶尖人才在未来胜出已成为共识,相应的人才管理必须改变。

小结:在 VUCA 的世界里,人才争夺战的情境变化

VUCA 的环境对人才的能力提出了新要求,符合 VUCA 标准的 ICT 人才需求旺盛而供给不足,人才争夺战已成为业务竞争外的第二战场。在这种情势下,人才规划与业务战略连接更趋紧密。在价值意义、责任组织、人才管理各维度,战略性人才规划相比过往的传统人才规划已经发生了很大的变化。人才争夺战的情境变化如图 12-7 所示。

人才趋势:人才趋势变化与战略重要性共识小结

人才争夺战的情境特点

人才能力转变	为应对VUCA的世界,对领导者、关键人才的能力提出了新的要求,符合新标准的人才是企业争夺的对象
关键人才供不应求	符合VUCA标准的ICT人才需求迅速增加,缺口凸显,人才争夺成为业务竞争外的第二战场
业界实践	对人才的规划、获取、保留提升到战略高度,并注重与业务战略的紧密结合

面对未来的不确定性
人才规划与业务战略连接更趋紧密

	传统人才规划	战略人才规划
业务连接	连接当年或更短期的需求	连接战略,支撑战略实现
责任主体	人力资源为主	由HR和业务主管共同负责,高层主管深度参与
人才获取	增强HR招聘能力,拓展招聘渠道	关注长期沙盘建设及雇主品牌建设,主动营销
人才使用	主要关注人才在组织里的前期融入	发展通道体系化,持续识别、关注重点人才,不断与组织能力匹配
人才保留	以后端物质挽留为主,强调物质回馈竞争力	关注成长机会、文化活力与精神追求,价值观传承渗透管理

图 12-7 人才争夺战的情境变化

内部组织诊断

对网络产品线人才争夺所面临的现状与挑战进行诊断,我们主要从对外猎取的力度、对内保留的挑战、对内激发的不足来分析。对于人才而言,其面临着向外的离心力和向内的向心力,外部人才的向心力超越离心力就会加入,内部人才的离心力超越向心力就会离开。

(1)对外猎取的力度满足不了业务发展的诉求

从结果上看,业务转型所需的人才储备存在较大缺口,更有甚者,在某些关键领域不知道高端人才在哪儿。网络产品线对人才的吸引力也在下降。具体表现在校园招聘场景中,网络产品线与内部同当量的产品线相比,对高潜力应届生的吸引力度处于中等,与消费者终端业务相比差距很大。除业务实力原因外,也有组织的原因,品牌形象、宣讲官、面试官的魅力也显得不足。

从人才连接上看,长期以来企业不主动经营人脉圈,导致难以持续网罗高价值人才。具体表现在缺少与全球人才社交平台的连接,在展会、论坛等场合与人才的互动较少,未与目标人才建立有效联系。在组织保障上投入力量有限,责任主体不清,组织能力发展不足。具体表现在参与高价值人才猎取的个体的行为缺少有组织的统筹、系统的方法、明确的目标;各级主管参与人才吸引的互动不足,未例行化、制度化;各级专家参与人才挖掘的职责不清、投入不足;国内与海外研究所在全球人才信息挖掘的沟通上未形成有效机制。

从人才猎取上看,企业对外部人才市场的变化不够敏感,反应不够迅速。具体表现在对标杆企业的人才变动信息处于观望或后知后觉的状态。经事后汇总发现,2015年上半年全球目标企业裁撤信息非常多,比如某企业在北京的研发中心大裁员,绩优员工成了很多企业猎取的目标,而我们虽然有北京研究所的布局,但在响应速度上是偏慢的。这既有信息来源慢的原因,也有获取信息之后团队行动慢的原因。

(2)对内的保留与激发也迎来巨大挑战

内部高端人才流失加剧,近几年18级以上员工离职率持续走高,其中身体与家庭原因占比53%,个人发展原因占比25%,能力与意愿原因占比17%。近几年符合内部退休的高端人才里,仅有30%选择留下,因此需要加强对高端人才的关注,进行针对性保留。

关键岗位人才面临流失风险,比如张某从事网络安全标准工作,是某标准论坛的小组主席,被国内互联网友商高薪挖走;李某是IP解决方案资深专家,被友商以现有年薪三倍锁定。

高潜力与绩优员工的保留与发展也迎来巨大的挑战。这些员工大多集中在入职三年内，是项目开发交付的一线作战者，承担最直接的开发交付压力，对个人发展的诉求最为强烈，离职的主要原因是寻求个人发展或家庭与健康状况牵绊。

（3）虎视眈眈，华为成为猎头眼中的 Y 企业

什么是 Y 企业？如果一家企业认为从 Y 企业招聘来的人才非常好用，那么这家企业再次从 Y 企业引进人才的需求就会非常强烈。在现实社会中，几乎每个行业都有这样的 Y 企业，比如早期房地产行业的万科、零售业的家乐福、IT 界的微软和 IBM。早年间，广东地域猎头界传"要发财，靠宝洁"，通用电气被誉为"商界的西点军校、经理人的摇篮"，它们都是典型的 Y 企业。

随着"一带一路"倡议以及互联网企业热等因素的加强，想在海外扩张的中国企业瞄准华为具有海外经验人才的倾向越来越明显，从专业技术人才扩展到各项职能与管理人才，包括软件、硬件、芯片类技术人才，职能专业或管理人才，国际化人才。这些因素导致外部离心力进一步加剧。

（4）创业梦想成为高端人才离开的加速器

高端人才受到国家政策、资本诱惑和行动效仿的影响。国家政策上，教育部发布文件鼓励高校学生创业就业，中央经济工作会议要求营造有利于大众创业、万众创新的政策环境和制度环境。在未来十年里，中国的创业潮将比美国更活跃。未来十年，更多有能力和想法的人将会离职创业。

国家进一步开放资本市场，大量增加资本供给，审批制改为注册制，降低企业上市门槛，新三板启动。降准降息释放数万亿流动性，扩大保险资金，可投资范围总额超过 15 万亿元人民币。VC/PE 行业快速发展，截至 2015 年年底中国股权投资市场活跃机构超过 8000 家，管理资本量超过 4 万亿人民币，全年实现 IPO 和并购退出的 PE 项目数量增长 78%，项目规模增长 369%。

消费者终端一位高管的离职宣言在公司内部引起了较大的反响。他写道："未来永远是值得我们燃烧一次的伟大时代，时间未老，理想还在，再次出发。为的只是探索人生未知的可能，为的只是年少时的梦想！世界这么大，最多犯点错，我想去试试。"这种具有共鸣性的心声，会让越来越多的高管和专家效仿。

（5）外患内忧，企业内部人才争夺再添强劲对手

从企业内部人才市场的统计信息来看，网络产品线发布的空缺岗位需求多，但是流入少，同时流出人数超过同当量的其他产品线。打开局部案例看，消费者终端某部对优秀人才的吸星大法，使得网络产品线南京地域的一半骨干萌生去

意。所以，网络产品线的人才争夺，除了外部的互联网企业、创业公司之外，在内部也面临着其他产品线的争夺。人才争夺要划定边界，一方面争夺到华为，另一方面还要争夺到网络产品线。

内部向心力变弱，人才保留面临的挑战还在于有时候这并不是钱的事儿。综合访谈 19 级以上离职、退休、在职的关键人才以及 18 级以下离职的骨干人才发现，有点缥缈的愿景、慢慢变淡的情感纽带、不够酷炫的工作体验等似乎成为大家的共同感受。

小结：人才争夺战需双管齐下，应对离心力，加强向心力

一个人站在组织的边界，对内的向心力就是吸引力，对外的离心力将产生离心现象。离心力越来越大，而向心力也存在很大的改进空间，这就是当前的挑战，如图 12-8 所示。

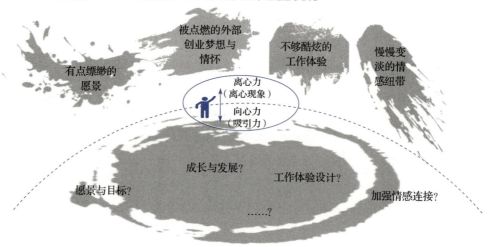

图 12-8 人才面临的离心力和向心力

各国人才战争

（1）全球 ICT 行业中高端人才集中在欧美

人才都去哪儿了？据埃森哲研究表明，全球 STEM（Science，科学；Technology，技术；Engineering，工程；Mathmatics，数学）人才存在地域性供给不平衡：中国和印度的供应最多，是 ICT 初级人才的主要来源地；而需求量较大的欧美的供应相对较少。

吸引全球人才是美国的长期战略。美国政府曾制订 STEM 教育五年战略计划,提供专项预算 31 亿美元,面向高端技术人才的 H1B 签证数从 8 万增加到 15.5 万。波士顿咨询公司也曾指出,美国仍然是海外工作的首选地点,尤其对英语系国家人才的吸引力较大。

(2) 阿尔索斯奠定当今美国人才竞争格局

ICT 中高端人才集中在欧美不是自然而然、自由发展造成的。滴水穿石非一日之功,这是自第二次世界大战(以下简称"二战")阿尔索斯突击队打赢美国人才争夺战起,几十年来美国持续人才争夺战的结果。我们对网络上的公开资料进行收集整理,再现了当年阿尔索斯计划的概貌,如图 12-9 所示。

美国史上最有名的阿尔索斯行动,是罗斯福总统生平采纳的最有远见的建议之一。爱因斯坦于 1941 年建议研究核武器,声称德国对铀矿石感兴趣。同时美国科学研究与发展局的万尼瓦尔·布什发布了报告"科学技术——无止境的边疆",作为战后的科研计划给到总统。两人的建议和报告给到了罗斯福总统。

1941 年罗斯福设立了曼哈顿工程,也就是原子弹工程(由格罗弗斯将军负责),并赋予该计划高于一切行动的特别优先权。曼哈顿工程规模巨大,总耗资高达 25 亿美元,是在此之前任何一次实验所无法比拟的。为了支撑曼哈顿工程的开展,格罗弗斯将军向军方建议成立一个特别工作队。

于是在 1943 年年底,一个代号为"阿尔索斯"的特殊谍报队成立了。队员们都佩戴着一个小小的徽章,上面有一个白色的希腊字母阿尔法,一道红色的闪电穿过其中,这是原子能的标志。阿尔索斯行动极端机密,只有美军最高领导层的少数人(如陆军部长史迪生、参谋长马歇尔将军)才知道。

阿尔索斯计划突击队的成员包括队长鲍里斯·帕蒂上校和 25 名由陆军、海军情报系统特工组成的队员。由于突击队目标的特殊性,因此专门配置了搜索向导丹麦物理学家高德·斯密特,除此之外,还配置了 12 万人的搜护部队,包括一个伞兵师、两个装甲师、第六集团军。他们的使命是抓捕德国核物理学家,夺取德国人手中的铀矿石,并借机破坏德国可能用于原子弹计划的一切工业设施。

在 1943 年到 1945 年的两年多时间里,阿尔索斯突击队在德国及周边开展了一系列重要的活动,进行科学家的猎取和业务的袭扰。

- ❑ 1943 年 2 月,挪威奥斯陆。科学家化装成工人潜入重水工厂的几处设施,马歇尔呼叫欧盟空军轰炸工厂并阻碍工厂修复;挪威游击队沿途袭扰其转移设备,于波罗的海炸沉转移货轮。这一行动使得德国的重水受挫,反应堆无法工作。

第四部分 战略层顶天——人力资源驱动业务发展

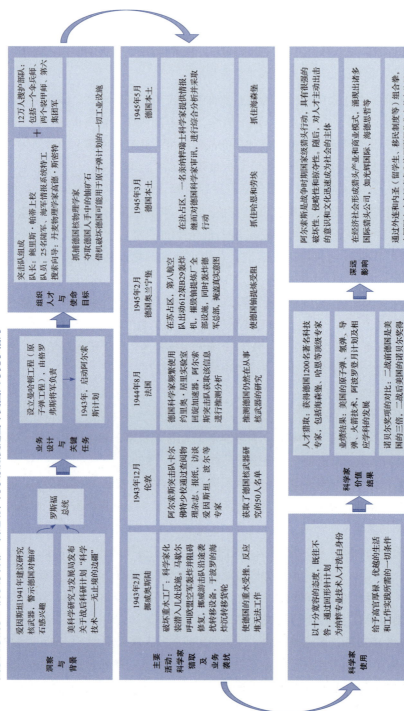

图 12-9 阿尔索斯计划概貌

注：本图根据网络公开资料整理。

- 1943年12月，伦敦。阿尔索斯突击队卡尔佛特少校通过查阅物理杂志、报纸，访谈爱因斯坦和波尔等专家，获取了德国核武器研究的50人名单。
- 1944年8月，法国。在约里奥·居里实验室内，德科学家频繁使用其实验室的回旋加速器。阿尔索斯计划突击队据此信息推测德国仍然在从事核武器的研究。
- 1945年2月，德国奥兰宁堡，苏占区。第八航空队出动612架B29轰炸机，摧毁铀提炼工厂全部设施，同时轰炸德军总部以掩盖真实意图。这一行动使得德国铀提炼受阻。
- 1945年3月，德国本土，法占区。一名亲纳粹的瑞士科学家提供情报，继而对德国科学家审讯，综合分析，并采取行动，最终抓住哈恩和劳埃。
- 1945年5月，德国本土，法占区。阿尔索斯在乌尔菲尔德镇抓住海森堡。

……

美国在得到德国科学家后，以十分宽容的态度既往不咎，通过回形针计划为专业技术人才洗白身份，并给予高官厚禄、优越的生活和工作实验所需的一切条件。

阿尔索斯计划取得了突出的价值结果：在人才猎取上，获取了德国1200名著名科技专家，包括海森堡、哈恩等顶级专家；在业绩结果上，发展了美国的原子弹、氢弹、导弹、火箭技术，推进了阿波罗登月计划及相应学科的发展。二战前后诺贝尔奖项数量显示：二战前德国是美国的三倍，二战后获奖者70%受雇于美国。

阿尔索斯是战争时期国家级的猎头行动，具有很强的破坏性、侵略性和掠夺性。随后，对人才主动出击的意识和文化迅速成为社会的主体，在经济社会形成猎头产业和商业模式，涌现出诸多国际猎头公司，如光辉国际、海德思哲等。美国也最终通过外连和内圣（留学生、移民制度等）组合拳，在国际人才市场竞争和资源配置优化中奠定了格局。

（3）联系新加坡：一个国家的人才猎头

《一些国家和地区引进国际人才的做法》一文介绍了新加坡引进人才的做法。"联系新加坡"是新加坡经济发展局和人力部共同成立的联盟，以与海外新加坡人和国际人才建立联系，积极为新加坡本地雇主和专业人士牵线搭桥，为本国支柱产业的发展提供支持，并且帮助人才到新加坡投资、拓展业务、工作和生活。明确的组织机制是落地人才争夺的核心。

- 组织背景：在以"人才资源可以弥补自然资源匮乏"这一极具危机意识和前瞻性思想的指导下，新加坡建立了将其打造成人才之家的国家战略。
- 组织职能："联系新加坡"由新加坡总理办公室发起，成立于2008年，具体承担以下职能。

- ■ 全球运营中心：该组织最重要的部门，建立全球"触角"。
- ■ 经济发展局：根据制定的国家战略性产业和国家发展方向，为人力部的计划制定并提供策略性的指导。
- ■ 人力部：根据新加坡经济发展的需要，负责每年制定和更新"关键技能列表"。拥有关键技能的外国人在申请就业准证时将被优先考虑。
- ❑ 组织活动：分为游学项目、研讨会与经验分享会、求职宣讲会与博览会三大类。体验新加坡与假期工作项目扮演了宣传窗口的角色，而分享知识活动、求职宣讲会主要发挥了充实人才库、构建人才网络的作用。

（4）中国人才强国战略：建立针对性的引才平台

聚天下英才而"用"之。中国将实行更加开放的人才政策，不唯地域引进人才，不求所有开发人才，不拘一格用好人才，积极尊重、关心、支持外国人才，为其创新与创业营造良好氛围，充分信任、使用引进的外国人才，让各类人才各得其所，让各路高贤大显身手。

建立针对性的引才平台和全球"触角"是中国人才强国战略的基础。中国政府猎头体系模式里有两个主要的结构：一个是引才平台，一个是人才工作站。

- ❑ 引才平台：为了加强海外人才的引进工作，我国先后成立了五大国家级引才平台：留交会、海创周、华创会、中国国际人才交流大会、苏州国际精英创业周。我国通过人才交流、创新论坛、展览展示、推介会等形式，在吸引人才、项目合作、归国创业等方面取得了丰硕成果。
- ❑ 人才工作站：除了组织招聘团赴海外招聘外，目前各级政府还在海外设立人才工作站（人才联络站），引进人才和项目。人才工作站有"驻外办式"和"挂靠式"两种运作模式。
    - ■ 驻外办式：由地方政府派出人员常驻海外，运作经费和人员开支由政府负责。
    - ■ 挂靠式：依托海外社团或机构设立。

小结：国家人才战争给我们带来的启示

任正非曾说，我们要正视美国的强大，它先进的制度、灵活的机制、明确清晰的财产权、对个人权利的尊重和保障，这种良好的商业生态环境吸引了全世界的优秀人才，从而推动了众多人才在美国投资和创新，成为一个创新力井喷的国家。美国国家担任猎头，新加坡和中国各显神通。

外部企业洞察

我们对外部优秀企业的人才招聘与管理工作进行洞察后发现，随着人才更看重企业价值定位和情感影响力，高层主管亲自参与人才识别和遴选成为保证人才质量的关键，时刻与人才保持连接成为人才获取中最关键的因素，人力资源团队的构建和角色定位也在发生变化。

（1）企业招聘更像营销

人才更看重企业的价值定位和情感影响力。U盘化生存时代㊀，高端人才越来越不需要公司，而公司却越来越需要人才，因此企业需要因地制宜，在机会、成长、尊重、收入等方面构建人才吸引力。波士顿咨询公司的报告显示，中国当代学生择业更看重企业的价值定位和情感影响力。在流动和雇用偏好中，员工在工作场合更加关注非物质激励因素，包括认可、与同事和上级的关系等软性因素。

招聘更像营销，"业务主管+HR"的阵型和职责需要重新定义。要改变"招聘是HR的事"的固有观念，高层主管亲自参与人才招聘，精兵招聘精兵，将军吸引将军。华为消费者终端HR曾说，做消费品的人才争夺战更厉害，锁定的也都是业界的一流人才；余承东用几个小时面试一个人是很正常的事，有时因为时差会先等到半夜，甚至专门飞过去一趟。

时刻与人才保持连接，寻源成为人才获取中最关键的能力。通过寻源团队建立人才社区和人才供给管道。比如谷歌的招聘团队分为三种角色：Sourcer（寻源的人）负责开源，辅助面试选拔；Recruiter（招聘的人）负责需求和面试选拔，辅助开源；Coordinator（协调的人）角色外包，跟进流程。

（2）稳定的招聘团队有助于人才资源池的建立和维护

我曾对比分析过百度和华为招聘团队的异同。百度的招聘HR定位是下沉到部门，一个招聘HR对口1+N个部门，与该部门的HRBP对接。招聘HR团队由招聘HR、秘书、助理团队构成：招聘HR专职负责寻源和面试的全面管理，秘书负责事务性工作，助理团队由较低级别的HR或者实习生组成。此处的实习生不以入职为目的，因此不注重其学校，对理解力、性格和形象有要求。

百度招聘的对象是优秀人才。招聘的节奏是全年招聘，一般不会出现需求"浪涌"的时候，所以可以有策略地推进。但遇到一些突发事件，如目标企业裁员、新组织调整等，也会有紧急需求。每年一个招聘HR的招聘量在两百人左右。

华为的招聘HR定位更多的是组织者的角色。招聘HR团队由HRBP团队接

㊀ U盘化生存总结起来就是"自带信息、不装系统、随时插拔、自由协作"。

口人、秘书和锻炼干部组成：HRBP 团队接口人兼职招聘专项工作，负责组织和锻炼干部的管理；秘书处理事务性工作；锻炼干部由各业务部门指派较为优秀、成熟的基层管理者担任，兼职锻炼期为 3～12 个月，有规范的赋能和管理流程。因为华为要求管理者有到人力资源锻炼的经历，所以这种"赤脚医生"的做法既对管理者有吸引力，也保证了招聘团队人员的弹性。

华为招聘的对象是适合的优秀人才，有些领域并非招聘顶尖人才。"优秀"有时候被定义成能干活、贡献大于成本，因为集中大规模的招聘一般用于解决人力的问题，而非人才的问题。招聘节奏上，校园招聘已经形成规律，社会招聘一般是因为有需求"浪涌"和突发事件，如业务调整等。招聘量要求上，根据招聘节奏，以达到招聘总量为目的而投入数量不等的招聘锻炼干部，一般没有统一的基线。

（3）做好融入是高端人才供应中最关键的环节之一

招聘入职不是终点，针对面临的人才竞争劣势和高端人才融入难题，三星的解决方案是建立内部管理咨询机构，让外部人才担任三星的内部顾问，通过一段时间的工作，帮助他们逐步融入三星，真正为三星所用。该机构的成员是非韩裔顶级商学院的毕业生和在全球领导性公司工作过的人才，这些外部人才带来了鲶鱼效应，在同化过程中必然会引起三星员工的思维、行为方式发生有益的变化。

- 人才搜寻上，将雇用和保留高端人才作为 CEO 的绩效考核指标。三星规定，雇用和保留高端人才要在三星分公司 CEO 们的年度绩效评估中占据 30% 的权重。此外，派出国际招募官与海外人才接触。有时候，国际招募官为了获得一个高端人才需要努力十年。
- 人才雇用上，Offer 的内容包括薪酬、福利、合同期限。薪酬一般为候选人来源国当地薪酬水平的两倍，福利有免费的宿舍或可居住的房产，合同期限一般两年一签。
- 人才同化上，在集团总部建立内部管理咨询机构，直接向 CEO 报告。其使命是实现海外人才的三星化，培养优秀的国际经理人，提升三星的商业表现。其主要负责下属企业不适合交给外人处理的事务，提供与海外企业经营相关的内部咨询服务。外部人才担任内部顾问一段时间后，可选择自己喜欢的岗位。

差距与洞察总结

当前，人才争夺面临着新型领域人才匮乏、转型人才储备不足、关键和高潜人才持续流失的痛点。洞察带给我们的启示，在 VUCA 的不确定世界，人才争夺形势日趋严峻。要想打赢人才争夺战,需要构建面向人才争夺战的组织和责任体系,优先配置参与人才争夺战的人才,并借鉴"内圣外王"的思路优化内部工作体验,缔造人才生态圈。差距与洞察总结如图 12-10 所示。

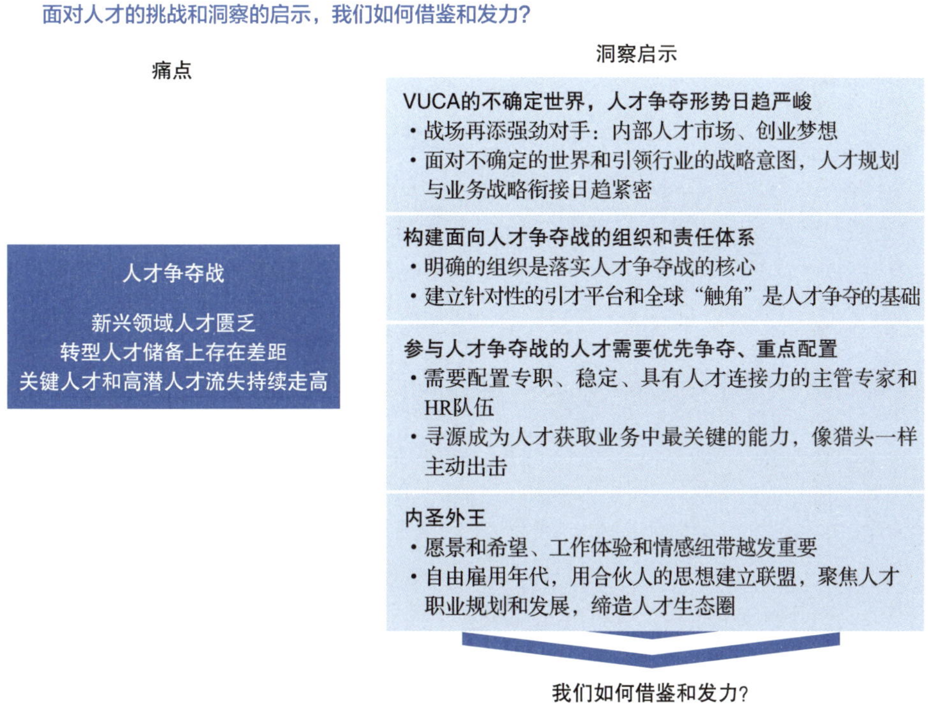

面对人才的挑战和洞察的启示,我们如何借鉴和发力?

痛点

人才争夺战
新兴领域人才匮乏
转型人才储备上存在差距
关键人才和高潜人才流失持续走高

洞察启示

VUCA 的不确定世界,人才争夺形势日趋严峻
- 战场再添强劲对手:内部人才市场、创业梦想
- 面对不确定的世界和引领行业的战略意图,人才规划与业务战略衔接日趋紧密

构建面向人才争夺战的组织和责任体系
- 明确的组织是落实人才争夺战的核心
- 建立针对性的引才平台和全球"触角"是人才争夺的基础

参与人才争夺战的人才需要优先争夺、重点配置
- 需要配置专职、稳定、具有人才连接力的主管专家和 HR 队伍
- 寻源成为人才获取业务中最关键的能力,像猎头一样主动出击

内圣外王
- 愿景和希望、工作体验和情感纽带越发重要
- 自由雇用年代,用合伙人的思想建立联盟,聚焦人才职业规划和发展,缔造人才生态圈

我们如何借鉴和发力?

图 12-10 差距与洞察总结

人才争夺战的战略与业务设计、组织能力与关键任务

将人才争夺战作为业务来看待的 HR BLM 流程里,主要考虑其战略与业务设计、组织能力与关键任务,以及对应的组织、人才、激励氛围。思考链路如图 12-11 所示。

业务 BLM 主要分析人才争夺战的差距,这个差距成为 HR BLM 外部洞察和内部诊断的输入。结合业务诉求和洞察启发,确定人才争夺战的战略意图;由战略意图出发,确立人才争夺战的价值主张。若想实现该价值主张,人才争夺战需要提供三个业务设计:一是广泛优质的人才生态链,二是满足需求的、具有资本优势的人才供应链,三是敬业高效的人才价值链。

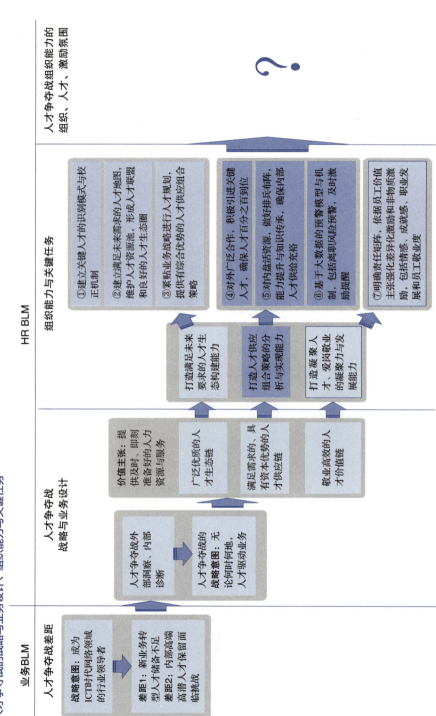

图 12-11 人才争夺战组织能力的逐层剖析

三个业务设计对组织能力提出了新要求,构建的人才生态链需要具备未来人才生态构建能力,人才供应链需要具备人才供应组合策略的分析与实现能力,人才价值链需要具备凝聚人才的能力。通过如下关键任务构筑这三项组织能力。

- ❏ 人才生态构建能力:建立关键人才的识别模式与矫正机制;建立满足未来需求的人才地图,维护人才资源池,形成人才联盟和良好的人才生态圈。
- ❏ 人才供应组合策略的分析与实现能力:紧贴业务战略进行人才规划,提供有综合优势的人才供应组合策略;对外广泛合作,积极引进关键人才,确保所需能力百分之百到位;对内盘活资源,做好排兵布阵、能力提升与知识传承,确保内生人才供给充裕;建立基于大数据的预警模型与机制,包括离职风险预警和即时激励提醒。
- ❏ 凝聚和发展能力:明确责任矩阵,依据员工价值主张强化差异化激励和非物质激励,包括情感、成就感、职业发展和员工敬业度。

要构筑人才争夺战的三项组织能力,完成七个关键任务即可。但这七个关键任务并非新事,也不是在以往工作过程中存在的问题,需要我们再下探一层,构筑支撑"人才争夺战三项组织能力和七个关键任务"的组织能力。将此人才争夺战组织能力再下探一层的组织能力命名为"阿尔索斯计划",这是本实践的聚焦点。

该实践中有三层组织能力,在此澄清以便读者理解。

第一层:为实现业务所需构建的组织能力,其中转型人才、新兴人才、固有领域人才是该组织能力的主要组成部分。

第二层:为满足业务的诉求而构建的"人才争夺战组织能力",即把人才争夺战作为一项"业务"看待时,其所需的组织能力,对应本小节中的"三个业务设计所需的三项组织能力",这三项组织能力需要通过七个关键任务来打造。

第三层:为满足构建"人才争夺战组织能力"而构筑的组织能力,即需要支撑七个关键任务而需要构筑的组织能力。

本实践将聚焦第三层组织能力的构建,将其命名为"阿尔索斯计划",以与第二层的人才争夺战组织能力进行区分。

阿尔索斯执行策略与关键举措

阿尔索斯计划需要思考的是如何持续地打赢人才争夺战。《现代战争制胜机理的理论探讨》给我们以启示,构筑战斗力是持续打赢战争的关键,而不是仅聚焦短期或随机打赢一两场战役；构筑人才争夺战组织能力，也是持续地赢得人才，而不是仅聚焦短期或者是随机挖猎、保留几个人才。战争制胜机理给我们的启示如图 12-12 所示。

受此启示，我们描绘出阿尔索斯计划的全景图。从需求（人才规划）到完成（交付与评估），中间就是人才争夺战的组织能力——人才供应组合策略。人才供应组合策略是我们要重点阐述的，通过五力制胜的组织能力来持续打赢人才争夺战。五力制胜如图 12-13 所示。

阿尔索斯的五力制胜具体构思蓝图如下。

- 信息力：找得到。在人才聚集地建立本地人才联络站并作为前哨，以维系人才生态圈；在团队中设置人才官，以统筹人才需求规划和交付实现。
- 杀伤力：招得来。成立阿尔索斯突击队，由干部专家、技术布道师和猎头组成，以建立人才联盟，快速高效猎取人才。
- 机动力：流得动。成立战略预备队和招调全功能团队，以实现主动流动和快速出击；放开内部人才市场，以实现被动流动和人尽其才。
- 防护力：留得住。选拔培育具有感召力的鼓舞型主管，增强员工价值感；建立员工间的情感纽带，增强组织情感影响力；提升工作体验设计，增强员工成就感；助力员工职业规划与发展，从员工的价值主张出发，用"合伙人"的思想建立人才"联盟"，增强员工获得感。
- 保障力：搞得定。网络品牌保障，"一个面子，两个里子"；业务组织与干部职责保障，实体组织 KPI 与干部角色职责对齐；工具与平台保障，基于大数据的预警模型与机制，包括离职风险预警和即时激励提醒。

图 12-13 中"五力"的阴影背景的寓意：信息力是八爪鱼，杀伤力是猎豹，机动力是车轮，防护力是堡垒，保障力是拳头。

信息力

阿尔索斯的信息力是"找得到"，核心观点与关键举措包括如下几点。

- 人才地图是人才管理体系的核心。
- 主战：确立人才官，加强信息价值源头的建设。
- 前哨：整合人才联络站，提升信息敏感度。
- 人民：建立全民猎手的激励机制。
- 协同军：组合使用多种网络渠道。

如何打赢一场战争？如何持续打赢？战争制胜机理给我们的启示

现代战争的特点和规律
- 信息化条件下的战争
- 核威慑下的常规战争
- 一种高技术战争
- 局部战争

现代战争的制胜机理
- 战争的制胜机理是指战争的制胜路径和规律
- 武器是成争的重要因素，但不是决定性因素，决定性的因素是人而不是物
- 研究现代战争的制胜机理应与战斗力生成模式转变紧密结合，突出战斗力标准。战斗力是军队完成作战任务的能力，其基本要素是人和武器装备以及两者的有机结合

五力制胜的制胜机理
从军队作战能力的视角，我们可以将现代战争的制胜机理分为：
- 信息力制胜
- 杀伤力制胜
- 防护力制胜
- 机动力制胜
- 保障力制胜

它们融合成一个有机整体，共同构成现代战争中克敌制胜的法宝，其中信息力是现代战争制胜的基础和前提

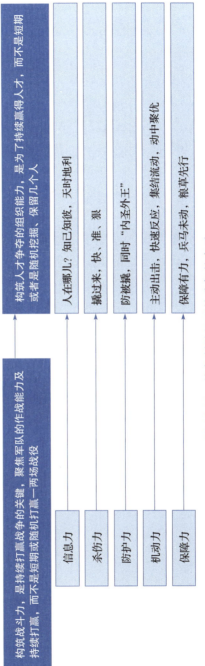

构筑战斗力，是持续打赢战争的关键，聚焦军队的作战能力及持续打赢，而不是短期或随机打赢一两场战役

构筑人才才能令各的组织能力，是为了持续赢得人才，而不是短期或者是随机挖掘、保留几个人

- 信息力 —— 人在哪儿？知己知彼，天时地利
- 杀伤力 —— 撬过来，快、准、狠
- 防护力 —— 防被撬，同时"内圣外王"
- 机动力 —— 主动出击，快速反应，集结流动，动中聚优
- 保障力 —— 保障有力，兵马未动，粮草先行

图 12-12　战争制胜机理给我们的启示

注：源自军事论文《现代战争制胜机理的理论探讨》。

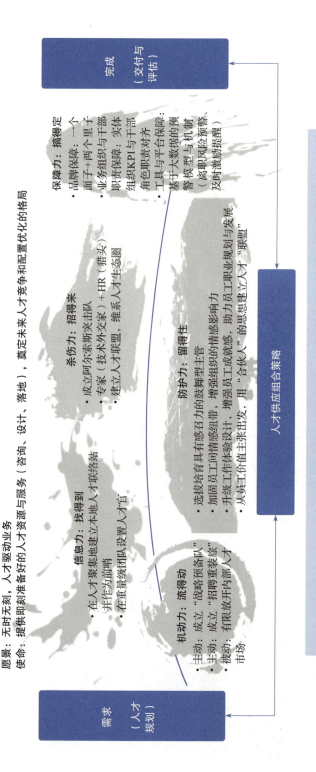

图12-13 阿尔索斯的五力制胜

（1）人才地图是人才管理体系的核心

无论是诺曼底登陆过程中的地图，或是传统使用的望远镜，还是当今的"上帝之眼"——美国战略预警系统，随着时间的推移，科技的更迭，信息力和地图更趋重要。

正如我们在全球人才分布地图中指出的，欧美在 ICT 领域聚集了超过全球 50% 的中高端人才，其中互联网、芯片、光电等技术类人才明显领先；欧洲在电信运营商、财经、设计、制造等领域人才丰裕；日本在精密制造、芯片、光电等领域的人才众多；印度和中国是 IT 人才整体数量最多的国家。在与网络产品线强相关的网络安全、SDN、IP 技术、未来网络等关键领域，北美的人才储备具有巨大优势；欧洲在 NFV 领域的人才储备丰裕。

但了解这些明显不够，了解人才分布概貌地图仅仅是万里长征的第一步。人才战争需要的人才地图是"三份清单化的管理"，这是人才管理体系的核心。清单化管理依托于强大的信息力支撑系统。信息力支撑的根本条件：一是要全面掌握准确、实时的情报信息，二是要获取和保持信息优势，三是要实现资源的最优配置和高效应用。

（2）确立人才官，加强信息价值源头的建设

现实中企业的业绩差距表明，我们时有因投入不足而导致业务受阻或错失机会的情况。在业务规划时要同步考虑人才规划，从战略意图到人才地图，最终实现人才先行储备。

改善该问题的核心举措是在各业务领域和职能部门建立人才官机制，这些业务领域包括 BMT 与 SPDT 组织；强化人才官的职责，使其有一定的话语权。人才官依据战略价值和组织能力准备度决定投入方式，制定人才供应组合策略，以完成该业务领域的人才供应工作，如图 12-14 所示。

人才官要对业务所需的全盘人才有一个最基本的判断，比如可以将业务从战略价值和自有能力两个维度划分为四象限，进而对不同的业务采取不同的策略。

- 非核心战略价值且自有能力低：是普通业务，可以使用外包或劳务派遣这种最小的投资来做拆分，或者寻找外部供应商。
- 非核心战略价值且自有能力成熟：是成熟业务，短期可以保守投入，用完剩余资产价值；从长期发展上来讲，可寻找外部供应商或者外包与劳务派遣。
- 有核心战略价值且自有能力低：是高潜力业务，需要保持战略投入，持续提升能力，管理好成本和品质；如果有合作方，可以考虑引入自主研发力量。

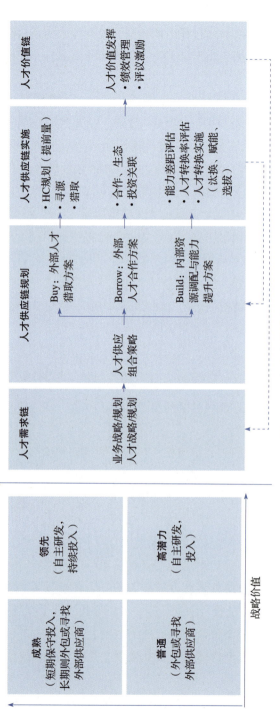

图 12-14 人才官的职责

- 有核心战略价值且自有能力高：是领先业务，需要保持战略控制，理想状态应该是保持自主研发并持续投入以保持领先，并确保低成本和高品质。

人才官，需要尽早介入业务，比如作为人才代表进入 IPD，在产品规划和开发流程中履行职责。

- 人才规划：在做业务战略规划时，人才战略要同步规划；在日常业务中及时捕捉变化。
- 人才供应策略：根据业务象限制定用工策略，制定人才供应组合策略下的外部人才猎取计划与方案、外部合作计划与方案、内部管道管理与资源调配转换方案。
- 人才供应策略的实施：Buy 策略的需求计划要打提前量，提前开展寻源和人才资源池匹配及猎取；Borrow 策略的寻源和商务采购合作要及时跟进；Build 策略需要考虑全面的人才能力模型和差距评估、人才转换率评估、人才转换计划、不胜任汰换、赋能与适应。
- 闭环与反馈：实施的过程作为负反馈进入人才供应组合策略和人才规划，以便不断地进行优化调整。

（3）整合人才联络站并激发全民猎手

提升信息力需要建立或整合发达的信息"触角"。当前的差距在于没有与人才建立持续关系，就不可能在需要的时候快速集结人才，甚至都不知道真正的明白人在哪儿。依托外部不可控的猎头或挂靠式的合作者无法满足需求，因此需要自建人才联络站以整合全球信息资源，并制定激励机制，激发全民猎手，从而掌握全球人才信息，如图 12-15 所示。

对于体量巨大、人才需求量大且专业化程度高的企业，通过人才联络站的整合形成人才争夺战的前哨是非常关键的。

- 八爪鱼的触腕就是企业的各个组织，如人力资源部、研究部、各业务领域、合作部、全球研究所等。因为日常工作的属性，触腕向外延伸至不同的人才聚集地，如标准组织、生态联盟、竞争企业、合作企业、高校研究机构等。此外，猎头也是人才联络站的必备组成。
- 借鉴中国政府人才工作站的方式和网络产品线在全球运作产品管理分部的经验，根据地域人才布局特点整合人才联络站的运作方式，深入高价值人才市场，整合并利用当地资源（如片区联席会议、全球研究所等），扩大一线作战接触面，形成全球人才网络。此举也可以作为网络产品线在全球能力中心布局的保障措施，如在北美和欧洲建立人才工作站，人员主要由当地业务主管、技术布道师、猎头和招聘 HR 组成。

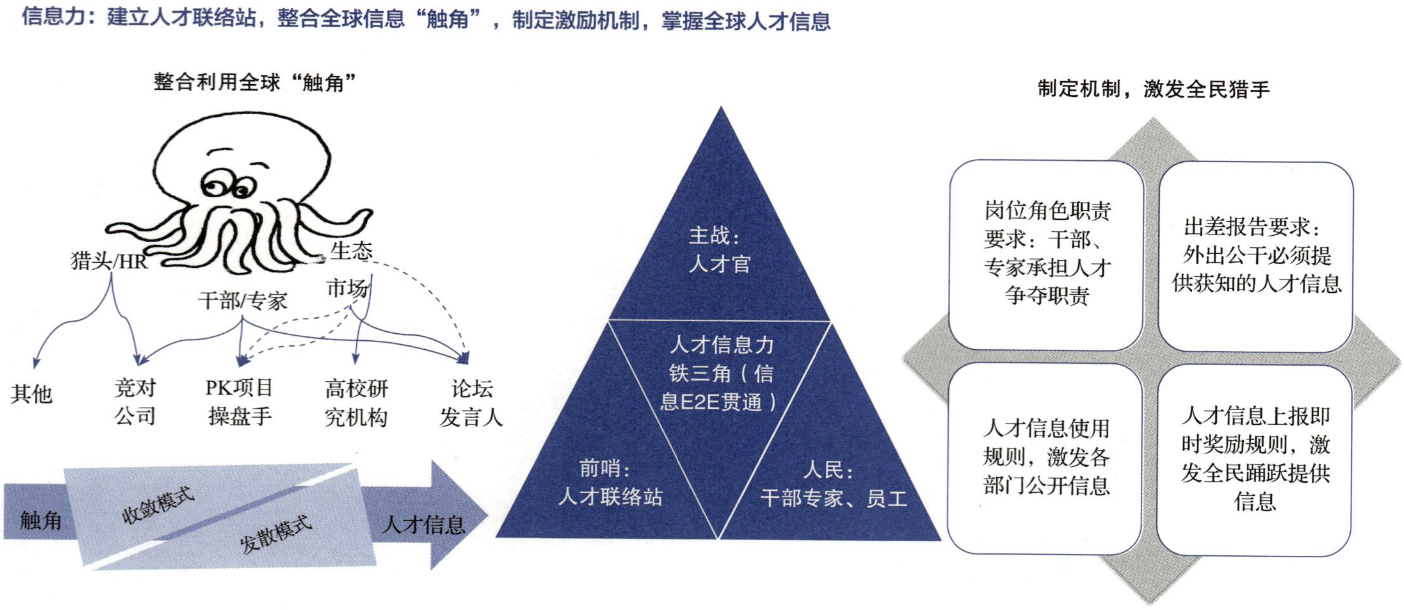

图 12-15 整合全球信息“触角”并激发全民猎手

- 从全球触角到获取人才地图有两种模式：一是收敛模式，即通过爬虫工具、论坛、展会、论文等获取广泛信息后再进行逐步筛选；二是发散模式，即通过滚动挖掘、领英（Linkedin）、圈子等先从单点突破，再连线成面。

人才争夺战，可同步制定激励机制来激发全民猎手。比如制定人才信息使用规则，激发各部门共享信息；制定人才信息上报即时奖励规则，激发全民踊跃留意信息；制定出差报告要求，要求外出公干必须提供获知的人才信息；制定岗位角色职责要求，要求干部、专家承担人才争夺的职责。对于已经执行的措施，我们仅做针对性的查漏补缺即可。

 章鱼有八条感觉灵敏的触腕，用于探查外界的动向。每当章鱼休息时，总有一两条触腕在值班，值班的触腕不停地向四周探寻，高度警惕有无敌情。顶级猎头也是如此，史宾沙的办事处遍布北美、南美、非洲、欧洲、中东和亚太等地区的30多个国家；光辉国际在全球40多个国家的73个城市设有89处分支机构。

（4）组合多种渠道以增强信息汇聚力

以"我"为主形成了信息力的铁三角组织后，我们还需要广泛的协同军，并从效率、成本、影响范围、命中率四个维度来评估和分析各种招聘渠道的特点，如现场招聘、网络招聘、报刊广告、猎头、人才寻访、内部推荐等。

在综合使用招聘渠道的时候，我们对其是有预期定位的。如人才寻访提高针对性，突破招聘淡季，削弱竞争对手；引入猎头资源，重点突破，节省时间和精力；现场招聘，体现企业实力，批量解决人才瓶颈；内部推荐提高稳定性，节省沟通成本，确保文化认同度；网络招聘提升传递效率，确保日常招聘量，节省费用；报刊广告宣传造势，积累简历，建立品牌。

每个组织都可以结合自身招聘特点和渠道特点综合选用，一般情况下推荐加大对SNS网络类渠道的使用力度。每一个渠道中有一些典型的供应商和资源主体是相对优质的，精选后的渠道供应商就是我们的协同军。

杀伤力

杀伤力是武器装备的主要指标，是消灭敌人保存自己的重要保障。阿尔索斯的杀伤力是招得来，核心观点与关键举措如下。

- 成立阿尔索斯突击队，根据素质模型挑选人才，充实队伍。
- 跟进新兴渠道，在专业人才聚集的新战场去战斗。

❑ 改变工作方式，像猎头一样去招聘。

（1）成立阿尔索斯突击队

建立网络产品线的阿尔索斯突击队，通过强悍的组织和人才打赢战役。其人员构成为：高水平的业务主管担任队长，五名具有猎头潜质的 HR 或主管担任队员，各领域配置一名技术布道师担任搜索向导。突击队要有协同部队，这个协同部队就是各领域的主管专家、人才联络站和人才官团队，如图 12-16 所示。

突击队的职责是获取各领域紧缺的高端人才和高潜力的校招人才，并建立高端、高潜力人才联盟，维系人才生态圈。突击队的人才充实需要择优匹配各角色的素质模型，以实现人才吸引人才、精英汇聚精英。

❑ 搜索向导要由符合技术布道师模型要求的人担任。他们对该领域技术有比较广泛的研究，具有渊博的学识；对该领域的前沿技术保持关注和好奇，具有灵敏的嗅觉；具有高度的企业忠诚度与使命感、极强的社交礼仪知识、协调能力。

❑ 队员要由有猎头素质模型的人担任。他们要有职业素养，包括职业操守、诚实正直、主动热情；人才信息的敏感度，包括信息和市场敏感度、人际洞察与理解力；坚韧性与自我管理能力，包括压力管理、执行力；沟通力与影响力，包括沟通技巧、灵活性、表达能力；认知反应和系统思维能力，包括分析能力、换位思考能力、归纳能力。

猎头的综合素质要求是非常高的，对一个企业来讲，如果内部无法做到有这种潜质的人员，那么也可以由外部公司的专业猎头来担任，只是把他们作为自己突击队的一部分。对于自身的人力资源组织，人才官也是这样的，打破组织边界，人才为我所用，而非为我所有。

（2）阿尔索斯突击队要像猎头一样主动出击

一个企业的专职招聘 HR 团队大部分时间不应该待在办公室里，而应该出现在外部人才面前。如果专职招聘 HR 大部分时间在办公室，那么他的工作方式大概率是有问题的。一个猎头一天典型的时间表如下。

❑ 上网获取信息：包括行业新闻、目标企业动态、目标人才信息等。

❑ 勾兑匹配：进行信息匹配、客户沟通、资源初筛、交换或发布、工作计划等。

❑ 主动预约：陌拜电话（Cold Call）、人才跟进等。

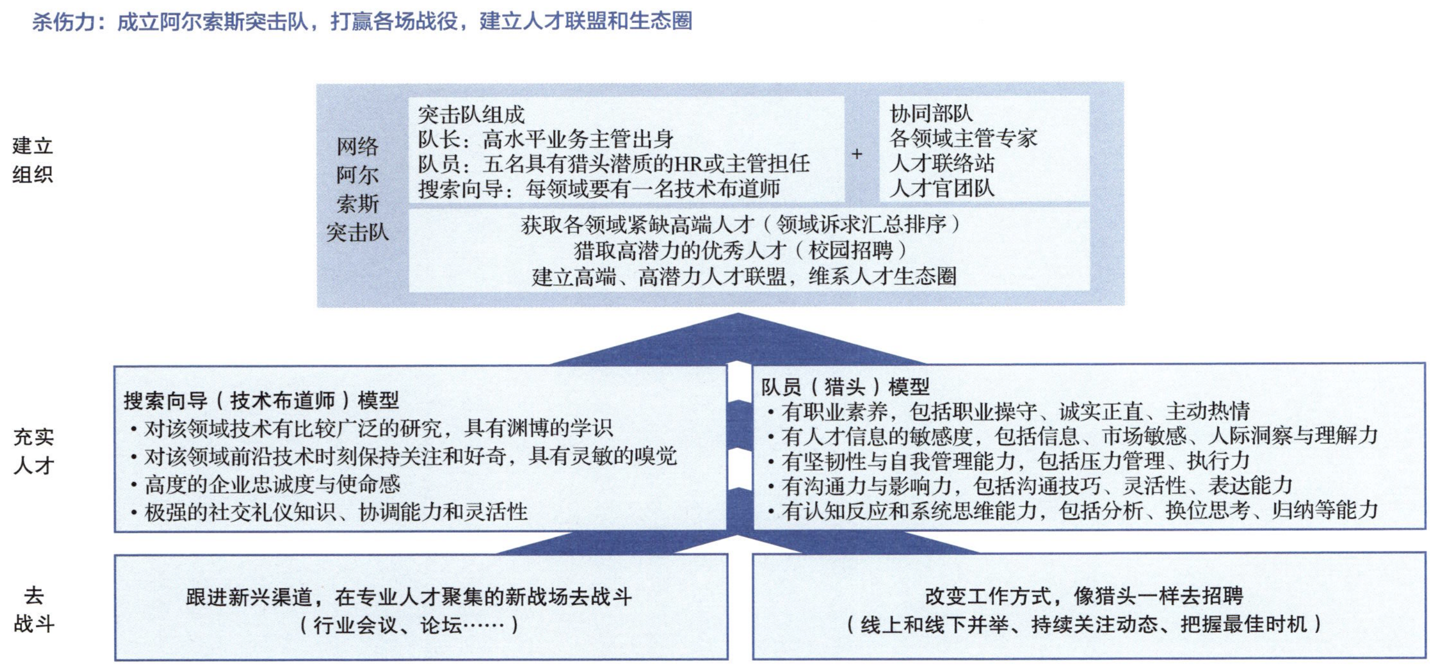

第 12 章 第八式：人力资源战略规划——组织充满活力 ◆ 329

杀伤力：成立阿尔索斯突击队，打赢各场战役，建立人才联盟和生态圈

建立组织

网络阿尔索斯突击队

突击队组成
队长：高水平业务主管出身
队员：五名具有猎头潜质的HR或主管担任
搜索向导：每领域要有一名技术布道师

获取各领域紧缺高端人才（领域诉求汇总排序）
猎取高潜力的优秀人才（校园招聘）
建立人才联盟，维系人才生态圈

＋

协同部队
各领域主管专家
人才联络站
人才官团队

充实人才

搜索向导（技术布道师）模型
- 对该领域技术有比较广泛的研究，具有渊博的学识
- 对该领域前沿技术时刻保持关注和好奇，具有灵敏的嗅觉
- 高度的企业忠诚度与誓使命感
- 较强的社交礼仪知识，协调能力和灵活性

队员（猎头）模型
- 有职业素养，包括职业操守，诚实正直，主动热情
- 有人才信息的敏感度，包括信息，市场敏感，人际洞察与理解力
- 有坚韧性与自我管理能力，包括压力管理，执行力
- 有沟通力与影响力，包括沟通技巧，灵活性，表达能力
- 有认知反应和系统思维能力，包括分析，换位思考，归纳等能力

去战斗

跟进新兴渠道，在专业人才聚集的新战场去战斗
（行业会议，论坛……）

改变工作方式，像猎头一样去招聘
持续关注动态，把握最佳时机
（线上和线下并举）

图 12-16 阿尔索斯突击队的构建

- 线下出击：包括展会、论坛、圈子、交流合作等。
- 线下面谈：猎头面谈、客户面试等。
- 线下跟进：联络感情、关系维系等。

线上的沟通给了我们便利，但对于猎头来说线下的互动尤为重要。阿尔索斯突击队的成员要改变传统的 HR 工作方式，像猎头一样去招聘。

- 线上和线下并举，建立连接：在借助便利的线上渠道互动的情况下，不能忽视并且要尽可能寻找线下的接触和面谈机会，并选择合适的人才聚集地，达到事半功倍的效果。
- 持续关注动态，永续经营：高端人才大多属于被动式求职，要充分了解他以及他所在的组织的动态。对候选人的吸引，往往是长期的系统工程，不可一蹴而就。
- 把握最佳时机，快速出击：当了解到目标企业动荡或目标人才思想波动时，凭借此前维系的关系和信任，精准把握时局，一举拿下。

（3）阿尔索斯突击队要在人才聚集的新战场去战斗

在人才市场和网络渠道发布招聘广告，然后坐等人才主动上门的时代已经成为过去。HR 需要与时俱进，跟进新兴渠道，到专业人才聚集地发掘人才。比如，以人力资源领域为例，新兴渠道包括行业杂志如《人力资源报》《经理人世界》，行业会议如最佳雇主颁奖大会、人力资源高峰论坛等。HR 去新兴渠道看什么？看顾问团成员、大会获奖人员、分组讨论时核心观点提出者、名家访谈的主角等，他们都可能是我们希望获取的目标。

跟进新兴渠道需要确定渠道选择的原则和达成的目标。比如，在 IP 数据通信领域，规划年度参与的专题会议和论坛时，选择的原则可以为聚焦 IP 业务领域，选择与企业整体参会策略相互补充的渠道，重点选择专业领域突出、展会资源集中、业界影响力高的会议和论坛，并以开放合作的心态考虑需达成的目标，既考察业界发展和人才动态，也引导内部专家抬头看路、走出去。

跟进新兴渠道需要各领域联动以形成统一的策划方案，既统揽全局，又提高效率。我们应对本领域涉及的会议和论坛进行分类梳理，并从中做出针对性的选择和取舍，比如 IP 业务领域的综合性会议、软件类、硬件类、安全类、测试类、SDN/NFV 类、开源类、标准类、运营商类、厂商类、行业类等，然后根据领域的战略目标和人才目标，拟定具体的参会名单和策略。策略包括时间、地点、联合参会方案、是否发表主题演讲、演讲主题和发言人等。

行业会议、论坛等是人才的聚集地，但并不是招聘地。在不影响秩序的前提下，我们可以了解人才的情况和动向，适当建立连接是可以的，但并不适合出现具体的招聘行为。

防护力

防护力是有生力量、武器装备、技术器材等所具有的抵御杀伤、破坏和恶劣自然条件侵害的能力。人才争夺已进入深水区，防护力已不仅是被动防御能力，更应成为人才的首要吸引力。我们已经相对成功了许多年，已有相对成熟的人力资源管理体系、大量的工具方法与优秀实践、众多相对成熟的干部和HR队伍，然而我们必须清晰知道大时代对关键人才的需求。作为行业领导者，我们对领军人才和精英人才的需求，要求我们必须超越过去。进入深水区，所有易于操作的流程都已经做了，所有硬性的动作和规范都固化下来了。但是那些软性的深层次需求，我们永远无法回避。阿尔索斯的防护力是"留得住"，核心观点与关键举措如下。

❑ 转型、新兴或艰难的业务更需要有感召力的鼓舞型领导（当众言说）。
❑ 实现员工的情感价值主张（圈子）。
❑ 实现员工的成长与发展价值主张（职业倦怠、联盟、工作机会与体验）。

（1）时代呼唤具有感召力的鼓舞型领导

信息时代需要高超的领导力。 人员管理与人才发展的水平大部分依赖于领导力水平。BCG（波士顿咨询管理公司）的分析报告指出，华为在业务表现优异的情形下，在人才与领导力发展的系统建设上仍需持续改进。BCG将华为与1200多家企业的人才数据进行对标，认为华为的领导力和人才指数相对较低。华为的主要挑战在人才战略规划、差异化雇主价值定位、多样化的人才发展计划等方面。

随着人才的生存理念变化和竞争环境加剧，高超的领导力越来越被需要。从人才自身的角度来看，精英人才崇尚U盘化生存，越来越渴望平台和自由连接。无论员工保留与发展，还是团队和人员管理，领导者指望控制信息和利用信息不对称进行管理已经行不通了。现在到了打明牌的时候，领导要有感召力。领导者还要讲感情，而不是永远所谓的"伟大、光荣、正确"的职业化形象。《人才盘点：创建人才驱动型组织》围绕管理者，从生产、人和管理理念三个维度，根据其是基于目标还是基于价值将领导风格分为六种类型。

❑ 指令型：强调通过无条件的服从和严密的监控来实施控制，通过指出不服从秩序的不良后果来影响员工的思想和行为。
❑ 亲和型：关心下属，尽力让员工满意，在组织内部与团队成员中维系和谐的人际关系。
- ❑ 参与型：相信员工的能力，重视员工的意见，主动邀请员工共同决策，以建立员工对组织的承诺。
- ❑ 愿景型：通过指出员工长期的发展方向和目标，启发员工看到工作的意义和价值，从而影响员工的情绪、思想和行为。
- ❑ 领跑型：拿自己的能力标准要求下属，希望员工能和自己一样高标准地完成工作；如果员工达不到要求，就自己拿过来做。
- ❑ 变革型：把握主动权，寻找一些方式使事情得以改善、发展、创新和进步，并激发下属主动改变。

最有效的领导者并不仅仅依靠一种领导风格，他们会因地制宜、灵活采取多种领导风格。很多领导者经常采用的领导方式是"胡萝卜加大棒"，即混合使用指令型和亲和型领导方式，也称为家长式领导方式。还有大量专家型的领导，经常采取领跑型风格。要塑造企业的竞争优势，更多需要领导者采用参与型、愿景型和变革型的领导方式，它们将是带领企业走向成功的关键。

转型期或新兴或艰难的业务领域更需要感召力。克劳塞维茨在《战争论》中讲过："在战争打到焦灼的时候，伟大的将军们就是要在茫茫黑暗中，把自己的心拿出来点燃，用微光照亮队伍前行。"早期的华为领导者具有极强的感召力，员工每次听完领导讲话后就觉得浑身有使不完的劲。比如华为心声社区曾经发表过田涛的文章《华为如何才能将秀才塑造成战士和枭雄》中提到：

仅仅是银子分得好，那只能是乌合之众；聚散皆因财，组织则无魂；无魂则忽聚忽散，难以持久壮大。华为最核心的精神动力机制之一是"吹大牛""坐而论道"。郑宝用是华为曾经的2号人物，我问他对任总的第一印象是什么？太能吹了。我接着问，那么你呢？郑宝用笑着说，我比他更能吹。

这是一个夜半吹口哨互相壮胆的华为时代，也是一个非常好的建立信心的时代。华为创立之初的前十年，每到晚上9点左右，任正非经常性地端着一个大茶缸，来到研发人员简陋的办公室，把大家叫到一起坐而论道。"你们好伟大啊，你们今天干的事情，比贝尔实验室做的事情还要伟大！"年轻的工程师人人清楚，贝尔实验室是美国的科技心脏，但每个人都被一种强大的气场所感染，然后"吹完牛"就觉得浑身有使不完的劲。

组织愿景是如何产生的？"吹大牛""坐而论道"。先是一个人讲，一群人将信将疑；反复地讲，少数人信了；持续地讲，更多人信了。20多年不厌其烦地讲，10多万人被卷进晕轮效应中，结果这个"吹"出来的牛或者愿景就被演化成共同的组织情绪。

《下一个倒下的会不会是华为》也阐述了华为最核心的精神动力机制之一是"吹大牛""坐而论道"。而 2015 年前华为领导者的感召力在下降。很多参加奖金宣讲会、民主生活会、激励沟通大会的员工反映,整个会议太虚了!心声社区曾有一篇帖子喊话各位大佬:"你们觉得年终奖对得起兄弟们没日没夜的一整年吗?喜报满天飞、一年同时好几个版本、啥时候都是兄弟们坚持一下,结果就是干得最累、喜报最多、回报最少,兄弟们心都凉了!你当主管就是来忽悠人的吗?给的少就算了,你别忽悠我行吗?开诚布公点儿行吗?忽悠员工有意思吗?能不能用朴实无华的语言表达,能不能不打官腔……"

通过 TAT 打造具有感召力的鼓舞型领导。如何成为一名具有感召力的鼓舞型领导者?如何凝聚一批优秀人才和你一起走向成功?当众言说是关键能力,讲故事是激励人心的不二法宝。现代的许多企业家如乔布斯,通过独具风格的演讲带给人们强烈的共鸣。鲁鸣在《软能力》一书中说,言说不仅是一种技能,也是一种智慧,一种交际能力,是情感思想表达的艺术,当众言说在职场上更是必不可少的武器。

在实践层面,要想成为一名具有感召力的鼓舞型领导者,我们可以结合日常工作进行有意识的培养和训练,借鉴领导者同心圆模型来策划鼓舞型领导的修炼之路,如图 12-17 所示。

领导者作为学习者、实践者、传播者,在日常工作中要有意识地打磨自己的能力,组织需要策划相应的培训活动并给予实践机会。

- T(Train):作为学习者参加培训,包括日常已开展的自主学习、Elearning 社区学习、主题管理培训、战略性项目培训、领导力进阶项目培训等。此处的关键措施是通过观看历史巨制和企业家演讲视频,在讨论交流中提升宣讲能力。
- A(Act):作为实践者参加岗位实践,包括日常已经开展的项目实践。此处的关键措施是结合工作中新干部上岗就职演说、应届生招聘宣讲、战役动员会、奖金宣讲会、民主生活会等场景在实战中提升能力。首先赋能,然后观摩,最后结对回顾和反馈。
- T(Teach):作为传播者讲授课程,包括日常已经开展的辅导下属成长、推动高效研讨、开发课程讲解、总结案例分享。此处的关键措施是要求每位主管担任学习发展项目课程的讲师或引导员,参加产品线级的新员工座谈会。

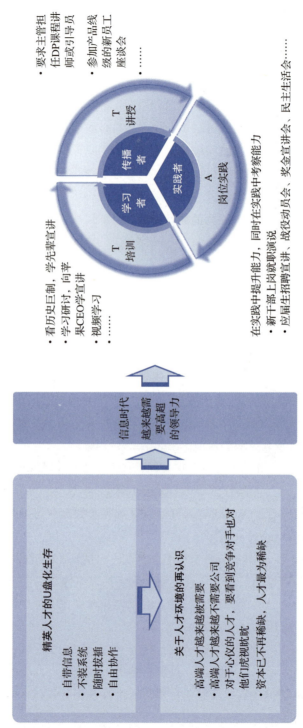

图 12-17 打造具有感召力的鼓舞型领导

华为"夜半吹口哨互相壮胆"的传统一直都在,特别是近三年在极限承压的情况下爆发出强劲的战斗力。"没有退路就是胜利之路。"任正非在2021年10月29日的"五大军团"成立大会上的讲话,极大地鼓舞了华为的员工和合作伙伴,也感染了亿万国人。"我认为,和平是打出来的。我们要用艰苦奋斗,英勇牺牲,打出一个未来30年的和平环境,让任何人都不敢再欺负我们。我们在为自己,也在为国家。为国舍命,日月同光;凤凰涅槃,人天共仰!历史会记住你们的,等我们同饮庆功酒那一天,于无声处听惊雷!"

(2) 实现员工的情感价值主张

戴维·尤里奇曾说:"人才的生产力等于敬业度,而敬业度等于胜任力、承诺、贡献的乘积。"胜任力是胜任工作的能力,需要合适的人在合适的地点和合适的时刻,拥有合适的技能和合适的标准。承诺是工作的意愿,需要明确员工的价值主张,我会得到什么、我需要付出什么。贡献是在工作中创造幸福感与意义,树立成长的心态,那么自然会做出更大的贡献。通过实现员工的价值主张,我们可提高员工做出承诺的意愿,激发员工做出更大的贡献,从而迸发出人才的生产力,如图12-18所示。

新生代更看重企业的价值定位和情感影响力。 新生代已成为职场主力。在职业选择上,他们比其他年龄组的人更渴望挑战与成功,希望做炫酷的、自己认可的事情,只有认可才舍得投入。在工作特点上,他们认同快乐和创新的文化,习惯互联网开放平等的沟通方式,向往参与式管理而抵触命令式管理,希望在工作中有影响力并被赋予权力,善于采用更灵活的方式来解决问题。在工作与生活的平衡上,当工作占据了过多时间,他们会对工作价值产生怀疑。在薪资福利上,虽然不再一贫如洗,但更高的起点和社会竞争压力使得他们仍然渴望现金流。

员工的幸福感就是生产力,快乐是智力工作高效的原因之一。2015年,我们身边的员工时常在感叹,在华为没有要好的朋友,团建还不如各自回家休息,遇到合拍的主管和不扯皮的同事实属三生有幸。令人费解的现象是,华为向员工砸钱往往会吃力不讨好。更令人费解的是,收入不菲的华为员工往往显得对后勤服务的诸多事情斤斤计较,心声社区流传着著名的"三字箴言"和"四大名著"。

人类需求的"受挫 – 回归"模式可以给予我们解答,当人们的情感诉求得不到满足后,就转而对低层次需求提出更高、更苛刻的期望。其实归根结底,人的情感价值主张并不是新生代的专属,而是人类共同的诉求,只不过新生代更自由奔放,不压抑罢了。

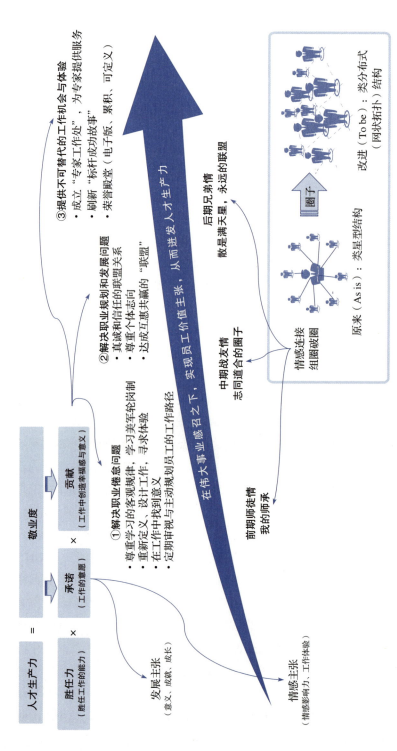

图 12-18 实现员工的价值主张

华为正不断强调把对人的关注和关怀放在首位。有战斗力的团队必定有强大的凝聚力,通过千丝万缕的情感纽带凝聚人心。比如,海底捞的员工来自同一个地区甚至同一个村落,这种亲朋好友关系让他们形成了千丝万缕的情感纽带,弥补了组织感情维系中的不足,形成了强大的团队凝聚力。华为也真正开始意识到这一点,领导一直提出要真正把对人的关注和关怀放在首位。

- 《看莫斯科保卫战有感——任总在埃及代表处的讲话纪要》里提到,铁军是因领袖对士兵的关怀而产生的,队伍的对外坚韧是由对内的柔和而形成的,我们要奋斗,也要对奋斗者充满关怀!
- 《团结一切可以团结的力量——常务董事会成员民主生活会纪要》里提到,要理解知识工作者是某种程度上的志愿者,主管很难比知识工作者自己更清楚地知道他能够做到多么杰出。严格的制度、惩戒和命令只能管住人的手脚,无法让人自愿付出他的脑和心。要释放出员工最大的潜能,最有效的途径是改进我们的管理方式,用倾听、尊重、认可与帮助,让每个人自愿付出他的智慧与能量。要把干部和员工当作有血有肉的人,他们是有七情六欲、有家庭和健康需要平衡、有个人的追求和梦想、希望可以掌握自己人生的独立的人。我们不能简单地把他们当作一块可以随意搬动的砖头,在坚持公司原则、立场的基础上,我们需要设身处地地理解他们的阶段性困难与需求,帮助与引导他们达成个人与组织的共赢。
- 李杰在 *Passion for people*,*Open to change*(《对人充满热情,对事开放灵活》)一文中提到,我们很早就提出对人的关注,但是过去在工作中对人的关注是不够的。现在,各项工作慢慢地走上正轨,我们可以认真思考怎么系统地提升人力资源工作质量,我认为必须回到对人的关注上。Passion for people(对人充满热情)的三个阶段:一是充满对人的好奇;二是充满对人的关爱;三是帮助他人成功。

通过圈子建立网状、稳固的情感纽带。情感纽带(Human Bonding,也称连接)是人与人之间形成的一种亲近的人际关系,表现为喜欢和信任等情感特征。建立情感纽带的过程称为结链,是一种互动的过程。圈子是具有相同爱好、兴趣或者为了某个特定目的而联系在一起的一群人,是一种社会化聚合,实际上就是人以群分。

原来团队中的情感连接是一个"类星型结构",一个主管面对一群人;而理想的情感连接是一个"类分布式(网状拓扑)结构",即人与人之间互相交织的网状结构。在以往的类星型结构里,连接依赖于主管,连接的是主管和员工间的感情。当组织变大时，由于主管的个性与精力问题，情感连接就会变得薄弱，同时员工间的情感纽带也不能很好地建立。而通过圈子的形式建立人与人之间的感情，不再依赖于主管。互相交织的圈子凝聚每一个人，人与人之间产生千丝万缕的情感纽带，形成稳固的网状结构，增强组织情感影响力。

企业存在很多圈子，大多是以爱好为主的运动圈或文娱圈。组织需要因势利导，在此基础上建立半民间、半官方的圈子，导流到企业的价值创造上。主管们不用担心这么做会形成小圈子主义。如果圈子的能量是积极正向的，主管就应该有信心去维持一个一个的小圈子，而不是打击和拆散。当前，我们可以在从入职到离职的整个职场生命周期里建立三种关键的圈子。

❑ 第一种圈子是师徒情，体现每个人的师承和门徒。在一个教师节的当天，有一个团队将部门里面所有员工的师承关系画成了一棵棵树，从最资深员工到新员工的连接如同一棵树的开枝散叶。团队主管问道，你将在部门种下什么树，"四世同堂树"还是"桃李天下树"？对于新员工而言，入职时的导师和同门师兄弟是他在这个职场建立的最初关系，并且也最为亲近可靠。

❑ 第二种圈子是战友情，体现志同道合。一口锅里盛日月，一壶水里饮春秋，战友情是在摸爬滚打中留下的最深情谊。比如喜欢创新的人可以聚集在创新咖啡厅，边喝咖啡边兜售自己的创意；喜欢软件的人有软件精英俱乐部，组织可以提供场景和经费让他们共同解决身边的问题。对于所有的圈子，组织都可以提供资源支持，并协助志同道合者组织相关的活动。圈子是活动过后留下的最宝贵的资产，而不是像有些活动留下了热热闹闹的照片和供汇报的素材，然后就"风化"了。

❑ 第三种圈子是校友情，体现永远的兄弟、永远的联盟。当一个人离开组织时，有些部门会为他召开惜别欢送会，回顾在公司的历程和价值贡献，用文艺的手法绘制员工的轨迹，用定制的礼物珍藏宝贵的回忆，用真诚的祝福为新征程加油。这不仅是对离职员工的一种感谢，也会对在职员工产生深远的影响。"聚是一团火、散是满天星"已成为很多组织的金句。

（3）成长与发展价值主张

新生代在职场中有着强烈的晋升愿望。合益咨询公司（HayGroup）的一份调查报告显示，应届生有强烈的晋升愿望，但是现实事与愿违。应届生晋升为中层管理者需要的时间和他们期望的时间有明显差距。对于应届生而言，工作的意义、发展机会和个人成长比金钱更重要。调查同时显示，企业意识到发展和认可对新生代的重要性，认为发展机会、尊重与认可以及清晰的方向是提高应届生敬业度的三大重要因素。与吸引因素一样，企业认为提高员工留存率的关键因素仍然是发展机会、清晰和有希望的方向、薪酬与福利。

- 从发展速度来看，与BAT（百度、阿里巴巴、腾讯）相比，华为基层员工的整体晋升速度偏慢两年左右，不具备优势。互联网企业的新人会在五年内快速晋升，随后会在"肚子"（中间层）那里停下速度，这是互联网企业的控制点；而华为并不存在这个控制点，晋升的天花板相对较高。华为内部优秀人才的发展快车道相比普通员工也显得并不快，薪酬和职级都仅是略有超越，差距并不明显。需要进一步加快节奏、拉大差距，增加员工一战成名的机会。

- 在日常工作中，员工有各种困惑和迷茫。由于大多数员工工作在一个大系统的局部模块里，容易对工作的价值和意义产生怀疑；流程和厚重的交付件让员工疲于应付，挤压了本应专注的设计与编码工作；繁忙的工作让员工无暇钻研前沿技术和行业趋势，丧失了工作的新鲜感和激情。当员工终于在困惑和迷茫中下定决心提出离职或转岗时，局面基本已经无可挽回。员工是否对自己的产品与业务感到自豪，很大程度影响着员工的工作表现。

- 内部的组织氛围调查显示，不同年限的员工有差异化的诉求，但成长与发展是永远的焦点。一年以内的员工面临职业转身，希望被组织认可，获得人性化的工作环境。一到三年的员工因经济基础较为薄弱，而又追求时尚的生活方式，对现金流需求大，更看重薪酬待遇。三到五年的员工关注自我成长，已有一定的经验积累，对晋升的诉求更为强烈。五到七年的员工面临职业的拐点，对发展的诉求更高，对开阔视野的需求也更高。七年以上的员工，在成就动机中有社会关系认可的需求，更看重职业的安全和稳定，对尊重和信任的诉求高。

无论是日常访谈还是组织氛围调查，每个人最为关注的归根结底就是"我"自己。对于"我"的职场而言，除了物质回报（挣钱）外，关键的就是增值（值钱），其中能力提升和晋升是王道（成长与发展），职场最好的回报是名利双收。"小我"与"大我"如何统一，个人与组织如何协同发展，需要专业的疏导和牵引。

专业精深与成长发展是知识工作者的关键需求。知识工作者对高级需求有着强烈渴望。内在回报里的能力感、内在驱动力里的专精和自主、马斯洛需求理论里的尊重需求和认知需求、ERG理论里的发展需求，无不显示知识工作者对于知识充满好奇和挑战的渴望,以及希望在过程中得到积极的反馈和技能的认可。

但是在具体落地过程中,主管和员工时常对发展认知产生分歧。发展机会作为一种最重要的非物质激励,如果偏离了员工自身的需求,不但起不到激励作用,往往还会适得其反。特别是在比较成熟的团队里,主管认为和员工已有长时间的配合,因此就盲目自信地认为了解员工的发展期望,从而导致错误的规划。

职业发展的空间和路径并不等于个人职业发展的可能性,这是主管和员工认知的最大不同。主管着眼于空间和机会,而员工更关注的是储能。空间和机会带着某种隐喻,即员工要局限在某个企业里寻求发展,而储能则意味着可以打破企业的界限,在市场中寻求空间和机会。比如,主管往往认为给予员工足够的激励,让其承担更大的责任,以挑大梁的方式发展。而员工往往渴望更多能开阔视野的机会,如破格参加上级会议、与行业同行交流、内部轮岗等;也渴望组织能够权衡短期利益和中长期利益,给予更多创新的时间和空间。

成长发展三部曲之一:解决职业倦怠问题

职业倦怠症又称职业枯竭症,是一种由工作引发的心理枯竭现象,是上班族在工作重压之下所体验到的身心俱惫、能量被耗尽的感觉。职业倦怠包含三个维度:情绪衰竭、态度消极、成就感低。情绪衰竭是工作倦怠的核心维度,人们会觉得精疲力尽、身心交瘁,丧失了工作热情。态度消极是敷衍了事、易躁易怒、怨天尤人,喜欢冷嘲热讽,刻意与工作和同事保持距离,对工作保持冷漠忽视的态度。成就感低是认为狂热投入与消极怠工并没有差别,或者觉得自己的能力并不能胜任,或者怀疑工作的价值和自己对企业的实际贡献。

职业倦怠的实质是失去了工作动力,那么为什么会失去工作动力呢?要么是缺少激励,要么是产生无力感。缺少激励是缺乏赞誉、肯定、荣誉或物质激励等有正面作用的事物。产生无力感是认为自己无法控制发生的事情,认为无论怎么努力都无法改变,因此面对困境和挫折时陷入习得性无助。

我们曾经对某部门员工的工作状态进行分析,发现该部门员工的情绪和成就感普遍低,综合倦怠比例比较高。员工情绪衰竭的主要原因有项目组之间协作比较困难、频繁进行维护工作;员工成就感低的主要原因有版本节奏过快、感觉自己像机器一样重复、一个人只能做一小块而看不到全局价值。

其实每个人都会有倦怠的时候,倦怠的原因都是与工作中的具体事情相关的,了解根因,帮助员工排忧解难,就可以让员工恢复旺盛的战斗力。

轮岗和工作体验设计是解决职业倦怠的有效措施。 网络产品线的系列产品均是大规模系统,通常被员工诟病的是只能做一个局部模块,而看不到全局,时间一长就失去新鲜感和激情。这给组织带来的影响是,由于每个人都看不到全局而增加大量的沟通协调成本，因此使得整个组织的效率降低；给个人带来的影响是，由于缺乏全局意义而失去激情，导致创造力下降，产生职业倦怠。长期来看，业务面窄导致个人难以成为系统级专家，职业发展受限。

金一南在《美军还能打仗吗？》这篇文章中提到，美军有一个关键词就是Move（调动）。通过频繁调动实现人员岗位普遍轮换，每个军人在一个岗位任职平均两三年。他们认为，如果对一件事熟悉到闭着眼睛都能做，剩下的就全是惰性，没有创造力了。这个举措给军队带来的好处是，防止军队产生人身依附关系，避免出现所谓的塌方式腐败，同时保持军人的血性；给个人带来的好处是，保持军人的职业新鲜感，保持军人的活力和创造力，有效防止倦怠。

我认为采用轮岗制，定期审视与主动规划员工的岗位有助于解决职业倦怠。与美军频繁调动类似，一般学习者在岗三年往往是产出最高的时候；对于快速学习者而言，这个时间是两年，这也是在职学习的客观规律。通过主动规划轮岗制，员工能够从 A 岗到 B 岗，然后从 B' 岗到 C 岗，一直在波浪式的前进过程中。此处 B 岗和 B' 岗的意思是，要在不同路径上的相近岗位轮换，以防轮岗后脱轨。比如，从系统架构师轮换到产品管理是比较合适的，而轮换到客户经理岗位就会有较大风险。

受《汤姆·索亚历险记》中的故事启发，我也认为重新定义工作和设计工作中的体验可以帮助员工在工作中找到意义。华为曾有不少员工跳槽到 BAT，与其说员工被互联网企业吸引，不如说员工是被一种"快乐、成长、成就"的工作体验所吸引，而这种工作体验不拘泥于行业，在哪里都可以设计出来。比如：研发体系里的兼职实验室管理员、持续集成工程人员的工作是不是可以重新设计？他们的工作背后的意义在哪里？对个人成长的助益在哪里？主管要帮助员工在宏大的图景里寻求意义并解决实际困难，也可以将游戏化思维注入工作来刷新体验。

成长发展三部曲之二：解决职业规划与发展的问题

画一棵代表职业生涯的树，每个人都希望自己的职业生涯之树长青、枝繁叶茂、硕果累累。但一棵大树要枝繁叶茂必须根深蒂固。自然界中的树根和树冠的比例一般是 1∶1，条件艰苦的地方可能是 3∶1 甚至 5∶1，环境越恶劣，树越要向大地扎根，从大地深处汲取营养和水分。

树根犹如内职业生涯，树冠犹如外职业生涯。外职业生涯是表现出来的职业身份，通常是由别人决定、给予、认可的。既然是由别人决定的，也就容易被别人否定和收回。内职业生涯是从事一个职业时的知识、观念、经验、能力等因素的组合及其变化过程，主要靠自己不断探索而获得。其不随外职业生涯的获得而自动具备，也不会由于外职业生涯的失去而自动丧失。内职业生涯的发展是外职业生涯发展的前提，可以带动外职业生涯的发展。

所以，在提供岗位和机会的同时，我们要从聚焦岗位转到聚焦能力，帮助员工聚焦内职业生涯的根深蒂固，而非聚焦外职业生涯的枝繁叶茂，这是解决职业规划与发展问题的措施。在具体的措施上，我们要回到绩效管理PBC-IDP（个人发展计划）和任职资格改进点的本质上来，帮助员工分析能力在未来发展所需和当前所有之间的差距，定制个人学习地图和学习路径，并给予资源上的帮助和支持。

达成互惠共赢的联盟生态圈。关键人才在组织中担任重要的角色，可替代性低。他们聪明、能力强、发展诉求强烈。这些特点往往容易让他们产生迷茫和失望，因为聪明意味着主管很难靠忽悠激励，能力强意味着更多的机会选择，发展诉求强烈意味着如果组织没有提供出路，他们就自己寻找出路。

但在职场环境中，下属一般不会主动提出关于个人发展的问题，因为担心会影响绩效或被贴上对组织不忠诚的标签。主管一般也不愿意主动向下属提及其发展问题，因为担心引起误会，比如"是不是暗示我另谋高就"，或者提及发展问题本身可能会成为员工不稳定的触发因素。

丹尼尔·平克在《自由工作者的国度》里提到，工业时代的生产资料以及创造财富的工具非常"大"，所以你需要一个大型组织来筹集资金、寻找场地、协调大家工作，由此创造财富。而今天的生产资料就是一台电脑，大家都是自由人。互联网时代，人的寿命越来越长，而组织机构的寿命却越来越短。大部分人都会比其工作的组织存活更长的时间，以前那种一辈子一份工作的情况越来越罕见了。

在自由雇佣制年代，员工被鼓励将自己看作是自由人，寻找更好的发展机会，只要有更好的机会就可以跳槽。这种旧的雇佣模式是一种商业交易，员工与组织间不容易建立稳固的信任关系。

《联盟》一书提到的球队理论对我们很有借鉴意义。在任期中，球队帮助球员成长，球员帮助球队获取胜利，而球队的胜利也将让球员的身价倍增，形成一个有明确目标和期限的良性合作关系。这种新的雇佣模式是一种互惠关系，通过联盟形式重建信任与忠诚，关注组织获得，也关注员工获得。这种相互信任、相互投资、共同受益终身的联盟关系，既可达成组织目标，又能把个人成长的收益摆在明处，从而建立稳固的信任关系。

联盟建立了一种新型的忠诚观。雇主与员工建立的关系基于为对方提升价值的能力。员工致力于帮助雇主成功，而雇主致力于提高员工的市场价值。在人员管理中借鉴联盟的理念，我们可建立任期制，开展正式的职业谈话，并与员工的个人发展计划相结合。已经试点的团队显示，该实践最基础的是双方转变理念，彼此坦诚和信任，具体操作提炼为如下六步。

第一步：坦诚沟通个人发展。某员工工作状态下滑，主管借助绩效管理中期审视的机会与员工深入沟通个人职业规划，主管对员工的想法表示理解和支持。

第二步：寻找发展机会。员工希望未来成长为研发部长，主管去与上级沟通为员工争取到项目经理岗位的机会。

第三步：明确发展路径。主管与员工沟通，从当前的岗位可以直接去做项目经理，希望通过项目经理岗位的锻炼和贡献结果，下一跳能够去做研发部长。

第四步：当前任期计划。在当前的岗位上还有两个关键工作需要完成，三个月后可以转到项目经理岗位上。

第五步：下一任期计划。承担项目经理岗位需要负责软件版本的交付工作，在此期间希望能够获得项目经理的任职资格，并成为优秀项目经理。

第六步：阶段性效果评估。当前，员工已经出色地完成了第一岗位的剩余工作，并转岗到项目经理岗位上，工作状态明显提升。

成长发展三部曲之三：提供"超值的"工作体验

杰克·韦尔奇曾说："我的经营理念是要让每个人都能感觉到自己的贡献，这种贡献看得见、摸得着、还能数得清，如果 GE（通用电气）不能让你改变窝囊的感觉，你就应该另谋高就。快乐自豪的员工可以组成高效的团队，用激情传播积极的品牌意识吸引顾客、合作伙伴和投资者，从而提升生产率、利润率和市场价值。"不敬业的员工的共同想法是工作仅仅是达成目的的手段，为了生活而工作，履行职责只是奉命行事。

体验是一种心理感受，我们通常通过活动和宣传来营造氛围。那么有没有类似"纽约引爆点"的方式呢？华为曾有一篇有趣的文章《关于将管理改进所节约的部分成本与费用用于员工激励的决议》。这个决议的目的是使持续管理改进成为全体员工共同关心的工作，并使所有员工从中受益。公司决定将 2015 年通过管理改进节约的部分成本与费用，平均分享给全体在职员工，以促使"持续管理改进从我做起、从点滴做起"的氛围形成。这项决议发布在当年的中秋前夕，在社交媒体上被转发和刷屏。自此以后，公司内部随处可以听到员工为节约和管理改进献计献策。

设立专家工作处，提升关键专家的感知。 华为成立干部处做好干部服务工作的举措对我们是一个借鉴。干部处的目的是成为公司与干部间的沟通桥梁，做好干部服务，理解干部心声，帮助公司建立起发展的负反馈机制，从而增强组织的稳定性。我们确认工作的边界和内容，坚持开放、妥协、灰度，站在干部的立场反映干部的正常心声；工作方式上，从干部服务做起，贴近干部并帮忙做事，要成为"干部之家"；建立小范围信息汇报机制，帮助公司更好地理解干部的合理想法和心声。

聚焦当前网络产品线最为关注的专家群体，通过访谈获悉部分专家心声。专家的自豪感有时候来自圈子里的比较，比如时间安排的灵活度、业内交流时的头衔（Title）、报销与差旅服务、独立办公空间等。这种小问题并不是一些特权，但是从中可以反映出"公司对自己是否重视"。

因此，我们从成立专家工作处入手，解决独立办公空间、助理配置等引爆点问题，并提供适用于专家的配套服务，如 Title 设计、接待费用、会务安排、差旅服务等；主动规划外部行业论坛的参会方案，同时也在内部创办各级"开讲啦"活动，满足专家被尊重的需求，提升专家成就感。我们也可以设计炫酷的工作体验，比如利用分布全球的分支机构，将外派到欧美学习作为对骨干专家的激励。

精心设计荣誉殿堂以强化人才的荣誉感。当前，公司各种级别的荣誉激励琳琅满目，但聚焦在一个人身上是缺乏累计的。因此，我们建立荣誉殿堂，用时间维度汇总每个人一路走来获得的各项荣誉激励。这是一件具有情怀的事情，也是一件具有现实意义的事情，激励要有系统性的规划，在绩效评定和晋升的关键时期，累计的荣誉就是一种强劲的输入。

机动力

机动力是兵力或兵器所具有的进行空间位移的能力。恩格斯曾经指出，军队在运动中要比停驻时有四倍的价值。拿破仑也曾提出"运动是战争的灵魂"的著名论断。现代战争以"机动求生、机动造势、动中聚优"等灵活机动、攻防一体的作战特征为主。阿尔索斯突击队的机动力是"流得动"，核心观点与关键举措如下。

❑ 对内机动防守（主动式）：成立战略预备队，进行主动的人才流动调遣。
❑ 对内机动防守（被动式）：网络产品线内部有限放开人才市场。
❑ 对外机动进攻：通过阿尔索斯突击队提升机动性。

（1）企业内部人才需要时刻保持活力

道法自然，大禹治水和都江堰水利工程都告诉我们一个道理——堵不如疏。在企业制度里，内部人才市场建设已成为支撑业务发展和员工保留的一大利器。任正非曾说，华为已经形成了能够凝聚十五万人的机制，但凝聚得太紧了，不够活跃，就需要耗散，形成新的活力。我们在内外部企业的人才市场洞察和访谈中也有此发现。

- 外部人才市场洞察：腾讯、阿里、思科等企业的内部人才市场都形成了有利于自由流动的宽松管理机制。发布岗位信息时会将部门和工作地完全公开，对候选人的转岗条件进行一定的约束但整体略显宽松。如果内部面试成功，那么在规定的时间里，原部门必须释放，并且调动对员工当期绩效基本无影响。
- 内部人才市场洞察：崭露头角的华为内部人才市场，能否成为组织焕发活力的引爆点呢？我们分析过去一年的数据发现，通过内部人才市场调动成功的人员数量仅为同期离职人员的8%。调动后的绩效普遍有所提高，内部人才市场给予了员工离开时的一个分支选择，有利于部分员工的保留与激活。同时，华为心声社区里关于内部人才市场的讨论比比皆是，话题大多是对内部转岗严苛条件的不满和"潜规则"的担忧。
- 内部HRBP访谈了解：通过对产品线各HRBP的访谈也了解到，越是离职率高的部门越是向上级喊"缺人"，缺人似乎可以成为业务做不好的挡箭牌。现在各部门的人才管道本身都不饱和，越是离职率高的部门人才管道压力越大，剩下的人员工作将会更苦，然后导致新的人员离职情况发生。除了压力大之外，离职率高的部门主管普遍在人员管理和关键人才保留上的意识和能力不足，也是形成恶性循环的根因。

对此，我们采取了以下措施。

（2）对内机动防守，对外机动进攻

有限放开产品线内部人才市场，成立产品线级战略预备队，同时加强阿尔索斯突击队的机动性，对内机动防守，对外机动进攻，如图12-19所示。

（3）成立战略预备队，主动进行人才流动和调遣

成立产品线级战略预备队，整合人力资源部原"内部调配"和"领导力布局"职责，担当人才资源流动的规划师和推进器。其定位与职责主要是：

- 建立关键岗位干部和专家资源池，通过内部成长和外部引入解决关键岗位人力诉求、人才争夺问题，打破人力资源调配"板结"，促进人才的循环流动。
- 同时在公司指令型调配的要求下，根据一线诉求，训练出满足产品线业务转型的一专多能的人才，积极响应"炮火呼唤"。
- 根据产品线的业务战略，有计划地进行人才布局，推动关键人才向新业务迁移。

机动力：运动是战争的灵魂，对内机动防守，对外机动进攻

进一步放开 BG内部人才市场

- 通过人才资源相对自由地流动来优化配置，为主动寻找挑战并期望做出更大贡献的干部、专家与员工提供一个变动的决策与管理机制，促进人才流动，盘活队伍，支持网络业务发展，同时矫正我们对关键人才及其价值的判断，鞭策内部管理改进

成立战略预备队 进行人才流动和调遣

- 成立战略预备队，整合"内部调配"和"领导力布局"职责，担当人才资源流动的规划师和推进器
- 建立关键岗位专家资源池，通过内部成长和外部引入方式解决关键岗位人才诉求无法满足、人才争夺问题，打破人力资源调配"板结"现象，促进人才循环流动
- 根据一线诉求，训练出满足网络业务转型的一专多能型人才，积极响应"炮火呼唤"
- 根据网络业务战略，有计划地进行人才布局，推动关键人才向新业务迁移

对内机动防守

对外机动进攻

阿尔索斯突击队的机动性

- 人才联络站信息的快速汇聚、分析与决策
- 预备队资源池保障快速出击的人力调配
- 灵活的考勤、差旅制度

图 12-19 对内机动防守，对外机动进攻

（4）进一步放开产品线内部的人才市场，优化资源配置

制定相较于公司更加宽松的产品线内部人才市场机制，通过人才资源相对自由地流动来优化配置，同时矫正我们对关键人才及其价值的判断，鞭策内部管理改进。

- ❏ 政策目的：为主动寻找挑战并期望做出更大贡献的干部、专家与员工提供一个变动的决策平台及管理机制，促进人才流动，盘活队伍，支持产品线业务发展。
- ❏ 执行原则：优先满足产品线业务对人才的需求，产品线具有人才使用调配的优先权；遵循用好员工的同时要让员工获得好的发展机会的原则。
- ❏ 运作机制：包括申请注册的前提条件、主动入池的人员条件及入池决策机制。
- ❏ 调动机制：内部人才资源池为虚拟资源池，人力资源部负责员工入池及出池管理工作，入池人员在调动前组织关系保留在原部门。入池人员应主动做好工作交接，且在入池决策做出后，交接期至少一个月且不超过三个月。个人职级 18 级以上的按现有审批程序调动，个人职级 17 级以下的授权到人力资源部直接调动。
- ❏ 氛围营造：对开枝散叶的部门在人才输出上进行奖励，对挖猎部门的挖猎频次进行限定，树立"人才流动是好事"的意识，资源部门最大的贡献是"增强土地肥力"，也就是培养出优秀的干部、专家和员工。

（5）有限放开产品线内部人才市场的多重收益

我们不反对产品线内部各部门间的人才挖猎，但会在产品线层面进行挖猎后的跟踪与效果分析。有限放开产品线内部人才市场将带来额外的收益。

- ❏ 矫正关键人才识别：当前，按照业界竞争性和商业价值的九宫格方法识别关键人才具有一定的局限性。该方法实际上是对关键岗位的识别，关键岗位上的人不等于关键人才。从外部 Outside-in 的视角，通过猎头给出的目标对象和数据分析来矫正我们对关键人才的识别精准度。就像我们认为某块肉好吃，别人未必看得上；所以内部首先放开，看别人到底想吃哪块肉。
- ❏ 矫正对人才的价值判断和估值：公司整体上以岗定薪是以薪酬具备市场竞争力为基础，合理确定薪酬结构与标准。我们的预估参考了咨询公司的报告，然后按照薪酬水平分位进行设计，但在个体上还是需要按市场定价来修正。

- 优化资源配置，促进人岗匹配：在更大的范围内审视人岗匹配，减少高能低就，避免局部不均，更好地让合适的人干合适的事，建立员工口碑，从而可改善诸多管理问题。
- 倒逼管理改进，促进强身健体：在各部门相似的薪酬政策下，"砸钱"已经没有用了，这会促进部门管理者反思和改进，倒逼主管管理能力提升。离职的决定同时受到离心力和向心力的影响，与主管关系恶劣是员工离开的离心力因素之一。

保障力

保障力是保障军队建设和作战时的物资供应的能力。兵马未动、粮草先行道出了古代作战时后勤保障的重要地位。从某种意义上说，现代战争就是打科技、打装备、打保障，所以保障是否有力，不只会直接影响战斗力，甚至关乎战争的进程与全局。阿尔索斯的保障力是"搞得定"，核心观点与关键举措包括如下几点。

- 品牌保障："两个里子"和"一个面子"。
- 组织保障：PDU（Product Development Unit，产品开发单元）部长和人才官。
- 工具保障：招聘系统、离职预警系统、激励提醒系统。

（1）品牌保障

主动管理雇主品牌，有效支撑人才获取与保留。 华为的企业价值主张包括客户品牌、雇主品牌、股东价值主张、社会价值主张。其中，雇主品牌体现了公司与业务的需求，也体现了员工的需求。两方面结合形成了合作关系，成就雇主品牌。雇主品牌对企业极具价值，好的雇主品牌可以帮助企业将人力资源池扩大50%、招聘成本降低50%、薪资成本降低10%、员工流动率降低28%。

谷歌是全球的信息科技领导者，连续五年荣获《财富》杂志评选的"最佳雇主"第一名。在人才引进上，其每年收到300万个求职申请，平均428人录用1人，比进哈佛难十倍。实际上，谷歌不论背景，招聘各行业人才，有神经外科医师、美国拼图冠军、奥运摔跤手、海军陆战队员等。谷歌的雇主品牌给员工带来了强烈的荣誉感。有谷歌员工说，通过用户整合整个世界，每个国家都有人使用我们的产品。正因如此，我们的想法、行动和工作是全球性的。还有谷歌员工说，创新是我们的血脉，即使最好的技术也是可以改进的，我们看到了为用户创造更有用、更快的产品的无穷无尽的机会。

社交媒体使得品牌建设面临新的挑战。 信息时代，社交媒体抹去了品牌建设的许多界限，每一个人都可能是潜在的人才品牌形象大使，包括内部的员工、离职的员工、候选人、使用产品的客户。真正的雇主品牌已不是企业设定的形象，也不是行业官方的评选，而是社交媒体上的每条信息，是茶余饭后的消遣谈资。

企业以未来发展的预期来获得投资者的青睐。同样地，选择加入企业的员工也是以能力和时间为资本的投资者。要获得人才对企业的认同，企业必须管理好多方感知。

- ❑ 管理好内部员工的感知，他们对校园里的师弟和师妹的职业选择影响很大。
- ❑ 关注离职或转岗员工对企业的评价，作为曾经的局内人、现在的自由人，其言行具有更大的说服力，能够动摇人才选择公司的决心。散是满天星，让每一个离开的人都是公司品牌的维护者，而不是破坏者。特别需要提醒的是，关于离职或调岗人才的管理需要重视起来，让"好聚好散"成为主流。杜绝对离职或调岗人员的"潜规则"，在可能的前提下甚至要给予倾斜，追溯已离职人员的贡献并补发奖金。
- ❑ 维护传播资源和渠道，与人才直接互动。比如，外部有很多书籍中有关于华为"加班文化"的误读，或未经考证对一些事件的错误解读。如果我们没有直接的信息渠道传播正能量，那么就会陷入无法辩驳的窘境。

信息时代，我们面临更多的新挑战。公司是如何描述人才价值主张的？它如何解决不同人才群体的需求？什么样的行为会导致这些群体里的人才外流？公司领导在打造雇主品牌中扮演什么角色？主管和HR能否正确理解人才价值主张并有效传递给求职者？

华为公司的雇主品牌管理成效显著。华为品牌管理框架包括核心价值观、业务战略、公司整体的品牌管理和内外结果。从品牌管理的对象看，面向公司整体时，品牌指的是公司品牌；面向不同的受众时，则是指产品品牌和雇主品牌等，如图12-20所示。

华为公司的雇主品牌管理逻辑是从管理对象到管理工具，再到最终的内外结果。

- ❑ 管理对象是指管什么，包括管雇主声誉、员工工作感知、员工回报感知。
- ❑ 管理工具是指怎么管，包括度量与诊断、持续改进等。
- ❑ 管理结果是指得到什么，对外提升人才获取能力，对内促进人员保留。对外提升人才获取能力包括提高顶尖人才吸引力、扩大人才资源池、提高offer接受率，以及使用更低成本获取人才。对内促进人员保留包括员工愿意推荐企业、员工乐于留任，以及员工愿意尽全力工作。

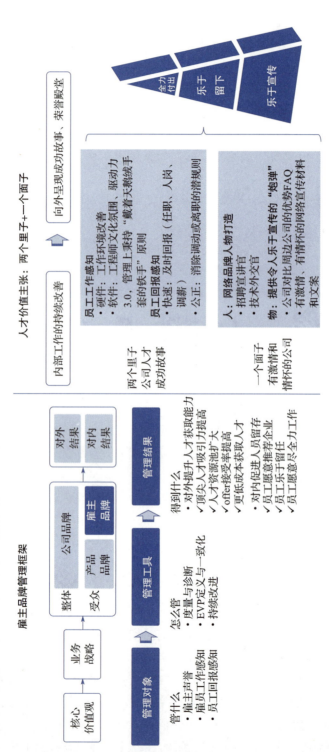

图 12-20 雇主品牌管理

华为公司陈黎芳在清北校园招聘宣讲时,正式对外阐述了应届生对于华为公司后续经营的价值:"我们不是来招聘员工的,我们是来寻找合伙人的"。近五年来,华为公司的雇主品牌管理发生了质的改变。2014 年跻身全球最佳雇主一百强,成为唯一一家上榜的中国企业,自此以后一直名列最佳雇主榜单之中。

打造产品线的"两个里子"和"一个面子"。为什么网络产品线真真切切地需要打造雇主品牌?因为人才进入华为只是第一步,他们看重的是华为品牌。而怎样让人才进入产品线,就需要产品线的品牌了。所以,华为品牌不等于产品线品牌。消费者终端已经打造出自己的品牌,终端分部在北京研究所召开发布会的情形令人羡慕,品牌对内部员工的意义是当一个人对自己的产品自豪的时候,对工作会异常投入。

那么,我们建立什么品牌呢?总结为"两个里子"和"一个面子",通过人才的价值主张推动产品线人才品牌建立,驱动翰威特敬业度模型中的三个维度的提升,即乐于宣传、乐于留下、全力付出。

"两个里子"是员工的工作感知和回报感知,聚焦内部工作的持续改善。

- 员工工作感知:包括办公工作环境的改善和软件工程师文化氛围的建设,在充满压力的工作场景中注入温情,管理上秉持"戴着天鹅绒手套的铁手"原则。
- 员工回报感知:包括快速和公正的激励,快速体现在及时回报(任职、人岗、调薪),公正体现在消除调动或离职的潜规则,甚至给予倾斜来"送一程"。

"一个面子"是雇主声誉,聚焦向外呈现成功故事和荣誉殿堂。

- 人:产品线品牌人物打造,成为形象大使;招聘宣讲官和技术布道师进行赋能,体现产品线品牌形象。
- 物:提供令人乐于宣传的"炮弹",如产品线荣誉征程、文化故事,以及有激情、有情怀的宣传材料和文案。

(2)组织保障

部分主管和 HRBP 陷入了习得性无助的状态。习得性无助是重复的失败或惩罚而造成的听任摆布的行为,也是通过"学习"形成的一种对现实的无望和无可奈何的心理状态。这正是当前部分主管和 HRBP 在关键人才争夺战中的写照。

- 春江水暖鸭先知,HRBP 对此感受最为深刻。管理会议上,对关键员工流失情况的汇报似乎仅为展示数据。HRBP 与主管面面相觑,都曾经努力过,好像已经束手无策,放弃了努力。而在外部人才的获取上,业务部门的投入总是不够，宣讲会能委托则委托，寻源上几乎没有主动规划的行为，致使 HRBP 陷入孤军奋战的境地。

- 家家有本难念的经，业务主管对此也深感无奈。多打粮食的同时，还得想方设法增加土地肥力，然而最缺失的是时间和精力。面对业务的压力和组织的困境，在各种权衡和交付兜底中耗费大量的精力与心力。绩效考核关注短期交付居多，对于长期性工作的自主行为和思考偏少，似乎架构看护和能力建设做得再好也不敌短期的成功。而新员工培养工作仅因为负责人的更换就出现明显下滑，说明尚未建立起机制，还是靠手拉肩扛。人的工作包含太多的隐性知识，工具和方法只能起到基础性的辅助作用，还是要一起干、一起体悟，常抓不懈。

职责归位，构建人才驱动的组织的责任体系。时间和精力管理的问题，最终是价值观的问题，也是组织与职责的问题。什么是最具价值的？什么是主要职责？什么是你的核心业务？什么是业务成功？组织能力建设是资源线主管和人力资源的核心业务。ST 组织、PDU 部长、HRBP 人才官的职责以及人才驱动的组织的责任体系，如图 12-21 所示。

- ST 的职责是对组织内的运营事务进行日常管理，开展部门内的资源规划、建设和调配；集中关注本部门的能力建设，通过提高自身能力来提升人均效益；对干部管理和人力资源事项进行日常管理，包括干部培养、招聘、培训、组织建设等。ST 组织的职责从未改变，只是在运作中存在落实不到位的地方，需要再强调、研讨、对齐，同时依赖于 PDU 部长岗位角色的刷新。
- 对 PDU 部长这个角色中的"三支队伍持续战斗力的经营者"进行重新定义。此前由于解读不到位出现了一些常见的问题，现在对该角色采用"描述＋关键业务活动和动作"的方式来表达，并进行角色认知研讨和赋能。其关键活动主要包括制定匹配业务的人才规划、合理布局干部与专家；持续提升能力、打造精兵团队；保留与激活关键人才，营造工程师氛围。
- 明确对各级 HRBP 作为本领域人才官的工作期望。此前的 HRBP 负责招聘组织和流程运作中的关键活动，大部分是偏流程事务类的操作型工作；而现在作为人才官要制订人才规划并落地实施，为最终的人才供给和人才增值负责。我们要对人才官的期望和关键活动进行定义，并对其进行认知研讨和赋能。

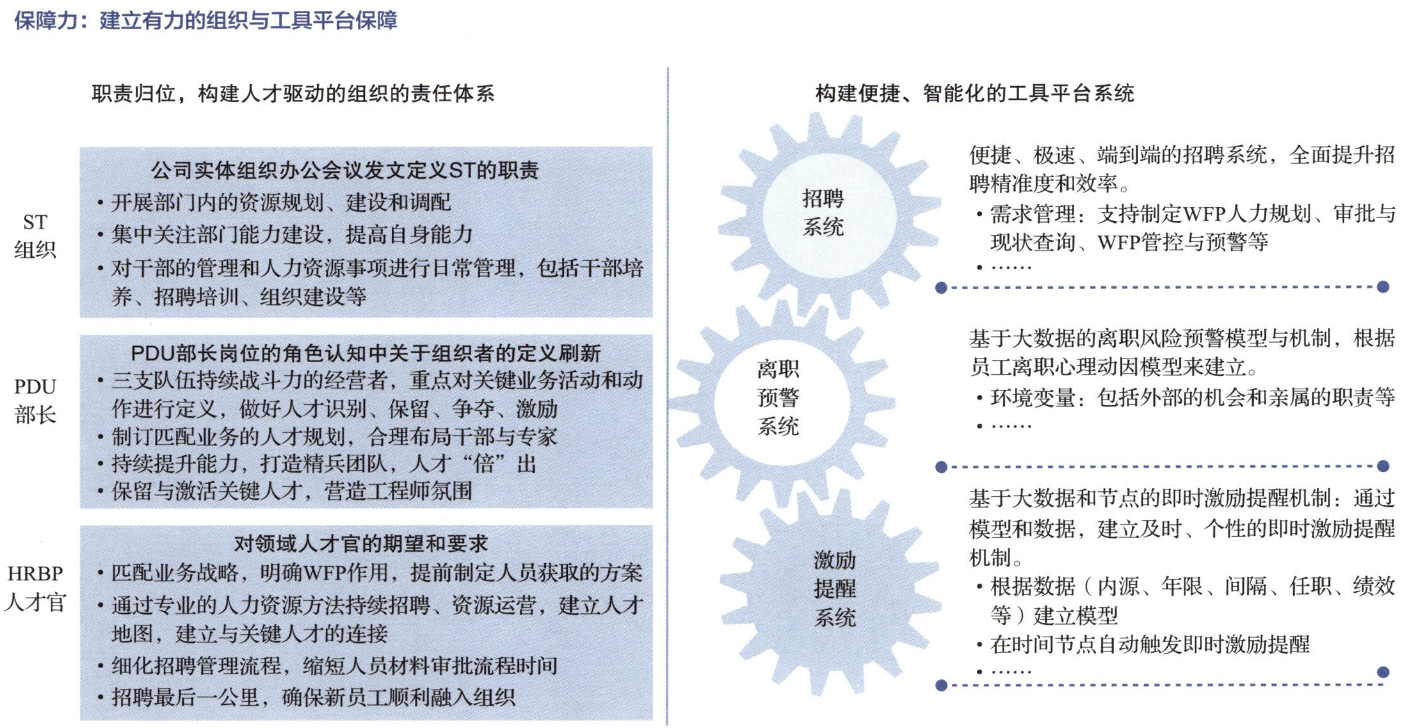

第12章 第八式：人力资源战略规划——组织充满活力

保障力：建立有力的组织与工具平台保障

职责归位，构建人才驱动的组织的责任体系

ST 组织
公司实体组织办公会议发文定义ST的职责
- 开展部门内的资源规划，建设和调配
- 集中关注部门能力建设，提高自身能力
- 对干部的管理和人力资源事项进行日常管理，包括干部培养、招聘培训、组织建设等

PDU 部长
PDU部长岗位的角色认知中关于组织者的定义刷新
- 三支队伍持续战斗力的经营者，重点对关键业务活动和动作进行定义，做好人才识别、保留、争夺、激励
- 制订匹配业务的人才规划，合理布局干部与专家
- 持续提升能力，打造精兵团队，人才"倍"出
- 保留与激活关键人才，营造工程师氛围

HRBP 人才官
对领域人才官的期望和要求
- 匹配业务战略，明确WFP作用，提前制定人员获取的方案
- 通过专业的人力资源方法持续招聘、资源运营，建立人才地图，建立与关键人才的连接
- 细化招聘管理流程，缩短员工材料审批流程时间
- 招聘最后一公里，确保新员工顺利融入组织

构建便捷、智能化的工具平台系统

招聘系统
便捷、极速、端到端的招聘系统，全面提升招聘精准度和效率
- 需求管理：支持制定WFP人力规划，审批与现状查询，WFP管控与预警等
- ......

离职预警系统
基于大数据的离职风险预警模型与机制，根据员工离职动因模型来建立。
- 环境变量：包括外部的机会和亲属的职责等
- ......

激励提醒系统
基于大数据和节点的即时激励提醒机制；通过模型和数据，建立及时、个性化的即时激励提醒机制。
- 根据数据（内源、间隔、年限、任职、绩效等）建立模型
- 在时间节点自动触发即时激励提醒
- ......

图12-21 建立组织与工具平台保障

（3）工具保障

便捷、极速、E2E 的招聘系统。当前招聘系统的主要功能集中在简历库和面试流程上，系统的功能是段到段，而不是端到端的；同时在人才寻源的便捷性上存在改进空间。我们需要从需求管理、资源管理、交付管理三个维度打造极速的人才供应链平台，全面提升招聘精准度和效率。其中的部件工具可以自己设计和打造，也可以外购。

- ❑ 需求管理上支持制定 WFP（Workforce Planning，人力规划）、审批与查询、WFP 管控与预警等。
- ❑ 资源管理上支持人才地图（人才分布地图、人才连接地图、扩展候选人）、人才选优（人才经营、人才筛选、人才推荐、合作）、移动化办公（人才信息查询、人才信息推荐）。
- ❑ 交付管理上支持华为的全球招聘系统、HC 申请、候选人面试、入职审批等。
- ❑ 上述三个维度之下是运营工具，包括对招聘行为的分析、对招聘过程的量化和度量、践行 SLA 承诺并促进改进以及招聘效果分析；针对招聘入职人员进行绩效跟踪和分析，并将反馈注入招聘甄选过程。

基于大数据的离职风险预警模型与机制。当前，企业获取员工离职动态的途径主要依赖于人与人之间的互动，如主管、OEC（office of Ethics and Compliance，道德遵从办公室）小组、HRBP 与员工的交流，并且这还取决于员工自己是否愿意透露信息或表现出行为。

- ❑ 我们可以通过 Price-Mueller（2000）模型和数据分析来建立基础的预警系统，根据员工离职心理动因模型来分析环境变量、个体变量、结构化变量。环境变量包括外部的机会和亲属的职责。个体变量包括一般培训工作参与度、积极或消极情感。结构化变量包括工作自主性、结果公平性、工作压力、薪酬、内部发展、工作单调性、社会支持等。
- ❑ 在预警系统提供的基础判断之上，通过案例库沉淀员工离职的行为表现和思想波动，管理者不断思考和总结。比如，员工思想波动的行为特征一般包括对主管分配的工作一再推脱、不愿承担工作周期长的任务、请假频繁且时间较长、工作投入下降、工作工时减少、行为表现反差很大等。每位主管应在员工保留方面练就火眼金睛，对员工细微观察，及时辅导和沟通。

基于大数据和节点的即时激励提醒机制。如果想要留住优秀员工，企业就应尽可能地满足他们的合理需求。当前，内部激励的途径和及时性不足，主动规划的激励一般具有固定的节奏而显得灵活性不够；被动响应的激励，如员工提出离职或直接表达诉求时再进行激励，效果大打折扣。

- 我们可以通过模型和数据，建立个性化的即时激励提醒，即根据数据（内源、年限、间隔、任职、绩效等）建立模型，并在个人的关键时间节点自动触发激励提醒。这些关键的时间节点包括项目阶段点、任职发布点、绩效发布点、关键荣誉激励获得点、关键事件触发点等。
- 在当前的激励规则比较严苛的情况下，使用破格的做法，通过产品线管理团队成员额外提名权作为激励的校正和灵活补充手段。

金一南在《美军还能打仗吗？》一文中说："美军的机制告诉你，军人利益最大化之点永远在前方，你的经历可能被主管忘记，但不会被计算机档案忘记，不会被晋升排序忘记。"这也是我们要加强工具保障激励的原因。

阿尔索斯小颗粒解决方案分解与落地

阿尔索斯聚焦于第三层的组织能力建设，是一个长期的系统工程。回归到当下，我们既要满足业务战略对人才的诉求，又要为未来的人才争夺战构筑组织能力。在上述洞察、分析和规划的过程中，我们聚焦意识的对齐，对一些关键举措也仅简要描述，将之转化为切实可落地的行动方案。此处先尝试分解为小颗粒解决方案，并在管理会议上讨论并形成可落地的结论。示意如图 12-22 所示。

人才争夺战：小颗粒解决方案分解与落地（示意）

序号	类别	措施描述	解决方案分解	建议负责人/参与人	落地结论
1	信息力	梳理现有各部门、角色在人才连接上的责任和分工，形成全球触角，整合资源，建立信息的汇聚、分析、通报机制			
……		……			
6	杀伤力	成立阿尔索斯突击队，各领域确定核心成员，并在各人才高地部署专职的本地人才联络官			
……		……			
9	防护力	员工情感价值主张：成立专家工作处，负责提供专家的独立办公室、个人助理等"引爆点"问题；提供适用于技术布道师的 Title 和配套福利			
……		……			
15	机动力	被动式机动：进一步放开内部人才市场，通过人才资源相对自由地流动以优化配置，同时矫正我们对关键人才及其价值的判断，鞭策内部管理改进			
……		……			
18	保障力	工具保障：基于大数据和节点的即时激励提醒机制，即通过模型和数据，建立及时、个性化的即时激励提醒机制			
……		……			

图 12-22　人才争夺战：小颗粒解决方案分解

【专题心得】

任正非曾说："做事业就像舞龙，龙头要抬起来，这就是方向，要大致正确；更重要的是龙身随后要舞动起来，要有力，整个龙才能舞起来、活起来。"在方向大致正确的前提下，组织充满活力是确保战略执行并走向成功的关键。

组织活力不仅仅体现在业务团队和员工群体中，而且体现在所有的职能团队和领导群体中，职能团队与领导群体反而异常关键。职能团队和领导群体的主要价值在于管理与决策，面对未来的不确定性时，只有管理和决策者足够开放、自我批判、敏捷响应，才是组织强大的内功。

练内功就是构筑企业的竞争力。竞争的战略制订，需要领导者练就对未来的判断能力；竞争的战役实施，需要组织练就运作能力；竞争的战术执行，需要员工练就执行力。练内功要求企业向内聚焦自身，着手有利于提升核心竞争力的一切要素。如同个人专注于内职业生涯的打造，企业内功的厚积薄发也是抵御风险、涅槃再造、抓住机会的基础。

华为持续围绕主航道进行技术能力的布局，"向上捅破天"是进入行业，"向下扎到根"是做深基础技术栈；持续通过管理体系和流程制度的变革进行管理体系的完善，持续通过人力资源政策和企业级的人才调配机制进行组织活力的激发。阿里崇尚在阳光灿烂的日子修屋顶，在业务飞速发展的情况下敢于踩刹车，给思考以时间，不用协同掩盖管理机制的不合理，不用借拥抱变化掩盖决策的随意性；不断抓管理，不断练内功，保障组织能力的充盈甚至溢出。

回到本实践，人才争夺也是人力资源领域的练内功。承载业务诉求的人才供给，一般会直接用简单高效的方式去解决。阿尔索斯聚焦构筑长期的人才争夺组织能力。只有实现人才争夺组织能力的构建，才能最终实现"顶尖人才引入的深度、全球化人才引入和布局的广度、提前锁定和布局的速度"。

本实践中的战略规划需要系统性和前瞻性，但落地实施是可以取舍的，根据需求的紧迫度和组织实力有选择、有节奏、有梯次地推进，以未来为导向，生活在过程中。近五年来，华为发生了巨大的变化，特别是雇主品牌、环境软化、非物质激励得到了很大的改善，员工的自信心倍增、自豪感空前，不再艳羡互联网企业，这也是华为能够抵御外力打击的内功所在吧。

第 13 章

第九式：组织能力升级与变革管理——增加土地肥力

《基业长青》作者吉姆·柯林斯指出："人类历史上，一些最令人叹为观止的发明其实不是技术或产品，而是社会发明。作为 20 世纪的产物，现代公司也属于此类发明。"公司本身是在现代社会中进化出来的组织，组织能力是组织作为一个系统对外提供的功能的集合，是永远需要不断进化、不断升级的。

战略规划如果没有同步进行组织能力的升级，那么战略最终会成为空谈。战略意图和业务设计相对比较显性，一旦确定后就能较为清晰地表达和度量，而能力的升级却是一个厚积薄发的过程，需要组织具有战略耐性。组织能力的升级一般会涉及组织结构升级、业务流程再造、人才结构升级、激励与文化的变化等，是关乎责权利的一场变革。变革是战略落地的保障，变革的过程就是升级的过程。本章将阐述组织能力和变革管理的方法。

第 1 节 组织能力——充满魔力的红宝石

战略规划中，业务设计是核心，组织能力是关键。在 BLM（Business Leadership Model）中，组织能力被表示为连接战略与执行两个板块的菱形图像，被称为"充满魔力的红宝石"。在 BLM 中，战略要最终执行落地并取得预期的结果，需要有强大的组织能力。

战略规划一旦形成，最关键的就是执行落地。在现实中，组织能力往往成为影响企业成功的主要问题。领先企业的战略可能是公开的，但其强大的组织能力无法复制，因此即使其他企业知道了对方的战略，也未必能够据此实现超越。组织能力的建设周期长,并且非常庞杂且有深度,有时难以描述、难以度量、难以管理。很多企业高管把战略规划的蓝图讨论清楚后就撒手不管了,把组织能力匹配和升级的难题交给人力资源部;或许在他们的眼里,组织能力就等同于顶尖的人才,尽管花钱去招聘就好了。

组织能力是落实战略的重要衔接,具有整体属性,是全员能力的反映。杰出的组织能力可加深企业在客户眼中的独特性。组织能力能否成为组织的独特性标签,客户是最终的裁判。虽然被经常提及和使用,但是每个人对组织能力都有不同的理解。有人认为组织能力是组织差异化的竞争力,是组织被提及时脑海浮现的标签,如谷歌的创新、华为的客户服务。有人认为组织能力是组织反映出的核心商业实力,如产品定义能力、研发能力、销售能力、供应链能力。还有人认为组织能力是组织、人才、文化、领导力、价值观的统称。

组织能力:RBL 的定义

咨询公司 RBL 将组织能力定义为一个组织竞争力的 DNA,是组织在某些方面明显超越竞争对手为客户创造价值的能力。组织能力的构建,必须匹配组织的战略。此处假设我们已经制定出正确的组织战略,那么围绕组织战略所需构筑的核心组织能力是什么?RBL 对组织能力的理解和定义分为三大类十二子项。组织能力的构建遵循专注的原则,即配合战略专注少数几项的打造,比如创新、速度、学习等。RBL 组织能力定义如图 13-1 所示。

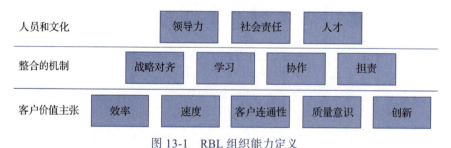

图 13-1 RBL 组织能力定义

组织能力的构建:杨三角

著名的杨三角理论认为,"企业成功 = 战略 × 组织能力,组织能力需要从员工能力、员工思维、员工治理维度来构建,如图 13-2 所示。

组织能力的构建与演化

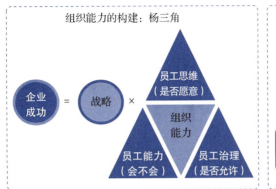

图 13-2 杨三角与 BCG 组织效率

员工能力（会不会）。全体员工必须具备能够实施企业战略、打造所需组织能力的知识、技能和素质。如何提升员工能力，我们需要思考如下问题。

- 要打造所需的组织能力，具体需要什么样的人才，他们必须具备什么能力和素质？
- 组织当前的人才储备情况如何，主要的差距在哪里？
- 如何引进、培养、保留、激发合适的人才，最终弥补人才的差距？

员工思维（是否愿意）。员工具有相应的能力，但是未必具有行动的意愿。因此组织需要通过企业环境来影响员工的思想，让员工每天在工作中所关心、追求和重视的事情与企业所需的组织能力匹配，从而激发员工的意愿。如何影响员工的思维、激发员工意愿，我们需要思考如下问题。

- 什么是员工所需要具备的思维和价值观？
- 不同员工群体的需求是什么？对组织的诉求是什么？
- 如何通过组织环境的打造和组织机制来影响员工建立和落实这些思维和价值观？

员工治理（是否允许）。员工具有了所需要的能力和思维之后，企业还必须提供有效的管理资源和制度支持，这样才能让这些人才充分施展所长。如何进行员工治理，我们需要思考如下问题。

- 如何建立关键的业务流程？
- 如何设计匹配企业战略的组织架构，组织架构对人才的诉求和协同要求是什么？
- 如何设计责权利匹配的制度？
- 如何进行知识管理机制和沟通渠道机制的建立，以支持员工开展工作？

组织能力的演化：华为网络产品线组织活力

华为认为在当前 VUCA 的世界，方向要大致正确，组织要充满活力。这句具有企业风格的语句，用杨三角关于企业成功的定义公式来拆解，方向大致正确正是战略，组织充满活力正是组织能力。我曾对组织活力进行定义，"组织活力 = 人才的'活' + 组织的'力'"。人才的"活"是组织的"力"的基础，组织的"力"促进人才的"活"，如图 13-3 所示。

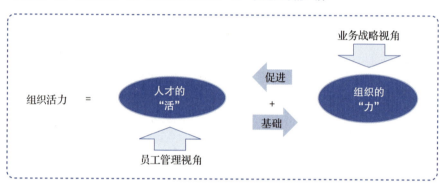

图 13-3　华为人力资源视角的组织活力

组织的"力"是从业务战略视角来看的，包括：
- 愿景与目标的一致性。
- 组织职责清晰，开放当责，互相补位。
- 关键角色材优干济，关键组织能力持续积累，满足度高。
- 自我批判，持续改进。

人才的"活"是从员工管理视角来看的，包括：
- 人才队伍的招募、培养、流动、调配、考核、激励。
- 能充分解放生产力的基层组织阵型，即人才所属的小环境。
- 能带动员工工作积极性、增强工作动力的氛围文化。

 关于"组织活力 = 人才的'活' + 组织的'力'"的定义是生造的。如前文所述，在系统思考解题的时候我们可以结构化地对问题进行拆解定义。有时候定义也是从实用出发，能够简洁地将后续的内容有机整合起来而"逆向推敲"出来的。

组织能力的演化：BCG 组织效率

BCG（波士顿咨询公司）认为组织能力的目标是提升组织效率，将关于组织效率的关键管理要素及指引框架类比于一个生命体。组织架构是骨架，关键组织单元能力是肌肉，角色职责与组织协同是神经系统。该模型在前文案例中多有涉及，此处不再赘述。

组织能力的演化：阿里的组织能量

心脑体本来是阿里对管理者的要求，但后来也被应用到组织框架中。这源自阿里关于组织的两个基本假设。第一是企业即人，把组织当成一个活生生的人来看待；第二是把组织当成一片土壤，土壤好了，什么都能长，只要团队好了，什么业务都能够生长。在此假设下，心力对应于组织文化，脑力对应于组织能力，体力对应于组织治理。组织的心脑体和人的心脑体汇聚成组织能量。

第 2 节　变革管理——战略落地的施工图

与关键利益人真正达成共识是变革成败的关键

变革就是让我们已认识到的规律，合理地得到应用。战略规划的关键举措在执行落地的时候，必然会对组织进行变革。变革是对组织的再造，将生成新的组织能力，通常会涉及责任、权力、资源的再次分配。只有与关键利益人真正达成共识，才能实现变革，而这也正是变革中最有挑战的地方。无论是人力资源的变革，还是业务和流程的变革，因为涉及人的思想和利益，所以 HRBP 必须在变革管理中发挥专业价值。2015 年任正非在《变革的目的就是要多产粮食和增加土地肥力》中说：

变革的关键是激发活性因子。活性因子是旧的混沌系统中能够导向形成新的有效系统的结构因子（DNA），用活性因子来把旧秩序重整为新秩序，就是真正有价值的变革。

成功大公司患上变革无力症，往往是因为过往的成功固化为庞大的既有利益格局和保守惯性势能，为了捍卫既有利益和习惯，阻挠来自活性因子的革新。

大公司从来不缺洞察，在方法论上也会越来越强，因为大公司有大量的资深人才和专业积累；而且，洞察本身并不触动任何既得利益，你想说什么就说什么，多尖锐都可以。但是从洞察、决策到行动，却不容乐观，因为要触动既得利益了。为什么创新小公司在方法论上无法与大公司比，但是抓机会高效得多？不是小公司跑得快，而是大公司跑得慢；不是大公司腿脚软，而是羁绊太多。

大公司因为洞察能力强（自有优质资源投入和外部咨询力量引入），往往能更早看到未来变化趋势；但是由于内部利益格局（公司是行业的既得利益者，部门间也有既得利益问题），往往行动缓慢。

变革的目的就是要多产粮食（销售收入、利润、优质交付、提升效率、账实相符、五个一……），以及增加土地肥力（战略贡献、客户满意、有效管理风险），不能对这两个目的做出直接和间接贡献的流程制度都要逐步简化。

组织变革的关键要点

无论是直接的组织升级，还是业务和流程的变革，最终都会涉及组织变革。组织策略及演进需要关键思考战略定位、业务架构、业务特点、业务的生命周期、业务的演进节奏、业务的主流程、组织运作的现状和历史。成功的组织变革需要从对业务战略的支撑度、组织能力的积累度、组织运作的高效度上进行价值评估。组织变革的方法如图13-4所示。

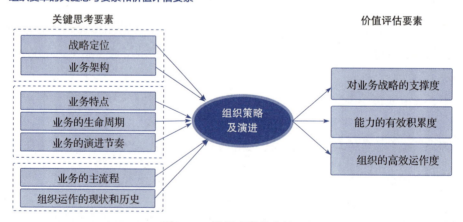

图13-4 组织变革的方法

❏ 组织为什么要变革？因为环境的变化影响组织的运作，聚焦当前和未来的关键问题而进行及时的调整，是组织对变化的应对举措。在组织变革中要切记，没有完美的组织，只有合适的组织，特别严谨的设计不一定高效，组织设计也是一种取舍。通常我们按照商业的价值获取调整商业组织，按照产品架构调整研发组织；基于信任来设置组织和流程，不要强管控；让一件事情交给一个组织，尽量在一个组织内闭环；不要让管理者成为扁平化组织的瓶颈；尽量避免人才队伍出现纵向烟囱多、横向交流少的情况。

- 谁来主导组织的变革？组织的设计基于战略定位、业务架构、产品演进、流程再造，只有真正理解业务的主管才能准确理解和把握组织变革。同时 HRBP 是组织变革小组中的关键协同力量。
- HRBP 在组织变革中的核心价值是什么？洞察及触发变革的发生，同时在组织变革中发挥专业价值，建立机制平台，保障变革的落地和成果。组织的变革充满挑战，过往的路径依赖很严重，要考虑兼容就要难很多，不似一张白纸好作画。HRBP 需要专业，也需要定力。

变革管理的四阶段八步骤

比较经典的成功变革步骤来自《冰山在融化》，文中指出变革分为四阶段八步骤。用一个案例来简要说明，在产品线云化与软件转型的过程中，HRBP 如何抓住契机在变革中发挥价值，如表 13-1 所示。

表 13-1 变革管理的四阶段八步骤

阶段	步骤	案例：HRBP 在软件转型中发挥价值
搭建平台	① 增强紧迫感（动机）：帮助大家认识到变革的必要性，以及马上采取行动的重要性	① 通过加强自身学习，理解外部产业云化及软件正在发生翻天覆地的变化 ② 通过深入业务，认识并理解当前业务面对未来软件的挑战
	② 建立领导团队：确保组建一个具有领导才能、公信力、沟通技巧、权威性、分析技能和紧迫感的团队	③ 通过识别团队中积极拥护者和阻碍者，协助建立一支强有力的软件变革团队，并进行相应任命
做出决定	③ 确立变革愿景以及变革策略：让大家清楚认知变革后的未来与过去会有怎样的不同，未来将如何变成现实	
实行变革	④ 有效沟通：让尽可能多的人理解并接受变革愿景和策略	④ 通过恳谈、动员、宣传等方式促进业务团队软件思想转型
	⑤ 授权行动：尽可能地为那些愿意投身变革的人扫除障碍	⑤ 通过深入诊断和优秀实践学习，分析当前软件问题在组织中的根因 ⑥ 通过策划实施组织人才激励氛围方案，清除变革拦路虎，匹配业务变革策略 ⑦ 通过构建有效的学习系统，支撑三支队伍的软件能力转型

（续）

阶段	步骤	案例：HRBP 在软件转型中发挥价值
实行变革	⑥ 创造短期成效：尽快取得一些看得见的胜利	
实行变革	⑦ 不要放松：取得最初的成功后要加倍努力。不断地进行变革，直至将愿景变为现实	
巩固成果	⑧ 打造新文化：坚持新的行为方式，确保它们成功并日益强大，直至取代旧传统	⑧ 通过 HR 流程制度，将软件新文化进行固化 ⑨ 通过增强激励的有效性，巩固软件组织能力正循环

第 3 节　专题与实践：推变革——加速组织的升级演进

【实践背景】

人力资源战略规划是业务战略规划的执行部分，承担打造组织活力的使命。规划是蓝图，变革是施工路线图。HRBP 不仅要负责蓝图的生成，还要确保施工图的落地。大多数美好蓝图被束之高阁的原因就是落地不力，HRBP 通过推动变革来加速组织的升级演进。

华为曾在 2015 年前后提出了将价值构筑在软件上的研发能力转型，到 2016 年宣布了全面云化的业务战略，其背后需要将软件的研发能力转型进一步推向深入。这是一项规模庞大的系统工程，需要全面重塑软件 E2E 的组织能力。组织、人才、文化激励作为其中的基础保障，也成为重点变革项目。本节实践"将价值构筑在软件上的研发能力转型"分析华为产品与解决方案和 2012 实验室七万余人（含硬件系统软件）在软件研发能力转型中的一个截面。研发部长和 HR 支撑的组织变革对所有人群进行分层分级的覆盖，统一思想认识，制定导向政策等。

【实践案例】

为什么转型

华为 2016 年全球分析师大会在深圳举行。关于华为的未来发展方向，轮值

CEO 徐直军表示，无论是运营商也好还是企业也好，要真正实现数字化转型和数字化运营，"全面云化"是目前可见的最有效的手段和技术支撑。在具体操作上，华为此次正式对外发布了"全面云化"的战略，希望用两到三年的时间实现产品和解决方案的全面云化。"全面云化"战略的核心是从设备、网络、业务、运营四个方面全面升级基础设施，带来硬件资源池化、软件架构全分布式化、运营全自动化的系统优势，如图 13-5 所示。

华为全面云化战略，构建敏捷和智能的系统（始于2016）

设备云化

设备云化，重新定义设备的架构
- 软件和硬件解耦，硬件资源池化
- 网络软件分布式化，根据业务量的变化动态伸缩，提高硬件利用率，实现灵活高效部署

网络云化

网络云化，重新定义网络架构
- 转发和控制分离，分布式控制和集中控制结合
- 整网作为资源池，统一集中调度，提升用户体验和提高网络利用率，并开放API，支持流量经营

业务云化

业务云化，重新定义电信业务
- 云化的业务解耦，实现大容量、低成本，支持海量用户
- IT云服务，包括针对大型企业的IaaS和针对中小企业的SaaS，拓展新的增长机会

运营云化

运营云化，重新定义运营模式
- 互联网运营，ROADS用户体验
- 面向互联网时代重构IT系统，构建支持海量用户和海量业务的实时业务使能系统

CT网络过去的十年是由IP技术使能的，未来的十年将由IT技术使能
从ALL IP到ALL Cloud，设备、网络、业务、运营四个方面全面云化，构建敏捷和智能的系统

图 13-5　华为全面云化战略

华为认为云的核心是软件。早在 2012 年前的惠州会议就指明了未来要将价值构筑在软件与服务上的方向，因为硬件设备和管道将更加通用化、同质化，很难构建用户黏性。华为从通信设备商起家，此前组织能力的竞争优势在硬件，软件也大多是装在盒子里的嵌入式软件。未来软件会变得越来越开放、生态、开源成为趋势；软件也会变得更通用、灵活，DevOps 越来越盛行。软件转型迫在眉睫，对软件的定义、生态、技术、架构、交付等都提出了新的要求，组织也会逐步演变成越来越软件精英化的组织。

业务如何整体统筹转型

庞大的系统工程需要强力的分层运作。研发体系转型是业务战略规划的重点工作，要求全面提升软件开发能力和效率，支撑构筑有竞争力的软件商业模式，使客户满意。其中对人力资源部参与软件重点工作的诉求是软件开发模式的转型和软件转型战略预备队的建立。人力资源部在重点工作中对业务诉求进行了分析与承接，明确要求持续补齐 IT 和云分布式软件 E2E 的能力，并建立相应的训战机制。

庞大的系统工程也需要庖丁解牛般清晰的系统图。软件转型是 E2E 的系统工程，从商业角度看包括软件定义能力、软件生态能力，从研发上看包括软件技术能力、软件架构能力、软件开发效率、软件交付能力，从（狭义的）组织能力上看包括软件组织、人才、激励与文化。

人力资源聚焦软件的组织能力，也要作为配合角色支撑其他六个子项目的能力建设。在汇集了研发体系重点工作对人力资源的诉求，以及人力资源部自身的重点工作之后，华为成立软件组织能力项目，聚焦软件人才获取、激励与选拔机制，基层组织优化、软件人才发展、文化氛围营造，并将其作为七大子项目之一纳入研发体系软件能力提升重点工作中，如图 13-6 所示。

华为某一层组织的重点工作一般是跨领域的（单领域的重点工作一般会下放到相应组织中），采用认领或指派的方式来确定负责人（Owner）。根据大股东原则，首选该层组织管理团队中的成员（一般是某下级组织的一号位）。这一点不同于有些组织里层层下放导致的"科长治国"的局面。

华为的重点工作一般也是综合性的，涵盖了业务和职能的内容。其主要负责人一般是以某业务主管为核心的多元化团队，强相关的职能部门主管一般是该负责人团队的成员。这一点不同于有些组织将职能部门作为负责人团队一号位而导致落地乏力的局面。

HRBP 通过什么逻辑切入软件转型

软件转型是一场巨大的变革，HRBP 在转型中能够做什么？在第 2 节中的举例，我们是从变革的视角来看的。而从软件组织能力项目中聚焦的内容点来看，软件转型又是人力资源领域的专业内容。那么接下来 HRBP 通过什么逻辑来切入软件转型,并实现自身专业的工作与其他六个子项目的逻辑自洽呢?我们以子项目中的"策略 3"和"策略 4"为例来进行后续内容的阐述。

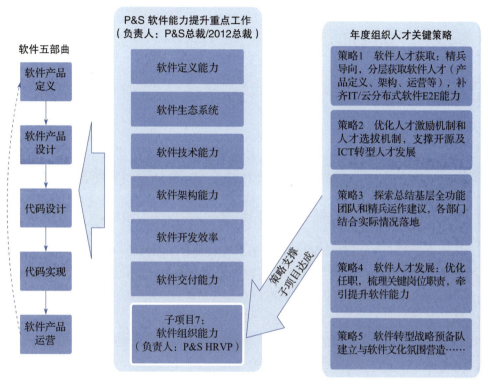

图 13-6　人力资源支撑软件能力全面提升

软件组织的逻辑要遵循康威定律和逆康威策略

组织设计的一般导向原则是承载战略、面向客户、匹配流程、运作高效。软件组织的设置也同样需要遵循这些导向原则。同时软件作为一种独特的业务形态,其设置也需要遵循软件行业的逻辑。其中对组织设计最有价值和意义的逻辑是康威定律和逆康威策略,它阐述了软件业务架构与组织架构之间的逻辑,如图 13-7 所示。

华为研发体系总裁丁耘在一次研发部长角色认知研讨会中说,组织结构决定产品架构,我更愿意把它翻译成,要实现一个产品架构或者业务架构,必须要有合适的组织来适配。这其实就是康威定律和逆康威策略的辩证关系。

软件组织设置优化的切入点在哪儿？康威定律/逆康威策略

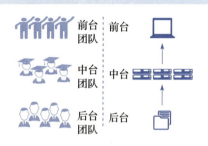

解读：开发组织的结构对于所开发的系统结构（业务架构）有着显著的影响

解读：为了建立有竞争力的业务架构，消除设计缺陷，组织设计是关键

图 13-7 软件组织设置优化的切入点

康威定律认为任何组织设计出来的系统结构必然是其组织通信架构的缩影，系统的结构取决于产品开发团队的结构。比如当我们的研发组织按照前台、中台、后台划分的时候，我们实现的系统也必然是前台、中台、后台的结构。如果系统的结构与研发组织结构不匹配，那么系统将表现不佳。因此逆康威策略表明，如果要建立有竞争力的业务架构，消除设计缺陷，必须变革组织结构以适配业务架构，达到更好地开发软件的目的。

 这里的系统按作者的原意并不局限于软件系统，据说康威的这篇文章最初是投给《哈佛商业评论》的，结果程序员的文章不入商业人士的法眼，被无情拒绝。康威就投到了一个编程相关的杂志，所以被误解为是针对软件开发的。最初这篇文章显然不敢自称为定律，只是描述了作者自己的发现和总结。后来，这个观点被布鲁克斯在《人月神话》一书中引用了，并逐步成为现在我们熟知的康威定律。

康威定律实质反映人在组织内的沟通方式和路径

康威定律与组织内人与人的沟通方式紧密相关。人与人的沟通是非常复杂的，一个人的沟通精力也是有限的，所以当问题太复杂需要很多人解决的时候，我们需要拆分组织来达成对沟通效率的管理。组织内人与人的沟通方式决定了他们参与系统设计的方式，管理者可以通过不同的拆分方式带来不同的团队间沟通方式，从而影响系统设计。如果子系统是内聚的且与外部的沟通边界是明确的，就能降低沟通成本，对应的设计也会更合理、高效。

想要什么样的系统结构，就架构什么样的团队。做小而美的团队，让团队自治、内聚，明确的业务边界会减少与外部的沟通成本，每个小团队都对自己工作的整个生命周期负责，没有边界不清，也没有无效的扯皮。微服务正是最好的例证。亚马逊的贝索斯有个有趣的比喻"两个披萨团队"，事实上一般互联网公司的一个小产品团队也就七八个人。

关于人的沟通的复杂性，沟通成本随着项目成员的增长而呈指数级增长。项目管理的复杂度是 $O(N^2)$。某生物学家提出了一个有意思的理论，指出灵长类的大脑容量和其对应的族群有一定的关联，进而推断出人类大脑能够维系的关系的一些估计。举例：亲密朋友是 5，信任朋友是 15，酒肉朋友是 35，照面朋友是 150。

HRBP 切入组织工作的逻辑是"架构决定组织"

从逆康威策略出发，我们构思 HRBP 切入软件基层组织优化这项工作的逻辑就是一个循环：架构决定组织，组织决定人才，人才影响架构，激励与氛围驱动这个循环的发展，如图 13-8 所示。

- ❑ 架构决定组织：业务架构决定了应该适配什么样的组织，如果组织与架构不匹配，那么就要去优化组织，这也是人力资源支撑业务的定位。
- ❑ 组织决定人才：组织结构的划分决定了对组织内角色、人才素质模型的需求。比如一个大"兵团"可能需要各职能专业精深的人才，而一个全功能团队可能更需要全栈人才。
- ❑ 人才影响架构：架构是人的思想的体现，正如《人月神话》所说，架构是"贵族专制"，是由一个核心架构师（为代表的架构师团队）决定的。所以我们有什么样的人才，可能就会得出什么样的架构。

软件转型以业务变革为起点，业务变革带来了研发变革，研发变革的产物落地在技术、交付、架构上。因此 HRBP 逻辑的起点来自业务，将以此循环推进架构、组织、人才、文化的转型，并落地关键的支撑举措。这些支撑举措在循环图中标注，本文不再赘述。接下来我们仍然以"策略 3"和"策略 4"为例来阐述转型过程中的理念，毕竟变革的根本是理念的转变，思想认识关乎变革成败。

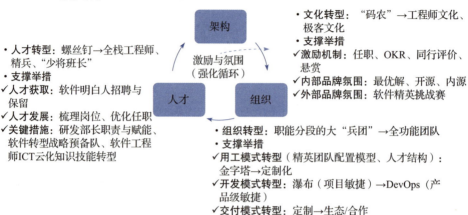

图 13-8　软件组织能力提升正循环

组织转型

全面云化的背景给组织带来了新的诉求和挑战

在全面云化的背景下,软件面临着商业模式、运营模式、研发模式和技术创新的变化。技术发展趋势、不断演进的客户期望,以及持续变化的商业环境,驱动了对软件组织更加敏捷的诉求:多样化的业务交付形态,需要多样化匹配的组织阵型;团队需要更加灵活高效的组织协作,以快速应对外界的变化;职能分工太细、角色太多,难以支撑业务快速高效的交付,也不利于组织和员工成长。这是软件组织面临的新挑战,如图 13-9 所示。

一套组织设计包打天下成为过去式

商业模式从原来"设备商+运营商"分工协作到 DevOps,运营模式从原来的"渠道+营业厅"到全部线上化。这要求原来只是作为设备和解决方案供应商的华为,在卖盒子系统的基础上,增加卖 IT 软件和平台、云化服务的商业模式。与三种商业模式相对应,产品形态也从嵌入式软件扩展到 IT 软件和云服务。

华为以往擅长嵌入式软件开发,而未来无论是自运营提供云服务,还是交付云软件给客户,都需要 10 倍的软件效率提升。这将带来版本研发和发布节奏的持续加快,组织向全功能团队演进以及采用 DevOps 的开发运营模式。商业模式的变迁带来的组织变化如图 13-10 所示。

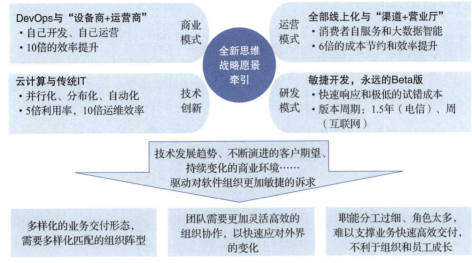

图 13-9　全面云化给组织带来的新挑战

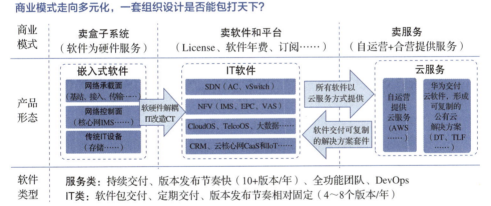

图 13-10　商业模式的变迁带来组织的变化

人才面临的挑战，也在反向诉诸于组织的变化

研发模式和技术创新的变化，也让我们的人才面临着巨大的挑战。联合定位软件问题的案例也显示，部门多、历时长、区分责任、互相等待，让每一位软件工程师深受其害。按照软件五部曲来划分能力栈，分工细、角色多的现实情况，导致软件工程师都只工作在软件的一段或系统的局部，最终也导致信息传递链条

长、员工工作效率低,以及员工个体全链路思考力弱。

我们希望能够向互联网企业学习,通过"组织决定人才"牵引人的能力走向全栈,而这需要组织首先转型升级,如图 13-11 所示。

瞄准软件本质特性,遵循软件发展趋势,匹配软件架构

回到源头,优化升级软件组织,实际上是调整软件生产关系以适应并促进软件生产力的发展。所以软件组织的设计和优化需要瞄准软件本质特性,遵循软件发展趋势,匹配软件架构,如图 13-12 所示。

- 瞄准软件本质特性,一要考虑软件的复杂性、可变性、一致性和不可见性,软件组织为了解决此类特殊性就要考虑信息隐藏、全功能团队、全栈工程师等方式;二要考虑软件是一种创造性的劳动,软件组织需要帮助工程师减少相互间的影响、等待和依赖,释放个体创造力。
- 遵循软件发展趋势,就是遵循追求解耦、独立、自治、去中心化的规律。以微服务架构为例来看软件的发展趋势,20 世纪 80 年代典型的单体架构具有实现简单和高性能的特点,但特性和数据耦合严重,牵一发而动全身;21 世纪初面向服务的编程采用分布式架构(具有服务间松耦合的特点,但仍受制于集中总线);随后向微服务架构演进(具有小颗粒、去中心化的特点),所有的微服务共享对等,区域内解耦自治,可以实现独立开发、验证。
- 匹配软件架构,需要软件架构师的深度参与。在华为,有些专家会认为组织管理是干部的事情。从康威定律和逆康威策略我们知道,专家也必须投入组织的设计和管理。专家投入的方式是从架构入手关注周边系统,其实也是关注周边组织和利益干系人的关系,解决他们关注的问题。

确立软件基层组织的设计原则

具体哪种组织阵型适合软件基层团队,还需要专家和干部基于自身软件的类型主动思考和探索。外部的洞察案例未必适用,符合自身软件类型和架构的组织设计需要自主在探索中归纳总结。不过从已有的众多思考和探索中,我们可以看到基层软件组织需要考虑的一般要素:业务和架构是否能尽可能解耦独立,管理能不能尽可能简化,角色能不能尽可能不要过分割裂。现实中的诸多问题,大多是这三个要素没有协调处理好而导致的。

探索没有标准答案。在软件转型的浪潮中,每位干部和专家都需要有意愿、有方法、有条件地开展组织的持续优化。以软件的本质为源头来看生产关系与生产力的适配。具体的思考方向为"三个面向原则"。

第13章 第九式：组织能力升级与变革管理——增加土地肥力 ◆ 373

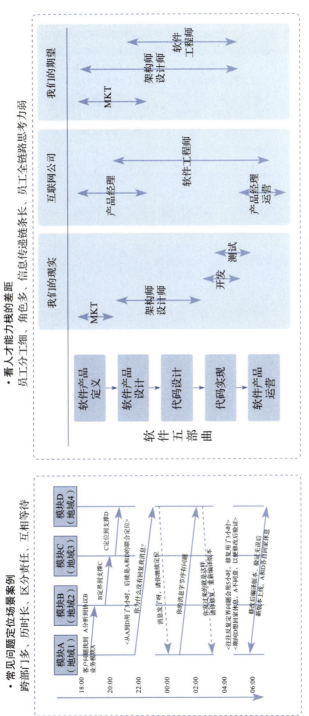

图13-11 人才能力的差距反向诉诸于组织的变化

软件组织设计要瞄准软件本质特性，遵循软件发展趋势，匹配软件架构

- 软件组织要解决的问题：调整软件生产关系（组织设计等）以适应并促进软件生产力的发展

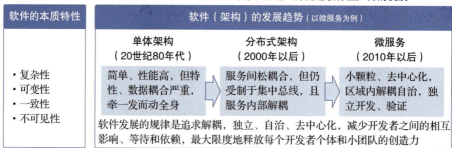

- 组织设计践行"三个面向"原则

图 13-12　软件组织设计遵循的规律和原则

- ❏ 面向业务，分层独立交付：架构松耦合、相对完整的小而精的团队、小团队可进行最佳组合。
- ❏ 面向管理，自主自治：团队独立而完整，自主的人员选择和组合、自主流程、自主决策。
- ❏ 面向成员，全栈多能精兵化：角色精简、一专多能、选择精兵、培养精兵。

心向美好方向，脚踏现实大地，原则之下仍需因地制宜地思考和探索。解耦自治的架构和全栈精兵的组织固然是美好的方向，但在具体的场景中仍需要同步评估现状和可实施性。需要同步考虑的因素如下。

- ❏ 基础条件：没有一刀切的组织设置方法，我们可就架构的持续演进（如解耦程度）、工程能力（如测试能力、工具支撑）、人的能力的准备度进行评估判断。
- ❏ 配套条件：组织优化设计是一场变革，文化氛围和人的意识非常重要，我们可以就当前的组织现状、人才现状、文化氛围现状的准备度进行评估判断。
- ❏ 持续性：没有一成不变的完美架构和组织，这将是一个持续优化，从不匹配到匹配、再从匹配到不匹配的演进过程。我们应该在这个过程中发挥积极的正向促进作用。

全功能团队是有层次的，早期一般应用于最基层的项目，后来逐步升级。华为于 2021 年先后成立了煤矿、海关和港口、智慧公路、数据中心能源、智能光伏五大军团。军团就是企业级的全功能团队。华为对军团组织的理解是，在 5G 时代为了更好地连接以企业和行业为主的服务对象，把基础研究的科学家、技术专家、产品专家、工程专家、销售专家、交付与服务专家全都汇聚在一个部门，缩短产品进步的周期。通过军团作战，打破现有组织边界，快速集结资源，穿插作战，提升效率，做深、做透一个领域，对商业成功负责，为公司"多产粮食"。

人才转型

软件人才精英化已成为业界共识

软件和工业不同，软件没有高精尖的机器等先进生产工具，软件的核心就是人。面对软件的复杂性，只有精英的程序员才能写出精品代码。但是华为研发部门对软件人才的认识经历了很长时间的转变。早些年华为一直坚信编程很简单，内部经常戏谑"用了二三流的人才成长为世界第一"，并在这种思维惯性里沾沾自喜。近年来，华为才认识到软件精兵能够以一抵百，需要充满激情，敢于提出问题，积极地去寻找问题的答案，并且坚持创造性地解决问题的人。对软件人才的认识如图 13-13 所示。

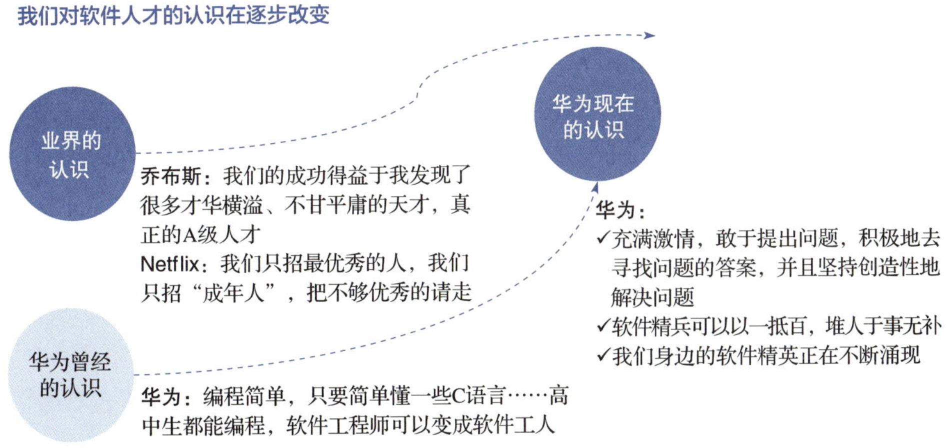

我们对软件人才的认识在逐步改变

业界的认识
乔布斯：我们的成功得益于我发现了很多才华横溢、不甘平庸的天才，真正的A级人才
Netflix：我们只招最优秀的人，我们只招"成年人"，把不够优秀的请走

华为曾经的认识
华为：编程简单，只要简单懂一些C语言……高中生都能编程，软件工程师可以变成软件工人

华为现在的认识
华为：
✓ 充满激情，敢于提出问题，积极地去寻找问题的答案，并且坚持创造性地解决问题
✓ 软件精兵可以以一抵百，堆人于事无补
✓ 我们身边的软件精英正在不断涌现

图 13-13　对软件人才的认识

其实，徐直军在 2009 年的《管理优化报》上就已经谈过关于软件认识的问题，纠正了当时一些错误的观点。他说："之前我们认为编程很简单，只要简单懂一些 C 语言，三下五除二就行了。甚至曾有一种思潮，认为高中生都能编程，软件"工程师"可以降为软件"工人"。由于我们有这种观念，因此真正的软件高手或者说真正对软件有精深理解的人受到打击，在软件上不再有更高的追求了。"丁耘也就此问题明确表示："我们从前对工程师的要求是技能合格的员工队伍，这两年随着精兵战略的提出，我们提出加强工程师文化建设，使能工程师从码农变成支撑公司未来成功的精兵。"

在业界，人才精英化早已经是共识。乔布斯曾说，他花了半辈子时间才充分意识到人才的价值，他过去常常认为一位出色的人才能顶两名平庸的员工，现在则认为能顶 50 名。Netflix 只雇成年人，只招最优秀的，把不够优秀的请走，并且认为能为员工提供的最佳福利不是请客吃饭和团队活动，而是招募优秀的员工，让他们和最优秀的人一起工作。

超级专家如何看待优秀程序员的核心能力

为什么有的程序员比别人高效 10 倍甚至 100 倍？那些星光熠熠的 IT 超级专家是如何长成的？他们认为优秀程序员应该拥有的技能是什么？流传一个有趣的故事：在一个炎热无聊的下午，一位波兰程序员突发奇想，希望通过网上公开的信息找到这些专家的 Email，向他们提出这几个问题，看看他们是否会回复邮件。他真的去做了，并且做成了。他向如下超级专家发送了邮件。

❑ Linus Torvalds：Linux 之父
❑ Dave Thomas：*The Pragmatic Programmer* 作者
❑ Bjarne Stroustrup：C++ 之父
❑ James Gosling：Java 之父
❑ Tim Bray：XML 与 Atom 规范缔造者之一
❑ Peter Norvig：Google 研究部主管

超级专家给出的回复如下。

❑ 我想有些人就是能够把精力集中在那些有用的事情上，我想他们天生就是会这样，我认识的很多程序员从小就这样。
❑ 把难题转化为易题的能力。
❑ 适应能力。
❑ 他们关心自己所做的。

第 13 章　第九式：组织能力升级与变革管理——增加土地肥力

- 他们深思熟虑，不会仓促行事或七拼八凑，对结果胸有成竹。
- 清晰思考和直达事物本质的能力。
- 爱迪生关于天才的那段话也会给你启示。
- 书面沟通和口头沟通的技能。程序员应该不倦阅读，付诸文字，上写作课，甚至学会公开演讲。
- 是那种我称之为品味的东西。有的人很会写代码，一下就能写出一大堆，但他们给别人代码造成的影响还要更多……在开源项目里，有一种能力非常重要，那就是表达清楚你想干什么、怎么干的能力。向别人解释清楚十分重要，并非人人都有这样的能力。
- 价值导向。知道自己做的事情是否有价值。太多的程序员把精力浪费在无关痛痒的事情上，却忽略了那些真正重要的事情。
- 专注且充满激情。
- 会自我鞭策。想真正做得好，你得热爱你所做的东西。
- 清晰思考的能力，一个程序员必须理解问题、表述并解决问题。

到底什么是 ICT 时代的软件精兵

有人说软件精兵可遇不可求，有人说软件精兵凤毛麟角，还有人说软件精兵都在别人的公司。那么，到底什么是 ICT 时代的软件精兵？在以往的认知里，我们判断一个优秀人才的标准主要是"胸怀大志、一贫如洗"。在 ICT 时代，我们需要的软件精兵画像，各产品线也有各种不同的观点。在讨论过程中，每个产品线加深了对软件精兵的认识，达到了思想上的对齐，虽然表述方式有所不同，但讨论本身无疑是最重要的。对软件精兵画像的认识如图 13-14 所示。

其实，我们对这些表述进行归纳，可以发现软件精兵的本质"殊途同归、万变不离其宗"。一个软件精兵具备软件能力特征，在素质模型上具备工程师素质特征。这两者缺一不可，特别是"冰山"下的工程师素质特征此前可能往往被忽略。所以这也是徐直军曾经强调的，我们究竟是需要那些墨守成规、被动执行、要他做什么就做什么的工程师，还是需要那些充满激情、敢于提出问题、积极去寻找问题的答案并且持续创造性地解决问题的工程师？

有人会质疑，我们堆砌了一堆美好的词汇，这几乎就是一个完人；干哪种工作不需要这种完人呢，这是一个放之四海而皆准的真理啊。其实我们看到这些名词，需要用软件的逻辑去解读。

到底什么是ICT时代的软件精兵？

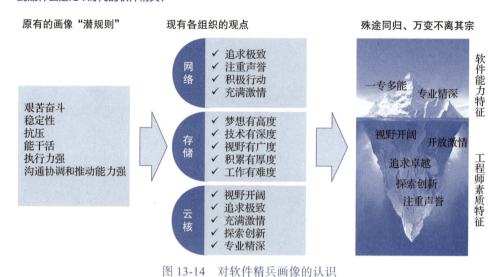

图13-14 对软件精兵画像的认识

- **一专多能**：为什么要在软件上强调全栈精兵和全功能架构师团队？这是软件的复杂性和一致性带来的要求。因为软件复杂多变，而对外又要表现一致性，因此需要尽可能地隐藏信息、降低依赖。软件架构向这个方向设计，团队和人才也需要让工作尽量相对独立完整，不要太多割裂，尽可能地减少依赖、沟通和协调。

- **注重声誉**：软件的复杂性和不可见性使得软件开发成为聪明者的游戏，这是一个纯粹的思维逻辑和个人水平的竞技场。软件精兵是知识分子中的精英，谁能证明你是超级专家？不像竞技体育一样有标准来衡量，软件人员在江湖上的地位大多来自高水平同行的认可，一般精英特别爱惜自己的"羽毛"。

CT与ICT面临的环境、成功要素以及对人的要求是不同的。业务、组织等的变化，意味着对人才不同的要求。随着转型的推进，我们对软件精兵的认识也会持续变化。

如何用好软件精兵

如果不是软件精兵，那么如何成为精兵或者找到精兵？如果是软件精兵，那么有没有或者更好发挥精兵价值？不同时代需要不同的人才，不同的人才也需要不同的人才管理模式，如图13-15所示。

不同时代有不同的人才管理模式

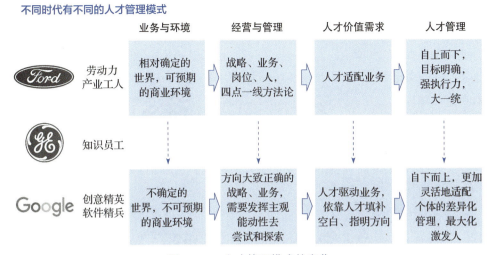

图 13-15　人才管理模式的变化

不同的业务与环境带来了不同的经营管理要求，因此对人才的需求是不同的，相应的人才管理模式也不同。福特时代的人才是产业工人，崇尚泰勒的科学管理，强调分工、动作分解，要建流水线，要手脚麻利。杰克·韦尔奇的 GE 时代的人才是知识员工，彼得·德鲁克在《卓有成效的管理者》里定义所有的知识员工都是管理者，因为他们能够决定志愿，从而付出得心甘情愿。而现在，谷歌在《重新定义企业》里将管理对象称为创意精英，创意精英的出现让企业具有了更强大的创造力。在软件领域，软件精兵就是创意精英。

当前的人员管理体系是适配可预测的商业环境，以流程制度、管理者为核心的人员管理体系需要与时俱进。面对未来的不确定性和复杂性，我们需要最大限度地发挥员工的主观能动性和创造性。软件开发的质量、效率、能力都在增加，但软件开发者的体验没有得到根本改善，没有充分享受软件发展的红利。硬件是"冷"的，软件是"热"的，不改善奋斗者体验的发展是不可持续的。

为精兵提供良好的组织环境和工作体验

基层着重用好软件精兵，首先要为其提供良好的组织环境，其次要用好价值评价和分配手段。为什么打造良好的组织环境和工作体验很重要？当前优秀人才与组织是合作关系，这种环境的变化带来个体价值的崛起。创意精英的出现，使得整个组织具有更强的创造力。

泰勒的科学管理强调分工与效率之间的关系，后来的发展加大了组织的柔性。现在，我们需要解决个体与组织之间新的关系。陈春花在《激活个体：互联网时代的组织管理新范式》中说，"今天所有组织和商业系统都必须要创造一种更加丰富，更具有吸引力的商业体验。我们今天也把很多商业场合称为体验中心。那么，同样的情况也会体现在我们的工作环境当中，今天我们也需要给个体非常好的工作场景的体验。当拥有良好的工作场景的体验的时候，个体价值的崛起就会很好地发挥出来。"改变传统的管控，打造一个开放尊重、信任授权的工程师文化氛围。

- 用人：软件精兵是精英和知识分子的结合体，打造开放尊重、信任授权的组织环境是对其情感需求的最大满足；将软件精兵放在最关键的合适的岗位，帮助其创造卓越价值；坚持人才宁缺毋滥原则，空岗风险也好过使用一个不合适的人。
- 培养人：关注在实战中提升能力，创造机会使其与同行进行广泛的切磋交流；设计和安排独立的 E2E 工作，避免软件精兵的工作被割裂，避免陷入无创造性、日复一日的"螺丝钉"式工作；关注内源社区的同行评审（Peer Review）。
- 发展人：利用一切政策加快软件精兵的快速发掘与成长；云分布式软件的架构决定了基层人才特点，和以往金字塔结构下的人才特点是不同的，所以三五年内要快速晋升。
- 留人：云化软件转型，从一个封闭的市场环境到一个开放的市场环境，人才争夺的竞争加剧，需要我们深度了解软件精兵个人需求。个性化的激励需要做到"一人一案"。

用好软件精兵需要对失败包容

不完美的英雄也是英雄，在价值评价和价值分配上尤其要关注的是对失败的包容。人力资源政策也正在调整，各级干部要使用政策，也要改变个人理念。任正非曾经在《多路径、多梯次跨越"上甘岭"攻进无人区——不完美的英雄也是英雄》谈到对失败的包容：

大公司资金充足，为何不采用多种路径？某一种路径失败了，也给我们培养了很多人，而且这些人是带着丙种球蛋白来加入主航道的，和主航道的思想有很多不一致，这种异化也可能使正确的更加正确。只要我们坚持多路径方向，就不会僵化，互相都在攻击，怎么会僵化呢？

失败的项目中也有英雄。我们这个"喇叭口"要心胸宽广，可以多路径，可以容纳更多人才。失败的路径同样有优秀的人才存在，失败中也有英雄产生，有缺点的英雄也是英雄。我们要善于总结失败中的成功基因，这样失败也是成功。在确定的领域，我们可以以成败论英雄；在不确定的领域，失败的项目中也有英雄，只要善于总结。所以在评价体系上，不要简单草率。这个世界常常都是外行颠覆的，不是沿着内行的仿真演进的。

制定适配软件转型的人力资源政策

在软件转型过程中，高层着重对涌现出来的软件精兵进行倾斜激励，同时对现行不适用于ICT软件人才的政策进行修改、优化。软件的康庄大道依赖于公司的政策导向。适配软件转型的人力资源政策体现在以下几个方面。

- 有远方：为应对长期弥漫在研发人员中的"写代码、做软件没有前途"的声音，近几年华为持续对软件岗位进行梳理、优化，提升19级以上（含22～23级）软件技术岗位设置，构筑人才"蜂巢"；19级以上软件岗位设置持续倾斜，支持人员发展。

- 有眼前：为应对软件职类过窄、高度有限、软件核心交付件要求不统一的现状，优化软件任职标准，打破天花板，使得技术类人才任职资格与职级在四级及以上实现灵活的对应关系。

- 从眼前到远方的路上，有速度：为应对软件任职过程复杂、举证烦琐的现状，任职资格认证要实现敏捷化（1+N），保证1年1次大规模、2～4次小规模认证，以项目交付结果进行评议，及时高效。为应对人岗节奏齐步走、比例一刀切、晋升速度不匹配软件人才成长规律的现状，向下授权各产品线根据业务需求和人员特点分层管理，不设比例，不搞发令枪。根据软件人才成长特点，实现"三个1/3"让优秀人才脱颖而出。"三个1/3"是指，应届生入职一年要有前1/3的人晋升到14级，入职三年有1/3的人晋升到15级，争取绩效特别优秀的应届生能够在入职五年升到18级。对持续做出重要贡献的绩效优秀人员，可一年内两次人岗匹配或破格提拔。

- 从眼前到远方的路上，无羁绊：绩效松绑，输出绩效结果应用指导建议，区分长期绩效、当期绩效结果应用的场景。如当前人岗评议中已不再提供三年绩效，仅看最近一年绩效，扩大差异化；对专家实行绝对考评，对创新团队和维护团队实行差异化考评。

小结：差异化的人才管理牵引价值链的正循环

通过价值链来整合关于人才转型的思考，适配精兵个体，差异化的人才管理牵引价值链的正循环，让想跑的马有机会跑，让能跑的马跑得快，让跑得快的马跑得更远。为了这个循环能够可持续，我们要形成张弛有度的节奏，停下来是为了更好地前进。打造环境，适配政策，让人才价值链正循环，如图13-16所示。

- 为软件精兵提供良好的组织环境和工作体验

- 适配软件转型的人力资源政策也正在转型

- 人才转型适配践行"三个卓越"原则：适配精英个体，差异化的人才管理牵引价值链的正循环

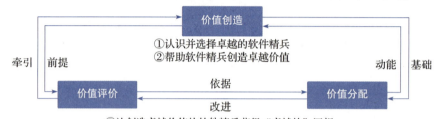

图 13-16　人才价值链正循环

刷新理念的全景图

架构决定组织，组织决定人才，人才影响架构，是 HRBP 切入软件工作的主逻辑。软件组织能力工作组围绕这个思路，通过架构师 DP（Development Program，发展项目）、AM（Architecture Multi-Functional，架构师全功能）团队建设来驱动架构能力；在架构充分解耦、服务化、组件化后探索适合业务的基层组织阵型；只有在这种阵型里，精兵才会摆脱螺丝钉的命运，把个人能量充分发挥出来。重构软件组织和人才的全景如图 13-17 所示。

一"纸"禅：瞄准软件的本质特性，遵循软件发展趋势来重构组织和人才，促进软件转型的"六脉神剑"

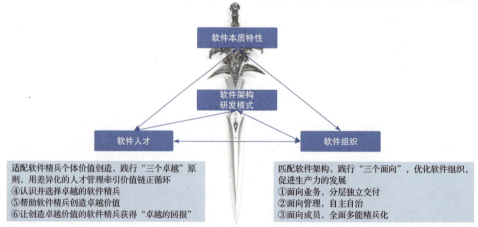

图 13-17　重构软件组织和人才的"六脉神剑"

变革的落地不可避免会受到很多阻碍，其中最大的拦路虎可能反而是组织的高层领导。理念刷新从上开始，向下穿透，打下变革的领导力和思想基础，如图 13-18 所示。

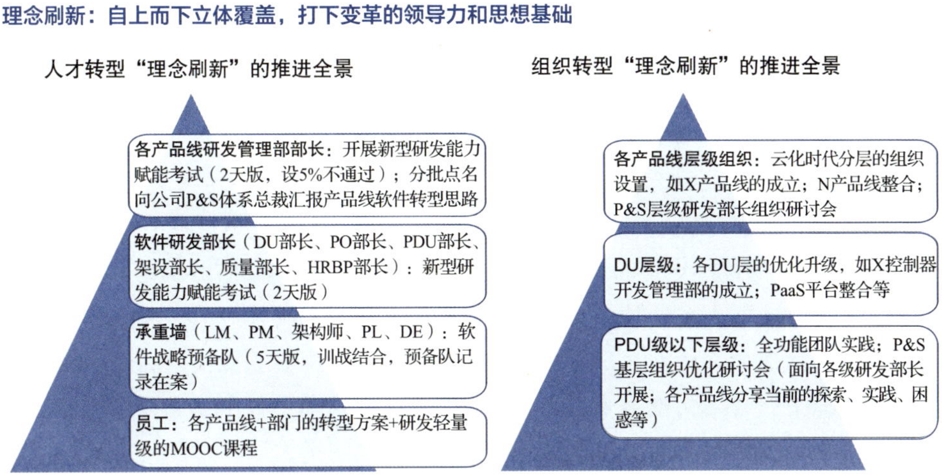

理念刷新：自上而下立体覆盖，打下变革的领导力和思想基础

人才转型"理念刷新"的推进全景

- **各产品线研发管理部部长**：开展新型研发能力赋能考试（2天版，设5%不通过）；分批点名向公司P&S体系总裁汇报产品线软件转型思路
- **软件研发部长**（DU部长、PO部长、PDU部长、架设部长、质量部长、HRBP部长）：新型研发能力赋能考试（2天版）
- **承重墙**（LM、PM、架构师、PL、DE）：软件战略预备队（5天版，训战结合，预备队记录在案）
- **员工**：各产品线+部门的转型方案+研发轻量级的MOOC课程

组织转型"理念刷新"的推进全景

- **各产品线层级组织**：云化时代分层的组织设置，如X产品线的成立；N产品线整合；P&S层级研发部长组织研讨会
- **DU层级**：各DU层的优化升级，如X控制器开发管理部的成立；PaaS平台整合等
- **PDU级以下层级**：全功能团队实践；P&S基层组织优化研讨会（面向各级研发部长开展；各产品线分享当前的探索、实践、困惑等）

图 13-18　变革中自上而下的理念刷新

【专题心得】

变革的目的是多产粮食和增加土地肥力。成功的变革需要三个条件：一是统一的思想认识，二是坚实的土壤基础，三是权威的、坚强的领导。

- ❏ 统一思想认识最具挑战，因为变革将重构组织的责权利，有人欢喜有人忧。业务战略确定后，大多数人会信心满满，对未来充满期待；但真正要变革时，并不是所有人都有足够的大局观和集体意识。
- ❏ 稳健的业务增长和厚实的组织能力是变革的坚实基础，循序渐进，不宜用力过猛。华为在业务增长的时候"耗散"，阿里在形势好的时候"下猛药"。
- ❏ 高层领导要成为变革的坚定推进者，因为要"损害"保守的既得利益者的利益，重构"利益格局"。

无论是统一思想认识还是坚强的变革领导力，变革都需要从前排开始。领导者首先要真正地充分认识到变革的急迫性，并能够坚定信念带领团队往前走，即使遇到再大的挑战也不轻易妥协、轻言放弃。如果领导者自己的思维意识和行为上不发生改变，只是号召大家去变革，那么变革将注定失败。本实践中，华为软件转型最可取之处就是高层领导以身作则，让变革自上而下、贯穿打透。

HRBP 在设计变革方案、统一思想认识、平稳推进上将发挥越来越重要的作用。HRBP 在变革管理中需要信奉三个原则。

- 透明是最大的力量。变革背后的考量、变革过程的困难、变革成功的收益，都需要开诚布公地进行沟通。透明的背后是简单开放，每个人都可以表达观点，但变革的方向必须坚定。
- 胜利是最好的团建。增长和发展是解决矛盾的主要手段。在变革的过程中，HRBP 可通过里程碑的设置，让团队有目标感、进展感、成就感，通过一个个小的胜利增强信心。
- 时间是最好的朋友。以未来为导向，注重过程，变革成功后的蓝图就是团队能够攻坚克难的希望，望梅也可以止渴，风物长宜放眼量。

变革需要坐言起行。崔卫平说："你所站立的那个地方，正是你的中国；你怎么样，中国便怎么样；你是什么，中国便是什么；你有光明，中国便不黑暗。"在转型的路上，每个人都是变革中关键的一员。在你的地盘里，你就是公司，就是变革转型，就是 ICT 的未来。

在 2018 年云栖大会的华南闭门会议中，与会嘉宾探讨数字化转型在企业的落地。我们认为数字化转型不仅是一种技术革命，也是一种认知革命，是思维方式与经营模式的革命，是涉及企业战略、组织、运营、人才的一场系统变革与创新。企业家需要进行自我重塑、核心管理层重构、企业重新布局，同时 CIO/CTO 需要向 CDO（Chief Data Officer，首席数据官）转变，这样才能帮助企业完成固有思维迭代、吸纳跨领域数字化人才、重塑企业数字化的大图和企业文化，帮助业务部门重构企业的产品和服务，打造企业在数字化时代的核心竞争力。

第五部分 ▶▶

身心灵超越——HRBP 的底层操作系统与进化

HRBP 在基础层、应用层、战略层场景下所需要的核心专业能力，是进行价值创造的直接能力。这些直接能力作用的发挥，依托于强大的底蕴，这底蕴就是 HRBP 的底层操作系统。底层操作系统犹如一棵树的生长系统，有着心智之根、思维之干和言行之果。这三者逐级递进，发达的根系扎根于肥沃的土壤，方能生出强壮的树干和繁盛的树冠，如下图所示。

HRBP 的身心灵修炼如同一棵树的生长系统

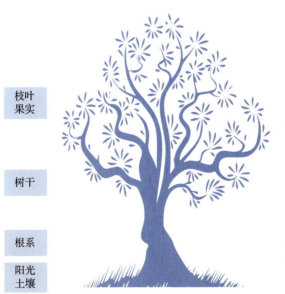

HRBP 的身心灵修炼

心智之根是吸收系统，吸收所有"解题"所需的信息和知识，以及面向未来生长的养分，形成HRBP的认知定调和底层操作系统，包括其核心思想和理念。思维之干是处理系统，体现为系统思考和加工的框架与体系，包括分析信息、思考问题，以及解决问题的策略、方法、思维框架。言行之果是输出系统，体现为最终的呈现，包括结构化、体系化的内容以及引人入胜的展示。一棵树扎根的土壤是HRBP所处的社会大环境、企业文化价值观等，提供所有的养分，与树的系统形成互动。本部分将阐述HRBP认知与底层逻辑、框架与体系、表达与输出的内容。

第 14 章

第十式：认知与底层逻辑——心智之根

HRBP 的心智之根是其关于人力资源管理的认知与底层逻辑，是人力资源管理这个特定领域的底层操作系统。底层操作系统铸就了一个 HRBP 的生命理念、认知框架、思维逻辑、思维定势和价值判断，具体的思维框架、对事物的判断和观点、落地的方法和行为都是由其衍生而来的。如同潜意识会作用于人的思考和行为一样，在面对具体的情境时，底层操作系统会为 HRBP 的思考和判断"定调"，无形中让人处于"自动驾驶"的状态。

比如在一些具体的 HR 场景中，这些判断和观点都源自决策者的底层操作系统。工作时，HRBP 要让自己的思考置身于宏大的背景中，让工作放在主要矛盾解决上。招聘时，薪酬最高的时候成本最低，HRBP 要主动出击，到人才的高地去布局，到人才的聚集地去寻源。培训时，HRBP 要用最优秀的人，培养更优秀的人。激励时，对于一名知识工作者来说，工作本身就是对工作最大的回报。

底层操作系统的形成是诸多因素综合的结果，包括个人天赋秉性与性格特质、原生家庭和成长环境、后天学习和思考沉淀等。正因为如此，底层操作系统各有不同。本章主要列举了长期以来对华为 HRBP 影响较大的一些内容。心智的修炼更多依赖于个体领悟。

第 1 节 熵、耗散、生命与进化

从自然科学到社会科学，熵死成为企业的宿命

熵是热力学第二定律中的概念，热力学第二定律又称熵增定律，在1865年由德国物理学家鲁道夫·克劳修斯提出。克劳修斯引入熵的概念来描述热量从高温物体流向低温物体这种不可逆的过程。在孤立系统中，一切自发过程总是向着熵增的方向发展，最终达到熵的最大状态，也就是系统的最混乱无序状态。但是，对于开放系统而言，因为它可以将内部能量交换产生的熵增通过向环境释放热量的方式转移，所以开放系统有可能趋向于熵减而达到有序状态。

熵理论应用到社会科学中后，逐步进入大众视野。管理学大师彼得·德鲁克说："管理要做的只有一件事情，就是如何对抗熵增。在这个过程中，企业的生命力才会增加，而不是默默走向死亡。"在中国，华为任正非是将熵理论引入企业管理的代言人。"我把热力学第二定理从自然科学引入社会科学，意思就是要拉开差距，由数千中坚力量带动十五万人的队伍滚滚向前。我们要不断激活我们的队伍，防止熵死。我们决不允许出现组织黑洞，这个黑洞就是惰怠，不能让它吞噬了我们的光和热，吞噬了活力。"

一个企业的生命周期是从创业到成长、成熟、衰退，中间或许经历若干次涅槃重生，但最终都将死亡。企业发展的过程，熵增是必然趋势。外部面临环境的变化，新商业模式、新技术的更新换代不断冲击，越是成功的企业往往越是无法抵御环境的巨变，过去的成功变成路径依赖，反而成为失败之母。内部面临组织老化，企业自然走向组织懈怠、流程僵化，从而导致组织功能衰退，技术创新乏力、业务固步自封。个人自然走向贪婪懒惰、安逸享乐，从而导致个体功能衰退，缺乏使命感、没有责任感、丧失奋斗精神。过去的成功不是未来前进的可靠向导，堡垒往往是从内部攻破的。熵死成为企业的宿命。

对抗熵增，就要构建开放的耗散结构

"历史规律就是死亡，而我们的责任是要延长生命。"如何对抗熵增？1969年，比利时学者伊利亚·普里高津提出"耗散结构"。他认为，"处于远离平衡状

态的开放系统,在与外界环境交换物质和能量的过程中,通过能量耗散过程和系统内部非线性动力学机制,能量达到一定程度,熵流可能为负,系统总熵便可以小于零,则系统通过熵减就能形成新的有序结构。"

耗散结构有两个主要特征:一个是开放,一个是打破平衡。企业应构建开放的系统,与外界积极开展物质、能量、信息交换;开放合作,建立开放的架构,与外部交换物质和能量,保持技术和业务与时俱进。人力资源工作者"炸开"人才金字塔塔尖,在全球进行能力中心和人才的布局。

从热力学角度讲,不开放就要死亡,因为封闭系统内部的热量一定是从高温流到低温,水一定从高处流到低处,如果这个系统封闭起来,没有任何外在力量,就不可能再重新产生温差,也没有风。水流到低处不能再回流,那是零降雨量,这个世界将全部是超级沙漠,最后就会死亡,这就是热力学提到的"熵死"。社会也是一样,需要开放,需要加强能量的交换,吸收外来的优秀要素,推动内部的改革开放,增强势能。

外来能量是什么呢?外来能量是外国的先进技术和经营管理方法、先进的思想意识冲击。但是,思想意识的冲击有正面的,也有负面的。总体来说,虽然有负能量进来,但是我们得到了正能量。中国今天还不算十分强大,即使非常强大了,也要向世界开放。其实美国200多年的发展历史,就是开放的历史。华为这些年来,坚持做一个开放的群体,始终没有停止过开放。我们以开放为中心,和世界进行能量交换。只有开放,才有今天的华为。

对抗熵增,也要构建打破平衡的耗散结构

打破平衡就会形成运动张力,不能打破平衡,内部就不可能产生张力,也就没有活力。企业厚积薄发需要过程,在这个过程中要不断耗散掉多余的能量,集聚新的势能。企业通过人力资源管理这一"水泵"逆向做功,让水从低处回流到高处。坚持以奋斗者为本,不断通过多劳多得、破格提拔、人员流动、简化管理来打破平衡态,促使企业熵减,克服队伍超稳态、流程冗长、组织臃肿、协同复杂等大企业病。

华为公司长期推行的管理结构就是一个耗散结构,我们有能量一定要把它耗散掉。通过耗散,我们自己获得一个新生。那么什么是耗散结构?你每天去锻炼身体跑步,就是耗散结构。为什么呢?你身体的能量多了,把它耗散了,就变成

肌肉了，就变成了坚强的血液循环了。能量消耗掉了，糖尿病也不会有了，肥胖病也不会有了，这就是最简单的耗散结构。那我们为什么要用耗散结构呢？我们把这种对企业的热爱耗散掉，用奋斗者，用流程优化来巩固企业。奋斗者是先付出后得到，与先得到再忠诚有一定的区别，这样就进步了一点。我们要通过把我们潜在的能量耗散掉，从而形成新的势能。

因此，我们总是在稳定与不稳定、在平衡与不平衡的状态，交替进行这种变革，从而使公司保持活力。你们吃了太多牛肉，不去跑步，你们就成了大胖子。你们吃了很多牛肉，去跑步，你们就成了"刘翔"。都是吃了牛肉，耗散和不耗散是有区别的。所以我们决定要长期坚持这个制度。

华为的活力引擎模型

华为创立以来，从管理哲学到公司治理以及人力资源政策，无不契合耗散结构的特征；保持开放，吐故纳新，简化管理，裁撤冗余。我们每年要破格提拔4000多个员工，以激活奋斗的力量，让优秀人才在最佳时间以最佳角色做出最佳贡献。人力资源的评价体系要因地制宜，且不进行无目的的考核，让前线将士聚焦在作战上。人力资源要研究热力学第二定律的熵死现象，避免华为过早地死亡。整个华为公司就是这样的熵减机制，如图14-1所示。

活力引擎在具体场景中的应用示例

企业和个体都是一个开放的有生命的系统，生命系统要输出生命活力，企业系统要为客户创造价值，个体系统要通过奋斗为集体做出贡献。在创造价值的过程中，自身也通过不断地耗散与周围的世界交换能量，从而达到熵减和生长的目的。在具体工作场景，我们可以按照活力引擎模型来思考组织如何开放和充满活力，一个简单的案例如图14-2所示。

任正非在《一江春水向东流》里写道，不管是个人，还是企业，最终都是要死的。我们的努力就是让死亡晚一点到来，不要过早地夭折，并提出了"方向要大致正确，组织要充满活力"的发展方针，希望熵减成为组织的活力之源。"三十年的奋斗，我们已从幼稚走向了成熟，成熟也会使我们惰怠。只有组织充满活力，奋斗者充满一种精神，没有不胜利的可能。炮火震动着我们的心，胜利鼓舞着我们，让我们的青春无愧无悔吧。春江水暖鸭先知，不破楼兰誓不还。"

第 14 章　第十式：认知与底层逻辑——心智之根　　391

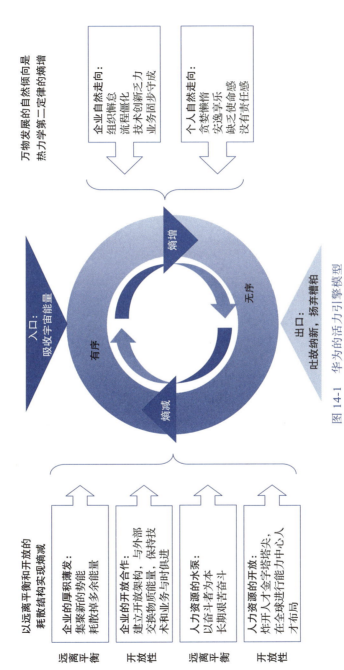

图 14-1　华为的活力引擎模型

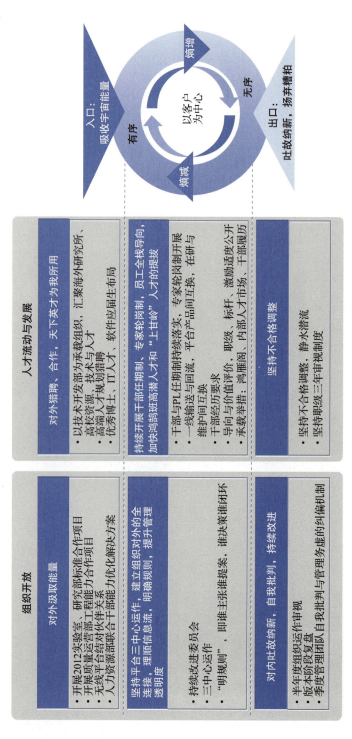

图 14-2 组织活力的思考样例

进化与创新是不同的。创新更多是针对物体,而进化是针对生命体。从空间的角度来看,进化体现了对"大自然环境"的应对能力、变革能力和适应能力。从时间的角度来看,进化基于过去的现实生长出蓬勃的活力,面向未来又似乎有延绵不绝的生命力。

第2节　开放、妥协、灰度

《开放、妥协、灰度》是任正非2010年的公司内部讲话。在华为期间,我们学习讨论了很多次,变成了捻之即来的词汇;离开华为加入阿里后,才慢慢对这三个词汇有了更深切的体会。

妥协和灰度主要是针对管理而言,并不指科学研究。科学家需要绝对执着,否则就没有前沿的突破,也没有诺贝尔奖获得者。人员管理上就需要妥协,每个人都坚持自己的意见,就不能团结一切可以团结的力量。一杯咖啡吸收宇宙的能量就是灰度管理的体现。听了别人的想法,在此基础上加工、吸收也是一种灰度管理的体现。业务管理上的"方向大致正确"也是灰度,因为方向不可能做到绝对准确。绝对的黑和白本来就不存在,"绝对"是数学上的定义,在物理和现实世界是不存在的。"物理学上绝对的黑一打开,灰尘落上去,就变成深灰;绝对的白一打开,灰尘落上去,就变成了浅灰。"

此处全文摘录再与读者一起品读。

华为的核心价值观中,很重要的一条是开放与进取,这条内容在EMT讨论中,有较长时间的争议。华为是一个有较强创新能力的公司,开放难道有这么重要吗?其实我们由于成功,现在越来越自信、自豪和自满,其实也在越来越自闭。我们强调开放,更多一些向别人学习,才会有更新的目标,才会有真正的自我审视,才会有时代的紧迫感。

一、坚定不移的正确方向来自灰度、妥协与宽容

我们常常说,一个领导人重要的素质是方向、节奏。他的水平就是合适的灰度。一个清晰方向,是在混沌中产生的,是从灰色中脱颖而出的。而方向是随时间与空间而变的,它常常又会变得不清晰。并不是非白即黑,非此即彼。合理地掌握合适的灰度,是使各种事物和谐发展的要素。在一段时间的和谐中,这种和谐的过程叫妥协,这种和谐的结果叫灰度。

"妥协"一词似乎人人都懂,用不着深究,其实不然,妥协的内涵和底蕴比

它的字面含义丰富得多，而懂得它与实践更是完全不同的两回事。我们华为的干部，大多比较年青，血气方刚，干劲冲天，不大懂得必要的妥协，也会产生较大的阻力。我们纵观中国历史上的变法，虽然对中国社会进步产生了不灭的影响，但大多没有达到变革者的理想。我认为，面对所处的时代环境，他们的变革太激进、太僵化，冲破阻力的方法太苛刻。如果他们用较长时间来实践，而不是太急迫、太全面，收效也许会好一些。其实就是缺少灰度。方向是坚定不移的，但并不是一条直线，也许是不断左右摇摆的曲线，在某些时段中来说，还会画一个圈，但是我们离得远一些，或粗一些看，它的方向仍是紧紧地指着前方。

我们今天提出了以正现金流、正利润流、正的人力资源效率增长，以及通过分权制衡的方式，将权力通过授权、行权、监管的方式，授给直接作战部队，也是一种变革。在这次变革中，也许与廿年来的决策方向是有矛盾的，也将涉及许多人的机会与前途，我想我们相互之间都要有理解与宽容。

二、宽容是领导者的成功之道

为什么要对各级主管说宽容。这同领导工作的性质有关。任何工作无非涉及两个方面：一是同物打交道，二是同人打交道。不宽容，不影响同物打交道。一个科学家，性格怪癖，但他的工作只是一个人在实验室里同仪器打交道，那么，不宽容无伤大雅。一个车间里的员工，只是同机器打交道，那么即使他同所有人都合不来，也不妨碍他施展技艺制造出精美的产品。但是，任何管理者都必须同人打交道。有人把管理定义为"通过别人做好工作的技能"。一旦同人打交道，宽容的重要性立即就会显示出来。

人与人的差异是客观存在的。所谓宽容，本质就是容忍人与人之间的差异。不同性格、不同特长、不同偏好的人能否凝聚在组织目标和愿景的旗帜下，靠的就是管理者的宽容。

宽容别人，其实就是宽容我们自己。多一点对别人的宽容，其实，我们生命中就多了一点空间。

宽容是一种坚强，而不是软弱。宽容所体现出来的退让是有目的、有计划的，主动权掌握在自己的手中。无奈和迫不得已不能算宽容。

只有勇敢的人才懂得如何宽容；懦夫决不会宽容，这不是他的本性。宽容是一种美德。

只有宽容才会团结大多数人与你一起认知方向，只有妥协才会使坚定不移的正确方向减少对抗，只有如此才能达到你的目的。

三、没有妥协就没有灰度

坚持正确的方向，与妥协并不矛盾，相反妥协是对坚定不移方向的坚持。

当然，方向是不可以妥协的，原则也是不可妥协的。但是，实现目标方向过程中的一切都可以妥协，只要它有利于目标的实现，为什么不能妥协一下？当目标方向清楚了，如果此路不通，我们妥协一下，绕个弯，总比原地踏步要好，干嘛要一头撞到南墙上？

在一些人的眼中，妥协似乎是软弱和不坚定的表现，似乎只有毫不妥协，方能显示出英雄本色。但是，这种非此即彼的思维方式，实际上是认定人与人之间的关系是征服与被征服的关系，没有任何妥协的余地。

"妥协"其实是非常务实、通权达变的丛林智慧，凡是人性丛林里的智者，都懂得恰当时机接受别人妥协，或向别人提出妥协，毕竟人要生存，靠的是理性，而不是意气。

"妥协"是双方或多方在某种条件下达成的共识。在解决问题上，它不是最好的办法。但在没有更好的方法出现之前，它却是最好的方法，因为它有不少的好处。

妥协并不意味着放弃原则，一味地让步。明智的妥协是一种适当的交换。为了达到主要的目标，可以在次要的目标上做适当的让步。这种妥协并不是完全放弃原则，而是以避退为进，通过适当的交换来确保目标的实现。相反，不明智的妥协，就是缺乏适当的权衡，或是坚持了次要目标而放弃了主要目标，或是妥协的代价过高遭受不必要的损失。明智的妥协是一种让步的艺术，妥协也是一种美德，而掌握这种高超的艺术，是管理者的必备素质。

只有妥协，才能实现"双赢"和"多赢"，否则必然两败俱伤。因为妥协能够消除冲突，拒绝妥协，必然是对抗的前奏；我们的各级干部要真正领悟了妥协的艺术，学会了宽容，保持开放的心态，就会真正达到灰度的境界，就能够在正确的道路上走得更远，走得更扎实。

构筑开放的信息与能量交换系统

生命系统是一个开放的系统。如同熵理论所言，生命系统的一个特征是与外界进行能量交换。信息不是一棵树固有的一部分，而是外界的一部分。对于一个HRBP底层操作系统的构筑，信息输入是从外界获取能量的一个重要途径。

实际工作中我们经常会看到，你的主管表现得更有全局观、决策更周详、观点更独特深刻。其实人的差异未必有那么大，信息的加持扩大了这个差异。一般而言，主管获取的初始信息更多、参与的周边讨论更多；且这些信息是加工过的，去伪存真、全面完整，自然含金量更高；讨论也是高层次的，自然独特性更强。如同人工智能里的机器学习,它们若想被训练得更好,除了算法(如同人的本质差异)之外,更多高质量的数据作为信息输入至关重要。

信息时代,大多数的信息触手可及,但还是有人会将信息作为特权,以信息不对称来管理团队,构筑个体权威。有的组织或管理者会过分地以信息安全为名,将信息和知识割裂开来,只挑选那些所谓的与你有关的给到你。而作为一名知识工作者,有关或无关并不是可以明显定义区分的,万物互联的世界,体系和全局可以帮助知识工作者更好地成长,更好地思考和决策。

HRBP应该时刻打开自己的吸收系统,大量吸纳组织的信息。这个开放不是被动,而是主动,主动进入工作的各种信息交汇的场合去学习,主动通过组织中延伸的触角去吸纳。HRBP也要帮助组织构建一个畅享信息和知识的环境。比如知识管理工具的使用、开展分享交流活动等,目的就是消除信息鸿沟,既让大家在同一个信息基本面上工作,也让大家在信息的输入中学习成长。

树利用根系从土壤中吸收养分,如同HRBP从外界获得能量。HRBP在关爱组织时被誉为"组织的充电宝",然而其自身的能量来自哪里呢?一般来自五个方面:未来的图景,有压力的时候畅想未来、相信未来能够带来力量;客户满意,去客户现场或客户的客户现场,感受自己工作带来的价值;同事帮扶;家庭支持和自身成长。

一棵树既有吸收系统,也有输出系统。树通过光合作用为大自然输出氧气,通过枝叶果实为食物链输出美味,这是一种交换和回馈。HRBP要主动将信息、知识和能量分享到组织中,与外界交换能量;同时要通过工作回馈客户和业务,通过行为影响组织和员工,这都是能量交换的方式。

第3节 "云、雨、沟"的管理哲学

任正非曾说,希腊大力神的母亲是大地,他只要一站在大地上就力大无穷;华为的大地就是人和制度,相信制度的力量,会使人团结合作把公司抬到金顶的。华为在颁发"蓝血十杰"管理奠基奖时,任正非曾把华为的管理思路凝聚成三个字:云、雨、沟。云是管理哲学,包括哲学思想、战略假设,但云飘在空中没意义,所以要下雨。雨就是业务经营活动和管理;但有时候下了很大的雨,没灌溉到庄稼地或没有推动发电机组也没有意义,所以要挖沟。沟就是各种业务主流程,使得四面八方混流而来的雨水真正有益于庄稼或发电,真正帮助华为和合作伙伴成长。

华为花费十数亿美元从西方引进了管理。今天我们来回顾走过的历程，我们虽然在管理上已取得了巨大的进步，创造了较高的企业效率，但还没真正认识到这两百多年来西方工业革命的真谛。郭平、黄卫伟提出了"云、雨、沟"的概念，就是所有的水都要汇到沟里才能发电。这条沟在 IPD、IFS、ISC、LTC、CRM……的序言中已描述，我们还没有深刻理解。没有挖出这么一条能汇合各种水流的沟，还没有实现流程的混流。我们现在就是要按西方的管理方法、回溯我们的变革，并使流程端到端的贯通。

我们要学习蓝血十杰对数据和事实的科学精神；学习他们从点滴做起，建立现代企业管理体系大厦的职业精神；学习他们敬重市场法则，在缜密的调查研究基础上进行决策的理性主义。使各部门、各岗位就其所承担的主要职责（业务管理、财务管理、人员管理）获得集成化的、高效的流程支持，而不是各类流程看似各自都实现了端到端打通，到了真正使用流程的部门和岗位那里却是"九龙戏水"，无法配合，效率低下。

"云、雨、沟"是华为化云为雨、多打粮食的管理哲学。"云、雨、沟"的循环示意如图 14-3 所示。

"云、雨、沟"：华为化云为雨、多打粮食的管理哲学

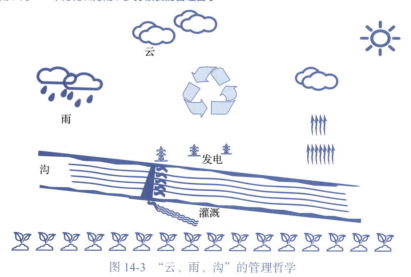

图 14-3 "云、雨、沟"的管理哲学

云雨沟在具体场景中的应用示例

云雨沟的管理哲学不仅可以应用于企业的思考上，而且其演绎的思想可以帮助我们分析理解复杂的事物，如以云雨沟来解构阿尔索斯人才争夺战。

人才争夺战的"云"代表的是指导思想和核心理念，即以客户为中心，满足客户的需求和价值。所以思考逻辑应该如下所示。

- ❑ 第一步考虑未来业务战略对人才的诉求是什么。
- ❑ 第二步要进行洞察思考和差距分析。外部洞察可能需要人才资源的分布、行业竞对的动态等。内部洞察需要看单点的核心群体、人才流失分析、管理改进等。
- ❑ 第三步根据四点一线推导出需要的人才类别及分类指导。比如传统领域如何防守，毕竟我们是领先企业，被竞对挖猎的可能性更大；新兴领域如何进攻，毕竟我们的能力还没有构建起来，作为跟随者肯定要加大对新兴人才的争夺；对于一些专门人才，如芯片和开源，要放开职级和薪酬框架，促进人才快速进入和应用。
- ❑ 第四步体现客户视角的价值主张，识、守、攻、育。识别关键人才时怎样结合业务价值和竞争形势？除了理论方法是否还应有具体实践，比如谁离开会对业务影响最大；可能一个职级并不高的人离开后对业务影响很大，那么就是关键岗位或关键人才。保留关键人才时需要明确责任矩阵；在进攻上最主要的是首先形成信息面，建立全球人才信息库、构建坚决要招入的关键人才地图；而培养方面要建立人才的内生机制等。

如何支撑这些"指导思想"落地，人才争夺战的"雨"就是经营活动和管理，包括差距短板、组织能力以及组织能力的实现——阿尔索斯"五力制胜"。

- ❑ 信息力：找得到。建立全球触角，制定激励机制，挖掘全球人才信息。
- ❑ 杀伤力：招得来。建立阿尔索斯突击队，用新的方式去新的战场战斗。
- ❑ 防护力：留得住。从鼓舞型领导力入手，通过员工价值主张来提升敬业度。
- ❑ 机动力：流得动。主动调配，被动放开，打破人才"板结"；组织要流动，突击队也要机动。
- ❑ 保障力：搞得定。从品牌、组织和工具上进行保障。

五力制胜是"云"的思想在人才业务上的"雨"。然而这些经营活动和管理是"段"到"段"的，是分部门、分岗位所承担的主要职责，未获得集成化和高效的流程支持。每一段看似优秀，然而整体可能陷入平庸。正如雨水可以直接滋润土地，五力制胜的举措也可以产生一些在人才争夺上的收益。但是没有"沟"，雨水就不可能发电，也不能南水北调。

五力制胜的组织能力还需要固化承载，因势利导才能真正产生"端"到"端"的成果。固化承载就是"沟"，代表的是场景化的业务主流程，让各种水混流。所以阿尔索斯人才争夺战规划在落地过程中，还需要同步进行相关场景化的人力资源的梳理，比如招聘的场景与主流程、人才使用和绩效管理的场景与主流程等○。基于场景分析主要矛盾和关键优化，我们可将能力构筑在场景化业务主流程中。

第 4 节　专题与实践：铸文化——销售的高维打法是输出价值观

【实践背景】

销售是卖产品还是卖服务，是卖体验还是卖品牌？事实上，销售是兜售一切可利用的元素，以在客户侧体现价值。产业链顶端的企业和行业里顶级的销售都在卖品牌。卖品牌背后的理念和内涵、情怀和价值观，本质是卖一种情感共鸣：不是鞋子，而是"不走寻常路，To be No.1"的追求；不是化妆品，而是"你本来就很美"的自信；不是短视频，而是"每个人都是生活的导演"的自主；不是电子商务，而是"品质生活"的向往和"年轻就要造"的创造力。销售的高维打法就是输出价值观，而不仅仅是输出价值。

本节实践"阿里云发展背后的秘密"严格来说并不是一个实践，而是 2018 年云栖大会华南闭门会议中与客户的分享，讲述阿里云发展的底层文化与逻辑。阿里云于 2009 年成立，最早是应用于内部的技术，后来逐步对外产品化、商业化。阿里云开启于一个梦想——普惠技术，在数字经济时代让天下没有难做的生意；成长于一个信念——梦想永在，自证预言。

【实践案例】

其实成功没有捷径，管理没有秘密。所谓的秘密，最后剖析出来就是客观规律和常识。这种常识或许众人都已熟知，但正如先贤们所说，格物致知，知行合一。在此我想分享阿里云走过的路，看看常识是如何在阿里云践行落地，并最终推进阿里云成长的。

从梦想开启到现在的 3A 鼎立

我面试过很多中国区的候选人，当谈起阿里云时，他们基本都能说出阿里云

○ 阿尔索斯人才争夺战的规划中并未涉及"沟"的部分，该部分由另一个项目承载。

目前的市场规模,以及全球云计算市场 3A 鼎立的局势。这是一道送分题,因为网络媒体和机场广告已经铺天盖地在宣传。

阿里云创建于 2009 年 9 月 10 日,我们希望"让天下没有难做的生意"这一使命有更好的技术支撑,通过技术拓展商业边界,让云计算为整个社会带来更好的技术服务。阿里云走过的这些年让我们的客户数从零达到几百万,我们也从杭州的一家云计算公司成长为与全球云计算公司同台竞技的 3A 之一了。

阿里云目前已经形成"云、管、边、端"的 E2E 的解决方案与服务体系,无论是在数字经济基础设施,还是在应用体验上,正在切实地丰富我们的工作和生活。冰心曾在诗集《繁星》里写过一首诗,"成功的花,人们只惊羡她现时的明艳!然而当初她的芽儿,浸透了奋斗的泪泉,洒遍了牺牲的血雨。"读来或许有些悲壮,但梅花香自苦寒来,用这首诗来作为阿里云发展的注脚,也别有一番滋味。

心理学博士王坚在云计算的争议中起航

2008 年,心理学博士王坚加入阿里,拉开了阿里云的序幕。当时,阿里在技术上对外界有很大的依赖,王坚坚信技术是一家公司的核心竞争力,让阿里从此成长为一个自主研发的巨人。这个巨人不再模仿别人,而是清晰地知道如何前行、为何前行。王坚说,我们不是看到别人做云计算就去效仿,我们是真的知道为什么做云计算,这在根本上是不一样的。

在 2018 年 7 月的《朗读者》栏目中,王坚朗读乔恩·克拉考尔《进入空气稀薄地带》的场景给我们留下了深刻的印象。

有一种人,越是做不到的事对他们越有吸引力。决心和信念是他们最强大的武器。说得客气点,这种人叫怪人,说得不好听,那就是疯了……珠峰吸引着属于它的这种人。这种人有三个共同特征:自信、坚决和耐力。

登山的魅力就在于它使人际关系变得更加单纯,个人交情被淡化而沟通协作得以增强,就如同战争,其他因素则取代了人际关系本身。探险充满了神奇的吸引力,它所蕴含的那种坚忍不拔和无拘无束的随性生活理念,是对我们文化中固有的追求舒适与安逸的生活态度的一味解药。它标志着一种年少轻狂式的拒绝……拒绝怨天尤人,拒绝意志薄弱,拒绝所有的弱点,拒绝缓慢而乏味的生活。

也许这就是所有高危险运动存在的根本原因吧:刻意提高努力的难度,并全神贯注于其中,这样仿佛就能驱赶心中烦人的琐事。这是生活的缩影,不同的是日常生活中所犯的错误,还有机会改正、弥补,但在山上,在那特定的时间里,你的一举一动都攸关生死。

几乎走不动了。而每挪动几米，意志便在无止境的疲惫中消失殆尽。然后，思维一片空白，让自己倒下，躺在那里，不知过了多长时间，然后再向前挪动了几步。

用哈斯顿的话说就是，当你到达某一个高度时，"如果困难出现，就要战斗到底。如果你训练有素，你就会生还；若非如此，大自然将把你收为己有"。

在王坚的"游说"下，阿里高层也开始相信云计算之于阿里、之于社会的意义。今天我们回头来看，这是一种前瞻性的战略眼光，但当关于云计算的争论还如火如荼。有人说这个概念很超前，也有人说这是新瓶装旧酒。只有阿里对云计算充满了信心，充满了希望，认为这是对客户、对自己、对社会都有用的东西。

阿里云成长轨迹的时空概览

我们从时空上来看阿里云的成长轨迹，概括浓缩如图 14-4 所示。

从空间上看，北京上地——中国电子信息产业的高地，孕育了阿里云最初的梦想。从那里开始，阿里云从内部技术走向产品化、商品化，最终走向全球，行者无疆。

从时间上看，在 2008 年的 10 月 24 日阿里云迎来了第一位员工。1024 是 2 的 10 次方，是非常有意义的一个日子。选择这个日子，意味着阿里云的技术情怀，也孕育了当时的一个想法，任何一个问题都要放大 10 倍来思考，放大 10 倍需要想象力和创造力。10 年前，阿里云还是挺有仪式感和情怀的。

但实际上，那个时候的物质条件非常艰苦。在我们看到的早期上地的照片中，流传甚广的是夏天的时候使用水桶装着冰块来给办公室降温。不少候选人到了办公场地后就皱眉头，以为到了一家假公司。

全自研的梦想，"我们的工程师拿命来填"

2009 年 2 月，飞天团队写下了第一行代码。同年 9 月，阿里云公司正式成立。飞天的每一个系统，每一个产品和服务，都是坚持自主研发，一行行代码写出来的。

飞天的初始版本开发出来后，面临着上线问题。软件行业有个说法，就是吃自己的狗粮。第一个上线的就是阿里小贷的牧羊犬项目。这个项目由孙权（花名）负责，那个时候他还在蚂蚁，没有负责阿里云。当时飞天的同事们都害怕权哥的大嗓门出现在办公室，因为权哥是客户，飞天 Bug 又多。整个过程非常煎熬，团队不断有人员流失。王坚在《朗读者》的采访中说了一句话，"我们的工程师拿命来填"，悲壮得无与伦比。

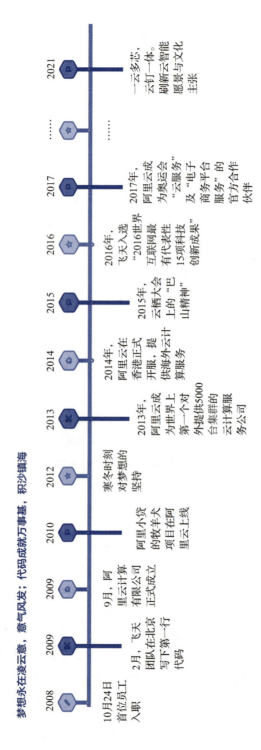

图 14-4 阿里云的成长轨迹

阿里云有一个最高荣誉奖项，叫飞天奖，这个奖项由总裁在年会上直接揭晓，此前所有人都不知道究竟会花落谁家。2012年王坚哽咽地在台上宣布，今年的飞天奖颁发给王坚，颁发给每一位阿里云的同学。当时阿里云用了公司很多资源，内部质疑纷起，开始有传言说公司要解散阿里云。于是其他的事业群总裁手里有了一份名单，如果阿里云解散，这些顶尖人才一定要挖过来。阿里云手里也有一份名单，如果阿里云解散，这些人才无论如何一定要作为火种保留下来。王坚博士的一滴泪和两张名单的故事，成为后面艰难日子里大家深刻的记忆。

技术普惠的信念，从巴山鼎到100%增长

翻过这一页，似乎一切开始明朗。在相信和坚持下，团队再次凝聚、再次出发，不断突破，取得了在5k（可运营5000台集群）项目上取得巨大成功，也开始提供海外云计算服务。

在云栖小镇伫立着一只鼎，它是由巴山的废弃铁轨铸造而成的，被称为巴山鼎。大巴山是川陕交界的一个地方，吴磊是当地铁路段的一名工人。他喜欢技术和鼓捣计算机，因此便承担了铁路段信息上传下达的责任。以往他都是把一些文件和新闻打印出来，分别送到每个人的手上。在一次偶然的机会，吴磊接触到了阿里云，凭借钻研搭建了一套文件传输系统。但在使用过程中感觉阿里云的服务还存在一些问题，便以"阿里云历险记"为主题给阿里云的负责人写了一封邮件。这封邮件辗转到了王坚的手上。王坚来到了大山深处，被巴山铁路工人的精神所感动。无论是在大山深处，还是在云计算研发中心，创新的追求是无处不在的。云计算也正在成为普惠技术。

在2017年前，阿里云连续以季度100%的增速快速发展。集团总是问我们，为什么非要做出100%增长的要求，你们保持30%的增长就可以了。为什么呢？2017年的一天，阿里公布了自己的财报。财报非常漂亮，股价应声上涨7个点，所有的阿里员工都喜气洋洋。那一天，阿里云也发布了季度收入情况，增速首次跌破100%。在大众欢腾的时候，有几位同学心里却非常难过，他们互相打了很久的电话，甚至有人落泪。100%的增长是权哥定下的，看起来是一个简单的KPI数字，其实是自我约束、自我激励、梦想永在、自证预言的一种信念。我们都知道随着底盘的增长，保持100%的增速是不可能的，但我们希望那一天会晚一点到来，我们只是想知道能把它推迟到多久。跌破100%的增速也不是可怕的，我们只是想知道那一天到来的时候，我们如何看待。

回首一路的磨砺，在踯躅前行的路上，阿里云在无数的挫折中、在不断的战

斗中逐步形成了自己的文化DNA，锻造了属于自己的气质。从第一天的什么都没有，只有梦想；到过程中的坚持，坚持你所相信的，相信你所坚持的；再到现在形成了宗教般的信仰、"胆大妄为"的目标和坚定的执行力。因为相信，所以看见。

文化是组织之魂，是个体之味道

阿里云的文化是在阿里巴巴集团文化的传承之上，进行了贴合具体业务的演进。无论身处集团的任何组织，我们的使命永远不变，在具体的业务场景中可以具体诠释，如图14-5所示。

彼得·德鲁克为什么说"文化可以把战略当早餐吃"？我想是这样的，战略对于一个企业来说具有独特性，那么这个企业也要构筑独特的组织能力。而独特的组织能力不是一个个规整的砖头水泥，不是整齐划一的流程制度所能构筑的，规整和整齐划一造就不了独特。独特需要靠文化托底，靠文化牵引。如果文化不能让组织中的每个个体，无论性格迥异、背景不一，都能够认同、凝聚、奋斗，那么再好的战略也无法真正落地。

对于组织中的个体而言，文化和价值观最终会体现在它的味道上。在一线服务客户的人不是公司领导，而是阿里云的每一位"同学"，他们身上的味道是客户能够真切感知到的。当有的客户说"最终选择阿里云是因为味道一样"时，相信这是我们听到最动听的话。阿里云的员工永远乐观、永远学习，敢于挑战、相信未来，相信团队、相信自己，永远充满正能量。阿里高层坚持理想主义，中层坚持现实主义，基层坚持乐观主义。

- 坚持理想主义：阿里必须为了使命和愿景而努力，希望阿里是一帮有情有义的人做一件有价值、有意义的事情。
- 坚持现实主义：阿里需要强大的组织来为理想保驾护航，既要有远大的理想，又要活下来。为结果买单就需要考核。
- 坚持乐观主义：阿里存在很多艰难的处境和不完善的地方，正因为不好而去完善它。要保持微笑，爱笑的人运气不会差。

虚事实做是阿里对待文化的态度

文化看似虚无，实际无处不在，虚事实做是阿里对待文化的态度。沙因文化模型从核心层、制度层、行为器物层来解构文化，如图14-6所示。

第14章 第十式：认知与底层逻辑——心智之根 ◆ 405

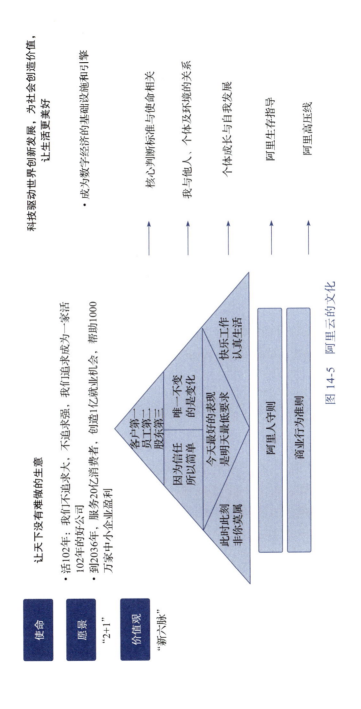

图14-5 阿里云的文化

图 14-6 沙因文化模型

- 核心层是理念，正如敏捷开发的敏捷宣言和十二条敏捷原则。
- 制度层是机制保障，正如敏捷开发中的 SCRUM 与 XP、绩效管理的四大环节、教练式辅导和内功心法。
- 行为器物层是日常的言行举止，正如敏捷软件开发中的 TDD、结对编程、站立会议、持续集成、状态墙等，绩效目标的 SMART、绩效考核的 361 等。

理念是内心的信仰、价值主张和情感诉求

无论时代如何变迁，人作为生产力最关键的要素，是受身心灵掌控的。人有财物最多有满足感，有信仰才会有幸福感。核心理念就是个体的人和组织关系中的人内心最本源的东西，即终极信仰、价值主张和情感诉求。

对于中国来说，强调人民有信仰、民族有希望、国家有力量，对于企业来说也是如此。很多企业对新员工做企业文化培训，有的讲理念、有的讲行为准则、有的介绍丰富多彩的员工生活，大家戏谑地称之为"洗脑"。企业无非是想去感知他、触动他，让他融入。

2014 年 9 月 19 日阿里上市敲钟的时候，站在台上的不是合伙人，而是我们的客户。我们奋斗了这么多年，不是为了让我们站在那里，而是为了让他们站在那里。阿里的文化理念是让天下没有难做的生意，是客户第一、成就他人；体现在合伙人散发的味道和言行举止上，进而又流传于每一位阿里人。

在阿里巴巴集团文化之上，各个事业群都会根据自身业务特点提出子文化，

一个部门也可以有子文化。这些子文化落在一个部门身上，就成了这个部门的一种独特气质。比如阿里云中国区的"梦想永在、自证预言"，比如华南大区的"猛虎出华南、绝地必得胜"。

制度和理念犹如阴阳两极

制度层和理念层犹如阴阳两极，也是管理的科学与艺术。对于一个管理成熟的企业而言，管理制度越完善，文化就越被压制，因为一切都流程化、制度化了，个体已经遍寻不得。对于一个文化强盛的企业而言，管理制度和流程或许不需要那么完善，完善会演变成笨重，禁锢新的思维和自发行为。

当我从一个管理规范的企业来到阿里时，我感觉这里糟糕透顶，什么都是乱七八糟的。但是我一早就知道阿里是一家伟大的公司，那么它必定有自己的基因和解决问题的办法。后来我发现，这就是文化的力量所在。我在阿里偶遇一位十五年未见的老同学，他处于研发一线；第一次见面他就跟我说，这家公司的文化很不错，请慢慢体会。我顿觉诧异，一个偌大公司的普通工程师都在谈文化，可见信仰是如何坚定地根植于每个个体心中的。

然后我在"乱七八糟的"后面加上了四个字，即"乱七八糟的生机勃勃"，就像大自然中的一片绿地，长满了杂草，点缀着野花，不像精心铺设的草坪。大自然遵循自己的规律，万物生长，生机勃发。

但是管理制度又是不可或缺的，也正是制度确保了文化的传承。比如阿里一直在打造一种公司传承机制，在这种机制下坚守使命、良将如潮，这就是合伙人制度。比如人力资源体系的组织、人才、激励等制度，也各有章法和套路。

组织的制度和章法

组织是一种生产关系，要匹配生产力的发展。以美军的战斗力水平和作战体系为例说明，第二次世界大战时，战斗力是步兵与坦克，组织是以师团为单位进行协同。在越南战争时，战斗力是坦克与直升机，组织是以营为单位的协同。在伊拉克战争时，战斗力是精准制导的导弹，组织是以战斗小组为单位的一线作战人员和背后强大的中后台体系。

众多军事思想和管理的变革都是民用变革的趋势。互联网时代的企业快速发展，往往导致业务增长与组织能力之间的矛盾产生。因此我们需要在业务中萃取个人能力，并将其沉淀为组织能力，然后在更大的范围内铺陈开来，以支撑更加多样化的业务。阿里的中台机制即是如此。基于中台生长出的各个灵活机动的业务单元，在中台组织的支撑下集中精力去洞悉市场、研究客户，从而命中客户痛点。如果没有强大的中台能力，就盲目追求"应对不确定性的敏捷团队"，反而会陷入混乱的局面。

人才的制度和章法

不同的组织模式需要不同的排兵布阵和人才模型。相对而言，中台是集团军，更需要规划、需要规则、需要稳定；而前台更需要深入一线、需要快速试错、需要机动响应。中台的规则制度多一些，前台的规则制度或许就少一些。选人的外在标准也是不同的，遵从规则守纪律的人和打破规则野路子的人适合不同的场景，打江山和守江山的人是不一样的。但对人的内在要求永远不会变，那就是聪明、乐观、皮实、自省，这也是一个人的阿里味儿。

聪明不是智商高，而是有专业的技能和高超的情商，能正确地做事，要足够开放。乐观不是盲目乐观，而是知道生活的真相和困难仍然保持足够的好奇与乐观，能苦中作乐，享受其中。皮实不是麻木，而是经得起折腾，跌倒后能爬起来，历经磨难不改初心，捧杀和棒杀都不是事儿。自省不仅是批评与自我批评，更是自我感知的能力。这是一个逐步上升的序列，前三个词是生存之道，第四个词是进阶之道。

我们正是通过制度层来保障组织的活力，保障人才选、育、用、留各个环节，最终将文化注入每一个人，让每一个阿里人无论如何开枝散叶，他的阿里味儿不变。

活色生香才叫过日子

行为器物层是文化在日常工作生活中最直接的呈现，这一层是过日子，需要活色生香。过日子要快乐工作、认真生活，否则在困苦中是坚持不下去的，员工要有乐观精神。

我来到阿里，看到了琳琅满目的文化墙、永不息屏的电视机，甚至放在洗手间的每一个角落的宣传页，这些文化载体无处不在。强烈的视觉冲击和氛围营造，带给人沉浸式的体验。最新的客户故事、企业要闻、领导讲话、时事解读，用喜闻乐见的方式表达着。一开始我甚至想过，会议室为什么不用投影仪，永不息屏的电视机不浪费电吗？所有的宣传都是为了沟通价值、传播价值，不做不痛不痒的沟通，不做意料之中的表达。这种沉浸式的体验让每一个带着疑惑、不解的新同事，经过日复一日、年复一年的观察和体悟，不知不觉中开始调整自己的步调，与环境同频共振。

过日子就是菜米油盐酱醋茶，有餐前甜点，也有美味大餐。主菜就是 510 阿里日、910 客户日、双 11 购物狂欢节。作战是主线，文化是暗线，文化是故事的演绎，故事是文化的注脚。阿里也用仪式化的方式纪念每一个同学加入阿里的日子，加入一年是一年香，然后是三年醇、五年陈、十年馨。年陈是每个阿里人与企业共同成长的足迹。阿里味儿就像酿酒一样，历久弥香。

阿里云每年会选拔核心骨干步行玄奘之路。玄奘之路位于河西走廊。

阿里云的将士们用四天三夜徒步 102 千米，经历酷暑、风沙和救助车辆的"诱惑"。团队一起共行、一起体悟、一起共建、一起共创，悟人生之道、商业之道、团队之道。这是阿里云给予这次活动的意义——理想、行动、坚持。阿里云的路也是一条玄奘之路。

用组织来保障文化的养护和培育、唤醒和点燃

金一南将军曾说过，血性是会夭折的，所以需要养护、需要培育；血性也是会沉睡的，所以需要唤醒、需要点燃。血性是一支队伍由内而外散发出对胜利渴望的精气神。在企业中，我想借用为，文化是会夭折的，所以需要养护、需要培育；文化也是会沉睡的，所以需要唤醒、需要点燃。如何养护培育、如何唤醒点燃，这需要组织保障。在阿里云，有三个关键组织角色来确保队伍坚守使命、捍卫文化。

- 一是管理者，向上可以溯源到阿里的合伙人制度，他们是文化最根本的捍卫者。各级管理者被要求既要抓业务，又要建团队，还要推文化。文化体现在他们要什么、不要什么，提拔谁、激励谁、鞭策谁，也体现在他们的言行举止上。
- 二是 HRG，即外界所熟知的"政委"。"政委"与一些企业的 HRBP 有何不同？仅从称谓上看，HRBP 可能更偏向于 HR 对业务的支持和服务，首要是为"作战"服务的；而"政委"是信念的坚守者、文化的捍卫者，是组织建设的发动机，首要是为文化服务的。
- 三是文化天使，也是一种"民间政委"，是非正式的组织。为了让文化渗透到组织的每一个角落，特别是在行为器物层采取大众喜闻乐见的方式诠释文化，让各个团队涌现出一线积极分子，他们年轻、有激情、有创意，犹如组织的触角和探针，与管理团队和"政委"密切互动，共同捍卫和传承组织文化。

致敬客户的信任，致敬阿里云的梦想

文化的诞生、坚守和传承并不是一蹴而就的，它不像管理举措那般立竿见影，需要慢慢培育、慢慢滋养，长成了就是无穷的力量。

在各位客户和合作伙伴的支持和陪伴下，阿里云的业务飞速发展，业务体系会更加复杂，团队会更加多元。飞速发展的组织和不断涌入的新同学，让文化在受到冲击的时候，也得到了丰富。

如何让文化成为第二生产力，让更多的人同行，我们仍将上下而求索。

【专题心得】

资源是会枯竭的，唯有文化支撑才能生生不息。销售高维的打法是输出价值观，并不是一种硬塞和强加，也不是说产品、服务和体验不重要；相反，产品、服务和体验是根基。也正是高质量的产品、客户化的服务、差异化的体验才是品牌的重要内涵，这些结果背后的信念和奋斗过程就是价值观。客户最大的认同是价值观的认同，最大的共鸣是情感和价值观的共鸣。

文化是组织的灵魂，组织协同是文化的延伸，业绩是文化透视出来的自然结果。阿里在多元化的生态用工中，坚持销售和服务不能外包：销售不能外包，是想知道客户需求是什么；服务不能外包，是想知道客户抱怨是什么。销售卖的不是产品，而是公司理念、信念、使命感、价值体系。销售带回来的不是客户的钱，而是客户的体验、感受和心。阿里铁军在建设伊始的三年最大的收获是感谢信和投诉信。

之前我曾认为企业壁垒大多在于技术和管理，在阿里越来越感到文化是力量之源。华为也有强大的文化力量，只是盖着管理和机制的外衣，不易发现罢了。现在我认为成功的企业有四类：其一拥有独有的技术和产品力，单点领先会让企业脱颖而出；其二拥有独特的管理体系和组织能力，可以通过大贯通和大协同产生规模化的打击力量，在竞争中胜出；其三拥有独到的战略前瞻与布局能力，可以构筑纵深的护城河，在未来的竞争中持续取胜；其四拥有厚实浓郁的文化力，对外连接同盟军，对内凝聚人心，即使将来企业已死，但精神永存。此四类成功要素并不互斥，不同的企业只是侧重不同而已。文化带来认同感和组织塑造力，因文化而成的企业能在不确定性的波澜诡谲中闲庭信步，乱云飞渡仍从容。

第 15 章

第十一式：框架与体系——思维之干

HRBP 的思维之干是整理信息和解决问题的处理系统，表现为加工、思考信息的框架与体系，包括一系列架构、工具、方法论的组合。人力资源领域也时常将之统称为"方法论"。面对复杂多变的世界，以不变应万变，是框架与体系带给我们的便利。框架与体系有助于我们剥茧抽丝、直击本质。

世界观解决世界是什么的问题，方法论解决怎么办的问题。方法论是一种以解决问题为目标的理论体系或系统，通常涉及对问题阶段和任务、方法与工具的论述，是对一系列具体操作进行分析、研究和系统总结后提出的较为一般性的原则。方法论具有一定程度的抽象，抽象是人类高级思维的活动；因为抽象，人类得到关于事物的大粒度概念，形成概念思维，从而让我们能够超越具体的事物、空间和时间，看到规律和联系，看到全局和未来。

框架与体系是思维和实践的智慧结晶，其美感一般在于结构化的外在表达和逻辑自洽的内在韵味。牢固掌握和灵活使用常见的"八股文"，可以帮助我们站在巨人的肩膀上思考并解决现存的问题。但套用只是一种浅薄的招式，用第一性原理来思考、内化、演进，最终能修炼成自己的内功，如同剑宗与气宗交融于一体。本章主要列举部分常见的框架与体系，包括时间维度的流程、空间维度的对象以及"以价值链为纲"的管理体系。

第 1 节 时间维度：流程

从时间维度来看框架与体系，主要体现为流程，类似于软件开发中面向过程的编程。一个组织的经营管理活动大多可抽象为一种流程。流程是一系列连续、有规律的活动，这些活动以特定的时间流逝或以先后依赖方式进行，并导致特定的结果。

例：SIPOC及其在具体业务场景的演化

SIPOC是质量大师戴明提出来的组织系统模型，是流程过程管理和改进的常用技术。它可以帮助我们方便地用一个框架来勾勒一个跨组织职能的业务流程，用全景视角来看待组织系统。我们一般使用SIPOC方法论来对具有流程特征的事物进行分析和描述，如图15-1所示。

用SIPOC组织系统模型进行分析思考和描述

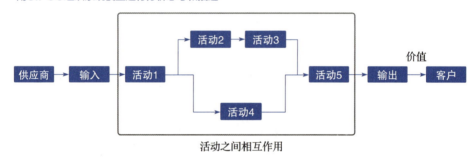

图 15-1　SIPOC方法论

SIPOC反映出流程的六大要素。

- 供应商：向核心流程提供关键信息、材料或其他资源的组织。之所以强调"关键"，是因为一个组织的许多流程会涉及众多供应商，但对价值创造起重要作用的只有那些提供关键资源的供应商。
- 输入：是供应商提供的资源。在SIPOC中，我们通常需要对输入予以明确的要求，比如输入的某种材料或信息必须满足的标准和要素等。
- 过程：使输入成为输出的一组活动。组织通过这个过程使输入增加价值，这个过程也是价值创造的核心。
- 输出：流程的结果即产品或服务。在SIPOC中，我们通常需要对输出予以明确的要求，比如产品或服务必须满足的标准和要素等。输出也可能是多样的，但分析核心流程时必须强调主要的输出，判断依据需要以具体分析的问题而定。
- 客户：接受输出的人、组织或流程。客户不仅指外部客户，也包括内部客户，比如供应链的内部客户就是产品部门，产品部门的内部客户就是销售部门。

HRBP 理解业务的关键是理解业务流的运行逻辑。SIPOC 在具体的业务场景中有很多演化的实例，甚至我们可以凭借对业务的理解自创更切实、好用的流程方法论。软件开发的瀑布 V 模型、集成产品开发（IPD）流程、从线索到收入（LTC）流程、从问题到解决（ITR）的售后流程，都是 SIPOC 在具体业务场景中演化的实例，也是 HRBP 需要理解的业务流的运行逻辑。

例：战略规划系统

战略规划也是由一组在特定场景下具有时间序列和先后依赖的活动组成的。无论是 DSTE、BLM 还是"五看三定"，都给了我们在战略规划时如何思考策划、分析制定、执行复盘的一般方法论。"五看"是战略洞察时的五个维度，是以客户为中心的体现；"三定"是战略目标和策略要落在定控制点、定目标、定策略上，如图 15-2 所示。

战略规划从洞察开始进行外部环境与价值分析，输出战略机会点。战略制定结合组织实际情况，制定目标和策略，输出承载机会点的业务设计和中长期规划。战略展开结合具体的组织和时间阶段，进行计划的制订、分解、执行和评估，输出年度业务计划。

例：组织全链路分析

在工作场景中，HRBP 经常会与业务搭档一起对组织进行全链路的分析。在这种情况下使用六个盒子等组织诊断方法或工具显得更偏人力资源视角了。在进行业务、组织、系统的全链路组织分析中，我们可以按照如下六个维度来开展，也可以看成是包含内在流程逻辑的六个步骤，如图 15-3 所示。

立足所在组织，首先从外部市场和客户来定义自己的目标。为了达成这个目标，组织与周边如何协同，处在一个怎样的大组织环境和体系之中，自身又形成了什么体系。在自身的体系内，为了支撑业务运行，构筑了哪些流程、工具和机制，这也是价值流的核心承载部分。为了确保以上业务活动的开展，组织能力体系（包括组织、人才、文化与激励）如何设置和进化。最后是整个链路的执行与评估。

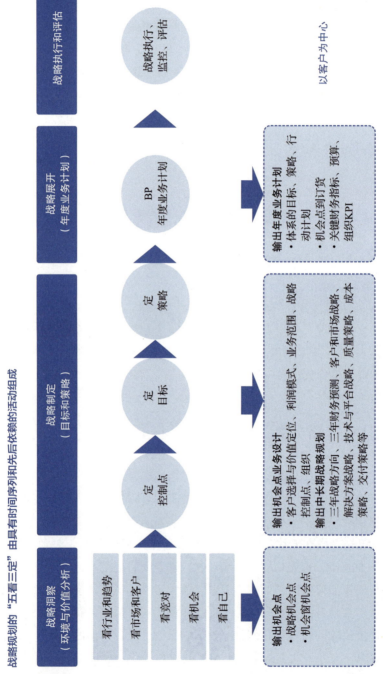

图 15-2 战略规划的"五看三定"

组织全链路分析（示例：产品管理组织六步分析）

1）目标	2）体系	3）流程	4）工具	5）能力与组织	6）执行与考核
①**看市场**：市场中各个赛道的可规模化程度评估 ②**看自己**：整体的产品体系蓝图，各产品在蓝图中的定位，不同产品当前的生命周期阶段	①*产品孵化阶段*：产品之间的协同关系 ②*产品转型阶段*：供应链、技术服务如何入场帮助产品标准化、可交付 ③*产品核心发展阶段*：销售通路选择，产品与销售的协同战役 ④*产品与生态的集成*	①*产品管理流程梳理*：五看三定、IPD ②*产品管理流程和投资决策之间的衔接*：资源分配、组织配备、对外投资并购	①*产品管理工具*：产品规格、版本路标 ②*产品销售工具包*：产品和销售通路之间的协同和销售系数激励	①*产品管理委员会*：基础设施云化、核心技术互联网化、应用数据化与智能化 ②**市场洞察增强**：为产品提供市场分析数据 ②**被集成与赋能增强**：行业解决方案专家	不同类型产品、不同阶段产品设置不同的指标驱动团队协同

图 15-3　组织全链路分析的六个步骤

第 2 节　空间维度：对象

从空间维度来看框架与体系，主要体现为对象，类似于软件开发中面向对象的编程。人力资源的研究对象可以分为两类：一类是人，一类是物。每个对象都是一个系统，或是简易系统或是复杂系统。简易系统是线性的，复杂系统是非线性的，因此特别是复杂系统，需要我们对其进行定义和解构。

研究对象是物的举例：云管端战略

2010 年华为率先提出"云管端"的概念和业务战略。目前，"云管端"概念已经影响了很多企业，成为 ICT 行业的"标准"。在万物互联的智能世界，"云管端"是一个完整的系统，华为的业务领域看似庞杂，实际上全部可纳入其中。随着边缘计算的兴起，"云管端"有了新的演进——"云管边端"。云管端架构如图 15-4 所示。

- **云**：既可以指为用户提供云计算和大数据等云服务的集合，也可以指一种数据汇聚和计算处理的模式，还可以指设备的云化、电信业务的云化、电信业自身 IT 设施的云改造等。当然，我们也可以将其简单理解为云数据中心。

- 管：连接"云"和"端"之间的设备和服务都可统称为管道，提供信息传输能力，包括交换机、路由器、无线基站、有线接入等设备和服务。在有些场景中，"管道"也可指用于传输的协议和应用。
- 端：指智能设备终端，主要包括物理终端、操作系统软件和人机界面接口等，比如手机、汽车、数据卡、机器人、平板电脑、工业设备等连接上网的终端设备。在有些场景中，"端"也可指用户。

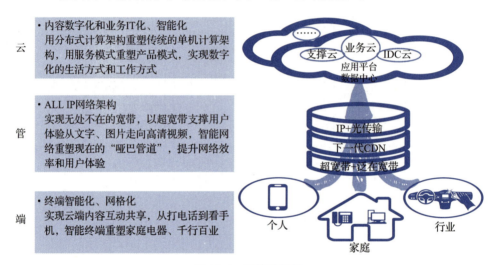

图 15-4　云管端架构

研究对象是物的举例：组织效率提升的解构

我们在描述一个带有研发属性的业务时，如软件研发，一般会考虑质量、效率、竞争力维度。其中效率最难以描述，更难以度量。如果从最终结果上来度量，一般使用 ROI，但剖析开来则难以定义。那么，在做工作规划的时候，如何解构、如何度量、如何改进呢？我们可以尝试用下面的结构来描述软件研发效率，如图 15-5 所示。

图 15-5 中，横向是按照软件开发的 IPD-CMM 流程、纵向是按照效率提升维度来分解和描述。最影响软件研发效率的是流程、组织协同等因素，其次是群体能力和个体能力，然后是消除重复和减少浪费，最后是先进生产工具的支撑。如此分解之后，我们就可以对影响效率的各个因素进行分析和定位，抓住主要矛盾和矛盾的主要方面，然后找到核心的改进点。图示中填充的即为提升软件研发效率的关键举措示例。

研发效率提升的分解与思考

维度＼IPD-CMM	需求	设计	开发	测试	维护
流程	子系统定制需求管理流程与运作		开发向维护问题同步		
			维护向开发版本清零		
组织与协同			快速业务承接		自动化测试工厂与主线基线同源
能力	小需求价值判断与过滤	设计能力复制	公共基础库	问题单输出	补丁能力
复用与精简		设计复用	代码精简	版本间测试基线复用	
环境与工具支撑			仿真独立验证、CI稳定		补丁工具

图 15-5　软件研发效率的解构

研究对象是人的举例：管理者的"两使三观"

"两使三观"是阿里对管理者胸怀和格局的要求。"两使"是指使命驱动、使众人行，是阿里对管理者的首要要求。其还有一个文艺的表达：聚一群有情有义的人，做一件有价值、有意义的事。

- ❑ 使命驱动：阿里自上而下无不认为自己是一家使命驱动的公司，对此深信不疑并笃定。无论是过去二十年的风雨兼程，还是未来可能的惊涛骇浪、波澜壮阔，相信使命、愿景、价值观是不会改变的，并且通过合伙人制度、HRG（"政委"制度）、管理者要求等进行守护。使命、愿景、价值观成了阿里内部一种通用的语系，也给阿里带来了优势：一是降低了沟通成本，所有人对一个问题的看法基本是一致的；二是降低了管理成本，让自下而上地自动自发做事变成了可能。
- ❑ 使众人行：激发群体智慧，积极协同、引领和影响身边的人，朝着共同的目标拿到结果。使众人行的前提是视人为人，有情有义，有温度。如何使众人行？首先要有影响他人的领导力，其次要有原则性。有影响他人的领导力，比如找到有潜力的人，战术上进行有效的目标设定。原则性，比如沟通的核心根本是摆事实、讲道理，所有的团队管理是为了激励而不是为了惩罚。

"三观"是指全局观、全球观、未来观，这是阿里认为企业家和管理者在面对未来挑战时必须拥有的"新三观"，必须具有使命担当和家国情怀。

- 全局观：从空间上看，全局观就是站在大范围看局部，处在局部的我们要与其他部分相处融洽。从时间上看，全局观就是从历史长河中看现在，如果方向正确，即使慢慢走也能到达。从全局观看自己工作的意义，知道自己的活动在全局的意义，这也是一种驱动力。对于任何事物和个体，企业家和管理者都要从全局给出期待和要求。阿里定义的全局观也是生态观，就是要让企业生态链满意，让客户、员工满意，让合作伙伴、政府满意，甚至赢得竞争对手的尊敬。全局观同时要考虑全局利益，世界已经真正进入了命运共同体，要从IT时代的"强者越强"到DT时代的"包容和共同发展"。全局观要体现平台真正的价值，让平台上的人成功，才是真正的成功，让别人强大了，自己才可能强大。平台不是获取更多的利益，而是担当更多的责任。

- 未来观：未来观就是必须站在未来思考问题，站在30年以后看今天。企业必须以技术创新去解决人类未来要面临的问题，引领社会进入新时代。企业解决的问题越大，市值越大，越受人尊重。没有恒心远见，不敢因相信而看见，企业将很难走远。真正有未来观的大企业，不会去创造概念，不会去争流量，不会博眼球，不会争风头，而是会追求核心技术。核心技术确实很难，但也不是高不可攀。我们错过了昨天的机会，但我们不能再错过明天的机会，关键在于改变今天的很多思考、很多做法、很多体制。今天说到技术，大家都讲的是芯片，讲的是操作系统，讲的是互联网，其实每个企业都应该有自己的绝活，有自己独一无二的技术。哪怕是服务，也是一家企业独一无二的兵器。我们要变成中国社会进步的一股力量，推进中国改革，推进世界发展；我们要把技术变成对人类有正面价值的公司。而我认为有未来观，也必定同时有历史观。在时间的长河中，正视过去的历史，以史为鉴，留下回忆也是一种幸福。

- 全球观：就是必须站在全球看问题，站在全球看中国。今天的全球化是服务世界的能力，如果说过去中国"走出去"的是人、机器、资金，那么今天"走出去"的就是信息、服务、价值观。全球化不是国际化，国际化是一种能力，而全球化是一种格局、一种境界。我们企业走出去要赢回来的不仅仅是利润，更应该赢回的是尊重。全球化的核心是在其他国家和地区创造独特价值，创造就业，做当地做不到的事情。全球化的潮流不会改变，但全球化会越来越完善。未来全球既有竞争，更有合作，中国离不开世界，但世界也离不开中国。"一带一路"是世界第二大经济体的责任担当，是新时代中国最了不起的全球化之路。

第 3 节 "以价值链为纲"的管理体系

现代人力资源管理体系的理念和骨架是由价值创造、价值评价和价值分配构成的循环链。华为的绩效管理主要是建立以价值链循环为主体的绩效考核系统。在这个过程中,企业的文化和价值观贯穿全过程,是企业活力的内在源泉,是企业发展的不竭动力。企业价值链循环如图 15-6 所示。

人力资源管理的核心是全力创造价值、科学评价价值、合理分配价值,三者构成以价值链循环为主体的企业价值体系。

- 价值创造是价值评价的前提,价值评价牵引价值创造。
- 价值评价是价值分配的依据,价值分配反向促进价值评价的改进。
- 价值分配是价值创造的回报和动能,价值创造是价值分配的基础,最终要以价值分配的激励而闭环。

价值创造的源头、动机、要素和结果

客户是企业生存价值的唯一保障。企业只有为客户提供所需要的产品与服务,才能获得合理的回报。

价值创造的源头是客户和客户需求。企业生存和发展必须要有收入和利润,客户是企业收入和利润的唯一来源。客户的利益是华为生存与发展最根本的利益所在,为客户服务是华为存在的唯一理由。坚持"以客户为中心,以奋斗者为本"的价值导向,是公司可持续发展的根本保证。

价值创造的动机是活下去。个人奋斗主观上是为了自己和家人的幸福,客观上是为了国家和社会,主客观的统一通过为客户服务来实现。决定企业生死存亡的是客户,提供企业生存价值的是客户。企业主观上为客户服务,客观上获得商业成功。活下去,永远是企业的硬道理。企业要有持续活下去的能力与适应力。华为要长期研究如何活下去,积极寻找活下去的理由和价值。

价值创造的四大要素是劳动、知识、企业家、资本。各要素综合作用,通过技术、产品、解决方案、业务管理、服务等方式满足客户需求,创造客户价值。最终价值创造实现两个维度的结果:客户价值实现和公司商业成功。

- 劳动:在本职岗位承担应负责任,完成工作任务,尽心工作,贡献大于成本。
- 知识:知识是在实践中获得并在实践中不断更新的综合解决方案,既指导实践,又为客户创造新的价值体验。

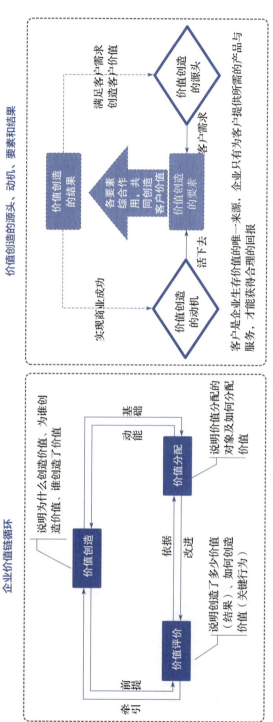

图 15-6 企业价值链循环与价值创造

- 企业家：以远见卓识和胆略抓住市场机会，并通过企业文化和管理体系建设，整合面向市场竞争的所有资源和要素，在竞争中获胜。
- 资本：支撑企业经营、承担经营风险。

价值评价：导向、管理机制和实施原则

价值评价首先要从客户维度看企业，然后才是企业内部各组织、部门、个体的价值评价。一个企业的价值评价有两个维度：既要看企业被客户认可的程度，也要看企业自身的可持续发展。通过价值评价的导向来形成牵引力，通过价值评价的管理机制来形成推动力，通过价值评价的实施原则来形成组织的聚合力，最终三力牵引组织和个人不断向前。价值评价与价值分配如图 15-7 所示。

为客户提供有效服务、创造客户价值是价值评价的方向和标尺。顺应这个导向，客户的价值增加，如获得市场机会、提升经营效益、与自己比有持续改进等。如果走进误区，客户的价值减少，如看学历、工龄，假动作、内部公关，纯技术导向、以考试定级，领导导向、烦琐哲学，无效劳动等。

在具体价值评价实施过程中，我们需要根据企业实际情况确定实施原则，比如华为的责任结果与关键行为过程考核；目标承诺、层层落实、考核闭环；活力曲线、赛马文化、员工不胜任调岗或淘汰、干部末位淘汰；组织绩效与个人绩效考核结合等，最终是要通过价值评价产生的组织聚合力，来激发价值链上的组织和个体创造的活力。

价值分配：导向、要素和矛盾管理

价值分配中的导向，对于个体而言要导向为先，对于组织而言要引导企业可持续发展。导向为先要做到以奋斗者为本，不让奋斗者吃亏，有利于形成可创造成功的战斗序列。导向企业可持续发展既要避免价值分配中的短期行为，也要防止高工资、高福利对企业的威胁。

价值分配要素包括组织权利和经济利益。组织权利主要是机会和职权，机会的激励点是为优秀干部和员工提供锻炼、赋能等成长条件，要落实真正面向优秀干部员工的原则，防止"大水漫灌"。职权的激励点是为干部创造担当责任、做出更大绩效贡献的条件。我们要依据业务、组织和干部管理原则来规划职责，使其承担责任。

经济利益包括工资、补贴、福利、短期激励和长期激励。工资体现了员工承担的职位和应负的责任，遵循华为"以岗定级、以级定薪、人岗匹配、易岗易薪"的

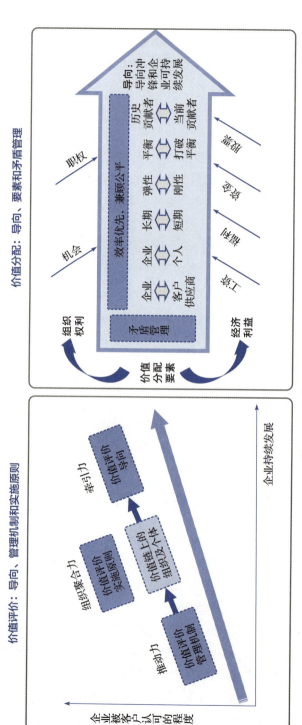

图 15-7　价值评价与价值分配

十六字方针。短期激励主要依据公司、部门、个人的绩效贡献进行,要与公司激励导向和整体效益紧密结合。长期激励主要是面向未来,更有效地支撑公司未来发展。

企业成长的动力首先来自矛盾,有矛盾才有动力,才有生命力。但是矛盾也会形成破坏力,找到矛盾平衡点是让矛盾转化为动力的关键。价值分配更是矛盾冲突显著的地方,企业应坚持"效率优先、兼顾公平"的原则,在企业与客户供应商、企业与个人之间形成利益共同体,建立利益驱动机制,通过"利益均沾"激活组织,让多种价值创造要素实现共赢。在时间维度上,企业应增强短期激励,保持长期激励在适当水平,让组织处于激活状态;合理调节工资、奖金、股权的比重,让历史贡献者通过历史股权得到补偿,新增股权与当期贡献挂钩。同时,企业应降低回报的刚性,增强短期分配的柔性和弹性,让回报同公司的经营效益挂钩;打破平衡,激励资源向业绩优秀者倾斜,拉开差距,"给火车头加满油"。

第4节　专题与实践:促增长——销售的使命是打胜仗

【实践背景】

销售是商业变现的手段,目标是拿到销售额和销售毛利的预期结果,这是企业生存与发展的基础。销售组织是客户的界面,是以客户价值为导向的商业与技术产品的连接器。无论是阿里铁军还是华为铁三角,销售是一个企业最有狼性和血性的队伍,对客户的价值和企业的商业结果负责。"军人的责任是胜利,牺牲只是一种精神",商场如战场,销售的使命就是打胜仗。

本节实践"中国区促增长、打胜仗的人力资源方案"描述的是 HRBP 匹配销售的业务策略,从组织的设计与运作、能力的构建与转型、绩效的考核与激励上进行解决方案设计,为业务保驾护航,助力销售组织打胜仗。

【实践案例】

销售板块的业务策略

销售左手是货源,右手是客户,通过将货源提供给客户来解决场景化问题,带来客户价值；通过将客户的需求回传、优化货源，来沉淀解决方案。销售需要理清自己手中的货源，并对客户进行细分，制定对应的匹配和转化策略。在匹配和转化的过程中，销售需要思考策略性的打法。中国区的业务策略如图 15-8 所示。

阿里云的梦想是形成数字时代商业服务基础设施，成为社会生产力；通过技术普惠服务海量的中小企业，从而让天下没有难做的生意。敢为革命者，赋能跟随者，既需要标杆大客户来打磨产品和解决方案，也需要惠及亿万中小企业。对于头部客户，我们需要重点攻坚，做深度渗透；对于腰尾部客户，我们需要通过组织下沉和联合生态进行广泛覆盖。从行业和区域的角度，阶段性的策略是保持互联网优势并向政府、企业、金融、零售行业延伸。在实战中，我们应进一步沉淀解决方案，逐步从"以客户来找解决方案"的项目化思维转变为"以解决方案来找客户"的产品化思维，从而实现规模化突破。

促增长、打胜仗的人力资源解决方案

中国区业务策略的背后是产品化、体系化的市场打法和集团军作战能力。人力资源需要进行匹配业务策略的组织升级，在大组织上实现大贯通和大协同，在基层组织上匹配大客户和腰尾部客户分层运营的需要。适应价值型销售的需求，组织需要进行人才结构的调优和转型赋能，让销售人员整体向顾问式销售转型，培养既懂行业又懂集团资源和解决方案的 π 型人才；通过分赛道的目标和考核激励，牵引销售团队既关注当下之战，又为未来之战储能。本节实践将采用"纵向"的人力资源专业领域视角来阐述各关键举措，如图 15-9 所示。

组织升级与大贯通、大协同

阿里云的战略理念是以产品为核心、以市场为导向、以技术为基础，组织上以销售管理部与产品管理部为核心抓手，双轮驱动。中国区承载阿里云的战略理念，实施从覆盖到聚焦、从 Hunter（意指四处出击）到 Farmer（意指深耕细作）的运作策略，升级构建区域主战、行业主建的组织格局。行业统一售前解决方案的设计，通过需求的理解回传贯通产品团队，通过向区域和全球生态赋能实现价值放大；并向下延伸至区域内部组织，统一策略、统一方案、统一打法，实现全国一盘棋。各区域紧贴客户服务，贯彻落实技术和专业性内核，实现技术创造新商业。销售组织策略如图 15-10 所示。

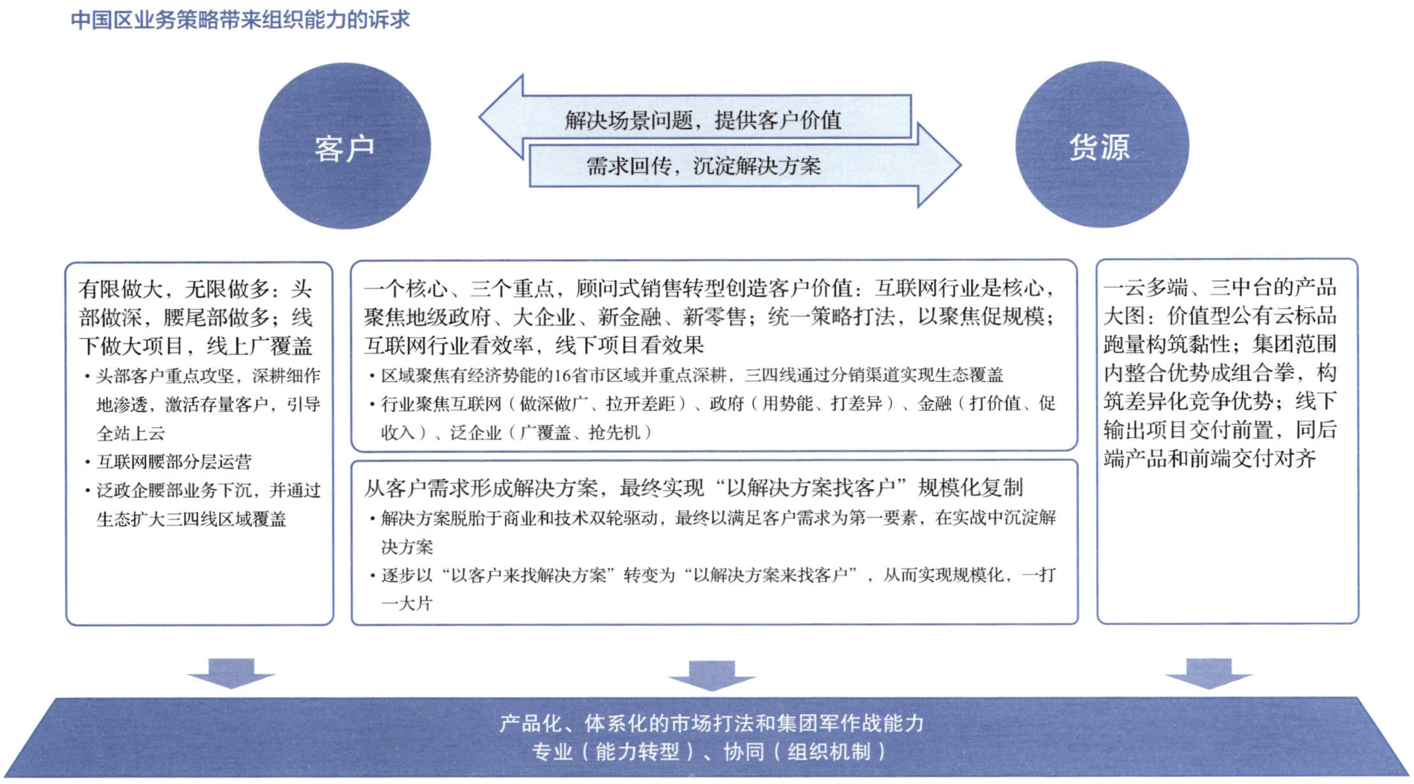

第 15 章 第十一式：框架与体系——思维之干 ◆ 425

中国区业务策略带来组织能力的诉求

客户 ⇆ **货源**

解决场景问题，提供客户价值

需求回传，沉淀解决方案

客户

有限做大，无限做多：头部做透，腰部做深；腰尾部做多；线下做大项目，线上广覆盖
- 头部客户重点攻坚，深耕细作地渗透，激活存量客户，引导全站上云
- 互联网腰部业务下沉，泛政企腰部分层运营
- 生态扩大三四线区域覆盖

一个核心，三个重点，顾问式销售转型创造客户价值：互联网行业是核心，聚焦地级政府、大企业、新金融、新零售；统一策略打法，以聚焦促规模；互联网行业看效率，线下项目看效果
- 区域聚焦有经济势能的16省市区域并重点深耕（做深做广、做深做实），三四线通过分销渠道实现生态覆盖
- 行业聚焦互联网（做深做广、拉开差距）、政府（用势能、打差异）、金融（打价值、促收入）、泛企业（广覆盖、抢先机）

从客户需求形成解决方案，最终实现"以解决方案找客户"规模化复制
- 解决方案脱胎于商业和技术双轮驱动，在实战中沉淀解决方案
- 逐步以"以客户需求解决方案"转变为"以解决方案找客户"，从而实现规模化，一打一大片

货源

一云多端，三中台的产品大图：价值型公有云标品跑量构筑黏性；集团范围内整合优势成组合拳，构筑差异化竞争优势；线下输出项目交付前置，同后端产品和前端交付对齐

⟹ 产品化、体系化的市场打法和集团军作战能力
专业（能力转型）、协同（组织机制）

图 15-8 中国区业务策略

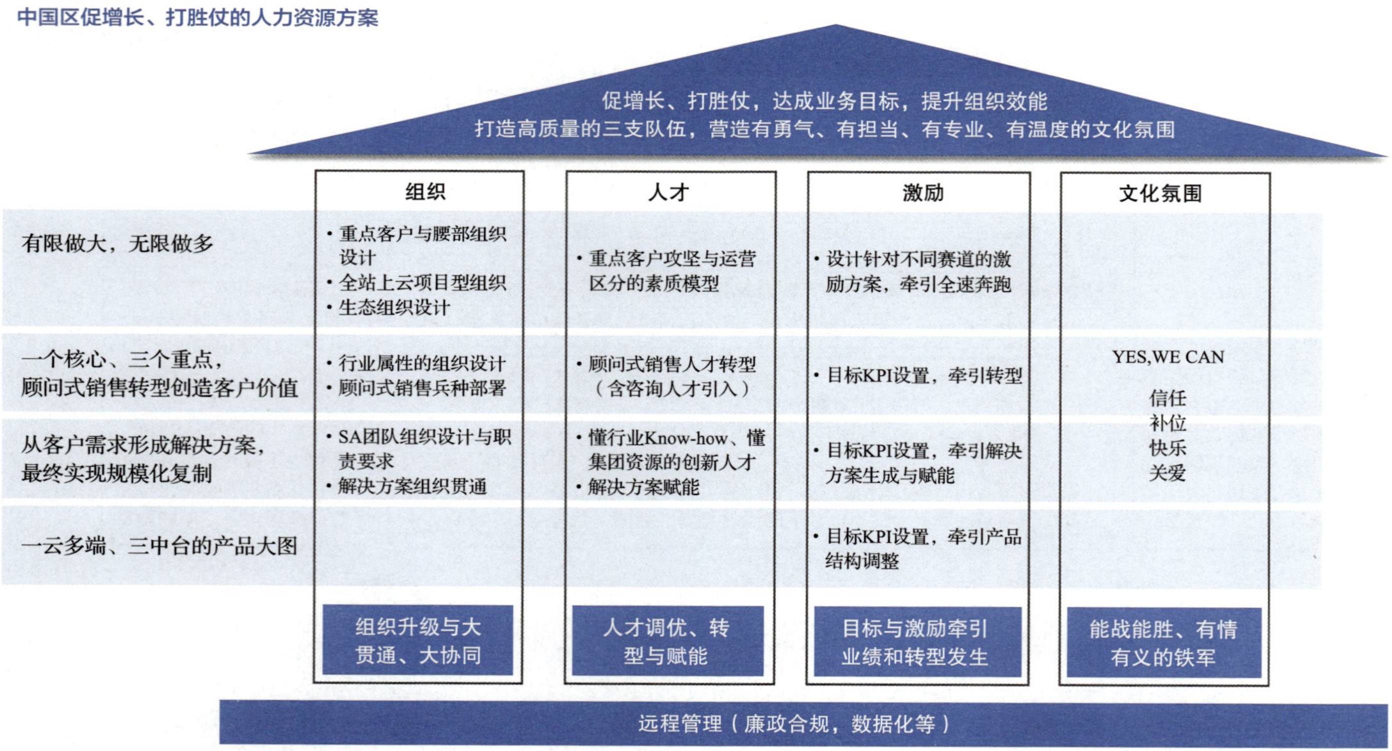

中国区促增长、打胜仗的人力资源方案

促增长、打胜仗，达成业务目标，提升组织效能
营造有勇气、有担当、有专业、有温度的文化氛围
打造高质量的三支队伍

	组织	人才	激励	文化氛围
有限做大，无限做多	• 重点客户与腰部组织设计 • 全站上云项目型组织 • 生态组织设计	• 重点客户攻坚与运营区的素质模型	• 设计针对不同赛道的激励方案，牵引全速奔跑	YES, WE CAN 信任 补位 快乐 关爱
一个核心，三个重点，顾问式销售转型创造客户价值	• 行业属性的组织设计 • 顾问式销售兵种部署	• 顾问式销售人才转型（含咨询人才引入）	• 目标KPI设置，牵引转型	
从客户需求形成解决方案，最终实现规模化复制	• SA团队组织设计与职责要求 • 解决方案组织贯通	• 懂行业Know-how，懂集团资源的创新人才解决方案赋能	• 目标KPI设置，牵引解决方案生成与赋能	
一云多端、三中台的产品大图			• 目标KPI设置，牵引产品结构调整	
	组织升级与大贯通、大协同	人才调优、转型实现赋能	业绩和激励型发生	能战能胜、有义有情的铁军

远程管理（廉政合规、数据化等）

图 15-9 中国区人力资源方案

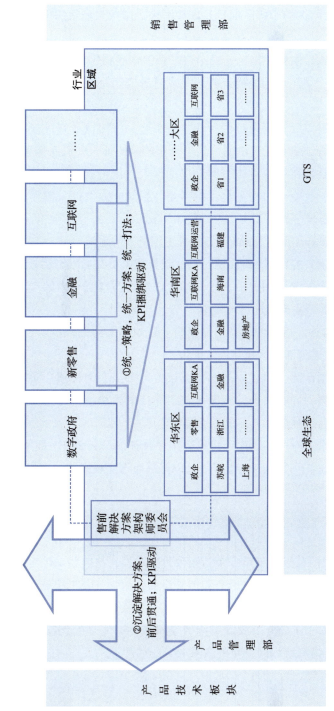

图 15-10 销售组织策略

中国区内区域与行业的组织结构逻辑：区域主战、行业主建；区域行业化，具有行业属性的小团队向行业虚线汇报，虚线聚焦组织能力，实线聚焦业绩结果。

- 以区域为主打，作为一线销售平台，托底销售大盘：未来实现技术普惠，必须建立强大的地面部队，完成对政府与企业客户的覆盖和连接，贴地飞行。
- 行业组织后退，定位为行业能力中心，沉淀行业解决方案，输出行业策略打法：随着竞对加剧、战略合作产品的加入，以及数字化转型的深入，我们必须在行业解决方案上更加深入，让行业在打造样板房、形成标杆案例、行业全国一盘棋、指哪儿打哪儿方面发挥关键作用。行业最终成为拥有较多精兵型 SA（Solution Architecture，解决方案架构师）和 CBM（Cloud Business Manager，云业务经理）的组织。
- 建立统一的售前 SA 团队，与一线作战人员和后端产品技术衔接：重点聚焦能力的沉淀和覆盖，以外部客户侧的洞察驱动内部产品侧的前进，并将行业解决方案向区域辐射。

中国区与外部板块的组织运作逻辑：以中国区为平台，以 SA 为枢纽，以战役为抓手，贯通跨部门运作与人才汇聚。

- 以中国区为平台，以解决方案架构师委员会为枢纽，实现左右对齐，前后拉通，同频共振。中国区与产品技术板块、交付与技术服务板块例行开展共战对接会，实现产销服联动化。
- 以战役为抓手，通过项目化运作贯通各组织层面自上而下的跨部门运作，通过在事业群范围内重点战役的排兵布阵实现人才快速集结。

销售组织升级的变革推进

销售组织的升级变革是一个持续数月的过程，整体要保障客户界面的平滑过渡，让客户持续获得一致的服务和体验。结合组织变革的方法论设计 HR 解决方案，通过共创会形成各行业的策略打法，通过组织升级后的战役快速磨合组织、提振士气，通过分层分级的宣贯沟通凝聚人心，实现新组织下的一张图、一场仗、一颗心。销售组织升级变革如图 15-11 所示。

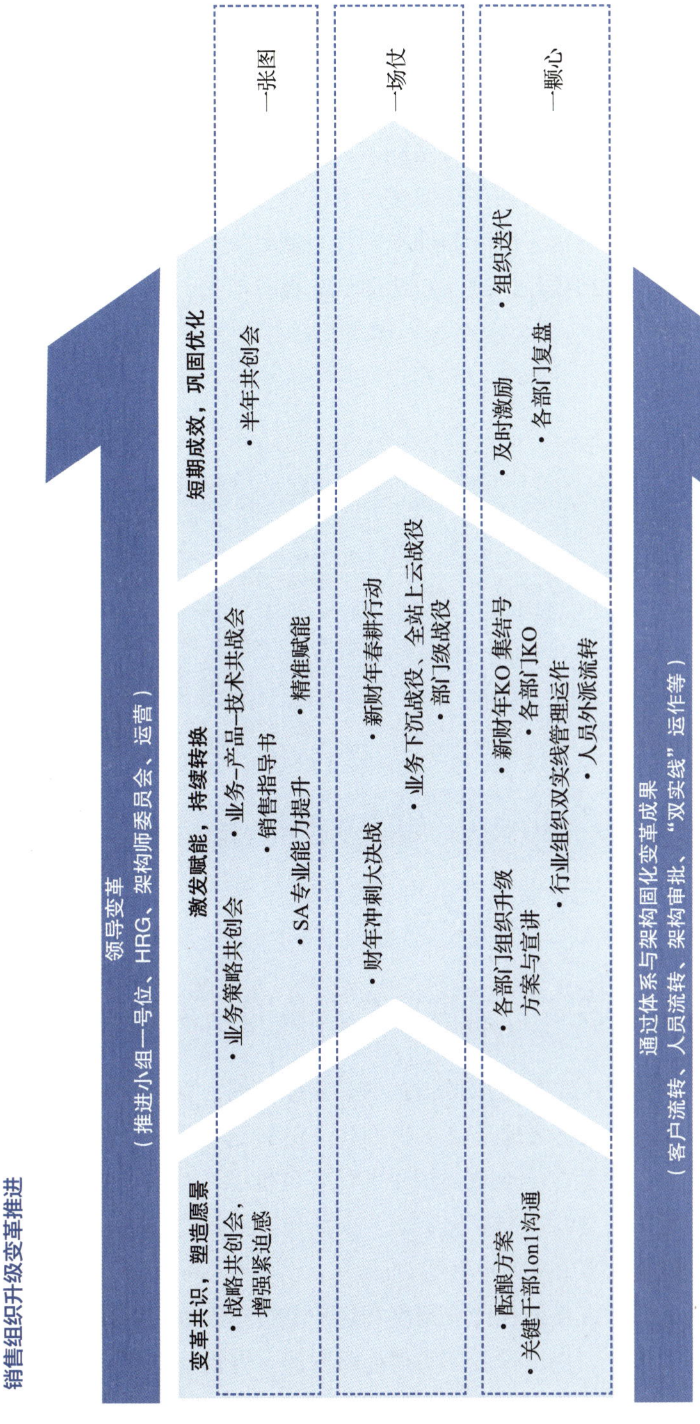

第 15 章　第十一式：框架与体系——思维之干　　429

销售组织升级变革推进

变革共识，塑造愿景
- 战略共创会，增强紧迫感
- 关键干部1on1沟通
- 酝酿方案

领导变革
（推进小组一号位、HRG、架构师委员会、运营）

激发赋能，持续转换
- 业务策略共创会
- SA专业能力提升
- 财年冲刺大决战
- 各部门组织升级方案与宣讲
- 行业组织双实线管理运作

短期成效，巩固优化
- 业务-产品-技术共战会
- 销售指导书
- 精准赋能
- 新财年春耕行动
- 业务下沉战役、全站上云战役
- 部门级破关
- 新财年KO集结号
- 各部门KO
- 人员外派流转

通过体系与架构固化变革成果
（客户流转、人员流转、架构审批、"双实线"运作等）

- 一张图
- 一场仗
- 半年共创会
- 一颗心
- 及时激励
- 各部门复盘
- 组织迭代

图 15-11　组织变革过程

人才调优,吐故纳新

面对复杂解决方案的价值销售,我们需要对人才的基本面进行结构化的调优。吐故纳新需要"宏观调控"和"微观管理"。在宏观调控上,从 HC 分配的整体逻辑和人员结构的要求来倒逼效能提升。行业线剔除特殊大客户份额,区域线区分互联网与非互联网,从而倒逼增速。人员结构的要求包括角色、层级、生源的调优,从而倒逼精兵化。微观管理上实行季度考核,以考核之名行过程辅导之实,让绩效管理扎实细致,以进一步帮助员工提升能力,达成业绩目标。人才调优如图 15-12 所示。

人才调优,吐故纳新

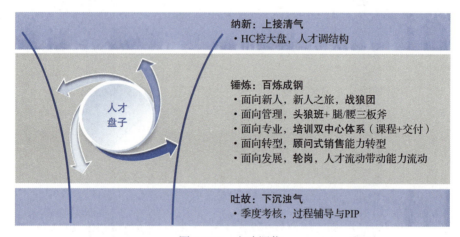

图 15-12 人才调优

顾问式销售能力转型,提供客户视角的价值销售

云计算、大数据、人工智能领域销售的是复杂的技术型产品和解决方案,以技术为依托,但最终价值更多地反映在业务上。To B 销售的决策链较长,是一把手项目,IT 经理没有决策权。企业高层更关注业务价值,其次是数据价值,而云计算厂商的收入更多来自计算与存储资源。因此传统的销售方式已不适用,需要顾问式销售和咨询式方案来与客户高层对话。

顾问式销售是销售人员站在专业角度和客户利益角度提供专业意见和解决方案以及增值服务,建立客户忠诚度,实现战略联盟。咨询式方案则是从客户所处行业出发,以提升客户业务表现及对应能力为核心,实现商业成功。赢单的关键四要素变成了客户价值、方案价值、交付服务、品牌商务；顾问式销售能力转型要求销售人员既要能讲理念故事，也要能讲解决方案，最后还能落实到项目。顾问式销售能力转型如图 15-13 所示。

"双中心"精准赋能体系，构筑快速学习力

业务发展、组织升级和顾问式销售能力转型，对销售的基础专业能力提出了更高的要求。云计算行业竞争激烈，产品与解决方案迭代速度加快；越来越丰富的战略合作伙伴的解决方案/产品进入销售通路，学习难度和时效性要求越来越高。行业能力化、区域行业化对于新组织、新员工快速提升战斗力的诉求更加紧迫。销售需要快速掌握最新的"武器库"。精准快速的学习力成为区域战斗力的基础。

但是，现在依赖总部驱动的大规模培训方式已经显现弊端。总部驱动面向全员的培训课程，如金融行业销售参培政府治理的课程，既缺乏针对性，也无法判断覆盖的有效性。区域到总部参加线下培训的时间成本和资金成本都在提高，虽然已有产品类培训开始依托线上进行，但还有大量线下课程无法本地化交付。课程体系参差不齐，没有明确的负责人进行整体设计和规划，导致有重叠或缺失。在业务压力下，讲师资源基本上以"发扬风格"或"拉壮丁"为主，缺乏优质的师资。

构筑面向专业的快速学习力，打造"总部课程设计中心"和"地域培训交付中心"的精准赋能体系。总部课程设计中心通过大股东制明确各领域课程的责任主体，与一线解决方案架构师团队合作打造课程和师资体系，为一线提供炮火。地域培训交付中心根据本地业务战略规划和员工所处行业来对其能力进行评估，对需要精进的行业能力打标签；并据此制订交付计划，从"师资和课程资源池"中呼唤"炮火"到一线赋能；以行业标签精准赋能的方式，改变以往"大水漫灌"的现象，并将赋能数据、员工绩效行为等注入过程管理。"双中心"精准赋能体系如图 15-14 所示。

通过人才流动驱动循环赋能

大规模集团军作战的组织既需要专业精深、做深做透的专业人才，也需要跨领域、跨学科的复合型人才。将军和系统级专家发展路径的一般逻辑是"之字形"，

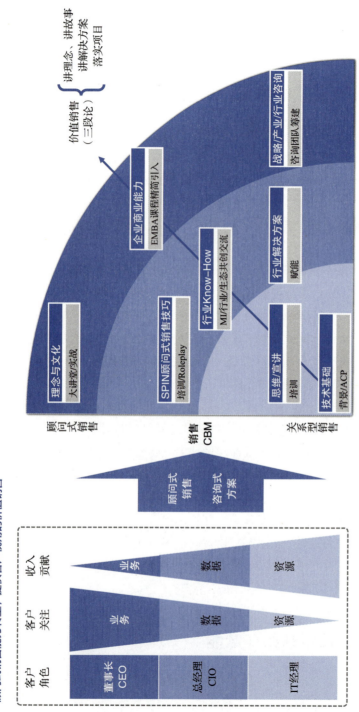

图 15-13 顾问式销售能力转型

第 15 章 第十一式：框架与体系——思维之干 ◆ 433

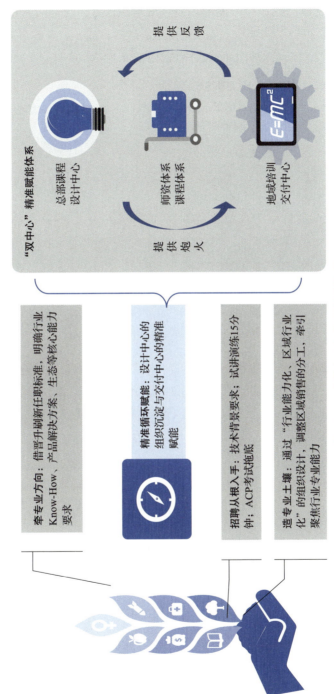

图 15-14 "双中心"精准赋能体系

欲成将帅，必然轮岗。人才的流动既可以提升个人的跨领域能力，也可以带动组织间的能力流动。对于一个发展中的区域组织而言，既有能力高地也有能力洼地，将人才从高地引向洼地，或采用游学游教的方式，以有效弥补组织间的能力势差。通过人才流动驱动循环赋能，如图15-15所示。

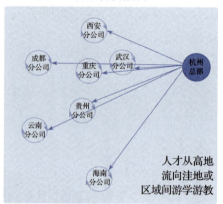

图 15-15 通过人才流动驱动循环赋能

企业总部培训资源集中、师资雄厚，负责向各区域分公司输送各类培训课程和带教项目。而各区域由于当地产业带和人才圈的不同，均存在自己的独特能力优势，因此可采用高潜人才游学、骨干教学的方式，将成熟的知识方案由能力高地向新区域赋能，促进人才发展和地域间能力拉齐，从而快速升级整体组织能力。

20世纪90年代以来，中央政府为了全面发展中国经济，创新性地制定了局域之间互相支援建设的机制。发达地区派出干部到西部区域，带动当地干部群众汲取先进地区的经验和做法，拉动当地的经济发展。支援建设的机制包括援藏计划、援疆计划、干部对口援建、城市结对援建等，涉及区域经济发展的方方面面，为西部地区的经济加速发展发挥了巨大作用。

改变KPI唯一论，设置均衡的组织绩效目标

销售组织常见的绩效考核理念是"KPI唯一论"，这种涸泽而渔的方式将影响到组织健康和可持续发展。因此，我们需要从业务和团队维度设置相对均衡的

组织绩效目标。销售向上是显性化客户的价值，包括业绩数字结果、覆盖度和客户满意度；向下是组织能力，包括客户需求翻译能力、攻坚能力和运营能力。业绩数字结果通过市占率、完成率、同比增长速度、高质量产品收入结构或产品交叉率来衡量；覆盖度通过洗盐碱地和拓新的广度、客户主业务和内部同级业务覆盖的深度、格局型项目和客户决策链的高度来衡量；客户满意度不是通过问卷调查，而是通过履约和复购来衡量。

组织绩效考核实现组织层面的"赛马"，其结果应用于组织内绩效和激励等资源分配，从而牵引所有员工同心协力共同把蛋糕做大，从而实现可持续发展，如图 15-16 所示。

改变 KPI 唯一论，设置均衡、分角色的个人绩效目标

绩效考核的目的就是激发组织活力，推动组织绩效整体向上提升；激发个体心甘情愿地为组织目标奋斗，甚至付出超越职责的努力。考核的基调是以未来为导向，注重过程。以未来为导向体现在坚持理想主义，坚信互联网是基础设施、数据是生产资料、云计算是公共能力，因此要求通过生态和公有云的形态普惠中小客户；坚持组织能力持续提升，因此要求以解决方案的形式提供客户价值，要求有沉淀和赋能；坚持可持续发展，要求捍卫使命、愿景、价值观，要求战略协同和攻坚前进。注重过程体现在坚持实际情况，要求有 KPI 的结果，要求未来导向与现实过程相匹配。

对于一线角色的考核，我们需要在组织绩效的前提下，关注销售 CBM 的业绩完成率，导向公有云、新拓客户、战略或攻坚项目，导向对策略打法的沉淀、赋能、驱动后端改进，尽可能少地消耗组织资源；关注售前解决方案架构师的业绩完成率，导向与销售共背数字，导向公有云、新拓客户、战略或攻坚项目，导向对解决方案的沉淀、赋能、驱动后端改进；关注以市场、运营、生态为代表的中后台人员的业绩结果，深入业务，在一定业务范围内形成自闭环，产生直接的业绩或驱动业绩转换。

透明化的奖金设计，实现目标与激励的闭环

对销售采用年度奖金的激励方案，年度奖金与组织绩效和个人绩效结果挂钩。因为绩效的周期性限制，我们对绩效目标、绩效结果与年度奖金进行透明化的设计，整体实现"直观可预期"的效果，如图 15-17 所示。

组织层面"赛马",共同把蛋糕做大,实现可持续发展

类别	部门	业务					建团队推文化				组织绩效得分	
		收入(总数、结构)与毛利	覆盖率与覆盖深度	组织效能	IP/创新赋能	人才供给(总盘、关键岗位、继任者、高级别人员/全员结构)	组织阵型与关键组织能力建设	组织健康度	文化(战役、气质)	关键事件(正向、负向安全、廉政合规)	得分	得分说明
行业											B / A / B	
区域											B / C	

组织绩效考核维度

组织绩效	绩效361分布要求(基线为361)	一号位评价	E表策略(调薪、配股、股票)	过程及时激励	评优名额
A	……	非关键事件,不低于3.5+	补包	正常发放	增加
B	……	正常考核	正常发放	正常发放	四舍五入
C	……	非关键事件,不高于3.5	扣包	取消(考核后3名)	减少

组织绩效结果应用

图15-16 组织绩效考核

第15章 第十一式：框架与体系——思维之干

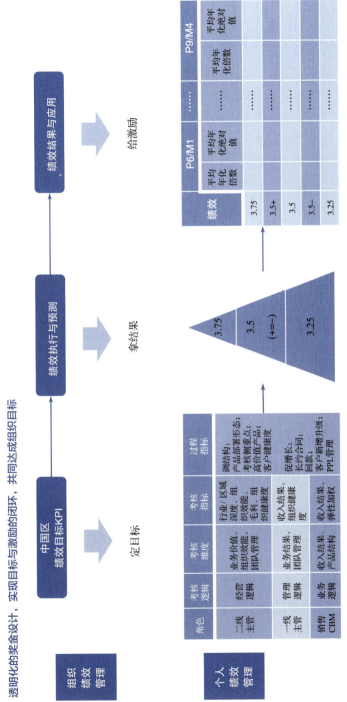

图 15-17 透明化的奖金设计

升级过程激励，通过仪式感打造燃情氛围

除了年度奖金外，销售团队需要设计过程激励。业务的战场，也是文化的战场，过程激励结合销售的节奏，在中国区层面"打点"，促进重点项目成功；在区域和行业层面"打面"，打造燃情氛围，如图15-18所示。

以往的过程激励存在一些问题，比如以关注过程数字为主，对战略方向牵引力度不足；自上而下设计的激励方案，听得见炮火的人却未充分参与激励方案制定，导致一线作战指挥官缺乏主动激励的机动性；部分员工未能充分认识到激励的作用，部分员工对激励无感，部分激励"错发"。

我们应优化过程激励的方案设计，加强仪式感，促进业务目标达成，强化组织导向，激发组织活力。

- 激励前置：全年的激励高峰应该在前三个季度。一季度的表现决定上半年业绩，上半年表现决定全年业绩，开局即是决战，启动即是冲刺。
- 战略导向与收入贡献并重：牵引高价值产品的销售，避免过往"用低附加值产品的收入来一刀切论英雄"的激励模式。
- 给火车头加满油，在过程中树标杆：伟大的事业需要共同的愿景，也需要身边标杆的指引。
- 集小胜为大胜：胜利是最好的团建，通过一次次共同的胜利、一次次及时的激励凝聚团队。
- 一线作战单元主导和参与激励方案制定：在事业群的整体导向下，因地制宜设置激励方案。

【专题心得】

竞争是检验销售的试金石，销售的使命是打胜仗，但数字不是胜仗的唯一标准。在快速发展的云计算产业里，只有不停地奔跑，才能停留在原地。每家企业都制定了超高的业绩发展目标，销售人员自然就成为最直接的负重者。高压下动作变形是常有的事情，因此销售人员最重要的还是坚守使命和愿景，否则可能就成了只管打仗的"雇佣军"。

数字是企业履行使命、走向愿景过程中的一个里程碑的描述，是满足客户多少需求、实现客户多少价值的一种简易直观的衡量方式。数字不是目标，使命和愿景才是。阿里云的销售被称为CBM，是探索数字经济业务模式的"凿空者"。

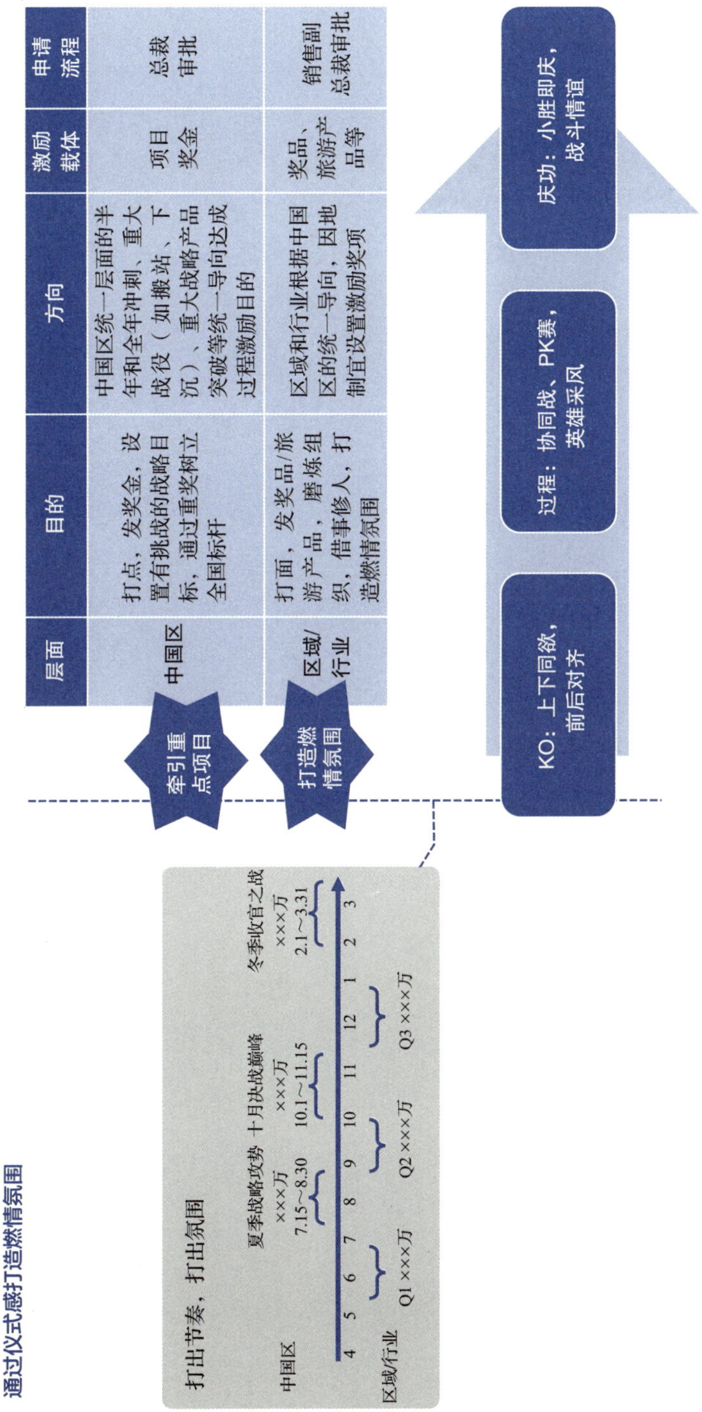

第15章 第十一式：框架与体系——思维之干

通过仪式感打造燃情氛围

打出节奏、打出氛围

中国区	夏季战略攻势	十月决战战翻峰	冬季收官之战
	×××万 7.15～8.30	×××万 10.1～11.15	2.1～3.31 ×××万
区域行业	Q1 ×××万	Q2 ×××万	Q3 ×××万

月份：4 5 6 7 8 9 10 11 12 1 2 3

牵引重点项目

打造燃情氛围

层面	目的	方向	激励载体	申请流程
中国区	打点，发奖金，设置有挑战的战略目标，通过重奖树立全国标杆	中国区统一层面的半年和全年冲刺，重大战役（如搬站、下沉），重大战略产品突破等统一导向达成过程激励目的	项目奖金	总裁审批
区域行业	打面，发奖品旅游产品，磨炼组织，借事修人，打造燃情氛围	区域和行业根据中国区的统一导向，因地制宜设置激励奖项	奖品、旅游产品等	销售副总裁审批

KO：上下同欲，前后对齐 → **过程：协同战、PK赛、英雄采风** → **庆功：小胜即庆，战斗斗情谊**

升级过程激励

图 15-18 升级过程激励

阿里云的销售不是为了数字而努力，而是为了背后的托付而努力，"既要带回客户的钱，更要带回客户的心"。

销售的目标要"法乎其上"，是一个"搬张桌子，架个椅子，站上去跳起来才可能够到"的挑战目标。在挑战目标的驱使下，销售必须要有突破性的创造，找到那个桌子和椅子，指望手拉肩扛的惯性是不现实的。销售是一群极其聪明的人，组织需要通过绩效目标和过程激励来牵引其拿到"预期的结果"，成长为有技术信仰的工程商人。同时过犹不及，组织也不能通过严密的规章制度来将销售驯化成"乖孩子"，这也是打不了胜仗的。

第 16 章

第十二式：表达与输出——言行之果

HRBP 的言行之果，是行为和工作最终产出的输出系统，表现为沟通、宣讲、方案等一切口头与书面的表达。彼得·德鲁克说，一个人必须知道该说什么，必须知道什么时候说，必须知道对谁说，必须知道怎么说。HRBP 是与人打交道的工作，表达力是 HRBP 的核心通用能力之一。如果说心智和思维是冰山之下，那么表达就是冰山之上，是人际沟通交流中直接交互的部分。信、达、雅的表达能够入耳、入脑、入心。心智之根稳固，思维之干茁壮，最终言行之果也要繁茂。繁茂的树冠必须依赖于根系和枝干，同时也是最易于修剪的部分。

表达和输出的基本元素是词汇，HRBP 的工作中又有口头表达和书面表达两种常见的场景。口头表达是线性的，随时间的流逝而推进；书面表达是立体的，随空间的铺陈而丰满。不同的表达有不同的方法，本章将对此进行简述。

第 1 节 基本元素：词汇与语系

词汇表面是表达能力，深层是思考能力

表达的基础是词汇，娴熟地掌握词汇很关键。HRBP 在工作中为什么要"咬文嚼字"？在《代码大全 2》中有一段经典语句阐述了语言的表达能力与思考能力之间的关系。"在自然语言中，语言学家 Sapir 和 Whorf 的假想指出：一种语言的表达能力和其所能思考的问题之间存在着联系，你思考某一问题的能力取决于

你所懂得的关于这一问题的词汇。如果你不懂那些词汇，那你也就不能表达那些思想，甚至根本无法形成那种思想。"

《代码大全 2》是一本计算机图书，但是揭示了一个自然科学和社会科学中都存在的深刻道理。词汇表面看是组成表达，深层看实则是思考的基础。词汇构成了概念，概念是一种高级的抽象，人因此可以处理复杂的信息，思考复杂的问题。事物的层次如图 16-1 所示。

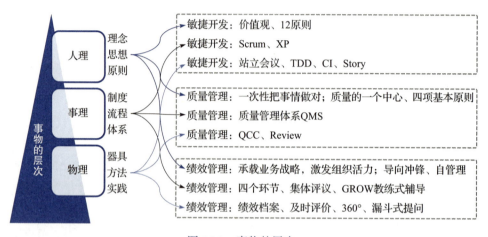

图 16-1　事物的层次

- 人理层，主要是思想、理念和原则，是高阶方法论，如敏捷开发的价值观和 12 原则，质量管理的一个中心和四项基本原则，绩效管理的"承载业务战略，激发组织活力"。
- 事理层，主要是提炼出的一般规律，包括流程、制度、体系，如敏捷开发的 Scrum 和 XP，质量管理体系 QMS，绩效管理的四个环节。
- 物理层，主要是器具、方法和实践，如敏捷开发的站立会议和 CI，质量管理的 QCC 和 Review，绩效管理的绩效档案和 360°。

HRBP 的词汇与语系代表了专业精深和组织导向

一个专业领域的内容都是由理念、方法、工具、实践组成的。HRBP 要从立体的视角去看待专业内容，词汇是理念的基本单元，词汇和语系是专业里最有韵味的一部分，掌握了词汇和语系才能深入、透彻地理解专业。切记不要陷入单纯的实践操作、工具、方法论的漩涡。

人力资源领域的专业名词,有些看起来相似,如岗位、职位、角色、绩效导向、绩效期望。

- ❏ 绩效导向:导向是所指引的方向,使事情向某个方向发展。绩效导向是对绩效的方向性的牵引。
- ❏ 绩效期望:期望是指人对事情提前勾画出的一种标准。达到了绩效标准就是达到了绩效期望。

专业名词被混为一谈,在大多数时候这种用词错乱并没有问题,但长此以往将无法形成清晰深刻的认知,对专业精深极为不利。在人类社会和组织中,特别是在人力资源管理工作中,HRBP在大多数场景中代表了组织。词汇不仅关乎表达和思考,更多的时候也代表了一种导向。延伸开来,词汇除了字面意思外,在不同的组织和文化中,还有不同的隐喻。所以在一个组织内部,特定的词汇及其组合形成了组织独特的话语体系,变成了其文化的一个符号,如华为的当责、奋斗者、火车头、力出一孔,阿里的体感、三板斧、闻味道、揪头发。

这是一个复杂的世界,多的是断章取义。HRBP在工作和具体的语境下需要"咬文嚼字"。使用定义一致的词汇和共同的语系是有效沟通的基础。除了用词精准之外,HRBP还必须了解词汇的感情色彩和情感力量;不同的词汇在人们心中将引起不同的反应。在词汇与语系的修炼上实则就两招:一是沟通前期就问"你所说的这个词是什么定义";二是表达时多查网络、词典,并坚持使用到底。

词汇亦代表了知识与见识。任正非的语言表达极具韵味之美,比如在表达华为人在全球化时说,"从太平洋之东到大西洋之西,从北冰洋之北到南美南之南,从玻利维亚高原到死海的谷地,从无边无际的热带雨林到赤日炎炎的沙漠……,离开家乡,远离亲人,为了让网络覆盖全球,数万中、外员工,奋斗在世界的每一个角落,只要有人的地方就有华为人的艰苦奋斗,我们肩负着为近三十亿人的通信服务,责任激励着我们,鼓舞着我们。我们的道路多么宽广,我们的前程无比辉煌,我们献身这壮丽的事业,无比幸福,无比荣光"。在表达垂直向上探索新技术和理论并作为灯塔惠及人类社会时说,"让喜马拉雅山的雪水流下来浇灌南泥湾、牡丹江,让它流过马六甲海峡,穿过红海、直布罗陀海峡,流向加勒比海。'南泥湾'计划,不是一个短计划,把一片黑土地都浇肥。"

第 2 节　单一线性的口头表达：桩子与推进计划

人力资源从业者经常会遇到口头表达的场景，一类是日常的沟通交流或寒暄，以双向互动为主要特征；另一类是正式场合的演说或引导，以宣贯精神和解答问题为主要特征。一般而言，简单的口头沟通需要保持倾听的状态，带着真诚和热情，能及时做出反应；复杂的口头沟通还需要额外的准备，包括素材和逻辑。

《驻足思考》(Think on Your Feet) 曾列举过一些令人尴尬的场景，如电梯时间、棘手问题。口头沟通表达往往需要即时反应，瞬间整理思路、组织语言。然而有的问题此前未曾思考过，而有的问题明明有很多素材，却不能在瞬间有效组织并有力表达。在短时间内无法聚集脑力，进行快速的思考，或没有建立专业的语言表达结构，以至于陷入尴尬的境地，这就是我们经常遇到的局面。

所幸，瞬间整理思路并有力表达是可以训练的能力，其包括三个步骤：分析、分离、推进。

分析是解剖问题的核心

分析是解剖思想至核心问题，即对方想听什么。领导在电梯碰到你，可能是想通过你了解业务的一线状态，或是想借机判断你对业务的支撑情况，抑或者仅仅是为了避免尴尬的寒暄。所以你回答"挺忙、挺好"就是口水话，食之无味。团队邀请你在会议上致辞，可能是希望通过你的站台来提振士气，或是表达对未来的勉励，抑或者仅仅是碍于你的身份的客套话而已。所以，你如果只会"大家都很不容易，希望再接再厉"，就显得很套路，缺乏诚意。

分离是将素材颗粒化、结构化

面对复杂的问题，口头表达的弊端是语言的输出和听众的接收都是线性的。表达的人可以使用重复、强调的方法，但听众无法暂停、回放，一旦回放则又会错失接下来的信息。所以在复杂问题或长时间的口头表达中，语言线性的特点就很难体现出结构化，听众因为无法提纲挈领，稍有不慎便迷失在语言的汪洋中。这也类似于 Word 不如 PPT 结构化和多元化的表达。

分离是将想要表达的思想置于一个个区隔分明的包囊中，即我选择哪些给他。有时好像所有的信息都欲夺门而出，千言万语却不知从何说起。分离就是将大段内容或众多素材颗粒化，将要表达的内容分门别类打包，然后给每个包裹贴上标签，用一个个简洁明了的"桩子"来标识，这样我们和听众都不会迷失。

桩子不仅方便表达的人整理思路，也有助于听众理解和记忆。桩子不是关键词，而是从哪几个方面来表达，更多的时候还是副词。桩子如同键盘输入的"回车换行"，预示着上成段落、转承下文。我们经常听到的"我只讲三点，第一，第二，第三"就是桩子。但"只讲三点"并不是最合适的桩子，它在大多时候只是平铺直叙的罗列，被冠以结构和逻辑的假象；因为听众并不知道后面是否还有"第 N 点"，只是因为某种原因被排除在外了，并且也不知道这三点之间究竟是什么逻辑关系，这对完整性倾向的大脑是一个折磨。

好的桩子一般遵循对称、分离、一致的原则。对称体现在字体和概念上是对等的；分离体现在彼此的内容是正交的，即符合 MECE 原则；一致性体现在桩子所统领的内容都是为一个共同的目的服务，即表达的中心思想是一致的。好的桩子有时也很简单，如总结会上"昨天，今天，明天"，对管理者的要求"抓业务上，带项目上，建队伍上"。

推进是将素材逻辑化并输出

推进是按逻辑顺序整理思想以使论证更流畅，即怎么呈现让他记住。推进计划与桩子紧密联系，不同类型的问题有不同的推进计划。三种基本的推进计划可用来对多种素材进行组织并清晰表达，即时钟计划、环球计划、三角计划。另有三种主张计划用来应对棘手或复杂问题的观点表达，即变焦镜计划、钟摆计划、收益计划。一些常见的桩子和推进计划最终会反映成具有结构属性的工具和方法，在口头和书面表达中被经常使用，如 BIC 结构和 STAR 结构。

HRBP 面临着比任何岗位都要多的口头表达场景。口头表达的训练既是工作需要，也可塑造个人魅力。口头表达的修炼实则也就两招：一是平时积累常见的桩子，二是提前预设、预演问题。

第 3 节　多元立体的书面表达：图表与金字塔原理

书面表达与口头表达有共通之处，如思想（中心思想）、桩子（结构）、推进计划（逻辑），同时也有自身特点需要区别对待。听力是线性的，而视力是平面的；如果书面表达再加上演讲，则又变成了立体的。

因为书面表达一般具有传播范围广、传播时间长、可追溯的特点，因此更多使用在正式的场景中。又因为大多时候，作者并不在现场，没有解读、澄清、互动的机会，因此书面表达需要更高的清晰度、精准性，需要自释义、逻辑自洽。

用金字塔原理的逻辑和丰富的图表结构进行书面表达

《金字塔原理》介绍了一种逻辑清晰的写作方法，可以帮助我们成为出色的思想建筑师。金字塔原理的基本特征甚至可以让我们回忆起小学语文的"总分总"结构，通过画段落、画中心句，然后总结段落大意和中心思想。小学语文的教学是符合金字塔原理的，只是我们没有把这些招式进行总结。

为了达成更高的要求，除了词汇、语句、金字塔原理之外，书面表达要使用更多的图表和结构化模型。特别注意的是，结构化模型是可以嵌套组合的，在任何地方都可以根据需要来选择。如使用金字塔原理的方法来描述事物时，其序言和背景的描述可以采用 SCQA 的叙事结构。如使用 BLM 来描述战略规划时，其洞察观点部分可以用 SWOT（态势分析法）的结构。本书的诸多实践案例是图表和结构化表达的示例。

例："抽象的文化概念"的表达

在企业的人力资源工作中，文化是最抽象的概念。我们对其如何理解和表达呢？阿里信奉"实事虚做，虚事实做"，通过员工的行为、管理者的日常、奖项和激励、标杆人物与故事等实实在在的东西来践行文化，让每个人感受到"要什么，不要什么"。文化又是使命、愿景、价值观、言行举止等的统称，在不同的场景有不同的指代。

阿里的企业战略里提到上三路与下三路，借鉴该思路我们做一个关于文化的上三路和下三路的类比。使命和愿景是文化的核心部分，展示了最宏大的图景，是让人相信、激动人心的；价值观是组织间一种心灵与行为的契约。文化的上三路关注的是关系和故事，和客户的、他人的、自己的关系，并通过故事带来力量。沙因的文化层次理论中核心层代表理念和领导层的践行，是承上启下的部分，和制度层、器物层形成文化的下三路。文化的下三路关注的是虚事实做，将文化真正践行，成为言行举止。文化的上三路和下三路如图16-2所示。

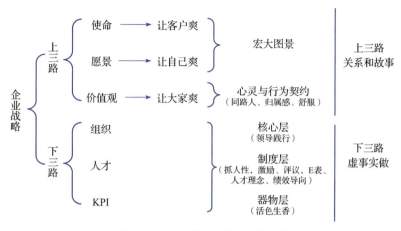

图 16-2　文化的上三路和下三路

HRBP的工作成果更多时候呈现为一种书面的载体，书面表达于个人利益和组织需要都至关重要。所谓的呈现和表达，事前叫谋定、方案策划；事后叫复盘、总结反思。书面表达的修炼实则还是两招：一是学习掌握更多的结构化"八股文"；二是多写，写是思的深入，写的过程就是思考的过程。

第4节　专题与实践：保交付——销售的底气来自中后台

【实践背景】

一线的销售是精兵战略大平台体系下的"班长的战争"。班长的战争是指挥权下沉，实现对项目灵活机动的决策，中后台作为资源中心支撑作战。需要明确的是，战略问题是高层指挥基层，因为战略往往要牺牲短期利益换取长期利益；战役问题是前方指挥后方，"后方尽力支持前方的要求"是存在的唯一必要条件。让听得见炮声的人呼唤炮火，是美军的作战方式，强大的大平台体系是班长的底气。"一切为了前线、一切为了业务服务、一切为了胜利"应该成为中后台的使命。

本节实践"永不断供的供应链和世界第一的硬核技术"描述的是作为云产品与技术底层的基础设施，如何瞄准战略与客户需求，构筑供应系统能力和研发系统能力，做深基础、做好服务，支撑一线销售作战。

【实践案例】

企业战略与外部环境对基础设施的诉求

阿里云在数字经济时代的使命，就是构建数字经济的基础设施，在"促增长、调结构、建生态"的战略方针基础上形成了四个战略方向。做深基础是在飞天云操作系统之外，向下延伸到芯片、数据库、路由器、交换机等，基于云的特点构建整套基础体系。做厚中台是将操作系统的 AI 能力、大数据能力、IoT 能力、移动化能力做得更强大，让应用可以更容易地被开发。做强生态是构筑一个开放的体系，帮助各行各业基于云的架构和新型的操作系统开发应用。"阿里云是数字化转型的服务提供商，提供了整体的数字化能力。这些能力需要更专业、更本地化，加快技术和产业融合。技术能赢得客户的信任，但服务能永续这份信任。阿里云希望成为中国数字化转型的火种，希望每做一个项目，不仅是为客户交付一个项目，更是沉淀一套体系、为客户留下一支队伍。"

云计算是把技术做成了业务，云计算的基础设施既是技术也是业务。基础设施是技术，包括计算、存储、互连核心技术，物理方式以 IDC（Internet Data Center，物联网数据中心）、服务器、网络的形式来呈现。基础设施是业务，包括百万台级别服务器的规划、建设、运营。从技术和业务的维度对标竞争对手，AWS 的规模优势和自研芯片构筑了较强的硬实力，并具备 IDC 和供应链精细化管理的软实力。华为作为技术全栈的供应商，特别是在底层基础技术上持续投入，围绕芯片的系统化生态构建了在信创领域的优势地位。在基础设施上，阿里需要加大硬核技术投入，通过自研芯片与硬件系统构建差异化竞争力；提升精细化运营的软实力，实现 E2E 的数据化、自动化、智能化运营，支撑供应链从交付向业务伙伴转变。

企业战略和外部环境带来了对基础设施的诉求。规模化的增长需要基础设施规模化的交付作为保障。在做深基础的战略指引下，基础设施成为市场竞争力的要素，需要具有竞争优势的硬核技术，并输出面向客户和细分市场的差异化产品。基础设施承载企业战略和响应市场一线的诉求就是保供应、促创新、促发展、保稳定，如图 16-3 所示。

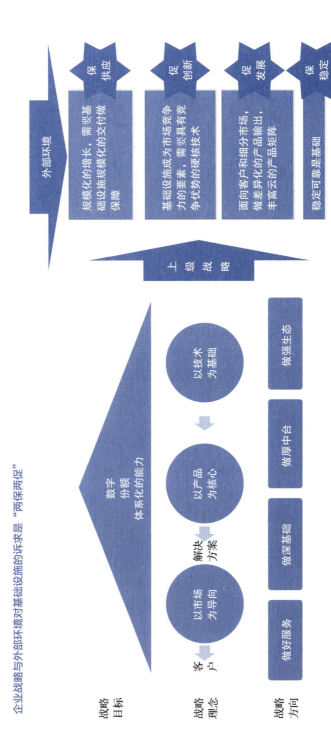

图 16-3 企业战略与外部环境对基础设施的诉求

资源供给全链路场景下的 TOP 问题

基础设施是云计算业务的核心环节，意味着不再只是以往的基础资源保障，而是业务的核心竞争力之一。基础设施业务的产供销全链路与传统业务是类似的，去除技术因素，本质是一个传统业务，技术团队就是工厂生产的各个环节。运维解决稳定性问题，运营解决云计算业务下的产供销问题，经营解决经营视角下的效率和成本问题。基础设施的供应链是 E2E 的全链路管理，从云上产品的库存和需求管理到底层零部件的采购及装配管理。供应链覆盖整个生命周期，包括预测、生产、交付、运营，是企业的核心能力。

从简化的资源供给全链路场景分析当前的主要挑战，可知业务规划做不准、基础资源获取挑战大、核心部件有被卡脖子风险是最大的问题，如图 16-4 所示。

业务规划做不准既有电商、蚂蚁、阿里云客户需求本身变化快的因素，也有数据和链路未打通、内部供应链和 IDC 的短长期需求冲突而导致的规划弹性难以拿捏问题。基础资源获取挑战大最主要的客观因素是核心城市关于土地、电力、能耗指标等政策收紧，主观上供应链规划的前瞻性和资源的统筹置换能力存在不足。关于核心芯片卡脖子的风险，除却研发侧的因素外，供应链侧主要是 E2E 的数字化预测和低成本的库存储备的能力不足。

永不断供：自主可控、规划驱动的基础设施运营体系

云业务持续高速发展与资源供给之间的矛盾日益紧张，客户对 IDC 和供应链的需求是"永不断供"。未来 5 年 IDC 保有量将增长 5～8 倍，未来 2～3 年解决供应紧张的问题，但缺乏比较全面和强有力的规划，尤其是在核心城市如何满足云客户的需求，资源可延展性不强。为了匹配供应链业务，HRBP 制定了"两定三通"的 HR 解决方案来与业务团队一起打造自主可控、规划驱动的基础设施运营体系，以保障客户永不断供的资源需求，如图 16-5 所示。

定目标需要在事业群范围内推进共识，打破将供应链视为资源的认知惯性，将供应链和物流能力作为重要的业务链路，建立 E2E 全链路的供应链运营体系，满足弹性供应 SLA，实现自主可控、规划驱动的云业务发展。通组织需要在事业群范围内推进对话，汇聚需方的集成需求和供方的弹性供给，通过分层的议事、决策会议形成对当下的决策和未来的判断。定抓手主要从调整组织阵型、充实人力来补齐业务策略所需的组织能力。此外，基础设施成立集成的技术服务团队，面向一线销售提供统一的服务界面，集成拉动内部各组织，"把简单交给别人，把复杂留给自己"，快速响应客户需求。

第16章 第十二式：表达与输出——言行之果

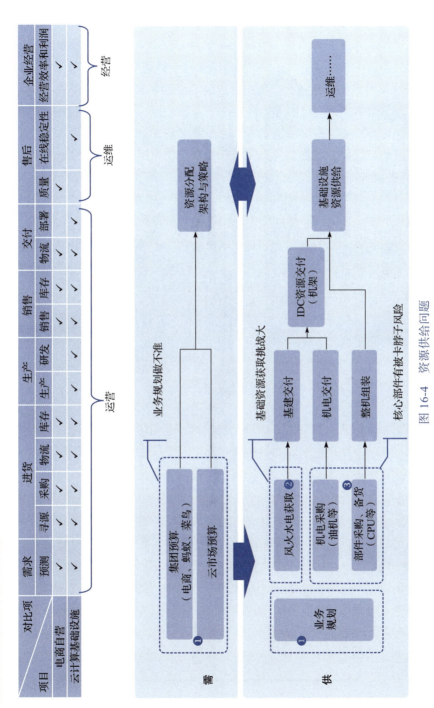

图16-4 资源供给问题

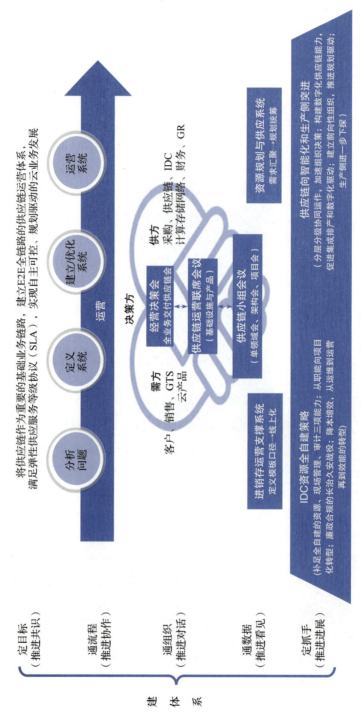

图 16-5 供给方案

促创新、促发展、走向世界第一意味着什么

基础设施是云计算的硬实力，如何通过硬核技术的崛起增强云计算的竞争力？在全球云计算的竞争格局中，基础设施要走向世界第一阵营意味着什么？我们平时接收的信息来自全球云计算企业排行榜、全球云计算企业年度业绩财报、Gartner 魔力象限，我们感知到的是云计算全球 3A 之一、亚太第一、领导力象限的挑战者。

我认为走向世界第一阵营包括商业结果、技术领先性、供给稳定性三个维度，商业结果维度是最终的规模、营收、效率、价格竞争力稳居全球前列；技术领先性维度更多是口碑和技术形象，也包括分领域、分维度的技术评估；供给稳定性维度是具备全球资源优化配置的、弹性模式自主可控的、从需求驱动到规划驱动的供应链。世界第一是一种结果的感知和映射，首先从技术领先性出发。

基础设施的技术演进路线随着时代背景和核心挑战而变迁，从早期的撬动模式变到现在的硬核重投入模式。早期的技术主要是解决中小规模的交付和稳定性问题，核心价值在于技术保障。中期的技术为了解决大规模的交付、效率、成本、稳定性和技术竞争力问题，核心价值转向技术研发。而现在伴随着云计算走向世界第一阵营的步伐，基础设施需要一体化的设计；同时在中美新形势下，需要构建世界领先的核心技术能力，面向云业务提供技术解决方案和产品输出，核心价值在于技术硬核竞争力。

世界第一：打造走向世界第一阵营的技术硬核竞争力

伟大的事业始于梦想，基于创新，成于实干。基础设施要打造跻身世界第一阵营的技术竞争力，首先需要自己的"两弹一星"，通过宏大图景和远大构想来拖动技术发展。人力资源提供全方位的保障和驱动，在前进的路上有定位、有方向，有预算、有抓手、有组织、有人才，有激励、有发展，如图 16-6 所示。

技术型企业为什么首先需要树立自己的"两弹一星"的目标？这需要从"两弹一星"对中国意味着什么说起。"两弹一星"铸就了国家的核盾牌，奠定了我国国防安全体系的基石，深刻影响了国际战略格局演变，塑造了中国崭新的大国形象。国家通过"两弹一星"推动了各技术领域数年成百上千次的实验和科技设备的革新，推动了整体科技进步和经济发展，同时带来了人才的脱颖而出和不朽功勋。因此，一个技术型企业的技术发展，也首先需要找到自己的"两弹一星"，以形成体系化的发展规划，而不是囿于现有的瓶瓶罐罐、枝枝桠桠。

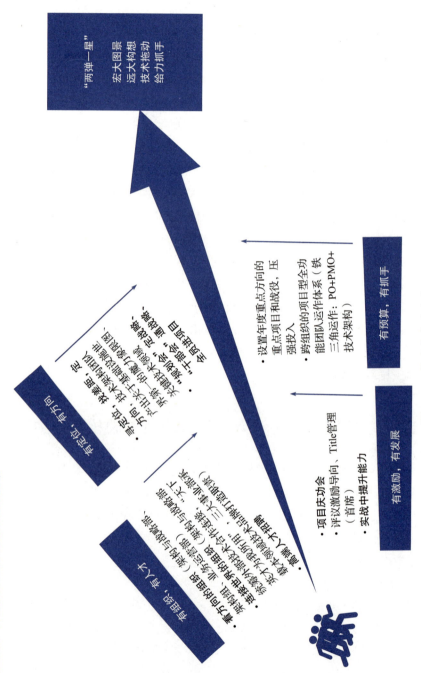

图 16-6 技术竞争力方案

聚天下英才而用之，全球人才布局支撑组织领先

伟大的事业需要伟大的同行者，技术的竞争最终是人才的竞争。硬核技术的研发需要快速集结最优秀的人才队伍，构建人才双金字塔，向上打开蜂巢，筑巢引凤；向左打破组织边界，加强技术连接和合作；向右吸纳多元化的骨干人才，团结一切可以团结的力量，聚天下英才而用之，如图16-7所示。

快速集结硬核技术的研发队伍，这在当前中美形势下是一个挑战。既要继续坚持全球化资源配置，在美国布局招募高端人才；又要培养中国梯队，缩小中美能力鸿沟，拉起整体组织实力，提升组织抗风险能力。一个组织的中高层人才是为了保障组织领先，中低层人才是为了保障组织稳健。中高层是用人做事，需要破局和指引方向；中基层是做事用人，需要高潜、执行和拿结果。用中高层培养中基层，让中基层成长为中高层。除了招聘选拔之外，能力的提升之道还在于训练。组建中美混编团队，利用美国技术高地，反哺国内骨干；利用国内业务优势，实战锻炼。

一流的事业需要一流的人才，特别是全球化的当下更要坚持全球化资源配置。但是任何事情都秉承"拿来主义"的思想也是要不得的。借来的火种，点不亮自己的灵魂。不是什么事都找"明白人"、用"拿来主义"，如果自身不成长，也不能成为"明白人"。比如自力更生做"两弹一星"，所以构筑了理论体系和专家队伍。

打造"一切为了作战、一切为了胜利"的客户第一文化

让听得见炮声的人呼唤炮火，领先的技术和永不断供的供应链就是基础设施为一线提供的炮火。一线能不能呼唤到炮火，需要看我们能否打造"一切为了作战、一切为了胜利"的客户第一文化。文化在组织内的落地不止于器物层上的动作，而是真真切切围绕业务展开，核心目的是让客户赢、让业务赢、让组织赢，如图16-8所示。

文化的力量首先源自每个人的内心，这些小小的个体力量经过组织的整合汇聚，最终作用于业务层面而触达客户。

- 最外层是客户与业务的价值，HRBP需要紧密围绕业务的命题来落地文化。价值依据业务的类型和阶段不同而不同，如质量、效率、成本、竞争力等。围绕基础设施打造客户第一的文化，必须从供应链、稳定性、利用率、降本增效等业务角度来检验。

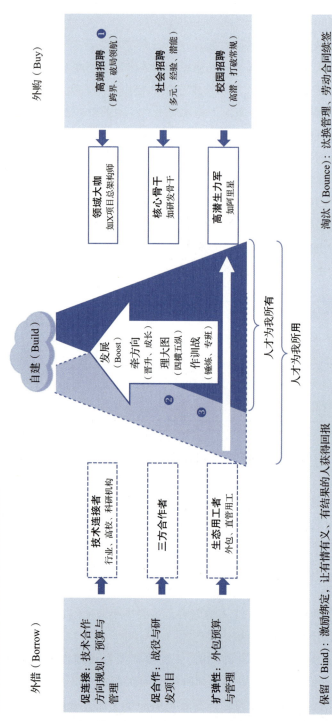

图 16-7 人才方案

第16章 第十二式：表达与输出——言行之果

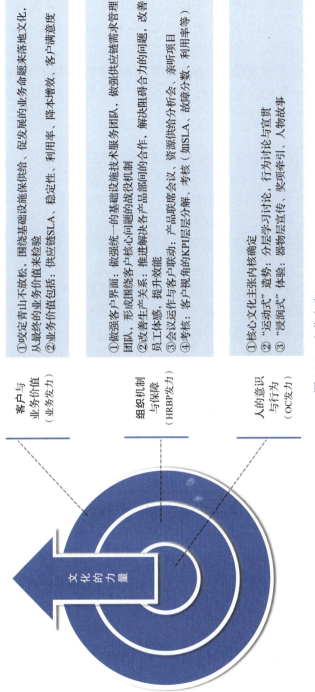

图 16-8 文化方案

- 中间是组织机制与保障，为了支撑客户与业务的价值，HRBP 需完善对应的组织和运作机制，优化生产关系并落入考核。围绕基础设施做强客户界面，改善内部生产关系和运作机制，提升对炮声的敏感度，快速响应客户需求。
- 中心是人的意识与行为的改变。激发每个个体内心的相信和真善美，需要器物层的手法，比如"运动式"造势和"浸润式"体验，初期"狂轰滥炸"也不为过。

【专题心得】

企业投入资源加强中后台建设，实现效率之高、技术之精、创新之快，以支撑一线作战。第二次世界大战诞生的航母作战群中，航母是不打仗的，舰载机打仗。未来金字塔式的组织和总部的惯性思维将会变成全球眼光、决胜当地。销售在一线向中后台呼唤炮火，中后台一切为了前线、一切为了胜利，这既是一种机制，也是一种信任。炮火是有成本的，销售要对炮火的有效性负责；作战指挥权不断前移，监督权也要不断前移，通过流程的纵向和横向打通让一线能够呼唤到炮火，通过廉政合规审计和项目核算让呼唤的炮火更有效。

销售并非组织的核心能力，只是把组织的核心能力放大。组织的核心能力是技术和产品。处于中后台的产品技术部门要眼睛向上盯着客户，而不是眼睛向下搞内卷。内部"抢地盘"的行为大多是因为部门没有经过炮火的洗礼，边塞战鼓急，长安仍歌舞，不仅无法形成有力的拳头在市场上开疆拓土，还会产生很多内部消耗。中后台的职能部门都是业务部门，都是客户界面的一部分。心态上把自己当成业务才会有 Ownership，不躲在专业和流程后面，才会为了达成最终结果朝思暮想。一切为了业务胜利，不仅需要中后台抓住主要矛盾，还需要把基础性的工作做扎实，比如看起来不是那么"有技术含量"的文档、配置、界面问题真切关乎客户的体验。底盘稳了，业务才能稳。

前中后台组织的撕扯，并非人性的"恶"。文化主张与组织管理如同道德与法制，文化是道德，组织是法制。中后台以往在参与客户支持的过程中，信息和事件大多经历从销售、技术服务、产品经理、基础设施到供应链与采购的路径。这种链式传递的组织方式不仅影响客户响应和服务的及时性，而且造成了信息的衰减。在大客户的支持服务中，更好的做法是形成中后台的全功能团队，让联席取代链式，从而提供更及时、更专业的支撑服务，也让中后台听到更贯耳的隆隆炮声。

中后台都是土壤，为的是长业务，因此要有硬实力。其人员组织要是一个混合型的多元化团队，尤其需要有做过一线业务的人员轮岗过来。自己有没有做过很重要，没有做过的人有时候凭借想象在做一些似是而非的约束。中后台既要做好支撑服务，又要统筹发展规划，人选要考虑个性为软硬结合的人才，强硬时，坚定不移；谦虚时，虚怀若谷。中后台人员要有宽阔的胸襟，听得进意见，受得了委屈，并且持续提升能力。

第六部分

理想照进现实——HRBP 的生存与发展

前五部分阐述了 HRBP 的三层十二式。十二式是核心能力的修炼,能力最终要导出到价值创造的三层,从而做到不忘初心、牢记使命。我相信创造了业务价值的 HRBP,必然也会受到组织的认可,获得应有的回报。提升 HRBP 的群体能力,繁荣 HRBP 的生态环境,是每位 HRBP 心中的强烈希冀。

从理想回到现实,HRBP 自身的发展是硬道理。认可和回报对于职业生涯而言是获得高绩效和晋升。结合十余年我被管理和管理的经验,本部分将阐述关于 HRBP 打造高绩效、获得晋升的困境和破解心得。同时我们也要坚信,HRBP 这个职业值得热爱、值得探索、值得坚持,在切磋琢磨、专业水平日益精深的工作过程中所得到的成长和智慧是职业生涯最大的回报。在 HRBP 的路上,认真的人自带光芒,也能走得更远。信念不移,一以贯之,天道酬勤。

第 17 章

打造高绩效

绩效是创造价值的总和。HRBP 对绩效管理再熟悉不过了，但正如医者不能自医，回到自身又是灯下黑，说不清了。业务做的是实功，销售人员的绩效可以用 GAAP（Generally Accepted Accounting Principle，一般公认会计原则）和收入结构来衡量，产品人员的绩效可以用各维度的产品竞争力来衡量。HRBP 做的是虚功，既不能简单地用招聘人数、岗位满足度、绩效满意度等指标来衡量，也不能粗暴地用业务最终是否成功来衡量。

在这样充满辩证的环境里，HRBP 的绩效评价存在很大的弹性空间。这个弹性取决于每位 HRBP 管理者对 HRBP 的定位以及解读结果的自由裁量权。本章简述 HRBP 管理者一般如何解读下属绩效，从而尽可能达成共识。

第 1 节　HRBP 看自身绩效：灯下黑，说不清

HRBP 平时大多沉浸在忙碌的快乐中，等到绩效自评时就走了两个极端。一个极端是他们把所有的事务性基础工作汇总罗列，并自我感觉良好，惯用如下方式来表达结果，如招聘了多少人，培训了多少场等；如果要继续追问结果，则会加上招聘的人才结构和岗位分布，培训的能力维度和满意度；如果再继续追问结果，则会加上构建了什么组织能力，有力地支撑了业务成功等。另一个极端正好相反，他们过于"以终为始"，把业务的结果等同于 HRBP 的结果，自我感觉随业务的表现而起伏。

HRBP 的最终目标是支撑业务成功，然而业务成功的要素很多，业务失败的要素更多。HRBP 的绩效就像软件一样具有复杂性和不可见性。

HRBP 的绩效难以言说，转而关注其体现出的功力

HRBP 怎么看自身绩效？我曾经组织团队讨论过如何设置 HRBP 和业务 OD/OC（业务 OD/OC 一般指下沉到事业部层面的 OD/OC，兼具 COE 和 BP 的特点）绩效目标、如何评价绩效结果。大家普遍认为需要从 HRBP 的四项基本职能出发，在懂业务、促人才、推文化、提效能上做了哪些具体工作，解决了哪些具体问题，带来了哪些具体价值。但是，大家无法给出做到何种程度的标准以及如何衡量具体价值，于是开始"偷换概念"，将标准转化成价值背后体现的能力上了。

- HRBP 解决业务问题的关键举措，最终会落脚在组织、人才、文化的实施上。即使面临同样的业务问题，不同的解题思路和执行策略也会带来不同的结果，这取决于 HRBP 的能力；何况每位 HRBP 所面临的业务问题都是不同的，无法简单地横向对比，所以绩效结果约等于其体现出的能力是可以接受的。当然，影响绩效结果的敬业度和投入度是可以直接观察出来的。
- HRBP 的能力项聚焦在"广"。优秀的 HRBP 具备自闭环、系统化和创新的能力。自闭环落脚在面对一项工作，能够理解背后的原因，进而有更进一步的思考，然后执行闭环，必要的时候还要补位。系统化体现在思考的全面性和风险评估的意识及行为上。创新力是在当前复杂多变环境下的应对能力，避免单一刻板的套用打法。
- 业务 OD/OC 的能力项聚焦在"深"。优秀的业务 OD/OC 懂工具和方法论，懂业务，具有前瞻性。懂工具和方法论体现在像一名专科医生一样，既懂理论前沿也了解实际应用。懂业务落脚在对商业业务和 HRBP 业务都有一定的理解，能够和 HRBP 一起切实解决问题。前瞻性体现在能够对专业领域的变化和演进、政策执行后的组织反应做出预判。
- 在绩效目标设置上，我们可以以业务目标和人力资源目标结合的方式来设置；在结果评价上，可以以在工作中所体现的关键能力项为参考标准，同时也要看到在这个过程中，HRBP 对组织知识资产的贡献和对组织能力的促进作用。HRBP 要能够形成自身能力和作品的标签，成为大家心目中某领域的"第一人"。

这是团队在讨论碰撞中形成的共识。达成共识的过程是加深理解的过程，过程往往比输出结果更重要。这就是现实。

方便陈述的 HRBP 绩效总结法

HRBP 的绩效是否方便总结陈述，核心还是取决于在规划时是否从业务源头出发，是否经过了逻辑自洽的思考。有源头和逻辑，我们就能找到业务结果和人力资源活动的关系，然后用业务的结果来陈述。因为 HRBP 绩效的复杂性和不可见性，所以 HRBP 不仅要把工作做好，有时还要"证明"工作做得好。光"说"不"练"假把式，光"练"不"说"傻把式；但必须强调，"练"是"说"的基础，不然在内行面前就贻笑大方了。在形式化表达上，我们一般会参考 STARR 的思路。

- ❏ S（Situation）：HRBP 在绩效周期所处的情境，包括业务搭档、团队的情况、业务的核心挑战等。
- ❏ T/A（Task/Action）：为了应对这些挑战开展了哪些工作，为什么是这些工作，为什么是你来做，使用 Outside-in 视角整体性总结关键事情，避免洋洋洒洒地罗列。如果此处 HRBP 无法将所做的工作进行大颗粒度的总结和提炼，那么可以反证在一开始对工作和目标没有进行过思考和推演，源头和逻辑上早就出了问题。
- ❏ R（Result）：人力资源角度和业务角度取得了什么结果；哪些超出了预期，哪些未达到预期；业务结果中哪些体现了 HRBP 的独特价值。首先看问题是否得到解决，如果没有得到解决，所做的事情就是无用功，可能还会变成"解释就是掩饰"。然后看与周边和历史对比突出和进步的地方，因为管理者打分的逻辑是既与目标比也横向比。
- ❏ R（Review）：业务和组织因为你发生了哪些变化，实现预期的经验是什么，未实现预期的根因是什么，如果再来一次如何做得更好。HRBP 在此可以简单提及下一步的改进和计划。

第 2 节　HRBP 管理者看下属绩效：我要我觉得

HRBP 管理者也无法给出关于绩效目标制定和绩效结果评价的标准答案，这是有客观原因的。从目标来看，HRBP 有多个客户，且在某些场景中客户的诉求是互相制约的，如何取舍取决于对 HRBP 的定位。从绩效结果评价来看，如前文所述"度量的悖论"，以致于只有绩效导向、没有评价标准，如何评价取决于 HRBP 管理者的自由裁量权。但是，即使没有标准答案，也可以寻求一定范围内的共识。

我们相信绝大多数 HRBP 管理者都是有意愿也有丰富的经验去客观公正地

评价下属绩效的。在这个前提下，下属也需要去信任主管的"我觉得、我认为"。作为一名 HRBP 管理者，我通常是这么去看待 HRBP 绩效的：HRBP 应该做什么正确的事情，如何把事情做正确，以及做到何种程度。

做什么正确的事

做什么正确的事情，取决于组织和主管对 HRBP 的定位以及现阶段的工作重点。阿里 HRBP 的四项基本职能是懂业务、促人才、推文化、提效能。

- 懂业务要求有业务判断力，能和业务搭档进行高质量对话，能识别业务的关键问题并推动变革。
- 促人才要求能识别和判断人才，达成关键人员的成长，搭建人才梯队。
- 推文化要求自己有使命感，发心纯正，愿意为了正确的事竭尽全力去做；眼中有人，心中有爱，有影响力；对团队核心文化有判断力，并能勇敢地解决问题。
- 提效能要求推进和优化业务架构，减少内耗；构建清晰的工作目标，建立配套激励机制；提升跨团队协同、网状的沟通效率。

HRBP 做正确的事情，要从企业战略和业务源头出发。承载企业战略和业务挑战，生成清晰有力的策略，形成有逻辑深度的 HR 解决方案，把所面临的核心问题打穿打透。

HRBP 做正确的事情，也要从 HRBP 的定位和期望出发。比如阿里 HRBP 的使命是让每一个加入阿里的人成为更好的自己，成就生生不息的阿里。HRBP 的定位是使命和愿景的坚守者、文化的捍卫者、组织机制的架构师、业务的战略合作伙伴。在此使命和定位下，HRBP 团队首先就应该是使命和愿景驱动、文化坚守的团队。不忘初心，使命驱动，问心无愧，方能无问西东。

HRBP 做正确的事情，也要从未来出发。使命和愿景驱动反映在工作上的显著特征一定是长线的。从长期看未来，只有看到未来，HRBP 才会为愿景投入，而不是只为当下。业务搭档一般更看重当下之战，HRBP 就需要同时看重当下之战和未来之战。当下之战从团队建设、团队协同、战略落地、战略陪伴入手，未来之战从文化升级、人才发展、领导力、组织治理机制设计上去思考。工作中的激励经常是看当下的，因为不能就未来的假设去激励员工。人心和利益相关的都在当下，人心和初心相关的其实都在未来。

HRBP 做正确的事情，还要从专业角度出发。作为战略性 HRBP，其既要从客户（组织、业务搭档、员工）的视角回推需要做的事情，做好在价值创造三层中的精力管理，抓住主要矛盾推动业务发展，即使无法推动事情，也要形成观察、思考和建议方案；又要贡献于 HR 体系的组织能力建设，将实践经验进行总结沉淀，使其成为可传播的组织资产，将基础性工作不断工具化、智能化，以加大流速，降低例外管理的高成本。

如何正确地做事情

如何正确地做事情，取决于业务板块的特点带来的期待和要求。比如阿里云汇聚了大量聪明的人，要与 AWS 和 Azure 这种世界一流的竞对同台竞技，就要依赖体系化的组织能力建设制定业务战略。建立 To B 的体系，自然会期望 HRBP 要有结构化和体系化的思维，如果只是线状的思考和点状的推动，是无法帮助或推进业务体系化建设的。同时，聚光灯下的业务要成为标杆，自然也会期望聚光灯下的 HRBP 成为标杆。每一个 HRBP 都是自己业务盘子里的 CPO，要像 CPO 一样有思考、有判断、有担当、有决断。

如何正确地做事情，也取决于组织大环境的共同期待和要求。比如阿里 HRBP 正确做事的准则，归纳起来是关乎特质和行为的真、智、勇。

- 真实和伪装：小胜靠智，大胜在德。行走江湖首要的是真实不虚伪，真诚、人品正、能说真话、表里如一，有"收集八卦"的能力，没有"传播八卦"的行为。这是简单高效的共事基础。同时，HRBP 还要将所有的精力聚焦在客户价值和解决问题上。
- 聪明和投机：面对复杂的解题，不仅看到现象，还能够看到问题的本质，融入人性的洞察，感知团队的情绪；有好奇心、爱学习、成熟、专业、灵动；在组织、业务搭档、一线员工间权衡取舍。聪明是解决问题的智慧，而不是投机的小聪明。
- 勇敢和回避：勇敢地发现问题、暴露问题、解决问题，能够坚持做正确的事情。内心笃定，有原则，有立场，敢于担当；有观点，不摇摆，不含含糊糊，杜绝"没有观点、没有态度"；客观，不隐瞒，不捂盖子，不回避问题，不妥协退让。

如何正确地做事情，也会受到 HRBP 管理者风格的影响。不同的管理者有不同的师承，也有独特的成长路径，因此会对 HRBP 的工作方式有不同的理解。比如我认为 HRBP 要正确地做事，就要置身于宏大的背景中去思考，工作在主要矛盾上，打点在关键根因上，结果在交付作品上，不躲在流程制度和 HR 专业的背后自嗨，也不要手里拿个锤子，看啥都是钉子，用"多喝热水"来应对所有的问题。

做到什么程度

有没有浅显易懂的标准来衡量 HRBP 工作的程度？我认为可以归纳成"为主管分忧、为组织添彩"。为主管分忧是指，是否找到最让主管头疼的和睡不着觉的事情，你是否为之出力，出了多大的力。为组织添彩是指，你是否在某单点上成为组织对外的名片；主管在外部会提到你后是否会感到骄傲，愿意讲述你；外部的同行是否听闻过你的名字，愿意在这个单点上向你学习。

从绩效分数的角度来看，3.75 是向上看突破和超出期望的，即不是找例证来说哪些不好，所以不应该是 3.75，而是要看哪些做得很好，超出了期望；3.25 是向下看差距和未达期望的，即也不是找例证来说哪些好，所以不应该是 3.25，而是要看哪些做得不好，离期望有较大的差距。

从专业的角度来看，在 HRBP（含下沉型的业务 COE）擅长的专业领域里，是否打破了组织惯性，打破了领导者思考的壁垒，提出了新方法、新思路，并且是否利用该领域专业真正成为问题的终结者。

例：业务 OD 的绩效和能力简易评估

以下沉型的业务 OD 为例，从专业的角度对 COE（含 HRBP 擅长的专业领域）绩效和能力的简易评估如图 17-1 所示。

不同企业对"OD 组织发展"有不同的理解和定位，从低到高的层次分别是：Training Development 专注于培训，包括培训、训战班、师资建设、课程开发引入等；Talent Development 涵盖人在企业中的全生命周期活动，除包括下层的工作外，还包括任职、绩效、晋升等；Organization Development 涵盖组织中关键要素的所有活动，除包括下层的工作外，还包括组织职责与设置、组织升级与变革、战略生成与陪伴等。

如何检验业务 OD 工作达到的程度呢？业务 OD 最终要解决业务的问题，对他们普遍是一种 T 型要求。检验其工作程度有四层段位，从低到高的层次分别是从培训效果上检验、从人才能力提升的效果上检验、从人才供给链的效果上检验、从组织能力差距闭环的效果上检验。传统的业务 OD 首先要专业，具有学院智慧（Book Smart），代表组织形象，突破主管认知边界。我们通常要从前两层的效果来检验其工作。业务 OD 还要成业，具有街头智慧（Street Smart），不能流于形式，需要打仗解题，有方法论，也有"打穿打透"。我们需要从后两层真正的解题效果来检验工作。

第六部分 理想照进现实——HRBP 的生存与发展

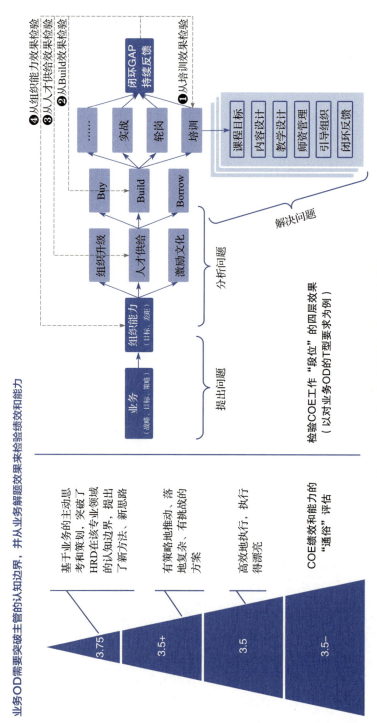

图 17-1 业务 OD 的绩效和能力简易评估

第3节　浅谈 HRBP 的"潜规则"

潜规则一：HRBP 的成功不在于拿到一手好牌

在绩效管理中，我们经常解答员工关于"工作分配决定绩效结果"的疑惑，那时候我们明理思辨，说得专业，看得通透，但是搁在自己身上时未见得能如此淡定。HRBP 支撑了不同的业务部门，在上级那里也领到了一些重点专项。在所有的工作里，既有产粮区，也有盐碱地；就像打牌时，有人抓了一手好牌，有人抓了一手烂牌。但是，我以亲历亲见的事实证明，无论原本是烂牌还是好牌，在任何时候都可以把牌打得很好，也可以打得稀烂。这很大程度上取决于我们自己——打牌的人，而非发牌的人。

HRBP 中有一种流行的观点，我做的这份工作不受领导重视。这里其实可以矫正一下，HRBP 的工作价值判断的标尺应该是业务，而不是领导。如果工作对业务无价值，那应该立马放手。如果我坚信工作根植于业务，能够做出实效，那么即使领导一开始"看走了眼"，后面也会重视起来。如果工作的确离业务太远，价值感实在飘渺，或者放眼望去全是高大上的屠龙术，即使先期赚足了眼球，后期无疾而终也未可知。简言之，领导也是需要出成绩的，我们所做的工作最终能否要成为领导向他人道的故事很重要。

HRBP 中还有一种流行的观点，我做的这份工作做不出绩效来，既不是试点项目，没抢到了先机，也不是大部门，影响力有限。这种绩效观是典型的"亮点论"。工作绩效领先与产品竞争力领先是一样的道理，即人无我有，人有我优，别人都没有做的时候，哪怕你只做了 60 分，也是领先一步；当别人都做到 80 分的时候，你做到了 90 分，还是更胜一筹。我曾经遇到过先天不足的专项工作，也遇到过"你怎么也来蹚这趟浑水"的 HR 解决方案，最终和业务主管抱团取得一点点成果。正是因为盐碱地无人触碰，点滴的进步才会有目共睹；当别人都不看好的时候，就互相取暖。

潜规则二：HRBP 的心态是既不妄自菲薄，也不妄自尊大

HRBP 的名声在很多企业都不太好，在公司内网更可以明显地感受到。HRBP 不仅要"任打任骂不还手"，甚至当张三对李四有意见时，还要承受"HRBP 是怎么招人的"的质问。HRBP 经常"躺枪"，成为"背锅侠"，似乎业务搭档和自己都已习惯。这时候我们要告诉自己不能妄自菲薄。

虽然 HRBP 号称是员工的知心朋友，但似乎"高高在上，成天与领导打交道"，以致有些员工心里犯怵，见到 HRBP 绕着走。这时候我们要告诉自己不能妄自尊大。

虽然大环境如此，但每位 HRBP 都可以在自己的地盘里，通过行动来刷新大家对 HR 的定义。HRBP 都不是完人，有各种缺点，工作也多有不易，并且除了职业外，也是一个活生生的、有脾气和秉性的人。但每位 HRBP 都必须告诫自己，最起码的底线是不能再为 HR 群体抹黑了，如果能再兢兢业业一些，改善工作作风和服务水平，赢得一声叫好，那也算是为群体争光了。HRBP 无时不在修行。

潜规则三：HRBP 号召"打群架"

HRBP 群体构成丰富，欣赏个体差异是入门课。职场的历程像放风筝一样，风起的时候，好风凭借力，送我上青云，何等的豪迈；风落的时候，要赶紧拽一拽线，身前倾降低重心，牢牢站稳。更有胸怀的 HRBP，无论风起风落，都能够坐在路边鼓掌喝彩。

有 HR 同行会问，为什么张三的工作看起来很轻松，领导却喜欢，评价还不错；而我整天像个苦行僧一样，最后还不一定落个好。这个问题不太好回答，因为涉及价值判断的问题，即使告诫自己要客观公正，也难免会站队。

调侃一点来看，首先要矫正自我认知，这个问题是否存在认知偏差。类似于达克效应，每个人都倾向于认为自己比别人干得好，"只看到贼吃肉没看到贼挨揍"。

严肃一点来看，HR 不同岗位、不同角色的工作确实存在差异，即岗位称重的三维度"为客户创造价值的复杂度、流程的深度、思考的环境和思考的挑战性"是不同的。

用最容易理解的方式来表达，HRBP 的工作可以比作二手房装修。为什么是二手房？因为大多数时候 HRBP 支撑的是一个已经存在的团队，团队有历史、有痕迹、有固有文化。在装修队里，有人做水电改造，有人做墙体彩绘。做前者，就要拆地板、找平、开槽、布线、抹泥、重装地板，工序繁多，大动干戈。有人来访，关注到彩绘墙体可能眼前一亮、大加赞赏，而关注到水槽换了位置只会轻描淡写，甚至未曾入眼。由此有些 HRBP 认为自己像个苦行僧，其实做墙体彩绘的 HR 看似轻松飘逸，实则不知道耗费了多少心血。

其实最核心的关键是客户的态度。通常情况，软装更引人注意且有欣赏价值，但漏水的时候就知道水电改造的重要性了，因为这是基础价值。HRBP 号召成合力、"打群架"，而不是"五官争功"。终归对于一个家庭的装修来说，任何工种都不可或缺。HRBP 号召"打群架"，少一些文人相轻，多一些心心相惜。

潜规则四：到底与业务走多近

我们一直强调 HRBP 要深潜业务，其实 HRBP 既要深潜业务，也要抽离业务。深潜是为了看清看细，抽离是为了看远看全。深潜业务较容易理解，但如果不能跳出业务，在业务中浸泡久了，难免会一叶障目、不识庐山真面目。HRBP 若对业务团队太过熟悉，有时反而对问题熟视无睹，或者深陷其中认为问题根本无解。这和入世与出世是一样的道理。

我曾做过一个"软件资源侧质量改进"HR 解决方案。很多人的第一反应是，这是不是应该由业务主管去做，和你 HRBP 有什么关系？这里就引入了经常令我们纠结的一个问题，在进行 HR 解决方案设计的时候，我们都是从业务问题出发。如果离得太远则如无源之水，显得脱离了业务；离得太近则如一叶障目，又会纠结是不是越位了。其实不用纠结，纠结是耗费心力的，尽管去做好了。

潜规则五：不爽是工作的一部分

我们都理解，组织运转，如同柴米油盐酱醋茶必不可少。在人力资源领域，HRBP 都认为 HR 流程执行和事务性基础工作特别多，干起来既烦琐又不出成绩。但是有生存才有发展，基础性工作解决的是 HRBP 的生存问题，如果不能从中找到乐趣，那么 HRBP 将多么乏味！虽然基础性工作的重要性不言而喻，也有很多工具和方法，但是 HRBP 要时时事事都让自己嗨起来，还是很有挑战的。相信很多 HRBP 经历过这种场景，每当被一点火花点燃，开始热血沸腾，满脑子都是梦想和希冀的时候，都会被一声声"该交作业了"的催促拉回到残酷的现实。

不爽是工作的一部分，把"不爽"的事干好了，才有余力干"爽"的事。面对生存，为了发展，HRBP 需要想方设法提升流程执行和事务性基础工作的效率。除了组织方面的改进外，HRBP 个人也可以做很多有意义的小尝试。比如一次性把事情做对，利用 CBB（Common Building Block，公共构建块）提升复用度。可能一些信奉快速迭代的互联网同行不太认可这种做法，但一次性做对既可以减少返工，也可以重复利用。比如尽力从根本上和机制上彻底解决问题，"一劳永逸"。业务团队的很多工作都是需要通过组织去做的，不是 HRBP 单打独斗。HRBP 要做好教练的角色去为管理者赋能，然后通过机制设计让组织自行运转，而不是充当警察和保姆，去盯着、去催着、去替补，陷入无穷无尽的兜底。HRBP 要启迪心智、助人自助，做一个思想发动机的点火者。

第 18 章

让晋升自然而然地发生

每位 HRBP 对晋升都有不同程度的渴求，因为晋升代表组织更大程度的认可，也是 HRBP 追求使命和专业精深的驱动力。尤其是持续高绩效的 HRBP，晋升的欲望就更为强烈，并且他会想当然地以为自己已经符合上一层级的要求。阿里内部存在一个有意思的说法，不要总是盯着晋升，如果一路奔着晋升而去，那么十之八九晋升不了。一个人需要有"要性"和"成就导向"，阿里担心功利性会导致动作变形，因此倡导做好自己的事，让晋升水到渠成。

本章将阐述华为和阿里的 HRBP 晋升标准和要求，并结合我担任评委的经验来分享答辩人的准备和应对。当然，光练不说傻把式，光说不练假把式，准备和应对的前提是做好本职工作。鉴于华为的任职资格和阿里的职级晋升都采用答辩的形式，我将围绕答辩进行分享。

第 1 节　华为与阿里的晋升要求

华为的任职要求

华为存在任职资格、岗位职级、个人职级。岗位职级由组织进行评估，个人职级由组织集体评议。个人若想获得职级的晋升，需要充分发挥主观能动性，提前获得对应的任职资格级别。

华为 HRBP 的角色定位是 V-CROSS 模型，要求 HRBP 业务单元紧密合作，作为战略合作伙伴承载业务战略，进行关键问题识别与分析，协同周边 HR 资源，提供业务解题的 HR 解决方案。

华为 HRBP 的任职资格采用的是专委会答辩制。员工在进行答辩陈述和评委互动后,由评委进行封闭合议,然后向员工提供反馈。现场反馈仅包含优势和改进点,答辩结果需要上级专委会审核确认。封闭合议时,每位评委轮流给出独立的评价,并阐述支持与否决的理由;评议小组结合 HRBP 主管的意见协商是否支持晋升。每位评委都有一票否决的权力。

华为 HRBP 的任职标准框架经历了由原来关注过程和行为到现在关注结果的转变,既评估员工承担当前级别岗位的责任结果,也评估员工承担上一层级岗位责任的能力准备度,如图 18-1 所示。

华为HRBP任职从关注过程和行为到关注结果

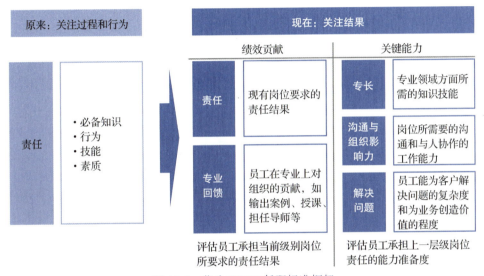

图 18-1　华为 HRBP 任职标准框架

下面以华为 HRBP 任职资格四级为例来看其标准和关键点。在框架设计之初,四级可支撑人岗到 19 级,后来宽对应扩展到 20+ 级。其对应要求如图 18-2 所示。华为 HRBP 的任职资格最高是五级。

阿里的晋升要求

阿里不采用任职资格,甚至也没有岗位职级,只有个人职级。晋升也采用向专委会述职答辩的形式。与华为任职答辩不同的是,阿里评委在合议时,仅阐述对答辩人的优缺点评价,不透露个人是否支持的决定,以减少评委间的互相影响。随后评委"背靠背"地填写自己的意见,结果根据票数来确定;晋升 P8 及以下需要三名评委全票通过,晋升 P9 及以上需要五名评委中的至少四票通过。

华为HRBP任职资格四级标准及关键点说明

HRBP四级维度		标准要求	关键点说明	考核点
绩效贡献	责任	主导至少两个HR解决方案的实施，并管理和运作相关例行人力资源流程，保证流程的有效执行	①[挑战] 通过有效举措，解决了实施过程中的关键问题，规避了风险 ②[角色] 员工通过带领团队（实体或虚拟）承担职责，并在其中起到主导或关键角色作用，而不仅仅是一个参与者或从属者 ③[效果] 所举案例是成功的，取得了预期的目标或良好的业务结果，得到认可	对业务带来的价值 实施解决方案的策略
	专业回馈（三选一）	[经验总结] 项目经验、方法总结或创新性、探索性专业研究，一项或以上，能为其他同类型业务提供良好借鉴	该经验/方法应被实践和复制，能有效地指导他人工作	专业回馈的效果
		[学习资源建设] 参与本领域学习资源建设，主导学习资源的使用，开发或优化两门以上	学习资源应在近两年内得到一定程度的使用，取得较好的反馈和效果	
		[技能传递] 作为导师辅导两位二级HRBP，被辅导者通过三级辅导晋升	对员工的辅导应是持续的，而不是在认定之前的关头才完成的 专业回馈是日常工作 专业回馈的目的是帮助他人成为更好的HR人员 贡献 专业回馈是持续的，在专业上对组织的	
关键能力	专长	深入理解业务或精通某COE领域中的单一模块	①深入理解业务：了解业务内容，业务管理的主要挑战，思考如何通过HR的手段应对这些挑战或诉求 ②精通某COE领域的单一模块 □[理解而非仅认知] 知其所以然，在了解具体内容以及内在联系之外，需理解其背后的设计和原因，包括其设计的优劣势，适用场景，并进行风险预估 □[深度] 能利用所掌握的专业知识，研究解答本模块内关键、挑战性的问题	理解业务，并能与HR连接 精通某一COE模块知识，知其然，并知其所以然
	沟通与影响力	至少用一项事例说明：协调中高层业务主管的沟通，取得有效结果	①[层级] 承担与关键利益干系人的直接沟通，此级别的沟通对象应为中高层业务主管 ②[发挥的影响力] 不仅仅是单方面接收信息，而是具备对话和建议的能力	沟通的策略与内容
	解决问题	[应用方法解决问题] 至少用一项事例说明：整合HR领域不同要素，提供综合性解决方案，解决复杂问题	①[重点评估"集成设计"] 综合运用HR各领域的设计 ②[对方法的理解和应用] 综合要素，照搬而不是简单地包装 ③[有效地应对挑战] 识别关键挑战，并采取正确的策略应对，取得良好结果	集成设计的能力 以业务需求为导向的设计

图 18-2　任职资格四级举例

阿里的晋升理念是为组织的未来选拔人才，而不是对一个人过去的激励，需要综合看员工的能力、担当（贡献）和潜力。阿里的级别本身就是宽幅的，又因为工作的特点，大量的 HRG 集中在 P7～P9 之间。P6 的 HRG 很少，因为可能无法应对业务的挑战，无法与业务搭档高质量对话；P9 的 HRG 也很少，一般承担若干事业部的重任。阿里 HRG 晋升标准如图 18-3 所示。

HRBP 层级间的类比——点、线、面、体

随着业务的多元化，阿里的 HRG 晋升标准也与时俱进地变化着。现在的阿里 HR 体系迫切追求系统化和逻辑，聚一群有情有义的人，"有章法地"做有价值、有意义的事。这是由阿里现阶段的业务场景所决定的，也是组织阶段转型的诉求。业务场景更加丰富多元，也更加动荡复杂，组织阶段正在从 To C 到 To B 转型。

我们需要对点、线、面、体在 HRBP 领域进行理解和定义，这样才能更好地培养和管理员工。在理解和定义的过程中，我们要留意其外在的不同特征，思考其内在的本质差异。用非官方的简单类比，点犹如种草，线犹如结绳，面犹如织网，体犹如时空隧道，如图 18-4 所示。

如果你工作的时候，总是被事情追赶着，或是按照主管一步步的指引和指令去执行，最终你的交付类似于一堆"杂草"。比如昨天做了新员工入职接待，今天做了管理者的一场角色认知赋能，明天需要做一场圆桌交流。在这些单点事情中，每个任务都做得不错。但或许你不曾思考过按照新员工的成长路径来设计整体的培训培养体系；也不曾考虑过管理者的能力储备要前置，从充当新员工的导师开始做管理的 MiniTask，通过给新员工定目标、追过程、拿结果来做管理的练手。这种工作在"点"上的状态，一般是 P5～P6 的 HR 专员。

如果你工作的时候，在一类工作中有思考的主脉络；或者一开始并没有，但随着工作的推进不断总结、去重、合并同类项，逐步拼出了工作的大图，那么你的交付类似于"结绳"。比如你开始系统地设计新员工培训培养体系，开展领导力专班，沿着关键时间线或关键群体做活色生香的文化氛围。在这些大颗粒的工作中，同类的事情都做得不错。但或许你不曾思考过领导力是文化的最直接的践行者，人才选育用留需要打通不同的 COE 模块。这种工作在"线"上的状态，一般是 P7 的 HR 专家。

阿里HRG晋升标准需综合考察能力、担当（贡献）和潜力

层级	影响范围	专业能力				特质（修自我）
		懂业务（有判断/搭场子/拿结果）	促人才（识人/搭班子/建HR团队）	推文化（促管理/通组织）	提效能（发现/解决/升级）	
P7	影响的局：大多数情况下影响的范围在BU内部，主要支撑前线或中台业务模块，或中台业务中的某个业务模块，或BU或职能线，通常团队规模在200人以内 影响的人：搭档Leader	□ 清楚业务的关键和组织的发展阶段，痛点及难点 □ 抓住时机搭场子，促成高质量对话 □ 了解和发展核心管理团队	□ 对M3P8的识别、任用、保留，有判断力，能给出明确的建议 □ 稳定和发展核心管理团队	□ 理解和讲清楚文化内涵 □ 对团队有味道有感知，能反映真实声音，在关键时刻有膝跳反应，敢于促进判断 □ 能营造真实、积极的文化氛围	□ 了解业务的运作模式，运用数据、工具、产品思维等方式发现效率问题 □ 提供组织结构设计和考核机制有助达成目标和提升组织效率	真：真实不虚伪 □ 真诚 □ 人品正 □ 能说真话，表里如一 智：智慧，对人性有洞察 □ 有好奇心、爱学习 □ 成熟、专业、灵动 □ 不断修炼，能看到现象，还能对自己、他人、业务本质有感知和洞察 勇：能够坚持做正确的事 □ 内心笃定、有原则，有立场 □ 客观、不摇摆，有观点、不隐瞒 □ 坚持正确的事敢担当
P8	线：通常支撑多模块、多职能面，需要面对较复杂的上下游协同关系，主要支撑前线业务模块或多条业务线的业务或较小的BU，中台业务对多对于一个完整团队的支撑。通常团队规模在200~500人 面：通常支撑前线多职能业务模块，或多条业务线的业务或完整的BU。通常对话的是BU总经理/D，对BG层面有影响力	□ 理解业务的上下左右关系 □ 基于对业务的理解，配套生成"完整组织"的策略，并推动业务Leader对话共识 □ 设计相应的行动规划，并推动落地	□ 对M4P9的识别、任用、保留，有判断力，能给出明确的建议 □ 找对人，建梯队，建立人才成长机制，弓马殷实 □ 能基于业务需要，搭建出能打仗的HR团队（如带团队）	□ 对团队的味道有感知，能反映团队真实声音，在关键时刻有膝跳反应，能判断并影响业务Leader共同弘扬真实的团队氛围 □ 推动和将HR将人于文化建设上的持续投入和产出 □ 能生成匹配业务需求的文化建设策略，并有行动有结果	□ 站在BU整体视角发现组织效能，发现关键杠杆问题 □ 找到组织瓶颈，协调资源，推动组织效能提升	
P9	体：通常是闭环业务，或者完整复杂业务团队，或者多条相关业务团队，中台业务中的1~2个完整BG。通常团队规模在500人以上	□ 理解自己支持业务在集团大图上的位置和相关业务之间的关系，了解竞对情况 □ 推动核心团队共同看到1~3年的业务发展 □ 能制定组织策略，促进组织升级	□ 对P10+的识别、任用、保留，有判断力，能给出明确建议 □ 断事用人，基于关键岗位建立充沛的接班人梯队，良将如云 □ 搭建综合实力强的HR团队，带出接班人	□ 在复杂情境和高压下对团队味道有感知，能在关键时刻有膝跳反应，能判别并带领业务Leader和带领HR团队建设真实的组织氛围 □ 在坚守文化内核的基础上，能搭建具有业务特色、多元化可持续运作的文化体系	□ 能够面向未来，看到组织1~2年的发展和变化 □ 从"目标→激励→考核"架构"人"手，促进组织升级	

图18-3 阿里HRG晋升标准

HRBP层级的晋升体现了思维逐步变得丰富而立体

　　点（杂草）　　　线（结绳）　　　　面（织网）　　　　　　体（时空）

图 18-4　HRBP"点、线、面、体"的思维

如果你工作的时候，能够通盘考虑现有的工作和挑战，在你的眼里已经没有 HR 专业模块的分工，没有业务和 HR 本质的界限，冲着解决业务问题而去，通过综合而系统的组合拳创造价值，那么你的交付类似于"织网"。比如你会思考如何打破组织边界，让天下人才为我所用；也会与业务搭档紧密配合去直接解决产品上线后缺陷密度居高不下的问题，而不再单纯地认为这是业务的事。在这些系统性的解决方案中，每个业务问题都得到了预期的结果。但或许你不曾思考过质量问题为何从过去演进到现在，未来又会如何演进；也不曾考虑过当质量改善成为产品的基本保障后，未来产品竞争力的优势又该如何构筑。这种工作在"面"上的状态，一般是 P8 的高级 HR 专家。

如果你工作的时候，既立足当下，又回头看到了过去，抬头看到了未来；既有历史观，又有未来观，那么你的交付类似于"时空隧道"，同时打赢当下之战与未来之战。这种工作在"体"上的状态，一般是 P9 的资深 HR 专家。

HRBP 系统化能力的训练

在理解和定义 HRBP 能力之后，我们如何去训练和管理 HRBP 的系统化能力呢？最终的目的是让 HRBP 的思维变得丰富和立体，心中有丘壑，方能下笔如有神。

在思考的时候，格局要大一些，这是广度和高度的要求。HRBP 的大格局包含两层意思：一是从自己的角色定位来看，要尽力站在上一级的层面去思考问题；二是从面对的问题来看，要尽力把问题置于一个更宏大的背景中去思考和落地。

在思考的时候，要试着写下来，这是深度和锐度的要求。很多时候，自以为想明白的事情却讲不出来或讲不清楚，自以为讲清楚的事情却写不出来。从想到说再到写的三层表达，对认知深度、观点锐度、结构表达是不同程度的考验。写是思的深入。逃避写的行为，并将其归结为"干就完了，想那么多规划干什么，我最缺的是时间；干好事情就完了，想那么多总结复盘干什么，我做实事不包装"，这何尝不是一种舒适区的懒惰呢。

从内涵本质上来看，华为和阿里的 HRBP 晋升有两个不同的地方。
1. 华为在绩效贡献的评价上对专业回馈有明显的要求，这也是华为能够沉淀组织能力的一个主要原因。
2. 能够被提名参加晋升答辩，答辩人的绩效结果应该都不成问题，核心是对关键能力的考察。华为对关键能力进行了定义，并通过相应的案例举证的方式进行考察；阿里是从 HRBP 的四项基本职能维度去考察，考察方式是一个综合性的述职。

第 2 节　晋升前准备：知彼知己

理解环境

准备晋升前，要充分理解周边环境，既要理解标准，也要理解评委对标准的理解是有差异的，还要理解企业大环境的状态和导向。晋升标准往往是凝练的文字表达，即使经过解读，也存在一定的认知偏差，或许这也是量夺的自由空间。阿里的 HRBP 答辩人在晋升前并不知道谁是评委，也严禁私下打听。评委都是跨部门的专家，并且答辩的层级越高，横跨的区隔就越大。比如晋升 P8 的评委是跨事业群的。

这带来一个现实问题，进入产业互联网时代，隔行如隔山，跨领域的评审会越来越有挑战性。如何最大限度地避免"做得好不如说得好"的局面？企业从组织机制上进行了一些保障，如专委会秘书会根据答辩人的领域选择合适的评委，评委提前要查阅答辩人除了述职材料外的更多真实场景的工作交付件，晋升评审系统会给评委推送更多关于答辩人的大数据。但是，答辩人还必须做好充分的准备，既要能干好，也要能讲好。

除了评委因素外，组织在每个阶段也会有不同的导向，这决定了评委在标准之下看重什么。比如在转型期更看重前瞻思考和对未来的储备，压力期更看重组织的温度和对员工的关爱。又比如对于孵化的新业务，更多鼓励从 0 到 1 的创新,是否开辟了新赛道,是否沉淀了模式打法;对于规模扩张的业务,更多鼓励大开大阖的贡献,是否抢占了格局;对于精耕细作的业务,既要看业务的成长,也要看背后的浪费,还要看投入产出的效能。

理解评委

要相信专委会成员的权威,他们不是专职的学究,而是身居要职的实践者,有一双火眼金睛。但也正因为过去的成功实践,以致他们对事物和标准形成了自己的理解,并且评委的理解带着成长的烙印和三观的痕迹,很难被改变。

比如相对于晋升答辩材料,有的评委更热衷于让答辩人现场打开他在工作中的得意之作,从过程的交付件进行判断,而不被精心准备的答辩PPT所左右。这些过程的交付件可能是具体方案,也可能是访谈记录,还可能是一些项目计划表。为什么要这样设计?中间的考量和取舍是什么?是一开始就这样做还是经历了怎样的迭代?

比如面对"反对PPT,改写Word"的浪潮,有的评委明显不赞成这种说法,更希望能够辩证地看待问题。什么是炫而复杂的图?是不把简单问题复杂化,腹中空空却口吐莲花。但同时,我们也要看到VUCA的环境里,大多数时候并不存在简单的问题。复杂的问题只能复杂地思考才能简单地解,答辩不是只给出最后的解,而是通过展示复杂的思考过程体现关键能力,这样才能把复杂留给自己、把简单留给别人。所以"改写Word"是迎合大众。不用战术的勤奋掩盖战略的懒惰,也不用"反对PPT"作为不抽象和不深度思考的借口。

比如面对同学们挑活儿干,认为有些工作不在聚光灯下,无论怎么努力都翻不起浪花的问题,有的评委更希望在答辩现场看到四个不凡。一是大而不凡,在一个巨大的平台下,如何发现不平凡的东西。二是繁而不凡,在一些烦琐的东西中找到不平凡,用更有效率的方式来实现。三是简而不凡,在一个新的场景里,刚开始切入的时候感觉很简单,但是一定有全新的思考和推演。四是小而不凡,相信小的伟大,相信小的力量,相信微小而美好的改变。

理解自己

理解自己最重要的是要认真全面地回顾自己,同时找准自己的定位。理解自己是最难的,也是最关键的,也只有自己是最清楚自己的人。无论是个人自主提名,还是主管提名,都会在隔层管理团队进行通晒。通晒预审时,被提名人的主管需要对照回答三个问题，被提名人也需要提前对照这些角度来评估自己，必要的时候帮助主管准备一些"更好的炮弹"。

- ❏ 问题一：在本层级的这个阶段，你觉得哪些能力得到了提升，以支持你晋升到上一层级？
- ❏ 问题二：通过能力提升，带来哪些明显的创造价值？
- ❏ 问题三：你觉得晋升到上一层级后可能碰到的瓶颈和困难是什么？你打算怎么克服？需要什么支持？

架构思路

答辩材料没有固定模板，这对答辩人是一个关键的考验。仅就晋升准备而言，思路关乎成败。晋升层级越高，评委就会更注重考察解题思路和系统思维能力，答辩材料的思路也是其中的反映。答辩本质上是一次"面向客户的宣讲"，是一次全面的考察。

从逻辑自洽的角度来看，答辩材料需要从业务策略出发论及组织策略、人才策略、文化策略。多数答辩人在这个链路上的思考是跳跃式的，向前看无法推导，回头看无法印证。评委们本来对答辩人的工作就不熟悉，从材料和陈述又看不清楚，自然就对预期的结果不再抱有期待。HRBP的很多绩效结果本来就难以度量，逻辑不通就引发怀疑，进而怀疑一切。因此答辩人最好不要去给评委出难题，让他们费尽心思才能关联起你的内容的逻辑。

答辩材料应该有一张统领全局的框架图，反映出从业务策略到人力资源策略的主脉络。其关键要点是有框架、有逻辑。有框架指结构清晰，要素完整；既有业务和挑战，也有组织、人才和文化。有逻辑指推导有理，路径有据；所有的工作不是因为别人做我也做，也不是因为要求做我才做，而是有业务源头可追溯。

大多数答辩人熟悉杨三角，自然地就将整个思路架构在杨三角模型上。而事实上，在一场述职类的答辩中，答辩人需要将业务受到的挑战分解为多个业务子专题，因此建议使用上文中"三横三纵模型"来架构整个思路，将杨三角用在业务子专题中。

专注选材

晋升述职和绩效述职是有差异的，但是不少答辩人会将绩效述职直接拿来作为晋升述职的材料。晋升述职时，一定要避免的是，把自己所做的全部工作都呈现给评委，任君挑选，总有一些能够打动你。当然，想尽可能多地呈现成果符合人性，也是有方法的，需要认真设计框架和逻辑，而不是堆砌素材。晋升述职与绩效述职的对比如表18-1所示。

表18-1 绩效述职与晋升述职的异同

场景 对个人	绩效述职	晋升述职
目的	获得高绩效	获得晋升
考察点	创造价值的总和，从而给予回报，按结果付酬	在创造价值的基础上考察能力，从而给予更大的责任和机会
要点	① 重整体结果。哪怕是乱拳打死老师傅也是绩效，在价值观和规则制度的约束下不论黑白猫 ② 利用一个关键能力取得的多项工作结果是可以累积的	① 在取得结果的基础上，通过剖析典型的案例展示能力 ② 利用一个关键能力取得的多项工作结果只能反映出一项能力。简单重复的工作可以在绩效中体现，但复印机式的能力只是原地踏步 ③ 能力的体现在过程中，能力的价值在结果上

答辩人的功力既体现在格局上，也体现在细节上，因此既要从全局需要去选材，也要从单点品相去选材。

专注选材：从全局需要去选材

从全局需要去选材，要体现格局、视野和系统性。我提倡HRBP开展工作和思考问题时置身于宏大的背景之中，只有大背景才有大命题，只有大命题才需大智慧，只有大智慧才能创造大价值。这并不是让人学会扯虎皮做大旗、生拉硬扯、牵强附会，而是要学会用Outside-in视角，从环境、客户、周边、上级等来思考当前手头上林林总总的事情。

大多数晋升失败的HRBP被评委评价是系统性不足、业务链路断层，他们听到那些晋升成功的HRBP做经验分享后就更困惑了。他们心里或许在想，这些晋升成功的HRBP也没有什么突出的内容，他们讲的班委制运作和管理者训战，这些事情我也做了呀。此时如果没有人点拨，他们可能会经过"反思"后走向歧路：我的材料还是不够美观，以后要更用心雕琢；评委怎么能凭一次答辩定输赢，用一两个小时就否定我一两年的工作；看来我只会踏踏实实把事情做好，比那些能说会道的人吃亏；我的价值在这里无法得到认可，还是赶紧撤了吧……

我们经常说搬砖的时候心里要有教堂，这样，虽然手里的工作是一样的，但眼里的大图是不一样的，脑里的意义是不一样的，心里的动能是不一样的。只有在大图中，才能看到各项看似简单普通的工作之间的关系，而价值正是体现在相互关系中。

专注选材：从单点品相去选材

从单点品相去选材，要体现细节、用心和匠心。HRBP 在日常工作交流时会发现，谈到一个具体举措时，大家做得都差不多嘛，还不都是在讲组织升级、管理沙龙、新人培养，还不都是在搭场子、开圆桌会……一看就知道没什么新花样。而这里基础的执行细节才是考验功力的地方。

曾经流传一个故事，中国某工厂进口的先进设备出了故障，找来维修专家听了两天机器的轰鸣声，后来更换了一根保险丝就解决了问题。这里的功力就是根据声音判断故障原因，换保险丝只是被看见的一个外在执行动作。同样地，我们应该有较大的篇幅着墨于工作背后的思考和设计。当这些都了然于胸之后，你再去看圆桌会、新人培养这些稀松平常的事情就会有不一样的体会，也会收到不一样的结果。看似同样的动作背后，其背景思考、工作意义、细节之处或许设计精妙、暗藏洞天，足以让人细细品味。

此外，在素材的选择上还要注意剖析的角度，"四要四不要"可以帮助我们找准自己的定位。要讲具体做了什么，带给客户什么价值，而不要讲总裁战略甚至 CEO 战略；要讲解决了什么战略和策略问题，而不要过多讲方法论和概念；要讲出自己在项目中的具体贡献，而不要把项目大团队的结果当成自己的贡献；要有数字和案例呈现业务结果，而不要美化或粉饰结果。

打磨作品

晋升答辩现场，需要在有限的时间和篇幅里赢得评委的认可，材料呈现和语言讲述就是此刻你要打磨的作品。打磨作品，要符合审美的需求。入眼才能入脑，入脑才能入心。美感来自三个维度：视觉上的美感、逻辑上的美感和打动人心的美感。

视觉上的美感，包括材料的图文表达，整洁自然，布局合理，间有留白，字体字号合适，风格色系统一，没有错别字；也包括文字表达，段落改成序列语句，对比改成分维度的表格，避免产生歧义的误导性元素，同一类概念使用相同的格式标识。

逻辑上的美感，既要完整，也要有充足的逻辑链，不要考验评委的耐心和智慧。解题的举措一定是一套组合拳，可能涉及组织、人才、文化、激励全要素。评委或许都不用深究举措的有效性，只是打眼望去，便见要素俱全，留给评委应该是有过思考的初步印象。再深入探究就要考虑大脑的逻辑链倾向，是否透彻地分析了根因，是否抓住了主要矛盾，是否蛇打七寸、四两拨千斤；关键举措是否直击核心，而不是"迂回、通用、放之四海而皆准"的举措。

打动人心的美感，是一种价值认同和文化认同。无论评委们如何自我修炼，如何欣赏个体差异，他们还是倾向于在陌生的答辩人中寻找同类人，这会让他们有熟悉感、舒适感。此处并不是说要去迎合评委，而是融入同一个组织形成的共同气质，在阿里这种气质就是阿里味儿。

打磨作品，还要注意信息交互的术

评委和答辩人的信息不在同一个平面上，答辩人要首先想办法把约哈里资讯窗中自己知道而评委不知道的隐藏区信息推进到开放区。构筑一个关于业务和工作大背景的开放区，是后续高质量对话的基础。

有的答辩人乐意证明做了很多事，主张"我都捧到你的面前，任君挑选"的理念。千万要克制冲动，坚决做到"忍痛割爱"，剔除与主题不相关、与成功无意义的信息噪音。答辩人想传递给评委的核心信息或许就只有几条，而信息总量多了之后，核心信息的密度就降低了。过多的信息会造成评委注意力失焦，让评委从万千信息中进行扫描、识别、提取是耗费精力的事情。

把稀松无味的描述转换成有感情、有能量的有力表达，尽量减少中性的描述。比如标题"晋升答辩述职"不如"不忘初'芯'，砥砺前行"；比如首页"自我介绍"不如"我从哪儿来？一个笨笨的、始终坚持梦想的郭靖式靠谱青年"。

用金字塔原理的思想来对内容进行不同层次的"打结"，页标题是对页面内容的提炼，块标题是对豆腐块的提炼，句首加粗的字句是对其后意思的提炼。在任何时候答辩人都要站在评委的角度，提炼关键信息直击眼球，时刻想到希望传递给评委的核心信息，除此之外不浪费一词一字。

例：从一个答辩思路的雕琢来看知己知彼

伟伟入职后担任集团生态环路 A 公司的 HRD，彼时集团刚注资控股这家公司。一年多后，集团撤资，控股比例从 7∶3 到 5∶5，伟伟也调离了岗位。那么他该如何看待、总结这一年的工作？如何体现自己的价值？我们的主要思考过程如下。

业务算不算成功？

乍看之下觉得业务不能算成功，否则也不会撤资了。控股的目的是什么呢？是集团产品与 A 公司聚焦的行业产品结合，在行业领域里能够开疆拓土？还是探索出集团产品与生态公司的协同模式？

两个问题看起来好像都不能算成功，因为后来又回退了。但是也可以说 5∶5 才是最好的方式，一开始走过了，又回退了一点，如此才是刚刚好。那么我们要问，探索的模式和经验是否应用到了其他生态公司？既然是探索，那么沉淀的知识、能力和方案推广如何？如果没有，那么从探索的角度来衡量成功也是站不住脚的。

业务如果不算成功，那么 HRD 的工作是否全部白费了？怎样写都不会被认可？

我们不想 HRBP 这么"悲催"，实际上伟伟的表现还是很出色的；但是我们又不能抛开业务来谈纯粹的人力资源工作，这不是我们期望看到的一个 P7 升 P8 的 HRBP 的样子。然后我们开始分析阶段性业务目标中的 HRBP 价值点。

当时阶段性的业务目标有三个：完成 10 亿销售额，与集团产品联合打下三个标杆项目，与集团产品联合沉淀出该行业的解决方案。而达成情况是，除了销售额目标未完成，标杆项目和行业解决方案的目标都已达成。从公司运作的角度来看，首财年的业绩未达预期固然不算完美，但能力构筑的良好开局为后续的规模扩张奠定了基础。

确定基调后，我们来看人力资源工作在首财年业务目标中的价值贡献。

正常的逻辑应该是一个正向的解决方案思考和设计的过程。但是由于伟伟当时是"直接挥舞着大刀片就冲上去了"，逢山开路，遇水架桥，没有统筹规划，所以现在不得已采用事后总结的方式来逆向思考。

那么为了实现当时业务的阶段性目标，沿着业务的主脉络应该怎样去做呢？伟伟面临的是一个典型的组织变革场景，现成的思考框架可以帮助我们系统整理。在伟伟进入 A 公司前，注资控股已经完成，跳过"变革紧迫感"这个环节，经过揉碎和重组，我们确定了这个解决方案的思路。

生态 A 公司组织变革的 HR 解决方案。

目标：促进组织与文化融合，支撑业务完成销售额和标杆项目，沉淀行业解决方案。

- ❏ 关键举措 1：核心管理团队融合，建立周边协同关系。
- ❏ 关键举措 2：合纵连横共绘大图，确立短期速赢项目。
- ❏ 关键举措 3：招兵买马升级队伍，项目小胜举杯相庆。
- ❏ 关键举措 4：再接再厉总结复盘，迭代生成未来战略。

通过各项工作确保 HR 解决方案关键举措的落地。

一级逻辑沿着上述思路开展，二级逻辑是每项关键举措里的子解决方案，零零碎碎地做了很多工作。此时，这些零碎的工作似乎都找到了各自的归位，统统被装进四个关键举措的大盒子。每个盒子里也有二级逻辑和架构，逐步深入，最后将 HRBP 的工作与业务目标建立关联。

如果一件工作实在没有地方"挂靠",那么它的价值就要被打一个问号了。当然,要知道进退,懂得取舍,并不是每一件事都与此核心 HR 解决方案强相关。如果无处挂靠的事情确实有必要出现,那么可以归置到纵向的 HR 专业领域里,而不放到横向的业务解题的 HR 解决方案中。

上述步骤互相依存、互相影响,因此需要不断地调整和迭代,不断地打磨。事后总结是一种不得已而为之的做法,通过总结汲取养分,持续提升。下一次面对一个新的业务问题时,我们还是需要提前去系统地思考它的解题。

第 3 节 晋升中答辩:百战不殆

陈述与应对评委提问

台上十分钟,台下十年功,功夫在诗外。晋升前充分的准备是晋升中良好表现的基础。晋升答辩实际是一场以客户为中心的宣讲。此时在现场,客户就是评委,一定要站在评委的视角来宣讲。

我们在陈述时,评委边听边看。时刻切记不要挑战评委的记忆力,也不要挑战评委的逻辑,尽量让评委在"不太动脑筋"的情况下就能听懂你所讲、看懂你所写;因为动脑筋是耗费能量的事情,我们希望评委将能量用在高质量的互动上。注意保持声音和视觉的信息同步,平时办公的 PPT 慎用动画,而答辩时可酌情使用,以便于让评委的视线与我们口头的陈述进度保持一致。

我们要借助每个细节来传递核心信息给评委,不要浪费信息传递的有效性。所有的信息汇聚成一个表达,"我做出的价值贡献,足以证明我是胜任的"。这个表达是强大自信的体现,而不是刻意地强做姿态。最终让评委产生一种"哇哦"的感叹你就成功了,因为评委的判断在听陈述时已经逐步形成,互动大多数时候只是印证这个判断。

评委们常见的问题:
- ❑ 你的主要业务目标是什么?关键的前 3 个问题和挑战是什么?
- ❑ 你的业务策略是什么?人力资源策略、组织策略、人才策略和文化策略是什么?
- ❑ ……
- ❑ 你这些都做好了,就能解决你的前 3 个问题了吗?

- ☐ 你这些都做好了，就能实现你的主要业务目标了吗？
- ☐ ……
- ☐ 你做这么多东西有什么用呢？

假如评委们在互动过程中，主要在问业务源头性的问题，这是一个不妙的信号，说明你们还未建立起关于业务背景和思考链路的开放区。在这种情况下，或许你列举了自己所做的诸多事情，也确实取得了亮丽的成果，比如招聘了多少新员工、培训的满意度是多少、升级了组织、提拔了干部等，但是仅凭人力资源视角的工作，评委无法给出其是否有效的判断。

评委一般都担任 HRD 或 CPO 的岗位，单纯人力资源视角的成果不是他们关注的重点，他们的思维习惯是解决了什么业务问题。我还记得华为在 2011 年成立企业事业群时大肆扩张，结果人力资源部部长被颁发了"从 0 起飞奖"，当年奖金和配股全部为 0。这是因为当年企业 BG 在业务策略尚不明晰的情况下，采取了激进的人力资源策略，设置了大量岗位，招聘了大量新员工，导致组织快速膨胀。从这个案例来看，招聘量并不一定代表正向的绩效。所以，如果你在讲述时没有把"业务→组织→人才→文化"的链路讲清楚，评委只好通过一个个问题来询问和确认，事实上这时候你已经在被扣分了。

互动过程中的反应和心态

有些答辩人在回答提问时表现出"过分"的自信，自始至终都是胸有成竹、快速回应，一副兵来将挡、水来土掩的架势。但是从实践中观察到，这未必是一个符合预期的表现。快速回应会使现场氛围紧张，让答辩人来不及听清楚或解析清楚评委的提问；即使解析清楚了问题，也未必快速整理清楚了思路、组织好了语言、理顺了表达。

答辩人可能有自己的理由，"这些问题我此前都考虑过，因此我快速作答是没有问题的，并不是仓促应对"。对此我还是提醒要小心为妙。我经历不少答辩现场，评委认为答辩人没有想清楚，一再追问；答辩人认为想清楚了，据理力争；而其实两个人因为信息量和站位不同，根本都不在一个层面上沟通。从心态上讲，答辩人不能给评委一种防护、自卫、包裹的感觉，平稳的应答、顿挫的变换，再加上在评委启发下的略有所思，可能留下一种自信、强大、快速学习者的形象。

评委也需要有开放心态和成长型思维。固定思维的评委预设框架，看答辩人是否匹配；成长型思维的评委持有学习的心态，在互动的过程中看受益。评委也不能显得高高在上,以问倒答辩人为目的。同时评委要对未知的领域保持一种敬畏,因为能力的演进和角色的设立是会随着业务推进和时间推移而发生变化的。比如原来 To C 的研发领域没有或者淡化 PM,而 To B 的研发领域 PM 是汇总了多种能力的角色。PM 的定位是否能支撑其晋升到 P9 或 P10 呢?如果有一天,PM 不再因角色定位和价值而受到质疑,可能证明 To B 的能力建立起来了。

一次理想的答辩,是一个信息、知识、能力交互的能量场,答辩人和评委都能从中获益。答辩结束后,答辩人和评委都应调整心态,悦纳每种可能。

第 19 章

认真的人自带光芒

人之为人，在于人性，而人性之最珍贵处，在于仁爱。HR 是一个与人打交道的职业，当积极乐观、热情有爱、充满正能量。正因心中有爱，才能推己及人，才有爱人和感染人的能力。上善若水，水善利万物而不争；HR 如同涓涓细流，天长日久，默默地滋养着每一个组织和人。夫唯不争，而天下莫能与之争；HR 显人隐己，不求自身之闻达，只以组织和他人之成绩为彪炳。

HR 这条路，我们究竟能够走多远？如同在革命危急关头"红旗还能打多久"之问。所谓方向明，则无惧路途之遥远艰辛；价值显，则不畏过程之困顿煎熬。王国维先生说人生之三境界，"昨夜西风凋碧树，独上高楼，望尽天涯路"，此第一境也；"衣带渐宽终不悔，为伊消得人憔悴"，此第二境也；"众里寻他千百度，蓦然回首，那人却在灯火阑珊处"，此第三境也。HR 之路，亦有此三境界。这三个境界的体验都将铺陈在日复一日、年复一年、点点滴滴、循序渐进的工作之中。心中有梦，方能手上有法，脚下有力，认真的人犹如熊熊燃烧之火炬，或是悠远柔润之明烛，必然自带温暖与光芒。

第 1 节　快乐工作，认真成长

统一主管与员工关于发展的认知

主管眼中所谓的职业发展和员工理解的是不一样的。比如主管认为的发展是基于华为或阿里等具体企业的，员工认为的发展是基于整个行业或跨行业的。主管大多基于当前的业务和组织来理解岗位，员工则是基于社会影响和认同来理解岗位。主管遇到问题时首先考虑组织需要，而员工则首先考虑个人匹配，如兴趣、能力、关系。主管所说的相应专业能力提升是指知识、技能、经验等，而员工则认为是相应的综合胜任度不断增值，如能力、精力、人脉、关系等。

正如做业务工作要看到教堂，职业发展也要看到教堂，这就是一个人的职业锚。主管需要基于员工的视角，帮助员工找到职业锚，并在前进的路上助一臂之力。给成年人一项任务，他们倾向于批判地分析；想让他们开始执行，需要提供一个可视的蓝图；当他们理解了之后，才会集中精力处理。所以主管要懂得使命价值和意义，在日常工作安排中帮助员工朝自己的职业蓝图进发。

多元化时代，主管也要尊重和理解有些员工强调生活平衡的想法，并不是每个人都渴望成长为 CEO。许多顶尖人才也并不热衷于刺激和奖励，标杆与挑战必须从对方的角度出发去树立和宣传。主管要欣赏每一个个体的差异。职业停滞期是职业生涯的一部分，每个人都希望保持一个陡峭的进步轨迹，因而常常忽略停滞期也是有价值的——利用停滞期为下一次蓄能。

在实战中获得成长

工作可以是快乐的，但成长必然是痛苦的，如同鹰之换羽、凤之涅槃。但成长是如此重要，因为只有成长才是工作真正有意义的成果，是生命真正的精进。成长需要锤炼、厚积薄发、百炼成钢，成长之路犹如登山，四刀成为铺就台阶的青石板，千刀雕琢才能成为山顶上被朝拜的图腾。关于 HRBP 的能力提升，除了传统的培训、交流外，HRBP 更应该在实战中提升能力。HRBP 管理者需要通过合适的排兵布阵在团队中打造有利于 HRBP 成长的土壤。

在一个 HRBP 团队中，比较常见的分工模式是"3 个 1"，即每位 HRBP 承担 1 个部门、1 个跨部门的 HR COE 专项、1 个跨部门的业务专题或战役。通过分工的调整，HRBP 在实战中锻炼深入业务的 BP 能力、HR 领域专业精深的能力，以及 E2E 思考、解决复杂业务问题的能力。一个 HRBP 团队的排兵布阵示例如表 19-1 所示。

表 19-1　HRBP 团队的排兵布阵示例

维度	分类	HRD	HR 1	HR 2	HR 3	……	HR N
1 个部门（交付该部门全面人力资源工作，锻炼 BP 能力；可称为"交付中心"）	事业部整体	●					
	部门 1		●				
	部门 2			●			
	部门 3				●		
	部门 4						
	部门 N						●

(续)

维度	分类	HRD	HR 1	HR 2	HR 3	……	HR N
1个HR COE专项（负责事业部级的某项跨部门HR COE工作，是团队中该领域的"第一人"，锻炼某项HR专业精深能力；可称为"能力中心"）	整体管理（战略策略、HR FOR HR）	●					
	薪酬管理（薪酬包、奖金、股票）		●				
	组织与领导力（组织设计、干部管理）			●			
	人才供应（WFP、招聘、调配）						
	人才管理（三支队伍）						
	人才管理（任职、人岗、绩效）						●
	员工关系（离职、高压、风险等兜底）				●		
	员工关系（荣誉、标杆、品牌等激发）						
1个业务专题或战役（支撑事业部级的某项跨部门业务专题工作，开拓视野，提升解复杂业务问题、E2E解决方案的能力；可称为"支持中心"）	战役1：稳定性提升，故障率下降30%			●			
	战役2：协议竞争力，成为世界第一		●				
	战役3：供应链提效，成本降低10%的前提下不断供				●		
	战役N：……						●

"3个1"的分工模式既是HRBP能力提升的需要，也是业务和组织的诉求。HRBP在各自业务部门负责全场景的人力资源工作交付，强调扎实细致的基础性工作，如员工台账、招聘调配、任职绩效、文化氛围等，同时在此基础上提供针对部门业务的中小HR解决方案。而从拉通事业部来看，在不断的业务挑战下，其一方面需要通过重点战役啃硬骨头拿到结果，另一方面对核心组织能力、组织协同、组织效能等有更高的诉求，因此需要一些专业精深、统领全局的HR解决方案的顶层设计，比如质量效率竞争力方案、基于战役的人力资源管理、行业解决方案能力提升、生产关系调优与业务流程再造等。

养成专业的工作习惯

HRBP需要有专业的工作能力，也要有专业的工作习惯。专业的工作习惯体现在过程的行为方式中，是我们做出结果、做出价值的有效保障，是让每个人成为更好的自己的有效支撑。HRBP需要加强过程的管理，因为没有过程就没有管理，没有管理就没有高质、高效、可预期的结果。比如一些专业的工作习惯示例如下。

- 员工动态有台账：HRBP 需要对全员信息有本账，角色可分为新员工、骨干专家、管理干部等，内容可包括培训培养记录、思想动态记录、专项问题、需求与激励、能力与发展等。HRBP 手中的台账可以在 HRIS 上构建，也可以是一份简易文件；台账是 HRBP 的工作笔记，是贴近员工的记录，是组织诊断的基础，是人力资源数据的沉淀。只有沉淀数据，HRBP 才能分析、挖掘、运营，这也是一种"一切业务数据化、一切数据业务化"的体现。
- 重点工作有章法：重大或复杂的工作都要有深入而系统的思考，比如述职与规划、重点的 HR 解决方案，HRBP 要有洞察、有诊断、有章法、有策划，临事而惧，好谋而成。有章法也意味着持续地学习。
- 优秀实践有总结：及时进行复盘反思，将经验和教训总结沉淀下来，分享碰撞火花，不要把生命变成复印机式的工作经历。
- 遗留问题有闭环：基础性的工作要在约定的时间内完成，周期较长的复杂工作要阶段性地主动"回报"（回头报告）。
- 周边沟通有报告：重要的利益干系人需要有例行的沟通，同步信息、构建信任。要构建两份重要的报告：一份是 HRBP 之间的抄送周报，一份是月度发给业务搭档的人力资源工作简报。
- 关键时刻有我在：在业务的关键场（如共创、变革等）、员工的关键场（如健康安全、个人重大事件等），HRBP 必须代表组织出现。

达成团队的心灵契约

每一位 HRBP 都被要求成为有温度、有爱心的充电宝，然而 HRBP 的能量来自哪里呢？更多的时候，HRBP 需要抱团取暖。与善人居，如入芝兰之室，因此 HRBP 的团队建设异常关键，要共同打造一个简单直接、透明纯粹、温暖有爱的组织氛围。

由于工作的特殊性，有些 HRBP 需要"全天候在线"，想做到工作和生活的平衡需要有"秒切"场景的能力。工作即是生活，生活即是工作。"在一起、战一起"的 HRBP 团队，请客吃饭和文体娱乐必不可少，但更重要的是在磨合中形成团队共有的心灵契约，这是凝聚在一起的情感基础。这些心灵契约是需要整个团队共创的，过程比结果更重要。一个团队的心灵契约共创示例如下。

- HRBP 团队有价值,首先每个个体要有价值。要让自己成为值得托付的人,捍卫个人的口碑,捍卫团队的荣誉。
- 打造个人的口碑。良好的口碑源自对业务的一次次交付,所有的问题得到闭环;源自关键时刻给予他人的帮助,始终充满正能量;源自自身的专业和作品标签,成为大家心目中的某领域的"第一人"。
- 捍卫团队的荣誉。首先是把自己的事情做好,不添乱。走出去的时候,无论在哪里,只要是本团队的事情,你就代表团队。要在 HRBP 团队内补位,也要在业务团队内补位。
- 共建团队需要献计献策。请不要浪费任何一次能发言做决策的机会,不能做组织氛围的烘托者,但也不要做组织氛围的旁观者。
- 团队在一起的时间是多于家人的,共建团队需要彼此的欣赏和互动。比如钉钉群里的互动有三个层次:第一层只看不回,第二层隔空点赞,第三层用心编辑文字回复。我们杜绝第一层的互动。
- 我们是同学也是战友。共同学习,共同战斗,彼此信任,能够把所有的问题摊开在桌面上,直言有讳,在一起就会了不起。

第 2 节 心中有梦,脚下有力:$S = \dfrac{1}{2}\dfrac{F}{m}t^2$

在转岗 HRBP 第二年的一次分享会上,我凝视着一张图片,仿佛看到初出茅庐的自己。那是一株长在沃土上的嫩芽,稚嫩却亭立。一株嫩芽的成长,要敬天敬地敬秋毫。敬天是敬阳光雨露,即 HRBP 之路上的引路人和帮助我们的贵人。敬地是敬一方沃土,即 HRBP 团队和搭档的业务团队。敬秋毫即敬共同携手、用力扎根、奋力绽放的我们。

我们是为何选择了 HRBP 这个职业

如果你是科班出身,读书时为何选择了人力资源管理或相关的专业?如果你是半路出家,又是什么让你愿意放弃原来的岗位?和此前的岗位相比,HRBP 岗位有何不同?午夜梦回,你对这个机会成本感到后悔吗?如果有一个新的岗位机会,在什么情况下你会放弃当前的 HRBP 岗位?无论是在企业工作,还是从事相关的管理咨询,你确定会将 HRBP 作为终身职业吗?

问自己这些问题，是因为 HRBP 的路并不好走。成年人的世界本没有容易二字，但 HRBP 有更多的负累。有些 HRBP 一直从事着"没有技术含量的打杂工作"，有些 HRBP 经常躺枪成为"背锅侠"，有些 HRBP 的整体回报与付出并不成正比。在一些宣扬人才是最宝贵的财富的企业中，大多数 HRBP 也处于"得虚名而处实害"的位置。难道"招聘人才的人才要优先招聘，发展人才的人才要优先发展"不应该成为我们共同的理念吗？

我们的天赋和职业优势是否适合 HRBP 这个职业

随着数字化转型的浪潮袭来，未来的企业都将是科技型企业。越来越多的人走向 HRBP 岗位，HRBP 也越来越需要更高的专业能力和综合素质。虽然每个人都有天赋和优势，但是没有完美的个人，每个立志于在这条路上走下去的 HRBP，都要有清晰的自我认知和定位。

每个人本质上都是一个能量体。HRBP 由于工作的特殊性，需要时刻向外界释放正能量，这需要孔雀型、考拉型和变色龙型的性格。性格是人在与世界互动的方式中，选择自然而然地消耗能量最低的思维、情感和行为模式。HRBP 处理复杂棘手的问题，往往需要在灰度中权衡，在纠结中消耗能量，内心必须足够强大。悦纳自己，与自己和解；接纳他人，与他人共行；不断调适以匹配周围的环境、空间和系统，如鱼得水，从周边汲取滋养。

人生都是选择的结果。选择的背后依赖五个要素，成为谁、天赋偏好、能量倾向偏好、动机、能力，这些大部分是意识层而不是思考层，因为这是人消耗能量最小的方式。因为人的复杂性，天赋和偏好没有好坏，即使盖洛普的"职业优势测评"，也只是一个针对自己的测试结果，分数没有绝对的意义。我们还是需要通过"内观自省＋照镜子"的方式来不断认知自己。内观自省需要强大的功力。更多的时候，我们是通过照镜子才看见自己的；我们的言行举止和能量散发出去，碰到周围的物体反射回来，才形成自己。

一般而言，职业的选择是"三十五岁之前做加法，三十五岁之后做减法"，也是一种从覆盖到聚焦的策略，木桶理论适用于组织而非个人。所谓成熟指的是成长，让人成长的是经历，而不是岁月。事实上，很多人对自己的选择都不那么笃定，因为永远不变的就是变化。我们不用强迫自己给出一个明确的答案，只是梦想越清晰，脚下越有力。当我们面对一切挑战和抉择时，心中的那个梦想将成为我们内心最初的源动力。

路漫漫其修远兮，我们在 HRBP 的路上能走多远

无论是自主选择，还是不得已而为之，现在我们已经在 HRBP 这条路上了。路漫漫其修远兮，务必上下而求索。苦其心志、劳其筋骨，增益自身之所能。物理学中的路程公式给了我们启示，如图 19-1 所示。

图 19-1　HRBP 这条路能走多远

（1）F：代表驱动力

力是一种矢量，有大小和方向。外向的人倾向于从外界汲取力量，内向的人倾向于从内心汲取力量。HRBP 由于职业的特殊性，大多性格外向，具有天然的亲和力和人际连接力，但也需要更多的内驱力。内驱力是由自己掌控的，理论上只要内心强大便可以掌控一切。但力并不是凭空产生的，它一定要有现实中的附着物。有些人的驱动力来源简单且朴素，家庭或许就是他们的精神家园；年轻的时候要努力奋进，以便给父母以慰藉，给爱人以依靠，给孩子以榜样。但 HRBP 的驱动力还需要有更高的立意，因为经常要在业务场域去分享、感染、影响他人，需要有来自事业的信念、业务的认同、战略的笃定而产生的驱动力。

驱动力的方向也很重要。HRBP 驱动力的方向有两层含义：一是要扬长避短，木桶理论只适合组织能力，不太适合个人发展；二是两点之间未必是直线最短，懂灰度、知进退，有时必要的迂回和曲线也是充满智慧的，进退有度，才不至于进退维谷。

（2）m：代表质量，也就是自己

m 可理解为我们自身的惰性和惯性。HRBP 有了强大而持续的驱动力，还要同步减少自己的惰性和惯性，才能够让自己灵敏起来，获得更大的加速度。特别是转岗的 HRBP，已经起步晚了，加速度需要提上来，否则以后连尾灯都看不

见了。

但是，克服惰性和惯性谈何容易？HRBP 可以尝试两个方法：一是自我暗示和自我激励，假积极一辈子就成了真积极；二是用结果的负反馈来倒逼行为，所有的行为都是趋利避害的，要么尝到甜头，要么撞得头破血流。日常工作中，HRBP 可以强迫自己经常向领导汇报工作、向同事分享总结，这就像先把帽子扔过去，然后逼迫自己翻过围墙一样。因为要拿得出手，自己必须要把工作干好；光干好还不行，还要锻炼总结和陈述的能力。时间久了，自己的眼界和见识都将得到拓展，自身也变得灵动起来。

HRBP 除减少自己的惰性和惯性外，还需要时刻保持思维的鲜活和眼界的开阔。在急剧变化的非线性时代，面临新的全球化挑战和各种差异化的情境，HRBP 要不固步自封、不因循守旧、不囿于定势，思想上破"囚"、心态上调适、手法上异变，才能建立起自身的动态能力，用"体系+核心+应变"的确定性来应对未来各场景的不确定性。

(3) t：代表时间

t 也就是我们工作中投入的时间。HRBP 要成为专家，同样遵循一万小时定律。在速率一定的情况下，投入时间越长，能力和产出就越高，量变必然引起质变。网络流传的一些灯火通明的照片给予我们震撼，如不眠的硅谷、奋斗的华为、不打烊的著名院校图书馆。可怕的并不是别人比你聪明，而是比你聪明的人比你更努力。不是号召加班，而是学会投资自己。天道酬勤，这就是成长的秘密。

致敬每一个追求自我成长与完善的 HRBP

前路漫漫，未必都是康庄大道。HRBP 的路上荆棘密布，但是遴选优秀的人加入组织，并在帮扶下成为更好的自己；将自己的创造性的思想注入组织，打造一支能打胜仗的梦之队；与业务并肩作战，在市场的拼杀中开疆拓土；像创造作品一样雕琢组织，留下 HRBP 的匠心印记，这何尝不是一种荣耀呢！

相信每个人都是一枚原子核，最终能爆发原子能，HRBP 就要做发动机的点火者。正所谓"功成不必在我，功成必定有我"，宠辱皆忘，方可以宠辱不惊。一路披荆斩棘，一路引吭高歌，前路定非通途，但价值之依归卓然而清朗。作为商业组织体系中一个极其重要的构成，HRBP 必有惊人未来。致敬每一个追求自我成长与完善的 HRBP，一起快乐地坚持，坚持投入这沸腾的生活！

推荐阅读

华为数字化转型之道

华为公司官方出品

从认知、理念、转型框架、规划和落地方法、业务重构、平台构建等多个维度全面总结和阐述了华为自身的数字化转型历程、方法和实践,能为准备开展或正在开展数字化转型的企业提供系统、全面的参考。

推荐阅读

华为团队管理之道
让组织持续保持活力和高绩效的策略与方法

内容简介

这是一部从华为内部视角复盘和总结华为团队管理方法论的著作,它揭示了华为让20万人的超能组织持续保持活力和高绩效背后的秘密。作者曾在华为工作14年,在华为集团总部和多个海外代表处任职,深度参与和见证了华为的多个组织变革管理和人力资源管理项目。本书从6个方面全面阐释了华为管理团队和提升团队能力的具体策略和方法,都可以直接复用。